CARNETS DE GUERRE

Vassili Grossman

CARNETS DE GUERRE

De Moscou à Berlin
1941-1945

TEXTES CHOISIS ET PRÉSENTÉS
PAR ANTONY BEEVOR
ET LUBA VINOGRADOVA

Traduit de l'anglais et du russe
par Catherine Astroff et Jacques Guiod

Ouvrage traduit avec le concours
du Centre national du livre

calmann-lévy

En couverture :
Page 1 : Soldats de l'Armée rouge combattant dans une tranchée, région de Leningrad. © Sovfoto.
Page 4 : Vassili Grossman sur le territoire allemand. Schwerin, 2 février 1945. (Prêt de la famille Grossman.)

Titre original anglais :
A WRITER AT WAR
Première publication : The Harvill Press, Londres, 2005

ISBN 978-2-7021-3766-6

INTRODUCTION

Vassili Grossman doit la place qu'il occupe dans l'histoire de la littérature mondiale à son chef-d'œuvre *Vie et Destin*, l'un des plus grands romans du XXe siècle. Certains critiques le placent même plus haut que le *Docteur Jivago* de Pasternak ou les romans de Soljenitsyne.

Ce volume s'appuie sur ses carnets de notes de la période de guerre, mais aussi sur des essais qui sont aujourd'hui tous conservés aux Archives d'État russes pour la littérature et les arts (RGALI). Nous avons également inclus des lettres qui sont en possession de sa fille et de son beau-fils. Les carnets livrent une bonne partie du matériau brut qu'il rassemblait aussi bien pour ses romans que pour ses articles. Grossman, correspondant spécial pour le compte du journal de l'Armée rouge, *Krasnaïa Zvezda*, autrement dit *L'Étoile rouge*, s'est avéré le témoin oculaire le plus fin et le plus honnête des lignes de front soviétiques entre 1941 et 1945. Il a passé plus d'un millier de jours au front, soit près de trois des quatre années de la guerre. L'acuité de son regard et l'humanité dont il fait preuve dans sa manière d'appréhender les choses sont une leçon sans prix pour tout écrivain et historien.

Vassili Grossman est né le 12 décembre 1905 dans la ville ukrainienne de Berditchev, qui possédait l'une des plus importantes populations juives d'Europe centrale, et les Grossman appartenaient à son élite cultivée. Vassili avait reçu le nom de Iossif, mais, comme beaucoup de familles assimilées, les Grossman avaient russifié leurs noms. Son père, né Solomon Iossifovitch, avait changé son nom en Semion Ossipovitch.

Les parents de Grossman s'étaient séparés et, petit garçon, il vécut deux ans en Suisse avec sa mère, avant la Première Guerre mondiale. En 1918, immédiatement après la révolution, il était de retour à Berditchev. L'Ukraine et son agriculture riche avaient été mises à mal d'abord par l'occupation allemande du feld-maréchal von Eichhorn, qui avait pillé les campagnes[1]. Puis, lorsque les troupes allemandes s'étaient retirées en novembre, au moment où la révolution avait éclaté en Allemagne, la guerre civile russe avait commencé pour de bon avec des affrontements entre l'Armée blanche et l'Armée rouge, tandis que les nationalistes et les anarchistes ukrainiens résistaient des deux côtés. Les Blancs et les nationalistes, et parfois les gardes rouges, donnaient libre cours à leur haine aveugle en se livrant à des pogroms partout en Ukraine. On dit que quelque cent cinquante mille Juifs, soit environ un tiers de la population juive, furent massacrés pendant la guerre civile. Puis, de 1920 à 1922, ce fut la famine, avec des centaines de milliers de morts pour la seule Ukraine.

Grossman partit en 1923 faire des études de chimie à l'université de Moscou. Même à ce stade précoce, lui qui n'avait rien d'un soldat manifesta une sorte de fascination pour l'armée. « À première vue, Père était quelqu'un d'aussi peu militaire que possible », rapporte sa fille unique, Ekaterina Korotkova-Grossman. « On le voyait immédiatement à sa manière d'être voûté et de porter ses lunettes. Et il était très maladroit de ses mains. [Pourtant] il a commencé à marquer de l'intérêt pour l'armée dès ses années d'études. Dans l'une de ses lettres, il écrivait que s'il n'était pas appelé, il se porterait volontaire. »

En 1928, alors qu'il n'avait que vingt-trois ans et était encore étudiant, il épousa sa fiancée de Kiev, Anna Petrovna Matsouk, qu'on appelait Galia. De leur union naquit une fille en janvier 1930. Ils lui donnèrent le nom d'Ekaterina, ou Katia, comme la mère de Grossman. En 1932, dix ans après la guerre civile, une famine pire encore que la première – et qui n'avait

1. Le feld-maréchal Hermann von Eichhorn (1848-1918). Conformément aux conditions très dures exigées par les Allemands dans le traité de Brest-Litovsk, la fonction de Eichhorn en 1918 était de superviser le pillage de l'Ukraine afin d'alimenter les villes allemandes affamées par le blocus britannique. Une telle politique était bien évidemment honnie des Ukrainiens et Eichhorn fut assassiné en juillet.

(Les notes numérotées sont de l'auteur et celles signalées par un astérisque du traducteur.)

rien de naturel, puisque provoquée par la campagne de Staline contre les koulaks et la collectivisation forcée de l'agriculture – fit plus de sept millions de victimes [1]. Des parents rendus fous par la faim mangeaient leurs propres enfants. Ce fut la parfaite incarnation de ce que, dans un poème mémorable, Ossip Mandelstam décrivait comme « le siècle chien-loup ». Si Grossman n'a pas été témoin des pires horreurs de la famine, il en a certainement entendu parler ou vu les conséquences, car des fantômes squelettiques mendiaient le long des voies de chemin de fer dans l'espoir qu'un voyageur généreux leur jetât un croûton de pain. Il a décrit cette famine ukrainienne dans son dernier roman, *Tout passe*, y compris l'exécution d'une femme accusée d'avoir mangé ses deux enfants.

La conséquence de la façon cruelle dont Staline avait ainsi traité la région fut, comme Grossman lui-même devait le découvrir, l'accueil à bras ouverts, partout en Ukraine, des forces d'invasion allemandes une décennie plus tard. On dit que des agents de Staline avaient répandu la rumeur selon laquelle les Juifs étaient responsables de la famine. Cela pourrait bien avoir eu un rôle par la suite dans l'aide enthousiaste que les Ukrainiens apportèrent aux Allemands qui massacraient les Juifs.

Le mariage de Grossman, souvent mis entre parenthèses par son absence de Moscou, ne dura pas longtemps. Galia avait laissé leur fille à sa mère à lui, parce que Kiev était l'épicentre de la famine et que l'enfant avait de bien meilleures chances de survivre à Berditchev. Dans les années qui suivirent, Katia revint souvent vivre chez sa grand-mère paternelle.

L'écriture commença à intéresser Grossman bien davantage que ses études scientifiques, mais il lui fallait gagner sa vie. En 1930, son diplôme en poche, il partit travailler à Stalino (l'actuel Donetsk) dans l'est de l'Ukraine, comme ingénieur dans une mine. Le Donbass, un territoire enserré par la courbe marquée du cours inférieur du Don et par le Donets, était une région qu'il fut amené à retrouver durant la guerre, comme le montrent les carnets. En 1932 Grossman, mettant à profit une

1. Les dernières estimations du nombre des victimes de la famine entre 1930 et 1933 vont de 7,2 millions à plus de 10,8 millions.

erreur de diagnostic qui l'avait catalogué tuberculeux chronique, s'arrangea pour quitter Stalino et revenir à Moscou. C'est là qu'il publia son premier roman, *Glück auf !* [*Bonne chance !*], qui se passe dans une mine de charbon. Il fut suivi par *Stepan Koltchouguine.* Les deux romans avaient beau obéir aux mots d'ordre staliniens de l'époque, les personnages étaient parfaitement convaincants. Une nouvelle, « Dans la ville de Berditchev », publiée en avril 1934, lui valut les louanges de Mikhaïl Boulgakov [1]. Maxime Gorki, le grand ponte des lettres soviétiques, tout en se doutant bien que Grossman ne se ralliait pas au réalisme socialiste, défendait l'œuvre du jeune écrivain [2]. Grossman, dont les maîtres en littérature étaient Tchekhov et Tolstoï, n'eut jamais rien d'un tâcheron au service de Staline, même s'il pensait, au début, que seul le communisme soviétique pouvait résister à la menace du fascisme et de l'antisémitisme.

En mars 1933, la cousine et fidèle alliée de Grossman, Nadia Almaz, fut arrêtée pour trotskisme. Grossman fut interrogé par la police secrète de l'OGPU (qui devint le NKVD l'année suivante). Almaz et Grossman avaient tous les deux été en contact avec l'écrivain Victor Serge [3], qui devait bientôt, en 1936, être

1. Boulgakov, Mikhaïl Afanassievitch (1891-1940), auteur du roman *La Garde blanche* (1925), qu'il adapta pour le Théâtre d'art de Moscou sous le nom de *La Journée des Tourbine* (1926). De façon parfaitement inattendue, cette description, pleine d'humanité, des officiers et des intellectuels tsaristes devint la pièce préférée de Staline. Son chef-d'œuvre *Le Maître et Marguerite*, prêt pour la publication, était encore inédit au moment de sa mort.

2. Gorki, Maxime, nom de plume d'Alekseï Maksimovitch Pechkov (1868-1936), dramaturge et romancier. Gorki avait soutenu la révolution et été l'ami de Lénine, mais l'attitude dictatoriale des bolcheviks lui fit horreur et il partit pour l'Europe de l'Ouest en 1921. Usant de la flatterie et de méthodes en sous-main, Staline sut le convaincre de revenir en 1928 en Union soviétique où on lui fit fête. La ville de Nijni-Novgorod fut rebaptisée Gorki en son honneur. En contrepartie, Gorki devint un outil du régime et prit, en 1932, la défense de la doctrine du réalisme socialiste.

3. Victor Serge (1890-1947), nom de plume de Viktor Kibaltchitch. Né en Belgique, il était le fils d'une Belge et d'un officier de la Garde impériale passé à la révolution. Serge, anarchiste en France, était un socialiste libertaire venu en Russie en 1918 pour rallier la révolution, mais il avait été horrifié par l'autoritarisme bolchevik. Il est surtout connu pour sa remarquable autobiographie, *Mémoires d'un révolutionnaire* (1945), et aussi pour ses romans *Les Hommes dans la prison*, *Naissance de notre force* et *L'Affaire Toulaev*.

contraint à l'exil et devint à Paris l'un des critiques de Staline parmi les plus radicaux à gauche. Les cousins eurent une chance extrême. Nadia Almaz fut exilée, puis condamnée à une courte peine de camp de travail qui la maintint hors circuit durant la Grande Terreur, à la fin de la décennie. Grossman fut épargné. Leurs sorts eussent été très différents si les interrogatoires avaient eu lieu trois ou quatre ans plus tard.

Pour un écrivain, surtout aussi honnête et politiquement naïf que l'était Grossman, la vie dans les quelques années qui suivirent ne fut pas facile. Qu'il ait survécu aux purges, que par la suite Ilia Ehrenbourg définit comme une loterie[1], relève du miracle. « C'était un ami très dévoué et d'une extrême gentillesse, écrivait-il, mais il pouvait aussi bien dire en ricanant à une femme de cinquante ans : "Vous avez terriblement vieilli depuis un mois." Je lui connaissais ce trait de caractère et je ne prenais pas la mouche s'il affirmait soudain : "Vous vous êtes mis à écrire bien mal, brusquement." »

En 1935, alors que son union avec Galia était défaite depuis plusieurs années, Grossman entama une relation avec Olga Mikhaïlovna Gouber, une forte femme de cinq ans son aînée. Comme Galia, Lioussia, comme il l'appelait, était ukrainienne. Son mari, Boris Gouber, écrivain lui aussi, comprit que son épouse avait pour Grossman un sentiment très fort et il ne fit rien pour lutter contre le cours des choses. Russe de souche allemande et d'une famille distinguée, Gouber fut arrêté et exécuté en 1937, durant la folie de l'« *ejovchtchina*[2] », comme on a appelé l'époque des purges.

Cette année-là, Grossman devint membre de l'Union des

1. Ehrenbourg, Ilia Grigorievitch (1891-1967), écrivain, poète et personnage public, il écrivit durant la guerre pour *Krasnaïa Zvezda*. Il travailla par la suite avec Grossman au Comité antifasciste juif et au *Livre noir* sur les atrocités commises contre les Juifs, tâche à laquelle les autorités staliniennes mirent un terme après la guerre. Ehrenbourg fit preuve de beaucoup plus de flair que Grossman pour survivre aux dangers de la politique de Staline.

2. Ce nom vient de celui du chef du NKVD de l'époque, Nikolaï Ivanovitch Ejov (1895-1939), surnommé « le Nain » parce qu'il était très petit et avait une jambe estropiée. Ejov avait sur l'ordre de Staline pris la tête du NKVD à la place de Genrikh Iagoda (1891-1938) en septembre 1936. Il fut remplacé par Lavrenti Beria en décembre 1938 et il assuma ainsi à la place de Staline les reproches pour les excès commis. Tout comme son prédécesseur, Iagoda, il fut accusé de trahison et exécuté.

écrivains, une marque officielle de reconnaissance qui procurait bien des avantages. Mais en février 1938 Olga Mikhaïlovna fut arrêtée, pour l'unique raison qu'elle avait été l'épouse de Gouber. Grossman intervint très vite pour convaincre les autorités qu'elle était désormais sa femme, même si elle avait gardé le nom de Gouber. Il adopta en outre les deux fils de Gouber afin de leur éviter d'être envoyés dans un camp pour orphelins d'« ennemis du peuple ». Grossman fut lui-même soumis à un interrogatoire à la Loubianka le 25 février 1938. Bien qu'innocent politiquement, il fit preuve d'une très grande habileté pour se démarquer de Gouber sans trahir personne. Il prit également un grand risque en écrivant à Nikolaï Ejov, le chef du NKVD, se référant hardiment à Staline hors de tout contexte. Il exposa la raison pour laquelle sa femme ne devait pas partager la culpabilité prêtée à son ex-mari. Olga Mikhaïlovna fut aussi sauvée par le courage de Gouber lui-même qui ne la mit pas en cause, alors même qu'il fut très vraisemblablement sommé de le faire au cours de séances d'interrogatoire brutales.

Ce fut une époque de profonde humiliation morale. Grossman était aussi désarmé que le reste de la population. Il n'avait guère d'autre choix que de signer quand on lui présentait une pétition de soutien aux procès-spectacles de vieux bolcheviks et autres accusés de trahison « fascisto-trotskiste ». Il n'oublia cependant jamais les horreurs de ce temps-là et les a fait revivre avec beaucoup d'efficacité dans nombre de passages importants de *Vie et Destin*.

Le pire de la terreur semblait fini lorsque Staline conclut son pacte avec Hitler en 1939. Grossman avait pu passer cet été-là sur la mer Noire, avec sa femme et ses fils adoptifs, dans une résidence de l'Union des écrivains. Ils partirent en vacances dans des conditions analogues en mai 1941, mais il revint à Moscou un mois plus tard et s'y trouvait lorsque la Wehrmacht envahit l'Union soviétique, le 22 juin 1941. Comme nombre d'écrivains, Grossman se porta immédiatement volontaire pour l'Armée rouge même s'il était complètement inapte à la guerre, bien qu'âgé de trente-cinq ans seulement.

Les quelques semaines qui suivirent le marquèrent profondément, non pas tant à cause des écrasantes victoires allemandes que pour des motifs personnels. Il vivait à Moscou avec sa deuxième femme dans un petit appartement et, pour des raisons d'espace, elle le dissuada de demander à sa mère de quitter Berditchev pour se réfugier chez eux à Moscou. Une semaine plus tard, le temps qu'il ait pris la mesure du danger, il était déjà trop tard pour que sa mère s'enfuie. De toute façon, elle refusait de laisser derrière elle une nièce infirme. Grossman, qui n'avait pas su sauter à temps dans un train pour la ramener, se le reprocha durant tout le reste de son existence. Dans *Vie et Destin*, le physicien Viktor Strum, qui souffre moralement mille morts, est dépeint comme exactement coupable de la même faute.

Les carnets commencent le 5 août 1941, date à laquelle Grossman fut envoyé sur le front par le général David Ortenberg, le rédacteur en chef de *Krasnaïa Zvezda*. Bien que cela ait été le journal officiel de l'Armée rouge, les civils le lisaient pendant la guerre avec plus d'avidité encore que les *Izvestia*. Staline tenait à en vérifier chaque page avant impression, ce qui poussa le collègue de Grossman, Ehrenbourg, à déclarer en privé, non sans humour, que le dictateur soviétique était son plus fidèle lecteur.

Ortenberg, craignant que Grossman ne survive pas aux rigueurs du front, lui avait trouvé pour l'accompagner des compagnons plus jeunes et militairement aguerris. Grossman plaisantait sur sa piètre forme et son manque d'entraînement militaire, mais il ne fallut pas longtemps pour que, à leur stupéfaction la plus totale, le romancier à lunettes perde un nombre spectaculaire de kilos, s'endurcisse et batte ses compagnons au tir au pistolet.

« Je vais vous parler de moi », écrivait-il à son père en février 1942. « J'ai été à peu près continuellement en déplacement durant les deux derniers mois. Il y a des jours où on en voit plus qu'en dix ans de paix. Je suis devenu svelte, maintenant. Je me suis pesé aux bains et voilà que je ne pèse plus que soixante-quatorze kilos, or vous rappelez-vous mon terrible poids d'il y a un an, quatre-vingt onze ? Mon cœur va beaucoup mieux... Je suis devenu un *frontovik** expérimenté : je peux dire immédiatement à l'oreille ce qui est en train de se passer et où. »

Grossman étudiait tout ce qui avait trait à l'armée : la tacti-

* « Soldat du front ».

que, l'équipement, l'armement, et aussi le jargon militaire qui le fascinait tout particulièrement. Il travaillait tellement sur ses notes et ses articles qu'il avait très peu de loisirs pour quoi que ce soit d'autre. « Durant toute la guerre, écrivit-il plus tard, le seul livre que j'aie lu a été *Guerre et Paix,* mais deux fois. » Il fit surtout preuve d'un extraordinaire courage sur le front même, alors que la plupart des correspondants de guerre ne décollaient pas des postes de commandement. Grossman, qui était, de façon si manifeste, un représentant de l'intelligentsia juive de Moscou, sut gagner la confiance et l'admiration des soldats du rang de l'Armée rouge. C'était là un exploit remarquable. À Stalingrad, il réussit à faire la connaissance de Tchekhov, le meilleur tireur d'élite de la 62e armée, et il fut autorisé à l'accompagner jusqu'à sa tanière de tueur et à le regarder descendre les Allemands l'un après l'autre.

À la différence de la plupart des journalistes soviétiques soucieux de reproduire des clichés politiquement corrects, Grossman était d'une patience exceptionnelle dans sa manière d'interroger les uns et les autres. Il s'appuyait, comme il l'expliqua plus tard, sur des « conversations avec des soldats retirés pour un court moment de repos. Le soldat vous dit tout ce qu'il a dans la tête. On n'a même pas besoin de poser de questions ». Les soldats, plus que quiconque, savent repérer rapidement ceux qui travaillent pour leur propre compte, ceux qui biaisent et ceux qui mentent. Grossman savait reconnaître honnêtement une erreur, souvent trop honnêtement pour servir ses intérêts, et les soldats respectaient cela. « J'aime les gens, écrivait-il, j'aime observer la vie. Parfois un soldat me remet sur les rails. Je connais la vie militaire sous tous ses aspects, maintenant. C'était très difficile au début. »

Grossman n'était pas un observateur dénué de passion. La force de son écriture vient de ses réactions émotionnelles aux désastres de 1941. Il décrivit plus tard « le pressentiment pénétrant, aigu, de pertes imminentes et la conscience tragique de ce que le sort d'une mère, d'une épouse, et d'un enfant était désormais inséparable de celui des régiments encerclés et des armées battant en retraite. Comment oublier le front en ces jours-là, Gomel et Tchernigov succombant dans les flammes, Kiev condamnée, les cartes de la retraite, et les obus d'un vert empoisonné sur les forêts et les rivières silencieuses ? ». Grossman et avec lui ses compagnons étaient là lors de la destruction de Gomel, puis il leur fallut s'enfuir vers le sud car le deuxième groupe blindé du général Guderian pivotait en une vaste opération d'encerclement pour couper Kiev. Les armées allemandes avaient fait plus de six cent mille prisonniers dans la plus écrasante des victoires jamais connues.

Au début de ce mois d'octobre, Grossman était rattaché au quartier général de la 50e armée du général Petrov. Ses descriptions de ce général qui tabassait ses inférieurs et abandonnait un instant son thé et sa confiture de framboises pour signer des condamnations à mort apparaissent comme une terrible satire de l'Armée rouge, mais elles sont d'une exactitude dévastatrice. L'honnêteté dérangeante de Grossman était dangereuse. Si la police secrète du NKVD avait lu ces carnets, il aurait disparu au goulag. Grossman n'était pas membre du Parti communiste, et cela rendait sa position encore plus vulnérable.

Grossman manqua une fois encore d'être encerclé par les blindés de Guderian au moment où ceux-ci fonçaient vers Orel avant d'envelopper le front de Briansk. Sa description de la façon dont lui et ses compagnons s'échappèrent est le récit le plus puissant qui nous soit parvenu de ces événements. Grossman et ses compagnons revinrent à Moscou épuisés, et leur « emka* » criblée d'impacts de balles était la preuve du danger qu'ils avaient encouru. Mais Ortenberg leur ordonna de retourner immédiatement au front. La nuit suivante, alors qu'ils étaient à la recherche d'un poste de commandement, ils faillirent se trouver nez à nez avec les Allemands. En tant que Juif, le sort de Grossman n'aurait été que trop certain.

Durant cet hiver 1941, après que les Allemands eurent été stoppés devant Moscou, Grossman couvrit les combats nettement plus au sud, à la lisière orientale de l'Ukraine et près du Donbass qu'il connaissait depuis les années d'avant guerre. Il commençait à travailler à son grand roman de la première année de guerre qui fut publié au début de l'été 1942 en feuilleton dans *Krasnaïa Zvezda***. Il fut salué comme étant le seul

* On appelait familièrement « emka » la « GAZ-M1 », première des voitures légères à avoir été produite en masse par l'URSS à partir de 1936.

** Il s'agit du roman *Le peuple est immortel*, paru en traduction française en 1950, sous ce titre.

récit véridique par les *frontoviki*, comme on appelait les soldats du front de l'Armée rouge, et la renommée de Grossman s'étendit à toute l'Union soviétique, bien au-delà de l'estime dont il jouissait dans les cercles littéraires.

En août, alors que la 6e armée allemande avançait sur Stalingrad, Grossman reçut l'ordre de gagner la ville menacée. Il fut le journaliste qui resta le plus longtemps en poste dans la ville en guerre. Ortenberg, avec lequel il avait des relations difficiles, reconnaissait les talents exceptionnels de Grossman. « Tous les correspondants du front de Stalingrad furent stupéfaits de la façon dont Grossman avait amené le commandant de division, le général Gourtiev, un Sibérien taciturne et réservé, à lui parler six heures durant, sans une pause, lui disant tout ce qu'il voulait savoir, à l'un des moments les plus difficiles [de la bataille]. Je sais que le fait que Grossman ne prenait jamais aucune note écrite au cours d'une entrevue l'aidait à gagner la confiance des gens. Il mettait tout par écrit plus tard, après avoir regagné un poste de commandement ou l'isba des correspondants. Tout le monde allait se coucher et Grossman, malgré sa fatigue, transcrivait tout méticuleusement. Je le savais et j'avais vu ses carnets de notes quand j'étais venu à Stalingrad. J'avais même eu à lui rappeler la stricte interdiction de tenir des journaux intimes et je lui avais dit de ne noter là aucune information estimée secrète. Mais je n'eus pas l'occasion d'en lire le contenu avant sa mort. Ces notes sont d'une extrême densité. Les traits caractéristiques de la vie à la guerre y surgissent en une seule phrase, comme sur du papier photographique quand on développe un cliché. Dans ses carnets de notes, on trouve la vérité à l'état brut, sans retouches. » C'est à Stalingrad que Grossman aiguisa sa puissance de description, « l'odeur habituelle de la ligne de front : quelque chose entre morgue et forge ».

Pour Grossman, la bataille de Stalingrad fut, à n'en pas douter, l'une des expériences majeures de sa vie. Dans *Vie et Destin*, la Volga est bien plus qu'un fil conducteur symbolique du récit, elle est l'artère principale de la Russie, pompant son sang vital pour le sacrifice à Stalingrad. Grossman, comme beaucoup de ses pairs idéalistes, croyait passionnément que l'héroïsme de l'Armée rouge à Stalingrad permettrait non seulement de gagner la guerre, mais changerait la société soviétique à tout jamais. Une fois la victoire sur les nazis obtenue par un peuple fortement soudé, ils étaient convaincus que le NKVD, les purges, les procès-spectacles et le goulag seraient renvoyés à l'histoire. Les officiers et les soldats du front, avec cette forme de liberté, qui est celle du condamné, de dire tout ce qu'ils voulaient, critiquaient ouvertement la collectivisation désastreuse des fermes, l'arrogance de la nomenklatura et la malhonnêteté flagrante de la propagande soviétique. Grossman décrivit cela plus tard dans *Vie et Destin* à travers la réaction de Krymov, un commissaire : « Et depuis qu'il était arrivé à Stalingrad, Krymov était envahi par un sentiment étrange. Parfois c'était comme s'il était dans un royaume où le Parti n'existait plus ; parfois il avait l'impression qu'il respirait l'air des premiers jours de la révolution. » Certaines de ces idées et de ces aspirations optimistes semblent avoir été encouragées par une sourde campagne menée à l'instigation des autorités soviétiques, mais dès que la fin de la guerre fut en vue, Staline recommença à se montrer intraitable.

Le dictateur soviétique, qui s'intéressait de près à la littérature, semble n'avoir guère apprécié Grossman. Ilia Ehrenbourg estimait qu'il suspectait Grossman d'admirer un peu trop l'internationalisme de Lénine, une faute proche du crime de trotskisme. Mais il est infiniment plus vraisemblable que le ressentiment du chef de l'Union soviétique venait de ce que Grossman n'avait jamais adhéré au culte de la personnalité du tyran. Staline était remarquablement absent des articles de Grossman, et sa seule apparition dans ses œuvres de fiction, écrites après la mort du dictateur, se réduit à un coup de fil nocturne à Viktor Strum dans *Vie et Destin*. Ce qui constitue l'un des passages les plus sinistres et les plus frappants de tout le roman. C'est là une scène qui pourrait bien avoir été inspirée par un appel analogue du maître du Kremlin à Ehrenbourg en avril 1941.

En janvier 1943, Grossman reçut l'ordre de quitter Stalingrad. Ortenberg avait fait appel à Konstantin Simonov[1] pour

1. Simonov, Konstantin (Kirill Mikhaïlovitch) (1915-1979), poète, dramaturge, romancier et correspondant de la *Krasnaïa Zvezda*. Simonov écrivit par la suite son propre roman dans le style d'Hemingway sur la bataille de Stalingrad (traduit en français sous le titre *Les Jours et les Nuits [N.d.T]*, qui fut publié en 1944. Bien qu'ayant fait preuve de courage physique, Simonov,

couvrir à sa place la fin dramatique de la bataille. Jeune et présentant bien, Simonov était un grand héros aux yeux de l'Armée rouge et il était l'objet d'une sorte de culte en tant qu'auteur du poème « Attends-moi* ». Ce poème avait été écrit en 1941, immédiatement après le début de la guerre, au moment où l'écrivain avait dû quitter son grand amour, l'actrice Valentina Serova. La chanson-poème était devenue sacrée aux yeux de beaucoup de soldats de l'Armée rouge, avec cette idée-force que seul l'amour d'une fiancée ou d'une épouse fidèle pouvait maintenir un soldat en vie. Beaucoup d'entre eux en gardaient une copie écrite à la main pliée dans la poche intérieure de leur vareuse, en guise de talisman.

Grossman, qui avait été à Stalingrad bien plus longtemps que tous les autres correspondants, vécut cette décision comme une trahison. Ortenberg l'envoyait à près de trois cents kilomètres au sud de Stalingrad, en Kalmoukie, qui venait juste d'être libérée de l'occupation allemande. Cet ordre, en fait, offrit à Grossman l'occasion d'étudier la région avant que les bataillons des forces de sécurité du NKVD de Lavrenti Beria ne l'envahissent pour se venger, par des déportations massives, d'une population qui avait été moins que loyale. Ses notes sur l'occupation allemande et sur les divers degrés de collaboration avec l'ennemi sont poignantes et projettent une lumière très révélatrice sur les compromissions et les tentations auxquelles sont confrontés les civils pris dans une guerre civile internationale.

Plus tard cette année-là il assista à la bataille de Koursk, le plus grand engagement de blindés de l'histoire, qui mit un terme à la possibilité pour la Wehrmacht de lancer une autre offensive majeure jusqu'à celle des Ardennes en décembre 1944. En janvier 1944, alors qu'il suivait l'Armée rouge s'avançant vers l'ouest à travers l'Ukraine, Grossman atteignit enfin Berditchev. Là, toutes ses craintes au sujet de sa mère et du reste de sa famille se trouvèrent confirmées. Ils avaient été massacrés lors de l'un des premiers grands massacres de Juifs, le plus meurtrier juste avant les exécutions de masse dans le ravin

---

comme Grossman le pensa plus tard, manqua de courage moral dans ses rapports avec le régime soviétique.

* « Si tu m'attends, je reviendrai, / Mais attends-moi très fort... / Si tu m'attends, je reviendrai / En dépit de toutes les morts. »

de Babi Yar, aux portes de Kiev. Le massacre des Juifs de la ville dans laquelle il avait grandi lui fit se reprocher plus encore de n'avoir pas su sauver sa mère en 1941. Un choc supplémentaire fut de découvrir le rôle joué par leurs voisins ukrainiens dans la persécution. Grossman était décidé à faire la lumière autant qu'il le pourrait sur l'Holocauste, un sujet que les autorités soviétiques s'efforçaient de nier. La ligne stalinienne était que les Juifs ne devaient jamais être considérés comme des victimes particulières. Les crimes commis contre eux devaient être exclusivement considérés comme ayant été commis contre l'Union soviétique.

Juste après que l'Armée rouge eut atteint le territoire polonais, Grossman fut l'un des premiers correspondants à entrer dans le camp de la mort de Maïdanek, près de Lublin. Il vit ensuite celui de Treblinka, au nord-est de Varsovie. Son essai, *L'Enfer de Treblinka*, est l'un des textes les plus importants qui aient été écrits sur l'Holocauste et il y a été fait référence devant le tribunal de Nuremberg.

Pour la marche sur Berlin de 1945, Grossman avait fait en sorte d'être rattaché à la 8e armée de la garde, l'ancienne 62e armée rendue célèbre par Stalingrad, et il se trouva une fois encore en compagnie de celui qui la commandait, le général Tchouïkov. L'honnête Grossman a fidèlement enregistré l'héroïsme de l'Armée rouge aussi bien que ses crimes, notamment le viol massif de femmes allemandes, non sans en souffrir. Ses descriptions du sac de Schwerin sont parmi les plus forts et les plus émouvants des récits de témoins oculaires. De la même façon, ses carnets de Berlin, au moment où il y était pour couvrir les combats dans la ville et la victoire finale, méritent de trouver le lectorat le plus large possible. Le fait que Grossman en ait sans doute vu plus que quiconque lors de la guerre à l'Est n'a pas de prix. « Je crois que ceux qui n'ont jamais vécu toute l'amertume de l'été 1941, a-t-il écrit, ne seront jamais vraiment capables de goûter la joie de notre victoire. » Ce n'était pas de la forfanterie. C'était la vérité pure.

Ces pages des carnets de Grossman, accompagnées de quelques articles et extraits de lettres, ne montrent pas seulement le matériau brut d'un grand écrivain. Elles représentent peut-être la description la plus fine de ce qu'il a lui-même appelé « la vérité impitoyable de la guerre ».

FINLANDE
golfe de Finlande
SUÈDE
Tallinn
ESTONIE
Novgorod
Tartu
Pskov
Mer Baltique
Riga
LETTONIE
Dvina O.
Velikie Louki
Siaulai
Daugavpils
LITUANIE
Viteb
Kaunas
Dantzig
Konigsberg
PRUSSE-ORIENTALE
Vilnius
Niemen
Borisov
Orcha
Landsberg
Oder
Elbe
ALLEMAGNE
Kustrin
BERLIN
Schwerin
Grodno
Minsk
Mogilev
Poznań
Neisse
Vistule
Brenanovia
Bobrouïsk
Dresde
VARSOVIE
Treblinka
Lodz
Brest
marais du Pripet
Breslau
POLOGNE
PRAGUE
Pulawy
Lublin
Mozyr
Pilsen
Sandomierz
Cracovie
Lutsk
Brno
Lwów (L'vov)
Jiromir
Kiev
Ternopol
Berditchev
SLOVAQUIE
VIENNE
Bratislava
Stanislav
Vinnitsa
AUTRICHE
Danube
Tchernovtsy
Dniestr
Boug S.
BUDAPEST
HONGRIE
Domanevk
Cluj
Iassy
Kichinev (Kisinau)
Odes
YOUGOSLAVIE
BELGRADE
Galati
ROUMANIE
Sarajevo
BUCAREST
Danube
Constanza
BULGARIE

Front allemand, novembre 1942
Front soviétique, décembre 1943
Front soviétique, décembre 1944
Front soviétique, avril 1945
Front allié, 7 mai 1945
0
100
200
300
400 km
N
Leningrad
Volga
Oka
Volga
MOSCOU
Borodino
Dvina O.
Vyazma
Smolensk
Kalouga
Kachira
Toula
Kouïbychev
Oka
Briansk
Orel
Don
Gomel
Saratov
Voronej
Gloukhov
Tchernigov
Koursk
Desna
Soumy
Lokhvitsa
Donets
Belgorod
Zalivo
Serafimovitch
Kharkov
Zaliman
Poltava
Dniepr
Iz'um
Stalingrad
Millerovo
Volga
Dniepropetrovsk
Lougansk
Donetsk
(Stalino)
Mious
Ingulets
Zaporojié
Taganrog
Nov
Odessa
Kr. Poliana
Don
Rostov
Nikolaïev
Elista
Yachkoul
mer
d'Azov
Kertch
Taman
Krasnodar
Maïkop
Piatigorsk
Sébastopol
Yalta
Grozny
mer Noire

Première partie

LE CHOC DE L'INVASION

1941

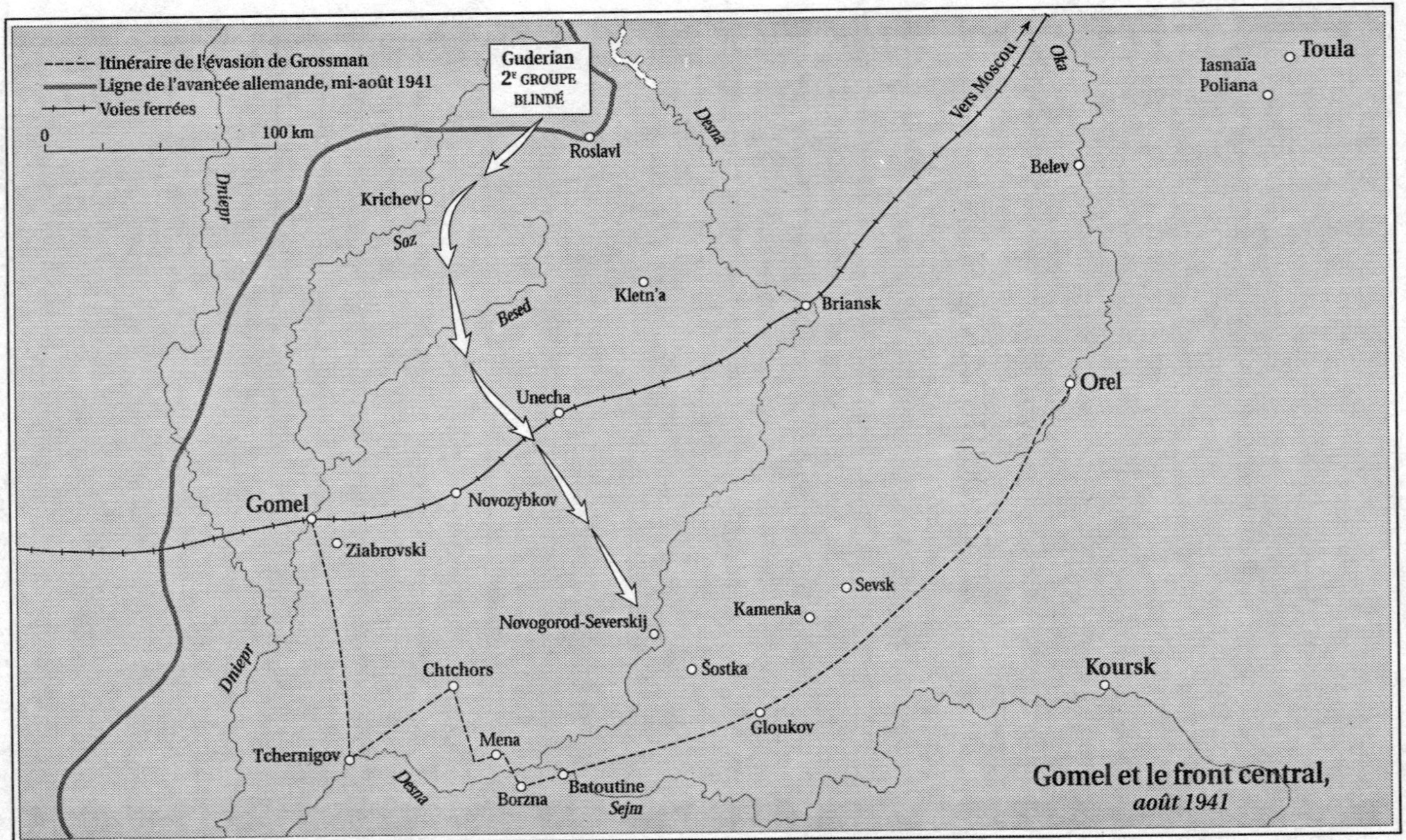

Itinéraire de l'évasion de Grossman
Ligne de l'avancée allemande, mi-août 1941
Voies ferrées
0
100 km
Guderian
2e GROUPE BLINDÉ
Roslavl
Desna
Vers Moscou
Oka
Iasnaïa Poliana
Toula
Belev
Krichev
Dniepr
Soz
Kletn'a
Briansk
Besed
Unecha
Orel
Gomel
Novozybkov
Ziabrovski
Sevsk
Kamenka
Novogorod-Severskij
Dniepr
Chtchors
Šostka
Koursk
Gloukov
Mena
Tchernigov
Batoutine
Borzna
Desna
Sejm
Gomel et le front central,
août 1941

Chapitre 1

LE BAPTÊME DU FEU
Août 1941

L'invasion de l'Union soviétique par Hitler commença aux premières heures du jour le 22 juin 1941. Staline, qui refusait de croire qu'on pouvait s'être joué de lui, n'avait pas tenu compte de plus de quatre-vingts avertissements. Même si le dictateur soviétique ne s'effondra que plus tard, il fut tellement affecté en apprenant la vérité que l'annonce sur les ondes en milieu de journée fut faite par son ministre des Affaires étrangères, Viatcheslav Molotov, d'une voix blanche. Le peuple d'Union soviétique se montra bien plus fort que ses dirigeants. Il y eut des files d'attente pour se porter volontaire au front.

Vassili Grossman, qui portait des lunettes, était trop gros, marchait penché et s'aidait d'une canne, fut très abattu quand le bureau de recrutement le décréta inapte. Cela n'aurait pourtant pas dû l'étonner, compte tenu de sa piètre condition physique. Grossman n'avait guère que trente-cinq ans, pourtant les filles de l'appartement d'à côté l'appelaient « tonton ».

Durant les quelques semaines qui suivirent, il essaya de trouver un emploi quelconque qui fût en relation avec la guerre. Dans le même temps, les autorités soviétiques donnaient peu d'informations précises sur ce qui se passait au front. Rien n'était dit des forces allemandes, fortes de plus de trois millions d'hommes, qui fractionnaient l'Armée rouge par des attaques armées, puis faisaient des centaines de milliers de prisonniers en les encerclant. Seuls les noms des villes mentionnés dans les bulletins officiels trahissaient la rapidité de l'avancée de l'ennemi.

Grossman avait renoncé à presser sa mère d'abandonner la ville de Berditchev en Ukraine. Sa deuxième femme, Olga Mikhaïlovna Gouber, l'avait convaincu qu'il n'y avait pas suffisamment de place pour elle chez eux. Le 7 juillet, avant que Grossman n'ait pris pleinement conscience de ce qui se passait, la 6e armée allemande s'était emparée de Berditchev. L'ennemi avait avancé de trois cent cinquante kilomètres en un peu plus de quinze jours seulement. N'avoir pas réussi à sauver sa mère tourmenta Grossman pour le restant de ses jours, même après qu'il eut découvert qu'elle avait refusé de partir parce qu'il n'y avait personne d'autre pour s'occuper d'une nièce. Grossman était également très préoccupé du sort d'Ekaterina, Katia, la fille qu'il avait eue de sa première femme. Il ne savait pas qu'elle avait été envoyée loin de Berditchev pour l'été.

Prêt à tout pour aider d'une manière ou d'une autre à l'effort de guerre, il fit le siège de la Direction principale politique de l'Armée rouge, connue sous l'acronyme de GLAVPUR*, alors même qu'il n'était pas membre du Parti communiste. Son futur rédacteur en chef, David Ortenberg, un commissaire qui avait rang de général, raconta plus tard comment il vint travailler à *Krasnaïa Zvezda*, le journal des forces armées soviétiques, qui était beaucoup plus lu que tout autre pendant la guerre[1] :

« Je me souviens de la première apparition de Grossman à la rédaction. C'était fin juillet. J'avais fait un saut à la Direction principale politique et j'avais entendu dire que Vassili Grossman leur avait demandé à être envoyé sur le front. Tout ce que je savais de cet écrivain était sa qualité d'auteur du roman *Stepan Koltchouguine* qui avait pour cadre le Donbass.

« "Vassili Grossman ? leur dis-je. Je ne le connais pas, mais j'ai lu *Stepan Koltchouguine*. S'il vous plaît, envoyez-le à *Krasnaïa Zvezda*.

« – Oui, mais il n'a jamais servi dans l'armée. Il n'y connaît rien. Va-t-il faire l'affaire pour *Krasnaïa Zvezda* ?

« – Ça ira très bien, leur dis-je, en m'efforçant de les convaincre. C'est un fin connaisseur de l'âme humaine."

« Je ne cessai de les tarabuster jusqu'à ce que le commissaire du

* Le GLAVPUR (Glavnoïe Polititcheskoïe Upravlenie), autrement dit la Direction principale politique, était un organe du Parti communiste veillant sur l'orientation politique correcte de l'Armée rouge.

1. David Ortenberg prit pour *Krasnaïa Zvezda* le nom non juif de Vadimov.

peuple signe l'ordre de recruter Vassili Grossman dans l'Armée rouge et l'affecte à notre journal. Il n'y avait qu'un problème. On lui donna le rang de simple soldat, ou encore, comme aimait le dire en plaisantant Ilia Ehrenbourg à propos de lui-même et de Grossman, de "simple soldat sans entraînement". Il n'était pas possible de lui donner un grade d'officier ou d'en faire un commissaire, parce qu'il n'était pas membre du Parti. Il était également impossible de lui faire porter l'uniforme d'un simple soldat, parce qu'il aurait passé la moitié de son temps à saluer ses supérieurs. Tout ce que nous pouvions faire était de lui donner le grade de maréchal des logis. Un certain nombre de nos écrivains, comme Lev Slavine, Boris Lapine et même, un certain temps, Konstantin Simonov, étaient dans la même situation. Leurs insignes verts étaient pour eux la cause de bien des ennuis, parce que les personnels médicaux portaient les mêmes et qu'on les confondait toujours avec eux. Quoi qu'il en soit, le 28 juillet 1941, je signai l'ordre : "Le maréchal des logis de deuxième classe Vassili Grossman est nommé correspondant spécial de *Krasnaïa Zvezda* avec un salaire de mille deux cents roubles par mois."

« Le jour suivant Grossman se présenta au bureau de la rédaction. Il me dit que, malgré le caractère inattendu de cette nomination, il en était heureux. Il revint quelques jours plus tard équipé de pied en cap et en uniforme d'officier. [Sa tunique était toute froissée, ses lunettes glissaient au bout de son nez et son pistolet pendait de sa ceinture défaite à la manière d'une hache.]

« "Je suis prêt à partir sur le front aujourd'hui même, dit-il.

« – Aujourd'hui ? demandai-je. Mais pouvez-vous vous servir de ça ?" Et je montrai du doigt le pistolet pendouillant à son flanc.

« "Non.

« – Et d'un fusil ?

« – Non, non plus.

« – Alors comment puis-je vous permettre de partir sur le front ? Il peut y arriver n'importe quoi. Non, vous allez rester au bureau de la rédaction pour une quinzaine de jours."

« Le colonel Ivan Khitrov, notre expert en stratégie, ancien officier de l'armée, se fit l'instructeur de Grossman. Il l'emmenait à l'un des stands de tir de la garnison de Moscou et lui apprenait à tirer. »

Le 5 août, Ortenberg autorisa Grossman à partir pour le front. Il fit en sorte qu'il fût accompagné de Pavel Troïanovski, un correspondant chevronné, et d'Oleg Knorring, un photographe. Grossman a donné une description détaillée de leur départ.

Le 5 août, nous partons sur le front Centre, à Gomel, le politrouk* Troïanovski, le correspondant photographe Knorring et mon humble personne.

Troïanovski, visage maigre et basané, grand nez, il a la médaille du Mérite au combat, un type qui a vécu, mais pas si vieux que ça, une dizaine d'années de moins que moi. Il m'a d'abord fait l'impression d'un bretteur, un combattant-né, mais il s'est avéré ensuite qu'il avait commencé ses activités de journaliste comme correspondant pour la jeunesse de la *Pionierskaïa Pravda* [*Pravda des pionniers*]. Knorring, à ce qu'on m'a dit, est un excellent reporter photographe, un grand type qui a un an de moins que moi. Par l'âge, je suis leur aîné à l'un et à l'autre, mais à côté d'eux je suis un vrai gamin pour tout ce qui concerne la guerre, et ils prennent un plaisir tout à fait légitime à m'expliquer les horreurs à venir. C'est un sentiment que je comprends parfaitement : je suis le premier à aimer parler aux autres de ce que je connais sur le bout du doigt alors que mon interlocuteur, pas du tout au fait de la chose, n'y comprend rien.

Nous partons demain par le train, en voiture-couchette, jusqu'à Briansk, et de là Dieu seul sait comment. Le rédacteur en chef, qui est le commissaire de brigade Ortenberg, nous a dit au revoir, il dit qu'il va y avoir une offensive. Notre première rencontre s'est faite au GLAVPUR. Il a bavardé avec moi et, à la fin, il m'a dit qu'il me connaissait en tant qu'auteur de livres pour les enfants, ce qui m'a laissé pantois, j'étais le premier à l'apprendre. Quand nous nous sommes dit au revoir, je lui ai dit : « Au revoir, camarade Boïev. » Il a éclaté de rire : « Je ne suis pas Boïev, je suis Ortenberg. » Bon, nous sommes quittes [...], je l'avais pris pour le responsable du département de la presse du PUR**.

J'ai passé la journée à boire, comme il convient à un conscrit. Papa est venu, et aussi Kougel, Vadia, Génia, Veronitchka. Veronitchka me regardait avec de ces yeux... comme si j'étais Gastello[1] en personne, elle m'a ému. Toute la famille a chanté des chansons, tenu

* Un « *politrouk* » est un commissaire politique.

** Abréviation pour GLAVPUR.

1. Héros célèbre qui avait combattu comme pilote durant la guerre d'Espagne, le capitaine Gastello commandait un escadron du 207e régiment de la 42e division aéroportée. Une batterie antiaérienne allemande toucha le réservoir de son avion le 26 juin 1941 dans la région de Molodetchno. L'avion commença à brûler et Gastello dirigea son engin en feu sur une colonne de véhicules allemands qui était sur la route. L'explosion et l'incendie qui s'ensuivit anéantirent, dit-on, des douzaines de véhicules, des soldats et des chars ennemis. Gastello fut nommé Héros de l'Union soviétique à titre posthume.

des propos tristes. Humeur chagrine, concentrée, la nuit, allongé seul sur mon lit, à penser. À quoi pensais-je, à qui pensais-je ?, il y avait en tout cas matière à penser...

Le jour du départ est superbe, chaud, pluvieux, soleil et pluie alternant rapidement, chaussées et trottoirs mouillés sont tantôt luisants, tantôt gris ardoise, et l'air est saturé d'une humidité brûlante, étouffante. La jolie Maroussia est venue dire au revoir à Troïanovski, elle travaille à la rédaction, mais apparemment elle est venue faire ses adieux au jeune soldat non pas sur ordre du rédacteur en chef, mais de sa propre initiative. Knorring et moi évitons pudiquement de regarder de leur côté, puis nous rentrons, cette fois-ci tous les trois, dans le bâtiment de la gare. Que de souvenirs sont pour moi liés à la gare de Briansk... Ma première venue à Moscou depuis cette même gare, peut-être, aujourd'hui, mon dernier départ... Nous buvons de la limonade au buffet et mangeons des gâteaux infects.

Et nous voilà partis. Toutes les gares me sont familières. Combien de fois ne suis-je pas passé ici étudiant, quand j'allais pour les vacances chez maman à Berditchev... ?

Pour la première fois depuis plusieurs jours, je dors parfaitement et tout mon soûl dans cette voiture-couchette après les bombardements de Moscou.

[Arrivés à Briansk] nous passons la nuit à la gare de Briansk même. Tout est archiplein de soldats de l'Armée rouge, beaucoup sont mal vêtus, en loques, ce sont ceux qui ont déjà été « là-bas ». Les Abkhazes ont une sale allure, certains sont pieds nus.

Nous passons toute la nuit assis. Des avions allemands se montrent au-dessus de la gare, le ciel vrombit, zébré de faisceaux lumineux. Nous nous ruons tous le plus loin possible de la gare, dans une sorte de terrain vague. Par bonheur, les Allemands ne bombardent pas, ils se contentent de faire peur. Au matin, nous écoutons la radio de Moscou, la conférence de presse de Lozovski. On entend mal, nous tendons l'oreille avec avidité ; comme toujours, il cite beaucoup de proverbes, mais ces proverbes ne nous font aucun plaisir.

Nous allons à la gare de marchandises à la recherche d'un convoi : on nous prend dans un wagon sanitaire spécial jusqu'à Ounetch. On vient de s'asseoir, et là, brusquement, panique : tous se mettent à courir, des coups de feu partent, il s'avère qu'un avion allemand arrose les voies à la mitrailleuse. La trouille a été intense, pour moi aussi.

À partir d'Ounetch, nous sommes sur la plate-forme d'un wagon de marchandises. Le temps est superbe, mais mes compagnons disent que ça n'est pas bon, et je le comprends bien moi-même. La voie est pleine de trous noirs, de cratères, on voit des arbres brisés par les explosions. Dans les champs, des paysans par milliers, des hommes, des femmes, creusent des tranchées antichars. Nous surveillons intensément les airs. S'il y a quelque chose, nous avons décidé de sauter, heureusement le train va extrêmement lentement. Au moment où nous arrivons à Novozybkov, il y a une attaque. Une bombe est tombée à l'entrée de la gare. Le convoi ne va pas plus loin. Couchés dans l'herbe verte, nous mâchonnons et, tout en jouissant de la chaleur et de la verdure, nous surveillons le ciel de peur que les Allemands ne surgissent brusquement.

Dans la nuit, nous sautons sur nos pieds : un convoi sanitaire se dirige vers Gomel, nous nous y accrochons au vol. Suspendus au marchepied, nous tambourinons, demandons à entrer ne serait-ce que sur la plate-forme. Soudain une femme surgit, elle crie : « Sautez immédiatement de là, les trains sanitaires sont interdits ! » C'est une femme médecin, qui a pour vocation de soulager la souffrance des autres. « Pardon, mais le train roule à pleine vitesse, comment pourrions-nous sauter ? » Nous sommes cinq à être accrochés aux montants. Tous officiers. Nous lui demandons l'autorisation de nous tenir sur la plate-forme. Sans un mot, avec une énergie hors du commun, elle commence à nous taper dessus à grands coups de botte, à nous bourrer les bras de coups de poing pour nous faire lâcher prise. C'est mal parti : si on lâche, c'est fichu. Mais c'est mieux comme ça : du coup nous prenons conscience que nous ne sommes pas dans le tram à Moscou, et, de la défense, nous passons à l'attaque. Au bout de quelques secondes, la plate-forme est à nous, tandis que la garce au grade de médecin, terrorisée, se dépêche de disparaître en glapissant. Premier épisode guerrier.

Nous sommes arrivés à Gomel. Le convoi s'est arrêté très loin de la gare, et le parcours la nuit sur les voies est pénible, il faut chaque fois se glisser sous les wagons, je me cogne le front, je trébuche, ma maudite valise pèse un poids d'enfer. Enfin nous atteignons la gare. Elle est totalement détruite. Nous nous exclamons sans fin à la vue des ruines. Un agent des chemins de fer qui passait par là nous a consolés en précisant que la gare avait été détruite dès avant la guerre afin d'en construire une plus grande et plus belle.

Gomel ! Quelle tristesse dans cette petite ville verte et tranquille, dans ces squares adorables, dans ces vieux assis sur des bancs, dans ces charmantes jeunes filles qui se promènent dans les rues. Les enfants jouent dans le sable préparé là pour éteindre les bombes. Comme une clairière lumineuse avant qu'un énorme nuage ne cache le soleil, que la tornade ne s'empare du sable et de la poussière, ne les emporte pour les faire tourbillonner. Les Allemands sont à cinquante kilomètres d'ici.

Gomel nous accueille avec une alerte aérienne. Les gens du coin disent que, ici, on donne généralement l'alerte quand il n'y a pas d'avions allemands et qu'on la lève, à l'inverse, au moment où le bombardement commence.
Bombardement de Gomel. Vache, bombes qui sifflent, incendie, femmes. Une odeur de parfum – une pharmacie a été bombardée – a pris un instant le dessus sur celle du brûlé.

Dans les yeux de la vache blessée, l'image de Gomel en flammes.

Les couleurs de la fumée. Les typos ont composé le journal à la lumière des bâtiments qui brûlent.

Nous nous sommes installés pour la nuit chez [le journaliste Goltzev] [...]. Ses petits articles n'entreront certes pas dans le « fonds patrimonial » de notre littérature, je les ai parcourus dans le journal du front, du vent d'un bout à l'autre. Comme disent mes collègues correspondants : « Ivan Popov a tué cinq Allemands à coups de cuillère. »
Nous sommes allés faire la connaissance du rédacteur en chef, le commissaire de régiment N. Nossov. Il s'est fait attendre deux bonnes heures. Nous étions assis dans un couloir obscur, et lorsque enfin je me suis présenté devant sa majesté et que nous avons discuté cinq petites minutes, j'ai compris que le camarade, pour dire les choses gentiment, n'était pas vraiment futé et qu'une conversation avec lui ne méritait pas deux minutes d'attente.

Le Q. G. du front central fut pour Grossman, Troïanovski et Knorring leur premier port d'escale. Le front central, commandé par le général Andreï Eremenko[1], avait été monté à la hâte après l'effondrement du front ouest à la fin du mois de juin. On avait fait du commandant malheureux du front ouest, le général D. G. Pavlov, le bouc émissaire du refus de

1. Le général A. I. Eremenko (1892-1970) avait participé à la partition de la Pologne en 1939. Après les combats autour de Gomel en août 1941, il prit le commandement du front de Briansk et, l'automne qui suivit, il fut gravement blessé à la jambe et manqua d'être fait prisonnier quand les blindés de Guderian débordèrent ses forces. Il fut par la suite commandant en chef du front de Stalingrad, où Grossman le rencontra.

Staline de se préparer à la guerre. Selon une pratique stalinienne caractéristique, Pavlov, qui avait été le commandant des forces blindées soviétiques durant la guerre civile espagnole, fut accusé de trahison et exécuté.

> L'état-major du front central est installé dans le palais Paskevitch. Un parc superbe, un étang avec des cygnes. [...]
> Partout, en grand nombre, ont été creusés des fossés. Nous avons été reçus par le chef de la direction politique du front, le commissaire de brigade Kozlov. [...] Il nous a dit que le Conseil militaire est actuellement inquiet d'une nouvelle reçue hier : les Allemands ont occupé Roslavl et concentré là d'énormes quantités de chars[1]. Ils sont commandés par Guderian[2], l'auteur du livre *Achtung Panzer !*
> Nous avons regardé une collection du journal du front. Dans un éditorial, j'ai lu la phrase suivante : « L'ennemi fortement malmené a continué à attaquer frileusement. »
> Nous dormons sur le plancher, sans ôter nos bottes et en mettant sous nos têtes nos masques à gaz et nos musettes. Nous dormons au club Komintern, dans la bibliothèque.
> Nous mangeons dans la salle à manger de l'état-major. Elle se trouve dans le parc, dans un pavillon très gai, de toutes les couleurs. On nous nourrit fort bien, comme on nourrissait dans les maisons de repos avant la guerre : de la crème, du fromage blanc, et même de la glace comme dessert.

Grossman fut de plus en plus horrifié et sans illusions au fur et à mesure qu'il découvrait le manque de préparation de l'Armée rouge. Il se douta bientôt, en dépit du silence officiel sur le sujet, que la personne qui portait la plus lourde responsabilité dans cette catastrophe était Staline lui-même.

> Au moment où la guerre a commencé, beaucoup de commandants en chef et de généraux étaient en villégiature à Sotchi. Beaucoup d'unités blindées étaient occupées à changer les moteurs, beaucoup d'unités d'artillerie n'avaient pas de munitions, pas plus que,

1. Roslavl était à quelque deux cents kilomètres au nord-ouest du Q. G. du front central, si bien que la région autour de Gomel se trouvait dangereusement exposée. Elle fut bientôt appelée « le saillant de Gomel ».

2. Le général Heinz Guderian (1888-1953) était le commandant du 2e groupe blindé (devenu la 2e armée blindée). Grossman manqua par deux fois d'être fait prisonnier par ses troupes.

dans l'aviation, on n'avait de carburant pour les avions... Lorsque, depuis la frontière, on commença à avertir par téléphone les états-majors supérieurs que la guerre avait commencé, certains s'entendirent répondre : « Ne cédez pas à la provocation. » Ce fut une surprise, au sens le plus strict, le plus terrible du terme.

Le désastre tout au long du front, depuis la mer Noire jusqu'à la Baltique, était d'une grande importance personnelle pour Grossman, comme le montre une lettre à son père en date du 8 août.

Très cher [père],
Je suis arrivé à destination le 7 [août]... Je regrette beaucoup de n'avoir pas pris une couverture avec moi, ça n'a rien d'agréable de dormir sous un imperméable. Je suis sans cesse préoccupé du sort de maman. Où est-elle, que lui est-il arrivé ? S'il te plaît, dis-moi tout de suite si tu as des nouvelles d'elle.

Grossman fit plusieurs visites sur les lignes de front et jeta sur le papier les observations qui suivent.

On m'a raconté comment, après l'incendie de Minsk, les aveugles d'un hospice marchaient sur la chaussée en une longue chaîne, liés les uns aux autres par des serviettes.

Un photographe déclare : « Hier, j'ai vu de très bons réfugiés. »

Un soldat de l'Armée rouge après le combat, couché dans l'herbe, se dit à lui-même : « Les animaux et les plantes luttent pour vivre, les hommes pour dominer. »

La dialectique de la guerre : savoir se cacher, sauver sa vie et savoir se battre, offrir sa vie.

Récits sur l'encerclement. Tous ceux qui arrivent aiment à raconter des histoires d'encerclement, toutes ces histoires sont parfaitement terrifiantes.

Un aviateur est arrivé en caleçon, mais avec son revolver, après avoir échappé à l'encerclement.

Des chiens qu'on a dressés à cela se jettent avec des bouteilles contre les tanks, ils flambent[1].

1. Ces chiens étaient dressés selon les principes de Pavlov. Leur nourriture leur était toujours donnée sous un char si bien qu'ils se précipitaient sous les véhicules blindés dès qu'ils en voyaient un. L'explosif était fixé sur

Des bombes explosent, le commissaire de bataillon est couché dans l'herbe, il ne veut pas en bouger. Ses camarades lui crient : « Tu es complètement cinglé, rentre au moins dans les buissons ! »

L'état-major est dans la forêt. Au-dessus de la forêt des avions rôdent. On retire les casquettes – les visières brillent, on range les papiers. Chaque matin, de tous côtés, les machines à écrire crépitent. Sitôt qu'il y a un avion, on donne des capotes aux dactylos, parce qu'elles sont en robes de couleur. Les secrétaires dans les buissons continuent à se chamailler à propos du partage des dossiers.

La poule de l'état-major se promène au milieu des abris, l'aile pleine d'encre.

J'aperçois quantité de cèpes, c'est triste de les voir [1].

On a envoyé des instructeurs [politiques] sur le front. On repère très nettement les gens, celui qui veut et celui qui ne veut pas, celui qui accepte l'ordre simplement et celui qui ruse et se défile. Tous sont là, assis, et le voient bien, et ceux qui rusent voient que tout le monde comprend parfaitement leur ruse.

Exode. Sur la route, des voitures à cheval, des gens à pied, des convois. Un nuage jaune au-dessus de la route : la poussière. Les visages des vieux et des femmes. Le convoyeur Ivan Kouptsov était à cheval à cent mètres des positions quand a commencé le repli, et l'arme était restée sur place. Les Allemands avaient mis des mines partout. Lui, au lieu de s'enfuir vers l'arrière, avança son cheval vers l'arme et la sortit du marécage. À l'instructeur politique qui lui demandait ce qui l'avait décidé à un tel exploit et à une mort quasi certaine, il a répondu : « J'ai une âme simple, de peu de prix, comme une balalaïka, elle n'a pas peur de la mort, ceux qui en ont peur sont ceux dont l'âme est de grand prix. »

Un conducteur de tracteur a chargé sur son engin tous les blessés et les a emmenés. Tous ceux qui étaient gravement blessés avaient leur arme avec eux.

---

leur dos par une longue tige munie d'un détonateur qui faisait exploser la charge au premier contact avec le dessous du véhicule visé.

1. Cette phrase a sans doute été le point de départ d'un passage du roman *Le peuple est immortel* : « Bogariov vit dans l'herbe une famille de bolets. Ils se dressaient là sur leurs gros pieds blancs, et il se rappela avec quelle passion sa femme et lui avaient ramassé des champignons l'année précédente. Ils auraient été fous de joie s'ils avaient trouvé autant de bolets. Mais il n'avait jamais cette chance-là en temps de paix. »

Le lieutenant Iakovlev, commandant de bataillon. Les Allemands s'avançaient sur lui, complètement ivres, les yeux injectés de sang. Toutes les attaques furent repoussées. Iakovlev, grièvement blessé, devait être évacué du champ de bataille sur une toile de tente. Il se mit à crier : « Il me reste ma voix pour commander, je suis un communiste, et je ne peux pas abandonner le champ de bataille. »

Matinée de très grande chaleur. Air immobile. Le village, empli de paix. La belle vie d'un village : les enfants jouent, un vieux et des femmes sont assis dans un jardinet. À peine sommes-nous passés, trois Junker. Des bombes éclatent. Une flamme rouge et de la fumée blanche et noire. Le soir, nous sommes repassés par là. Les gens ont des yeux fous, des femmes harassées transportent des objets, des cheminées brusquement surgies se dressent au milieu des ruines. Et les fleurs, rudbeckias, pivoines, qui resplendissent paisiblement.

Nous avons été surpris par une fusillade près du cimetière. Nous nous sommes cachés sous un arbre. Dans le camion, couvert d'une bâche, gisait le corps d'un soldat des transmissions. Non loin de là, des soldats de l'Armée rouge lui creusaient une tombe. Quand les Messerschmitt arrivent, les soldats courent se cacher dans un fossé. Le lieutenant leur crie : « Creusez, sinon on y sera encore ce soir ! » Korol se cache dans la tombe fraîchement creusée, tous s'enfuient dans toutes les directions. Seul le soldat mort reste là, étendu de tout son long. Crépitement des mitrailleuses au-dessus de lui.

Grossman et Knorring rendirent visite au 103e régiment d'aviation de combat de l'Armée rouge, stationné près de Gomel. Grossman ne tarda pas à découvrir que l'Armée rouge au sol avait des sentiments mêlés à l'égard de sa propre aviation, qui s'était rapidement acquis la réputation d'attaquer tout ce qui bougeait, ami ou ennemi. « Ce sont les nôtres, ce sont bien les nôtres ? » courait une plaisanterie très répandue, « Alors, où est mon casque ? »

Je vais avec Knorring au terrain d'aviation de Ziabrovski, près de Gomel, à dix-huit kilomètres. Le commandant de l'armée de l'air, Tchikourine, un grand type lent, nous a donné sa ZIS*. Il invective

* Produites en 1936 et 1941 par l'Usine Staline (Zavod Imeni Stalina) auxquelles elles doivent leur nom, les ZIS étaient de grosses limousines commandées par le gouvernement soviétique pour répondre à des usages officiels.

les Allemands : « Ils font la chasse aux voitures, aux camions isolés, aux véhicules légers, c'est de la voyouterie, une honte. »

Dans le même régiment, il y a deux camarades qui ont été décorés. Un jour, ils ont descendu un de nos avions et ont été sanctionnés. Après avoir été condamnés, ils se sont mis à travailler mieux. Il a été proposé de les acquitter.

Notes d'une entrevue avec un pilote.
« Camarade lieutenant-colonel, j'ai descendu un Junker-88 pour notre patrie soviétique. »
Sur les Allemands. « Il y a des pilotes qui ne sont pas mal, mais la majorité ne vaut pas un clou. Ils fuient le combat. Ils le refusent jusqu'au bout. »
« Il n'y a aucune anxiété, mais de la colère, de la violence. Et lorsque vous voyez qu'il est en feu, la lumière descend dans votre âme. »
« Qui va se détourner ? Lui ou moi ? Moi je n'en ai pas l'intention. Je ne fais plus qu'un seul corps avec l'avion et je ne sens absolument plus rien. »

Un jeune soldat de l'Armée rouge a déclenché une fusée au poste de commande [du terrain d'aviation] et a touché dans le dos un chef d'état-major.

À l'état-major, là où avant était le palais des Pionniers, un aviateur énorme, avec des sacs qui pendent de partout, un pistolet, des planchettes, etc., sort en reboutonnant sa braguette d'un cabinet avec l'inscription « Réservé aux fillettes ».

Les bâtiments de l'aérodrome ont été démolis par les bombardements, le terrain est creusé par les bombes. Des avions Il et Mig* sont camouflés sous des filets. L'aérodrome est parcouru d'automobiles, on apporte du carburant pour les avions, des munitions et un camion avec des Thermos, des jeunes filles en blouses blanches distribuent le repas aux aviateurs. Les aviateurs font des caprices pour manger, ils n'en ont pas envie, les jeunes filles les y encouragent. Une partie des avions est cachée dans la forêt.

Nemtsevitch [le commandant du régiment d'aviation] raconte de façon passionnante la première nuit de la guerre, la reculade précipitée, terrible. Il fonçait jour et nuit avec son camion, recueillant les femmes et les enfants des officiers. Il est entré dans une petite maison et a vu là un de nos officiers égorgé. Il avait apparemment

* Types d'avions qui doivent leurs noms à leurs constructeurs, S.V. Iliouchine pour le premier, A. I. Mikoïan et M. I. Gourevitch pour le second.

été égorgé dans son sommeil par des saboteurs – c'était dans les régions de l'ouest. Il dit que, la nuit de l'attaque allemande, il lui avait fallu passer un coup de fil pour une broutille quelconque et qu'il avait constaté que la liaison était coupée. Il avait essayé d'appeler « en se débrouillant autrement », mais la liaison ne fonctionnait pas, elle était coupée elle aussi. Cela l'avait irrité, mais il n'avait pas prêté autrement attention à cela.

Nemtsevitch m'a dit que voilà déjà plus de dix jours qu'aucun avion allemand ne se montre au-dessus de son terrain. Sa conclusion est catégorique : les Allemands n'ont pas d'essence, les Allemands n'ont pas d'avions, tous ont été abattus. Je n'ai jamais entendu un discours plus convaincu, dans le genre « plus qu'optimiste ». C'est un trait tout à la fois positif et dangereux, mais, en tout cas, on n'en fera jamais un grand stratège. Nous avons déjeuné dans une petite salle à manger coquette. La fille qui nous sert est très mignonne. Nemtsevitch en gémit de désir quand il la regarde, il lui parle d'un ton obséquieux, timide, suppliant. Elle le traite avec une condescendance moqueuse. C'est là le bref moment de triomphe et d'emprise de la femme sur l'homme dans ce genre de situation, dans les jours et peut-être les heures qui précèdent la « reddition » du cœur féminin. Constater, chez le commandant beau et brave d'une escadrille de chasse et d'assaut, cette soumission tremblante au pouvoir de la femme a quelque chose d'étrange. Apparemment c'est un homme à femmes de première. Nous avons passé la nuit dans une énorme bâtisse à plusieurs étages. Tout était désert, noir, effrayant et d'une grande tristesse. Là vivaient encore, il n'y a pas si longtemps, des centaines de femmes et d'enfants, les familles des aviateurs. Nous avons été réveillés au milieu de la nuit par un vrombissement grave, terrifiant, nous sommes sortis. Au-dessus de nos têtes des convois de bombardiers allemands se dirigeaient vers l'est, ceux-là mêmes, apparemment, dont Nemtsevitch nous avait dit quelques heures auparavant qu'ils étaient immobilisés faute d'essence ou anéantis...

Rugissement, moteurs qui démarrent, poussière, vent, un vent très particulier provoqué par les avions, aplati, au ras du sol. L'un après l'autre, les avions sont allés vers l'aire d'envol, ils ont viré et sont partis. Tout de suite, sur l'aérodrome, c'est le vide, le silence, comme une classe d'où les enfants se sont envolés. Je suis constamment envahi par la sensation de me retrouver dans un film, sur l'écran : c'est moi qu'on fait tourner sur cette pellicule, je ne me contente pas seulement de regarder, tellement sont denses et rapides les événements qui se succèdent. C'est une partie de poker. Le commandant du bataillon a lancé en l'air tout ce dont il dispose, le terrain de jeu est désert. Il est là tout seul et regarde le ciel, et au-dessus de lui le ciel est vide. Soit il a tout perdu, soit il récupérera tout, et plus encore. C'est un grand jeu, à la vie à la mort, à la victoire et à la défaite. Le monde ne connaissait pas ce jeu-là... Et voilà qu'après une attaque réussie de la colonne allemande les avions sont descendus et se sont posés. Sur le radiateur du premier est collée de la chair humaine. Un véhicule contenant des munitions a explosé juste au moment où, au-dessus de lui, l'avion de tête passait en rase-mottes. Poppe détache la viande à l'aide d'une lime ; on appelle le docteur, il examine attentivement la masse sanglante et déclare : « C'est de la chair aryenne ! » Tous éclatent de rire. Oui, ce sont des temps cruels, implacables, qui sont venus.

Chapitre 2

LA TERRIBLE RETRAITE
Août et septembre 1941

L'impression d'ensemble des quelques premiers mois de la guerre entre nazis et Soviétiques est celle d'un mouvement constant, d'avancées brusques et de rapides encerclements de blindés. Mais, du côté soviétique, il y eut aussi beaucoup de courtes périodes d'inaction, pour ne rien dire de la confusion, des rumeurs, et de l'attente, les ordres n'arrivant pas ou étant contredits. Grossman, Troïanovski et le photographe Knorring furent ramenés sur le front. Grossman se remit à noter tout ce qui frappait son regard ou son imagination. Il utilisait un petit carnet aux feuillets quadrillés pareil à un cahier d'arithmétique pour écolier.

Route vers le front. Grondement croissant des armes, angoisse croissante, tension. Dans la poussière dorée du couchant, entre les pins rougeoyants, sur une large route blanche, sablonneuse, avancent l'artillerie, les munitions, les convois traînés par des chevaux. Les fantassins marchent. Un jeune commandant couvert de poussière et de sueur avec un énorme dahlia jaune, baignant dans la lumière du soleil couchant. Ils vont vers l'ouest.

Un Allemand a surpris nos conversations dans les tranchées et il crie régulièrement depuis la sienne, tous les matins : « Joutchkov, rends-toi ! » Joutchkov répond d'une voix sombre : « Va te faire ... ! »

Le commandant a demandé à un soldat de l'Armée rouge qui s'est laissé pousser la barbe : « Pourquoi n'es-tu pas rasé ? » L'autre a répondu : « Je n'ai pas de rasoir. – Très bien, a dit le commandant, tu vas aller en reconnaissance derrière les lignes ennemies, déguisé en moujik. » Le soldat : « Je vais me raser aujourd'hui même, sans faute, camarade commandant ! »

Gapanovitch, un type formidable, tire sur sa pipe, il a de la volonté, du calme, du bon sens. Il est triste. Il aime rester seul. Il songe, longtemps, longtemps. Il parle en termes crus. « Eh bien, la cavalerie, je me la rappelle depuis l'année 14, à deux cents verstes du front, ils volaient les poules et baisaient les bonnes femmes. »

Combat de nuit. Canonnade. Les armes donnent, les obus hurlent d'abord doucement, puis ils sifflent, comme le vent. Fracas des mines. Beaucoup de feu blanc, rapide. Le plus angoissant de tout : les mitrailleuses et le petit jeu de claquettes des fusils. Les fusées vertes et blanches des Allemands, leur lueur fourbe, malhonnête, qui n'a rien de commun avec la lumière du jour. Une ondée de tirs. On ne voit personne, on n'entend personne. Un déchaînement de machines.

Le matin. Le champ de bataille. Aplatis comme des soucoupes, des cratères de mines, avec de la terre éclaboussée autour. Des masques à gaz, des gourdes. Les trous faits par les combattants pendant l'attaque pour servir de nids de mitrailleuses et de mortiers. Pour leur malheur, ils ont creusé des trous tout proches, se blottissant l'un contre l'autre : deux trous : deux amis, cinq trous : « des pays ». Du sang. Un soldat tué derrière une meule de foin, le poing serré, renversé, comme une sculpture terrible : la mort sur le champ de bataille... Et près de lui un petit flacon avec un peu de *makhorka* [tabac grossier], une boîte d'allumettes. Les abris allemands sont tapissés de paille. La paille a gardé l'empreinte des corps humains. Près des tranchées, des boîtes de conserve vides, des écorces de citron, des bouteilles de vin et de cognac, des journaux, des revues. Près des nids de mitrailleuses, il n'y a pas trace de nourriture, seulement une grande quantité de mégots et de paquets de cigarettes de toutes les couleurs – les mitrailleurs n'ont pas mangé, mais ils ont beaucoup fumé. Des douilles et des obus de mortier. Quand on touche des objets allemands, journaux, photos, lettres, on ressent une envie impérieuse de se laver les mains.

Le commandant de la division, le colonel Melechko, grand, sceptique, bilieux, en veste molletonnée de l'armée. À la remarque un peu mièvre d'un correspondant sur le regard excité et heureux des blessés qui sortent du combat, le commandant a ajouté avec un sourire sardonique : « Surtout ceux qui sont blessés à la main gauche. »

Les soldats se tiraient souvent une balle dans la main gauche, tentant ainsi naïvement d'échapper à la bataille. En fait, et quelles qu'en aient été les circonstances, une telle blessure était automatiquement considérée comme une automutilation et donc une tentative de se soustraire au combat. Le soldat risquait une exécution sommaire par les sections spéciales du NKVD (devenues par la suite le service de contre-espionnage appelé SMERSh). Quelques chirurgiens de l'Armée rouge prenaient le risque de sauver la vie d'un jeune gars en amputant la main tout entière avant que la Section spéciale n'inspecte les blessures de chacun des nouveaux patients.

Un prisonnier allemand en bordure de forêt, un pauvre gamin noiraud. Avec au cou un foulard rouge et blanc. On le fouille. Il provoque chez les combattants un sentiment d'étonnement : il est étranger, infiniment étranger à ces trembles, à ces pins, à ces tristes plaines rasées.

Variations dans le sentiment du risque : d'abord l'endroit semble dangereux, et puis on se le remémore comme s'il s'agissait de son propre appartement à Moscou.

Le cimetière est en bas, dans la vallée, on se bat, le village brûle, à notre main gauche douze bombardiers allemands font un piqué. Le cimetière est tranquille, dans le village brûlé des poules caquettent, elles sont « à pondre ». Et notre Petlioura déclare avec un sourire malicieux : « Je vais vous apporter des œufs dans un tout petit instant. » Au même moment, dans un sifflement, est arrivé un Messerschmitt, Petlioura, sans plus penser aux œufs, s'est laissé tomber dans un trou entre les tombes.

Grossman fut alors informé de ce qu'Outkine[1], un célèbre poète, avait été blessé non loin de là.

1. Le poète Iossif Pavlovitch Outkine (1903-1944) s'était porté volontaire pour l'Armée rouge en juin 1941, et il avait été blessé. Quand ses blessures furent guéries, il retourna au front en tant que correspondant militaire. Beaucoup de ses poèmes de guerre ont été mis en chansons. Il mourut dans un accident d'avion en 1944, alors qu'il revenait du front à Moscou.

Le matin. Nous sommes allés à l'hôpital de campagne* pour voir Outkine, il a les doigts arrachés par un éclat de mine. Ciel triste, il pleut. Dans la petite clairière, au milieu de jeunes trembles, il y a environ neuf cents blessés. Des linges ensanglantés, des lambeaux de chair. Des gémissements, des plaintes douces, des centaines d'yeux tristes qui souffrent. Une jeune doctoresse rousse a perdu la voix, elle a opéré toute la nuit, son visage est tout blanc, elle est à deux doigts de s'effondrer. Outkine a déjà été emmené en emka. Elle a eu un sourire : « Je le charcutais, et lui, il me récitait des poèmes. » Sa voix est à peine audible, elle s'aide de ses mains pour s'exprimer. On apporte des nouveaux blessés, tout trempés de pluie et de sang.

Comme tous les Russes, Grossman était ému par les histoires d'orphelins de guerre, ces innombrables innocents dont la vie avait été détruite.

Un lieutenant-colonel venait de Volkovysk, dans la forêt, il est tombé sur un petit garçon de trois ans. Il l'a porté dans ses bras sur des centaines de verstes, par les marécages, les forêts. Je les ai vus à notre état-major. Le gamin, tout blond, dormait, les bras autour du cou du lieutenant-colonel. Le lieutenant-colonel, un rouquin, avait ses vêtements en loques[1].

Plaisanterie sur la façon d'attraper un Allemand. Il suffit d'attacher une oie par la patte et l'Allemand sort pour la prendre. La réalité : des soldats de l'Armée rouge avaient attaché des poules par la patte et les avaient lâchées dans une clairière au milieu des bois, en se dissimulant dans les buissons. Et les Allemands sont réellement sortis en entendant les poules caqueter. Ils tombèrent tout droit dans le piège.

Au cours de la troisième semaine d'août, une partie du 2e groupe blindé du général Heinz Guderian fit mouvement vers le sud pour déborder les forces soviétiques dans le saillant de Gomel. L'avance allemande contraignit l'Armée rouge à abandonner la ville, et la dernière partie du territoire biélorusse tomba bientôt aux mains de l'ennemi. Grossman rencontra les responsables du Parti communiste biélorusse lors d'une réunion en plein air de son comité central avec des officiers supé-

* Littéralement le « *medsanbat* », ou bataillon sanitaire médical.

1. Grossman a utilisé cet épisode dans son roman *Le peuple est immortel*, où le fils du commissaire est sauvé d'une manière analogue.

rieurs[1]. Grossman développa cette scène dans son roman l'année suivante.

> Qui peut décrire l'austérité de cette réunion sur la dernière parcelle libre de la forêt biélorusse ? Le vent soufflait de Biélorussie, mélancolique et solennel, et c'était comme si des millions de voix murmuraient dans les feuilles de chêne. Les commissaires du peuple [les ministres du gouvernement] et les membres du Comité central, des hommes en vareuse militaire avec des visages burinés et fatigués, tous furent brefs dans ce qu'ils avaient à dire... La nuit tombait. L'artillerie ouvrit le feu. De longs éclairs illuminaient le ciel sombre vers l'ouest.

Dans le carnet original, il écrivait :

> Réunion du Comité central du Parti communiste de Biélorussie dans la forêt, sur la dernière parcelle de terre biélorusse. Réunion courte, rude. Les décisions à prendre sont graves, pas de mots inutiles...
> Ponomarenko[2]. Conversation avec le général : « Je vous interdis bien d'insulter les membres du Comité central. »
> Le général embarrassé : « Ils ne sont pas en cause, je jurais comme ça, c'est tout. »
>
> Un ordre la nuit : ouvrir un feu d'enfer sur Novo-Belitza et Gomel. Le ciel s'est enflammé. Dans la tente du commandant, une conversation calme. La voix du commandant : « Si vous vous souvenez, dans le *Voyage à Arzroum**... » Et une autre voix : « Les Karaïms ne sont pas des Juifs, ils descendent des Khazars... »

1. Ortenberg écrivit plus tard : « Le jour suivant [21 septembre] nous étions en mesure d'en proposer davantage aux lecteurs : Vassili Grossman et Pavel Troïanovski avaient envoyé de Gomel une sélection de documents divers. Il y avait là entre autres une entrevue avec le secrétaire du Parti communiste de Biélorussie à propos des exploits des partisans. »

2. Ponomarenko, Panteleimon Kondratievitch (1902-1984), Premier secrétaire du Parti communiste biélorusse de 1938 à 1947, en exil à Moscou durant l'occupation allemande en 1941-1944, où il supervisait l'organisation de la résistance des partisans. Ponomarenko, un dur à cuire stalinien, fut un improbable amateur de jazz qui créa à Minsk en 1940 l'Orchestre national de jazz de Biélorussie. Après la guerre, il occupa plusieurs postes en tant qu'ambassadeur d'Union soviétique et fut étroitement lié au KGB.

* Le *Voyage à Arzroum* est une œuvre célèbre d'Aleksandr Pouchkine.

Des chiens se précipitaient pour traverser le pont, fuyant Gomel en flammes en même temps que les voitures.

Un vieil homme était sorti d'un abri creusé pour ramasser son chapeau au moment d'un bombardement, il eut la tête enlevée avec le cou.

Les nouvelles d'un désastre militaire qui ne faisait que croître se propageaient dans la population civile. Grossman, Troïanovski et Knorring fuirent pour échapper aux colonnes blindées de Guderian. Cela les mena à l'extrémité nord-est de l'Ukraine. Ils se dirigèrent vers le sud en suivant la grande route de Kiev jusqu'à Tchernigov, puis en allant vers l'est jusqu'à Mena. Dans l'un et l'autre endroit, les officiers d'état-major de l'Armée rouge ne prenaient pas le danger au sérieux, comme Grossman fut amené à le découvrir par lui-même.

Au Kremlin, Staline refusait lui aussi d'admettre la réalité de la menace. Les blindés de Guderian, en allant de Gomel vers le sud, pouvaient couper la capitale ukrainienne, Kiev, du nord. Au moment où le chef soviétique reconnut le danger, il était trop tard. Cela devait être la plus grande défaite militaire ponctuelle de l'histoire soviétique. Dans la « poche de Kiev », l'Armée rouge perdit plus d'un demi-million d'hommes, tués ou faits prisonniers. Grossman et ses compagnons venaient tout juste d'échapper au piège lorsque les 3e, 4e et 17e divisions blindées allemandes s'avancèrent de Gomel jusque dans l'est de l'Ukraine. La 3e division blindée s'empara du point stratégique qu'était le pont sur la Desna, près de Novgorod-Severski, le 25 août.

Troïanovski a décrit leur parcours. « Nous roulions et roulions encore, laissant derrière nous des ruines fumantes... Les ruines de Tchernigov, Borzna, Batourine se consumaient... Chaque fois qu'il y avait une attaque aérienne, P. I. Kolomeïtsev organisait un tir d'armes légères sur l'avion fasciste. Même des hommes aussi peu militaires que l'étaient Oleg Knorring et Vassili Grossman faisaient feu sur l'appareil avec leurs fusils. » Mais Grossman, lui, était également sensible à la tragédie humaine qui se jouait là pour eux.

La population. Ils pleurent. Qu'ils soient en route, qu'ils soient assis, qu'ils soient debout près des palissades, à peine commen-

cent-ils à parler qu'ils pleurent, et on a soi-même envie de pleurer malgré soi. Quel malheur !
Une maison vide, la famille s'en est allée hier, le maître de maison est en train de partir. Le voisin, un vieil homme, est sorti dire au revoir. « Et le chien ? Il reste ? – Il n'a pas voulu y aller... »
Et la maison est restée : sur le toit mûrissent des tomates vertes, les fleurs, au jardin, jubilent, dans la pièce il y a de petites tasses, des pots, et, dans de gros vases, des ficus, un citronnier, de petites pousses de palmes pointent. Partout, pour tout, on sent la main du maître et de la maîtresse de maison...

La poussière. Une poussière blanche, jaune, rouge. Elle est soulevée par les sabots des moutons et des cochons, les chevaux, les vaches, les charrettes des réfugiés, les soldats de l'Armée rouge, les camions, les autobus de l'état-major, les chars, les armes, les engins de traction... La poussière stagne, s'élève en volutes, tourbillonne sur l'Ukraine...

La nuit volent des Heinkel et des Junker. Ils grouillent parmi les étoiles comme des poux. L'air ténébreux est rempli de leur vrombissement. Des bombes éclatent avec fracas. Alentour, des villages brûlent. Le ciel sombre du mois d'août s'illumine... Quand tombe une étoile filante, ou quand en plein jour éclate un coup de tonnerre, tout le monde prend peur, et puis c'est le rire : « Ça vient du ciel, du vrai ciel... »

Une vieille femme pensait voir son fils dans la colonne, elle a attendu tout le jour dans la poussière, jusqu'au soir. Elle s'est avancée vers nous : « Soldats, prenez des cornichons, mangez, mangez donc », « Soldats, buvez du lait », « Soldats, des pommes », « Soldats, un petit peu de fromage blanc », « Soldats, prenez... ». Et elle pleure, elle pleure en regardant ceux qui passent.
À nouveau, je me suis souvenu de la jeune Arina, du village de Diagova. La tristesse même, la poésie même du peuple avec des yeux noirs. Des pieds tout noirs, pas lavés, une robe en loques, la misère. Nous lui avons offert des pommes de son jardin kolkhozien.
Ce jardin, il est à elle... Le vieux qui en est le gardien nous regardait sans rien dire arracher les pommes.

Une énorme pièce d'artillerie avance lentement sur la route dans un nuage noir et jaune. Sur le canon, deux soldats, le visage noir de poussière, boivent de l'eau, ils boivent dans leur casque.

En quittant l'Ukraine avec seulement quelques pas d'avance sur les blindés de Guderian, Grossman pensait à coup sûr à sa mère, piégée à Berditchev, à près de cinq cents kilomètres au sud-ouest derrière lui. De Chtchors* (ainsi nommée du nom d'un héros bolchevik de la guerre civile), Grossman, Troïanovski et Knorring allèrent à Gloukhov, puis ils prirent la route principale vers Orel au nord-est.

Se rappeler les villes prises dans lesquelles on a été un jour, c'est comme se rappeler les amis morts. Infiniment triste. Elles semblent étrangement lointaines et en même temps proches, et la vie y est comme l'au-delà...

Conversations dans les villages. De toutes sortes. Méchantes. Franches. Aujourd'hui une jeune femme à la voix forte criait : « Allons-nous nous laisser commander par les Allemands ? Tolérerons-nous une telle infamie ? »

Les concombres. Quatre hommes du primeur local chargent des concombres à la gare sous les bombes. Ils pleurent de terreur, boivent un coup de trop, et le soir, avec un sens bien ukrainien de la dérision, ils se moquent l'un de l'autre, mangent du lard, du miel, de l'ail, des tomates. L'un d'eux imite à merveille le sifflement d'une bombe allemande et son explosion.

B. Korol leur apprend comment se servir d'une grenade à main. Il pense qu'avec les Allemands, ils passeront dans la résistance, tandis que je comprends, à leur conversation, qu'ils veulent travailler avec les Allemands. L'un d'eux se prépare à être agronome du canton, et il regarde Korol comme on regarderait un idiot.

Le visage et l'âme du peuple : en trois jours, nous avons traversé la Biélorussie, l'Ukraine et nous sommes arrivés dans la région d'Orel. Quelle reculade ! Le peuple, dans le malheur, a montré son meilleur côté, noble, bon. Traits de ressemblance entre ces trois peuples, et aussi traits de différence, de différence profonde. Le plus solide, le plus fort de tous est le moujik russe ; malheureux et doux, malicieux et très légèrement fourbe, le visage des Ukrainiens ; tristesse tranquille et noire des Biélorusses.

Orel. Route de nuit. Ténèbres. Les freins de la voiture ne marchent pas. Dans l'obscurité, nous rentrons dans des réfugiés, cri d'une femme. Des Juifs réfugiés. Arrivée à Orel. La ville dans les ténèbres. Avant on voyait de loin, depuis l'obscurité de la campagne, les lueurs de la ville, maintenant c'est le noir. L'hôtel. Un

* La ville, qui a conservé ce nom de Chtchors, s'appelait Snovsk avant 1935.

lit ! Pour la première fois depuis qu'il y a la guerre, se coucher sans bottes, sans vêtements. Conversation au téléphone avec Moscou, sensation nostalgique de ce contact désincarné avec la ville de mes amis, de ma famille, de mon travail.

Chapitre 3

SUR LE FRONT DE BRIANSK
Septembre 1941

Ortenberg ne laissa pas le temps à Grossman et Troïanovski de se reposer à Orel après leur retraite. Ils furent rappelés pour aller travailler sur le front de Briansk, qui devait bientôt supporter de plein fouet l'opération Typhon, durant laquelle le Groupe d'armées centre commandé par le général von Bock déclencha son offensive contre Moscou.

Route vers le front. Deux soldats de l'Armée rouge dans un jardin vide et somptueux. Matinée claire et tranquille. Ce sont des agents des transmissions.
« Camarades officiers, je vais vous faire tomber des pommes, là, tout de suite. » Chocs lourds et étouffés des pommes qui tombent dans le silence du jardin abandonné. La triste maison blanche du propriétaire : elle est abandonnée pour la deuxième fois, son deuxième maître est parti, un nouveau est en route. Et le visage joyeux et sale du soldat tenant un tas de pommes dans les mains.

Une vieille femme : « Qui sait si Dieu existe ou pas ?, je le prie, ça n'est pas un travail bien difficile, vous vous prosternez deux fois devant lui, peut-être qu'il vous acceptera. »

Dans les isbas vides, tout a été emporté, ne restent que les icônes. Ça n'est pas du tout comme chez les paysans de Nekrassov[1] qui

1. Nekrassov, Nikolaï Alekseevitch (1821-1878), poète. Sa mère, qui était polonaise, lui avait décrit la dure condition des paysans russes, qui forme le sujet majeur de son œuvre, notamment « Chemin faisant », « Pour qui fait-il bon vivre en Russie », et « Gel au nez rouge ».

arrachaient au feu les icônes et laissaient l'incendie dévorer tout le reste.

Toute la nuit un gamin pleure, il a un abcès à la jambe. Sa mère lui parle très doucement à l'oreille pour le calmer tandis qu'à l'extérieur gronde la bataille nocturne.

Temps affreux – obscurité, pluie, brouillard –, tous sont trempés et glacés, et pourtant tous sont contents : il n'y a pas d'avions allemands. Tout le monde s'exclame ravi : « C'est un temps idéal ! »

L'approche des Allemands poussait les paysans les plus prévoyants à transformer les bêtes en jambons et en saucisses, qu'il était plus facile de dissimuler.

On tue les cochons. Hurlements terribles qui font se dresser les cheveux sur la tête.

Interrogatoire d'un traître dans un petit pré. Journée d'automne sereine et lumineuse, soleil doux, caressant. C'est un jeune paysan qui est là, debout. Sa barbe a poussé, il porte un manteau marron tout déchiré, un grand chapeau de paysan, ses pieds sont sales, sans chaussures, et ses jambes sont nues jusqu'au mollet ; des yeux bleus qui brillent, une main enflée, l'autre petite, comme une main de femme, avec des ongles propres. Il parle, en traînant sur les mots, doucement, en ukrainien. Il est de Tchernigov, il a déserté voici quelques jours et a été arrêté la nuit dernière sur la ligne de front alors qu'il cherchait à revenir vers nos arrières vêtu de ce costume de paysan d'opérette ou presque. Il a été arrêté par des anciens camarades, des soldats de sa propre compagnie : ils l'ont reconnu, et maintenant il est là devant eux. Les Allemands l'ont acheté pour cent marks. Il venait en reconnaissance observer les postes de commandement et les terrains d'atterrissage. « C'étaient cent marks seulement », dit-il en traînant sur les mots. Il pense que la modestie de la somme peut entraîner de l'indulgence à son égard. « Mais moi aussi, ça me gêne, je vois, je vois. » Tous ses gestes, ses mimiques, ses coups d'œil, sa façon bruyante, avide, de respirer, tout est le fait d'un être qui a l'intuition d'une mort proche, imminente. « Et ta femme, elle s'appelle comment ? – Ma femme ? Gorpyna. – Et ton fils ? – Mon fils, c'est Piotr. » Il réfléchit un instant et ajoute : « Piotr Dmitrievitch, il a cinq ans. Je voudrais me raser, enchaîne-t-il, parce que les types me regardent, et que ça me gêne. » Et il se passe la main sur la barbe. Il attrape de l'herbe qu'il froisse, de la terre, des brindilles, il a des gestes

rapides, nerveux, comme s'il accomplissait là une tâche qui allait lui sauver la vie. Quand il regarde les soldats et leurs fusils, il y a de la terreur dans ses yeux...
Ensuite le colonel l'a frappé au visage, en criant dans un sanglot : « Tu comprends ce que tu as fait ? » Puis c'est la sentinelle qui a crié à son tour : « Tu aurais pu penser à ton fils, il ne pourra pas vivre avec cette honte ! » Et le traître a dit : « Ouais, je sais bien, les gars, je sais que j'ai pas bien fait », en s'adressant à la fois au colonel et à la sentinelle, comme s'ils pouvaient compatir à son malheur. On l'a fusillé devant les rangs de la compagnie dans laquelle il était soldat quelques jours auparavant.

Le major Garan a reçu une lettre de sa femme. Il était occupé à faire quelque chose à ce moment-là. Il a mis la lettre de côté et a continué sa tâche. Ensuite, il l'a lue, a souri et a dit doucement : « Je ne savais pas si ma femme et mon fils étaient ou non vivants, je les ai laissés à Dvinsk. Et mon fils écrit : "Je suis monté sur le toit pendant un raid aérien et j'ai tiré sur les avions avec mon pistolet." Il est en bois, son pistolet. »

Toujours terriblement inquiet du sort de sa mère et de sa fille Katia, Grossman écrivit à son père. Il ne savait pas que, en fait, Katia avait été envoyée dans un camp de pionniers bien plus à l'est.

Je suis en bonne santé, je me sens bien et mon humeur est excellente. Seulement je suis préoccupé nuit et jour par maman et par Katioucha, et puis je voudrais tellement voir les miens. Je vais probablement être autorisé à passer quelques jours à Moscou dans à peu près trois semaines. À ce moment-là je me laverai un bon coup et je dormirai comme il faut, sans bottes aux pieds, voilà désormais mon idée du confort suprême.

Grossman écrivit aussi à sa femme peu de temps après. Comme celles de tous les soldats du front, cette lettre, datée du 16 septembre, apporte très peu d'informations, sinon la confirmation de ce que l'expéditeur était encore en vie au jour de son envoi.

Chère Lioussenka,
Je vois une foule de choses intéressantes, je ne cesse de bouger d'un endroit à un autre tout le temps, voilà à quoi ressemble notre vie au front. M'écris-tu ? Pendant que j'étais en train de t'écrire, une goutte de goudron est tombée sur la carte depuis la poutre de

notre abri... Jette un œil dans *Krasnaïa Zvezda*. Deux ou t
par mois, mes billets y sont publiés. Que cela te soit un petit
sage de plus de ma part.
Ton Vassia.

Krasnaïa Zvezda venait de publier deux jours plus tôt le dernier article de Grossman. Il était intitulé « Dans les bunkers de l'ennemi. Sur l'axe de l'ouest ».

> Tranchées allemandes, postes de tir, bunkers d'officiers et de soldats : l'ennemi a été ici. Vins et cognacs français, olives grecques, citrons jaunes pressés à la va-vite provenant de leur « allié », l'Italie servilement soumise. Un pot de confiture avec une étiquette polonaise, une grande boîte ovale de conserve de poisson, tribut venu de Norvège, un bidon de miel approvisionné depuis la Tchécoslovaquie... Et puis, gisant comme un symbole menaçant au milieu de ce festin fasciste, la douille cabossée d'un obus soviétique.
> Dans les bunkers des soldats, le tableau est bien différent : on n'y voit pas d'emballages de bonbons ni de sardines à demi mangées. Mais on trouve des boîtes de purée de pois et des tranches d'un pain lourd comme du plomb. En soupesant dans leurs mains ces briquettes de pain qui ne le cèdent à l'asphalte ni par la couleur ni par le poids, les soldats de l'Armée rouge constatent avec un petit sourire : « Eh bien mon vieux, pour du pain, ça, c'est du pain ! »

Chapitre 4

AVEC LA 50e ARMÉE
Septembre 1941

Durant ce mois de septembre sur le front de Briansk, Grossman se rendit au quartier général de la 50e armée. Elle était composée de sept divisions de fusiliers et commandée par le major général Mikhaïl Petrov[1]. Le quartier général était installé dans une isba.

Dans l'isba, il y a le membre du Conseil militaire [le commissaire] Chliapine et le commandant en chef Petrov. Petrov est petit avec un gros nez, un peu chauve. Il porte une tunique de général toute tachée, ornée d'une Étoile d'or « espagnole* ». Petrov explique longuement au cuisinier comment faire une génoise, comment et pourquoi la pâte lève, comment cuire le pain de froment, et comment cuire celui de seigle. Il est très féroce et très courageux. Il raconte comment il a échappé à pied à l'encerclement, sans quitter son uniforme, avec toutes les médailles et l'Étoile d'or, car il ne voulait pas revêtir de vêtements civils. Il marchait tout seul, en grande tenue de parade, un bâton à la main afin d'écarter les chiens des villages. Il m'a dit : « J'ai toujours rêvé d'aller en Afrique, pour me frayer un chemin à travers la forêt tropicale, tout seul, avec une hache et un fusil. » Il aime beaucoup les chats, surtout les chatons, et il joue longuement avec eux.

1. Le major général Mikhaïl P. Petrov (1898-1941).

* L'Étoile d'or correspond à la décoration de Héros de l'Union soviétique, reçue ici, en l'occurrence, pour services rendus durant la guerre d'Espagne.

Le commandant de la 50e armée Petrov parlait à une femme dans un village repris aux Allemands. « Que pensez-vous des Allemands ? – Ils ne sont pas si mal. » Le général l'a agonie d'injures.

Il y avait un officier qui mangeait très peu. Une femme du village a dit de lui : « Il a été gavé. »

Le cuisinier du général. Il travaillait avant la guerre dans un restaurant. Il est là, avec sa cuisine, dans une isba et n'est que moquerie pour la nourriture du village. Les femmes du pays sont furieuses contre lui, elles ne l'appellent pas Timofeï, mais Timka. Il est terrible avec elles.

Timka : « Quand je travaillais en première ligne, je sortais avec la roulante, je m'enfilais un verre de “dénaturé”, et alors tout m'était égal : les obus de mortier tombaient et les balles sifflaient, et moi je chantais et je distribuais les rations. Ah, c'est qu'ils m'aimaient bien, les soldats, ah, ils m'aimaient. » Il montre comment il distribuait la soupe aux choux avec des gestes de danseur, très gracieux, et il chante en même temps. Apparemment, cette fois-ci aussi il s'en est enfilé un, comme avant d'aller en première ligne.

Les adjudants : pour Chliapine, c'est le grand et beau [lieutenant] Klenovkine ; celui de Petrov est petit, comme un adolescent, avec des épaules et un torse monstrueusement larges. Cet « adolescent » est capable, d'un coup d'épaule, de faire s'écrouler une isba. Il est équipé de toutes sortes de pistolets, de revolvers, d'un pistolet-mitrailleur et de grenades. Il a dans ses poches des bonbons volés à la table du général et des centaines de cartouches pour protéger la vie du général.
Petrov avait remarqué que son adjudant mangeait très vite, en se servant de ses doigts en guise de fourchette, il lui cria furieux : « Si tu n'apprends pas les bonnes manières, je te balancerai en première ligne. C'est avec une fourchette, pas avec les doigts, qu'il faut manger ! »

Les adjudants du général et du commissaire se répartissent le linge, ils le trient après la lessive et essayent chacun de faire main basse sur un caleçon en plus. Nous franchissons un petit ruisseau. Le général le passe d'un bond, le commissaire marche dedans et lave ses bottes. J'ai jeté un œil : l'adjudant du général a sauté par-dessus, celui du commissaire est entré dans l'eau et a lavé ses bottes.

Soirée à la bougie. Petrov parle en mots brefs. Au commandant d'une division lui demandant de remettre l'attaque à plus tard en raison des pertes subies il fait répondre : « Dites-lui, je la remettrai quand il ne restera plus que lui. » Ensuite nous avons joué aux dominos longtemps, Petrov, Chliapine, une petite jeune fille – la mignonne Valia aux joues rondes – et moi. Le commandant de l'armée pose ses pièces bruyamment en les plaquant de la paume. De temps en temps le jeu s'interrompt : dans l'isba entre un major du département des opérations qui apporte des rapports.

Le matin. Petit déjeuner. Petrov boit un verre de [vodka] blanche, il n'a pas faim. Il dit avec un sourire en coin : « C'est permis par le *narkom** [ministre]. » [Une ration de cent grammes par jour de vodka avait été autorisée.] Nous nous préparons à avancer. Avant de partir, le commandant de l'armée joue avec des chats. On rejoint d'abord la division, puis le régiment. Nous avons laissé la voiture, nous marchons à pied dans un champ humide, argileux. Les pieds s'enfoncent. Petrov crie des mots espagnols, ils sonnent curieusement ici, sous ce ciel d'automne, sur cette terre détrempée[1]. Le régiment mène le combat sans pouvoir prendre le village. Mitrailleuses, pistolets-mitrailleurs, sifflement des balles. Échange très dur entre le commandant de l'armée et le commandant du régiment. « Si d'ici une heure vous ne vous êtes pas emparé du village, vous rendrez le régiment et vous irez à l'assaut en tant que soldat du rang ! » « À vos ordres, camarade général », et il a les mains qui tremblent. Pas un seul homme ne se déplace debout, tous rampent, avancent à quatre pattes, passent en courant d'un trou à l'autre le dos rond. Ils ont peur des balles, or il n'y a pas de balles. Tous sont maculés, pleins de boue, trempés. Chliapine marche normalement, comme s'il était en promenade, il crie : « Plus bas, courbez-vous donc encore plus bas, couards, couards ! »
Nous avons rejoint le 2e régiment, l'état-major du régiment est vide. Trois chats tout propres. Une grande quantité d'armes. Devant les icônes pendent sur des ficelles, en guise d'ornement, des guirlandes d'ampoules électriques.

Après le repas, est arrivé le procureur militaire de l'état-major de la 50e armée [l'arrière]. Tous nous buvons du thé avec de la confiture de framboises tandis que le procureur expose les affaires : des lâches, des déserteurs, entre autres le vieux major Potchepa, des paysans convaincus de [diffusion de] propagande proallemande. Petrov écarte son verre et confirme la condamnation à mort en

* « Commissaire du peuple » *(Narodnyi komissar)*, fonction équivalente à celle de ministre.

1. Le général Petrov avait été l'un des « conseillers » rattachés à l'armée républicaine durant la guerre civile espagnole (Operatsia X).

signant le document dans l'angle, d'une petite écriture enfantine, en lettres rouges.
Le procureur expose une énième affaire : une femme, qui persuadait les paysans d'accueillir les Allemands avec le pain et le sel.
« Et qui est-ce ? demande Petrov.
– Une vieille fille », répond en riant le procureur.
Petrov rit lui aussi.
« D'accord, si c'est une vieille fille, on va remplacer ça par dix ans, et il réécrit une nouvelle condamnation. »
On a encore bu un peu de thé et le procureur a dit au revoir. « N'oubliez pas de rapporter le samovar, lui a lancé Petrov, nous sommes habitués à notre samovar. »

Grossman avait à l'évidence infiniment plus de respect pour le commissaire de brigade Nikolaï Alekseevitch Chliapine que pour Petrov.

Chliapine est intelligent, fort, tranquille, gros et lent. Les gens ressentent son pouvoir intérieur sur eux.

Cette visite au quartier général de la 50e armée se révéla par la suite importante pour l'œuvre de Grossman. Durant leurs longues conversations, Chliapine fit à Grossman le récit de ce qu'il avait vécu au sein de la 94e division de fusiliers pendant le terrible été de l'invasion nazie. Un mois après le début de la guerre, sa division avait fait partie du front ouest commandé par le général Pavlov et qui avait été mis en pièces. Les derniers hommes de la division avaient tenté d'échapper à l'encerclement en Biélorussie et s'étaient retirés vers l'est et vers Vitebsk, lorsqu'ils furent attaqués par la 20e division blindée à la fin du mois de juillet. Ils durent se retirer dans la forêt avant d'en sortir en se battant. Le récit de Chliapine était forcément aux couleurs des clichés soviétiques de l'époque et donnait une idée exagérée des effectifs et des pertes de l'ennemi, mais les faits essentiels et l'héroïsme du commandement de Chliapine étaient presque à coup sûr exacts. Grossman utilisa ce qu'il avait noté de ces conversations l'année suivante dans *Le peuple est immortel**. La mort de Chliapine dans le mois qui suivit

* Voir, pour la traduction française, Vassili Grossman, *Années de guerre*, Paris, Autrement, 1993, p. 7-26.

cette visite le renforça encore dans son désir de rendre hommage à sa mémoire.

> Tout cela m'a été raconté par Chliapine. Nous étions couchés tous les deux dans le foin d'une grange, et tout explosait autour. Ensuite, dans cette même grange, une fille appelée Valia[1] a mis en marche un phonographe et nous avons écouté *Le Petit Fichu bleu*[2]. Les jeunes trembles frêles étaient secoués par les explosions et des balles traçantes s'élevaient vers le ciel.

À la fin du mois, Grossman apprit par son père que sa fille Katia, au moins, était saine et sauve.

> Très cher, j'ai reçu plusieurs cartes à la fois, dont deux de toi... C'est le premier petit mot depuis deux mois. Je suis très heureux qu'on sache enfin où est Katioucha, mais du coup je suis deux fois plus triste pour maman... J'ai très envie de te voir, mais tant que mes chefs ne me rappellent pas, ce n'est pas la peine d'y penser...

1. Valia était probablement l'« épouse de guerre » du général Petrov. Par la suite Grossman fulmina contre cette pratique, très répandue chez les officiers supérieurs, de se choisir ainsi des maîtresses au sein de leur quartier général et du personnel médical.

2. *Le Petit Fichu bleu* était une chanson très connue sur la promesse que fait la bonne amie d'un soldat de ne jamais l'oublier au moment où il part pour le front. Elle porte un modeste fichu bleu lors de leurs adieux. La musique était de G. Peterburgski, les paroles de Iakov Galitzki. Il est intéressant de noter, compte tenu des attaques ultérieures de Staline contre les Juifs et leur « cosmopolitisme », qu'une bonne partie des chansons populaires patriotiques d'Union soviétique pendant la guerre ont été écrites par des Juifs. La chanson *Le Petit Fichu bleu* eut une telle influence que certains soldats en ajoutaient même le titre au cri de guerre officiel, et cela devenait : « Pour la Patrie, pour Staline, pour le fichu bleu ! »

Chapitre 5

DE RETOUR EN UKRAINE

Le 20 septembre, Grossman et Troïanovski repartirent vers le sud, pour Gloukhov, à l'extrême nord-est de l'Ukraine, dans une région qu'ils avaient traversée en fuyant Gomel.

Le refus de Staline de regarder en face le danger d'encerclement autour de Kiev avait eu pour résultat la jonction du 2e groupe blindé de Guderian avec le 1er groupe blindé de Kleist près de Lokhvitsa. Le front sud-ouest du général Kirponos, formé des 5e, 21e, 26e et 37e armées, était isolé. Un vieux camarade de Staline, le maréchal Boudionny, s'échappa, comme surent le faire Nikita Khrouchtchev et le général Timochenko. Quelque quinze mille hommes réussirent à se glisser à travers le cordon allemand, mais le demi-million restant fut condamné à un sort terrible : manque de nourriture, maladie, et mauvais traitements dans les camps de prisonniers de la Wehrmacht.

En dépit de la situation militaire, la plupart des civils ukrainiens n'avaient pas très envie d'être évacués vers l'est dans la région de la Volga. Grossman lui-même, bien que né et ayant été élevé dans la ville ukrainienne de Berditchev, considérait ces paysans ukrainiens presque comme des étrangers, car il n'avait jamais eu le moindre contact avec le monde rural.

Les Ukrainiens avaient souffert durant la guerre civile qui avait fait rage sur leurs terres, et par-dessus tout durant les terribles famines provoquées par la politique de Staline visant à supprimer les riches paysans, les koulaks, et à favoriser la collectivisation des fermes. En conséquence, beaucoup d'Ukrainiens étaient prêts à accueillir les soldats allemands en libérateurs. Grossman découvrirait plus tard que les volontaires de la police ukrainienne avaient même eu un rôle déterminant en œuvrant à la rafle des Juifs de Berditchev, y compris à celle de sa mère et de leurs amis, et qu'ils avaient aidé à leur massacre.

> Dans les champs. Vent, vent, vent. Froid. La nature attend la neige. Des femmes, transies, vêtues de grosse toile, se révoltent, elles ne veulent pas partir avec des enfants en bas âge – certaines en ont cinq ou six – pour la République des Allemands de la Volga. Elles brandissent des faucilles, les faucilles luisent d'un éclat mat dans la lumière grise de l'automne. Elles ont les yeux pleins de larmes. Dans l'instant qui suit, ces femmes rient, disent des grossièretés, mais ensuite leur colère et leur chagrin reviennent. Elles crient : « Le vieux, il avait deux fils lieutenants, il s'est pendu hier, il ne voulait pas aller dans cette région de la Volga. Les Allemands nous attraperont là-bas, ils nous attraperont partout. – Nous mourrons ici, nous n'irons nulle part. – Si un salaud de vermine vient nous déloger, il aura droit à nos faucilles. » Et tout de suite après : « Si tu n'as pas d'homme, prends un chat et ronronne avec lui toute la nuit. – Tu vois le ciel, les grues volent vers le sud, et nous, où faudrait-il qu'on aille ? – Aidez-nous, camarades ! »
> Ah, les femmes ! Leurs yeux, dans le malheur, sont vifs, excités, mauvais, enfantins, et on y lit le meurtre. Des femmes avaient fait deux cents kilomètres pour porter des biscottes à leurs hommes à Koursk.
>
> Le secrétaire du *raïkom* [« comité régional »] : « Faites un tour chez moi, les gars, j'ai de l'alcool, des petites femmes pas trop vieilles. »
>
> Deuxième nuitée. Une poste. Le téléphone a sonné. J'ai cru un instant qu'on allait dire : « Vassili Semionovitch, c'est pour vous. » Les Allemands tonnent. Nous avons fait du feu dans le poêle. Douceur triste d'un poêle qui n'est pas le vôtre. Une adorable petite fille avec des yeux foncés, intelligents, a dit : « Vous êtes assis à la place de papa. » Les jeunes filles. Elles maudissent Hitler – il les prive de garçons, de musique, de danse et de chants. Dans l'obscurité passent des troupes. Une jeune fille accourt : « Pour voir mon frère. » Une jeune fille qui semble sortir du musée artisanal de la poupée : un visage rond, des yeux bleus et une petite bouche de poupée. Une petite bouche qui articule, à propos d'une petite fille de un an qui pleure : « Ça serait aussi bien qu'elle meure. Une de moins. »

Un soldat blessé a été transporté ici la nuit dernière. Il cherchait sa respiration, gémissait. Deux femmes près de lui se sont lamentées toute la nuit, elles découpaient ses pansements gonflés de sang. Il s'est senti mieux. Les hommes avaient peur de le transporter de nuit à l'hôpital. Il est resté étendu là jusqu'à l'aube.

Des *edinolitchniks* [« fermiers individuels »] blanchissent leurs *khatas* [maisons paysannes ukrainiennes], ils nous regardent d'un air de défi : « Pâques est arrivé. »

Derrière cette remarque, plutôt bizarre en automne, il y avait l'allusion au fait qu'ils célébraient la venue du moment le plus joyeux de l'année. Certains historiens ont suggéré que les Allemands, avec les croix noires de leurs véhicules, étaient perçus comme apportant une libération chrétienne à une population opprimée par l'athéisme soviétique. Nombre d'Ukrainiens ont accueilli les Allemands avec le pain et le sel de la bienvenue, et nombre de jeunes filles ukrainiennes fréquentèrent avec entrain des soldats allemands. Il est difficile de mesurer l'ampleur de ce phénomène en termes de statistiques, mais il est significatif que l'Abwehr, le département de contre-espionnage de l'armée allemande, ait fait la recommandation de lever une armée de un million d'Ukrainiens pour lutter contre l'Armée rouge. La chose fut fermement rejetée par Hitler, qui était horrifié à la seule idée de Slaves combattant sous l'uniforme de la Wehrmacht.

Le village de Kamenka.
Une maison possédée par trois femmes. Mélange de parler ukrainien et de russe. Elles sont allées voir les prisonniers allemands. L'un d'eux, avec des lunettes, est peintre. Un autre est étudiant. Elles racontent : « Il s'est levé, a joué un moment avec le petit, et s'est recouché. » Une vieille demande sans cesse : « C'est vrai que les Allemands croient en Dieu ? » Apparemment, beaucoup de bruits courent sur les Allemands dans le village. « Les starostes découpent les parcelles[1] », etc.

1. Sous le régime tsariste, on avait des starostes de la paroisse et des starostes du village, qui étaient généralement les plus riches, et donc les plus influents parmi les paysans. Les Allemands réintroduisirent ce système pour en faire des maires locaux. « Les starostes taillent les parcelles » signifie qu'ils redistribuent les territoires des fermes collectives, qui étaient exécrées, et rendent les champs à la culture privée et familiale.

Nous avons passé toute la soirée à leur expliquer qui étaient vraiment les Allemands. Elles écoutent, soupirent, échangent des coups d'œil, mais ne disent rien de leurs pensées secrètes. La vieille femme dit ensuite d'une voix douce : « Nous avons vu ce qu'il en était, nous verrons ce qu'il en sera. »

Pendant le combat, la tête du conducteur d'un blindé lourd a été arrachée. Le tank est revenu tout seul, parce que le conducteur mort avait le pied appuyé sur l'accélérateur. Le tank a traversé la forêt en brisant les arbres et il est arrivé jusque dans notre village avant de s'arrêter. Le conducteur sans tête était encore assis dedans.

Pendant qu'il était près de Gloukhov, Grossman apprit que le 395ᵉ régiment de fusiliers commandé par le major Babadjanian menait un combat désespéré sur un minuscule lopin de terre sur la rive ouest de la rivière Kleven.

« Grossman décida de parler de ce régiment héroïque, écrivit Ortenberg, et il voulut traverser la rivière pour rejoindre Babadjanian. Le département politique l'interdit, en dépit des protestations de Grossman. Plus tard, lorsque Grossman s'enquit du sort du 395ᵉ régiment, on lui répondit que ce régiment avait rempli sa mission de combat avec vaillance, mais qu'il avait essuyé de lourdes pertes, et que son commandant, le major Babadjanian, était au nombre des morts. Grossman a raconté cela dans le roman *Le peuple est immortel*, en laissant inchangé le nom du commandant. »

Grossman a également écrit sur ces événements immédiatement après la guerre parce que le major Babadjanian était devenu pour lui le symbole de l'aptitude de l'Armée rouge à surmonter un désastre aussi terrible.

La première fois que nous, les correspondants de guerre, avons entendu ce nom de Babadjanian, c'était en Ukraine, durant les jours difficiles de septembre 1941, près de la ville de Gloukhov. Un blé trop mûr aux épis lourds était là, sur pied, dans les champs. Les fruits tombaient des arbres, les tomates pourrissaient dans les potagers, concombres et choux juteux se flétrissaient, les épis de maïs séchaient sur leurs hautes hampes, faute d'être cueillis. Dans les forêts, les baies couvraient les clairières d'un tapis chamarré, sous les arbres et dans l'herbe pointaient les taches des cèpes.

La vie fut terrible pour les gens durant ce bel automne généreux ukrainien.
La nuit, le ciel rougeoyait de dizaines d'incendies lointains, et le jour, un écran de fumée grise barrait tout l'horizon.
Par les routes de campagne, en charrette et à pied, des femmes avec des enfants dans les bras se déplaçaient vers l'est, des vieillards clopinaient, des troupeaux de moutons, de vaches, de chevaux appartenant à des fermes collectives disparaissaient dans des nuages de poussière. Des conducteurs de tracteur conduisaient leurs engins dans un fracas assourdissant ; sur les voies de chemin de fer, jour et nuit, allaient vers l'est des convois avec des établis, des moteurs, des chaudières, du matériel.

Des milliers de moteurs allemands bourdonnaient jour et nuit dans le ciel. La terre gémissait sous les chenilles d'acier des chars allemands, ces chenilles d'acier réussissaient à traverser les marécages et les rivières, elles fouaillaient la terre, déchiquetaient des corps humains. Des officiers allemands qui avaient été formés dans des académies conduisaient dans la fumée et la poussière des bataillons et des régiments fascistes vers l'est.
L'été 1941, lorsque nos troupes abandonnèrent Smolensk, le lieutenant-colonel Babadjanian vit pour la première fois de ses yeux l'infanterie allemande.
Un officier [allemand] aux joues roses, un dandy, qui cherchait apparemment à échapper à la poussière soulevée par des milliers de bottes et de roues, s'écarta de la route sur sa bicyclette toute neuve. Personne n'entendit le bruit discret du coup de feu à cause du fracas des centaines de roues, du hennissement des chevaux, du halètement des moteurs de voitures, et l'officier s'écroula dans les buissons. Quelques minutes plus tard, Babadjanian avait entre les mains les papiers du mort ; il y avait là un petit bloc-notes en cuir flambant neuf. Sur la première page, en lettres rondes bien dessinées, étaient inscrites des phrases en allemand, et tout à côté leur traduction russe : « Vous êtes prisonnier », « Haut les mains ! », « Comment s'appelle le village ? », « Combien de verstes jusqu'à Moscou ? »

Babadjanian regarda les visages sombres, épuisés, des éclaireurs, il regarda les petites maisons villageoises toutes grises, tellement petites et sans défense, il regarda le flot incessant des troupes allemandes, et, soudain, saisi d'une vague de douleur, de colère, d'émotion, il sortit de la poche de sa vareuse un bout de crayon rouge et il écrivit en grosses lettres en travers de la page du bloc-notes :

« Vous ne verrez pas Moscou ! Le jour viendra où nous vous poserons la question : combien de verstes jusqu'à Berlin ? »

La situation était, en ces jours-là, à ce point désespérée que tout le monde, y compris Grossman, aimait croire à toutes les rumeurs faisant état chez les Allemands de problèmes et d'un moral exécrable. La plupart de ces histoires, en particulier tout ce qui mettait en scène les SS et la Gestapo obligeant les soldats allemands à combattre, étaient pour le moins optimistes.

Les prisonniers du 159e bataillon de réserve disent que tous sont d'humeur à se rendre et à se faire prisonniers. Sur presque tous les soldats tués et sur beaucoup d'officiers subalternes, on trouve nos tracts et nos journaux. Sur un Unteroffizier on a trouvé cinq journaux soviétiques, le premier daté du 27 juillet. On a trouvé des journaux comportant des bilans sur deux mois : ceux des Allemands et les nôtres, avec les chiffres soulignés en rouge pour comparer.
Des Ersatzbataillone* ont été complétés avec des membres de la Gestapo et des SS, qui se répartissent dans les unités de réserve.
Lors d'un tir d'obus de mortier à Novaïa, les Allemands se sont jetés dans un étang, des dizaines d'hommes se sont noyés, et un officier. Les éclaireurs rapportent avoir entendu une clameur effroyable.

Pas moins de mille cinq cents morts [allemands] ont été enregistrés, les autres ont été emmenés par les Allemands. Les rapports parlent d'énormes infirmeries dans la région de Kletnia, des hôpitaux dans lesquels il y a jusqu'à quatre mille blessés allemands. Les Allemands ne les évacuent pas, ils sont submergés.
Mission de reconnaissance de six hommes du 11e, avec le sergent Nikolaev et le soldat de l'Armée rouge Dedioulia, pour attraper une « langue [1] ». Par des gars [du coin], Nikolaev a entendu parler d'un mouvement de véhicules. Une embuscade a été montée dans la forêt, près de la route. Des grenades ont été tirées sur les trois motocyclistes de queue. Dedioulia a tué deux motocyclistes et a fait prisonnier un certain Alvin Gunt.

* Bataillons supplétifs.
1. Une « langue » désignait dans le jargon militaire de l'Armée rouge un soldat ennemi, le plus souvent une sentinelle ou un porteur de rations, qui était capturé par une patrouille à des fins d'interrogatoire.

Grossman entendit une bonne histoire à propos d'un véhicule blindé allemand abandonné au bord de la route.

> Un jeune type « avec un cube » [un lieutenant] s'assoit dedans. « Mais on va vous tirer dessus ! – Qui ça ? Les Allemands penseront qu'il est à eux, et les nôtres vont prendre leurs jambes à leur cou en le voyant. » Et il est parti avec. Pas drôle, comme plaisanterie.
>
> Le ciel est devenu allemand, on n'y voit plus les nôtres depuis des semaines.
>
> Dans un petit médaillon trouvé sur le corps du lieutenant Mirochnikov, ce texte : « Qui aura le courage de prélever le contenu de ce médaillon est prié de le faire suivre à l'adresse indiquée. "Mes fils, je suis dans l'autre monde et je vous appelle à m'y rejoindre, mais auparavant vengez mon sang sur l'ennemi. En avant vers la victoire, et vous aussi, mes amis, pour la Patrie, pour les glorieux desseins de Staline." »
>
> Récit du commissaire de brigade. Un intendant militaire de deuxième classe qui avait échappé depuis peu à l'encerclement a, soudain, pour une raison inconnue, soupçonné d'espionnage le commandant et le commissaire du régiment de fusiliers, qui étaient venus le trouver dans sa maison. Il les a passés par les armes chez lui, dans la cour, il a pris leurs affaires et leur argent, et il a enterré les corps dans une grange. On a fusillé cet intendant devant les rangs du commandement de la division ; c'est le plus ancien par l'âge qui l'a fusillé, un colonel.

Grossman ne pouvait pas s'empêcher de relever les détails présentant un intérêt humain, même s'ils n'avaient rien à voir avec la guerre.

> Une vieille a trois fils muets, tous les trois coiffeurs. « L'aîné a une demi-centaine d'années, dit-elle. Ils se battent, c'est une horreur. Ils beuglent comme des veaux. Un rien, et ils sautent sur des couteaux, et c'est parti. »
>
> Les peintres, les maçons, quand ils sont mécontents de celui qui leur a passé commande, emmurent un œuf, ou encore une petite boîte avec des cafards (en y mettant comme nourriture du son). L'œuf dégage une odeur infecte, et les cafards font du tapage, et tout cela perturbe les propriétaires.

Durant la dernière semaine de septembre, Grossman assista à l'interrogatoire, grotesque de bêtise, d'un motocycliste autrichien qui avait été fait prisonnier. L'officier du renseignement ne sut pas tirer parti des propos pleins de superbe de leur prisonnier parlant de chars allemands présents dans la région par centaines. Ce n'est que par la suite que Grossman comprit qu'il devait s'agir là d'une partie du 2e groupe blindé de Guderian qui se redéployait pour sa prochaine attaque après avoir encerclé Kiev. Par pure chance, Grossman et Troïanovski réussirent à se maintenir en avant des chars de Guderian tout au long de la quinzaine qui suivit, évitant de justesse d'être faits prisonniers à plusieurs reprises. Le statut de correspondant de guerre de Grossman ne l'aurait pas sauvé. Il aurait été considéré presque à coup sûr comme un « commissaire juif » et fusillé.

Dans le groupe d'Ermakov. Le village de Poustogorod[1]. Le département politique. Une belle jeune fille, juive, qui a pu échapper aux Allemands, avec des yeux qui étincellent, absolument fous. La nuit, dans la maison de la section de reconnaissance, on interroge un motocycliste. Il est autrichien, grand, beau ; son manteau fait l'admiration de tous, un manteau long, souple, couleur acier ; tous le tâtent, hochent la tête ; le sens est clairement : après ça, tu peux bien combattre contre eux, s'ils ont de tels manteaux, les avions sont à l'avenant. L'interprète est un Juif à demi illettré. Il parle en yiddish, l'Autrichien marmonne dans sa langue. Tous les deux suent sang et eau dans le désir de se comprendre, mais sans plus d'effet : l'interrogatoire avance péniblement. L'Autrichien, en se frappant sur la poitrine et en se retournant pour regarder la porte, raconte qu'il a vu les chars de Guderian concentrés dans la région, une énorme quantité, cinq cents ! « Ici, ici, tout près, à côté de vous », et il montre avec la main comme tout cela est proche de nous. « Qu'est-ce qu'il dit ? » demande le chef du contre-espionnage avec impatience. L'interprète, embarrassé, hausse les épaules : « Des chars, il a vu, près de cinq cents. – Ouais, qu'il aille ..., qu'il nous énumère plutôt en détail les points par lesquels on a mené sur le front son unité depuis l'Allemagne[2] », dit l'agent en consultant son manuel de questions. Ah ! la qualification...

1. Poustogorod dans la région de Soumy est situé à cinquante kilomètres environ au nord-est de Gloukhov.

2. Établir l'itinéraire exact des unités allemandes depuis la frontière soviétique était l'une des priorités essentielles de l'interrogatoire d'un prisonnier.

> Arrêt pour la nuit dans la maison d'une institutrice. C'est un appartement d'intellectuel : des livres que j'ai lus, auxquels sont liées mon enfance, mes années d'école. Et des objets de mon enfance : des cendriers en coquillages, des livres d'images, et des coquillages dans lesquels on entend la mer quand on colle l'oreille contre, une pendule murale, un palmier dans un bac… Dans la nuit, soudain, une angoisse folle nous saisit Kolomeïtsev et moi, nous nous réveillons comme sur ordre et, après nous être habillés, nous sortons dans la cour ; longtemps nous tendons l'oreille en silence : l'ouest est silencieux. Et les Allemands sont à quinze kilomètres.

Grossman revint ensuite via Sevsk (à cent vingt kilomètres au sud de Briansk) à Orel.

> Sevsk. On nous raconte qu'un véhicule blindé allemand était hier ici. Deux officiers en sont sortis, ils ont regardé autour d'eux, puis sont repartis. Or on est loin derrière la ligne de front.

Grossman et Troïanovski n'avaient pas encore pleinement conscience du danger. Ils prirent la route vers le nord en direction d'Orel. Chaque fois qu'ils s'arrêtaient, même pour un instant, des civils venaient aux nouvelles.

> Un vieil homme demande : « Vous reculez depuis où ? »

Cela afin d'établir quelles unités de la Wehrmacht devaient être mises en relation avec tel ou tel massacre. Les informations ainsi obtenues jouèrent un grand rôle dans les procès de généraux allemands après la guerre.

Chapitre 6

LA PRISE D'OREL PAR LES ALLEMANDS
Octobre 1941

Au moment où Grossman et Troïanovski retournaient à Orel, la ville aussi était en danger. L'opération Typhon, l'offensive de la Wehrmacht contre Moscou, avait commencé le 30 septembre avec l'assaut donné par Guderian contre le front de Briansk, défendu par le général Eremenko. La 50ᵉ armée du général Petrov, à laquelle Grossman venait tout juste de rendre visite, avait été coupée de ses arrières par la 2ᵉ armée allemande. La ville même d'Orel était menacée par le 24ᵉ corps blindé de Guderian.

Le récit de Grossman, qui commence le 2 octobre, contredit en partie la version habituelle de la prise d'Orel. Celle-ci prétend que les chars allemands se ruèrent dans la ville en un total effet de surprise à la fin de l'après-midi du 3 octobre, rattrapant les trams dans la rue. Alors même que les autorités militaires se voilaient la face de manière surprenante, sa description montre qu'un très grand nombre de civils étaient parfaitement au fait du danger et avaient tenté de fuir avant l'arrivée des troupes blindées allemandes.

Orel, Orel à nouveau. Des avions au-dessus de la ville. Des camions. Les gens portent des enfants dans leurs bras. D'autres enfants assis sur des ballots.

La nuit, c'est un grondement incessant : la ville est en partance. L'hôtel à nouveau. C'est un hôtel provincial de canton, très ordinaire, mais là, après ce voyage, il paraît particulièrement agréable, précisément parce qu'il est si ordinaire, si paisible. Sur le mur est accrochée une carte scolaire de l'Europe, et nous nous approchons de cette carte pour la regarder ; cela fait peur de voir comme nous avons reculé loin. Dans le couloir vient vers moi le correspondant photographe Redkine, que j'ai déjà rencontré à l'état-major du front, il fait une tête qui alerterait n'importe qui. « Les Allemands foncent droit sur Orel, des centaines de chars, j'ai échappé au feu de justesse, il faut partir immédiatement, sinon ici ils vont nous attraper. » Et il a raconté comment il était assis en train de déjeuner dans un état-major de l'arrière tout à fait tranquille, quand, soudain, un bruit les a alertés ; ils regardent : accourt un commissaire* tout couvert de farine. Il s'est avéré qu'il passait tranquillement à quelques kilomètres de cet endroit ; soudain un char s'est retourné et a tiré, l'obus est tombé dans la remorque du camion dans lequel il roulait (dans la remorque il y avait de la farine) et il a alors accouru. Il y a des chars tout autour ! Redkine a sauté dans une voiture et s'est précipité à Orel, et sur la même route, derrière lui, les chars allemands foncent, et ils ne rencontrent aucune résistance. Redkine raconte en sifflant, en un murmure qui fait peur.

J'entre dans la chambre où sont descendus un major barbu et un capitaine de la section des opérations que j'ai connus à l'état-major : savent-ils quelque chose de cette avancée des Allemands ? Ils me regardent avec des yeux remplis d'une inaltérable stupidité bovine : « Des bêtises, rien du tout », et ils continuent à se verser à boire. Toute la nuit la ville est en effervescence, des voitures, des charrettes filent à toute allure sans s'arrêter. Au matin, la ville est tout entière envahie d'effroi, d'agonie, comme une éruption de typhus. Dans l'hôtel, ce ne sont que pleurs et agitation. Je tente de payer pour ma chambre, personne ne veut accepter l'argent, mais sans savoir moi-même pourquoi, je force la femme de l'étage à prendre sept roubles. Dans les rues, courent des gens avec des sacs, des valises, ils portent des enfants dans leurs bras. Le major si grand stratège et le capitaine détalent à côté de moi avec des têtes apeurées de lapins. Nous allons à l'état-major de la région militaire. Il s'avère qu'on ne peut pas y entrer sans laissez-passer. Inertie tranquille des secrétaires et des fonctionnaires subalternes : les laissez-passer se délivrent à dix heures, attendez une heure. Les chefs ne seront pas là avant onze heures. Ah, je ne la connais que trop, cette tranquillité inébranlable issue de l'ignorance, et à laquelle succèdent une peur hystérique et la panique. Tout cela, je l'ai déjà vu : à Gomel, Bejitsa, Chtchors, Mena, Tchernigov, Gloukhov.

Nous croisons un colonel que nous connaissons. « Est-il possible

* Littéralement, un « *narkomvnoudeletz* », un commissaire du peuple aux Affaires intérieures, autrement dit un commissaire du NKVD.

de rejoindre l'état-major par la route de Briansk ? – Peut-être, dit-il, mais il est plus que probable que les blindés allemands sont déjà arrivés dans ce secteur. »

Après cela nous allons au *bania** et nous prenons la route de Briansk. Pourvu que les cochons ne nous mangent pas. Avec nous, monte une femme médecin militaire géorgienne. Elle aussi doit retrouver le deuxième échelon de l'état-major du front. Pendant toute la route elle chante des romances d'une voix singulièrement artificielle, elle arrive toute seule de l'arrière et n'a pas la moindre idée du danger. Nous tous, ses auditeurs, regardons ailleurs, comme saisis de strabisme divergent. La route est déserte, pas la moindre voiture, pas un seul piéton, pas de charrettes de paysans, tout est mort ! Angoisse effrayante de ces routes vides où est passé le dernier des nôtres et où va passer d'un instant à l'autre le premier ennemi. Une route déserte, qui n'appartient à personne, tout comme est déserte et n'appartient à personne la terre entre nos lignes et les lignes allemandes.

Nous avons réussi à passer sans encombre, et sommes entrés dans notre forêt de Briansk comme si nous rentrions à la maison.

Deux heures après nous, sur cette même route, avançaient des tanks allemands. Les Allemands sont entrés dans Orel à six heures du soir, par la route de Kromsk ; peut-être se sont-ils lavés dans le même *bania* qui avait été chauffé le matin même pour nous.

Durant la nuit, dans notre isba, je me suis soudain souvenu de l'interrogatoire de l'Autrichien au manteau somptueux, à la lueur d'un lumignon ; c'était de ces chars-là qu'il parlait !

Grossman, en ce soir du 3 octobre 1941, ne savait pas encore que l'une des colonnes blindées de Guderian était en train de couper de ses arrières le front de Briansk défendu par le général Eremenko et qu'ils étaient loin d'être en sécurité dans la forêt. Deux jours plus tard, le front de Briansk était quasi anéanti. Eremenko passa la plus grande partie de la nuit du 5 octobre à attendre un appel téléphonique de Staline autorisant une plus grande « défense mobile », un euphémisme pour désigner la retraite. Dans les premières heures du 6 octobre, son propre quartier général comprit qu'il était lui aussi menacé. Les Allemands avaient presque bloqué la dernière issue.

* Ce « *bania* » est un bain russe, installé dans une maisonnette spécialement aménagée et que l'on chauffe à la manière d'un sauna.

Le commissaire de l'état-major nous a convoqués et nous a dit : « À quatre heures pile, pas une minute plus tard, partez d'ici en suivant cet itinéraire. » Il s'est abstenu de nous donner quelque explication que ce soit, mais il n'y en avait pas besoin pour que tout soit clair, surtout après avoir examiné l'itinéraire. Notre état-major se trouvait pris dans un filet, à droite les Allemands avançaient sur Soukhinitchi, à gauche sur Bolkhov, depuis Orel, et nous, nous étions là près de Briansk. Dans la forêt. Nous sommes allés dans notre baraque et nous avons entrepris de faire notre paquetage : matelas, tables, chaises, lampe, sacs. Petlioura, qui a le sens pratique, a même descendu du grenier les réserves d'airelles ; nous avons tout mis à l'arrière du camion que nous avait donné le général Eremenko, et à quatre heures très exactement, sous un ciel froid et clair et à la lumière des étoiles d'automne, nous nous sommes mis en route. C'est une course de vitesse qui nous attendait : soit nous échappions au filet, soit les Allemands avaient le temps d'en resserrer le cordon avant.

La 50e armée, avec laquelle Grossman était peu de temps auparavant, tentait de se frayer une issue par les armes hors de la forêt de Briansk. Le commissaire de brigade Chliapine fut, comme le général Petrov, pris dans cet encerclement. Petrov mourut de gangrène dans une hutte de bûcheron au plus profond de la forêt, près de Belev. Les circonstances de la mort de Chliapine demeurent obscures, ce qui est certainement la raison pour laquelle Grossman a voulu l'inclure dans *Le peuple est immortel*. Le 4 octobre, Grossman et ses compagnons étaient loin d'être les seuls dans leur volonté farouche de s'enfuir.

Je pensais savoir ce qu'est une retraite, mais une chose pareille, non seulement je ne l'avais jamais vue, mais je n'en avais pas même l'idée. L'Exode ! La Bible ! Les voitures s'avancent sur huit rangées ; en un hurlement déchirant, des dizaines de camions s'extraient en même temps de la boue. Par les champs, sont poussés d'énormes troupeaux de moutons et de vaches ; plus loin grincent des charrettes à cheval, des milliers de chariots recouverts de bâches colorées, de contreplaqué, de fer-blanc, avec dedans des réfugiés venant d'Ukraine ; encore plus loin marchent des foules de piétons chargés de sacs, de ballots, de valises. Ce n'est pas un courant, pas un fleuve, c'est le lent mouvement d'un océan qui se déverse, un mouvement qui se fait sur une largeur de plusieurs centaines de mètres à droite et à gauche. De dessous les bâches qui recouvrent les chariots sortent des têtes d'enfants blondes et brunes, les barbes bibliques des vieux Juifs, les fichus des paysannes, les couvre-chefs des grands-pères ukrainiens, des jeunes filles et des femmes aux cheveux noirs. Et quelle sérénité dans leurs yeux, quelle sagesse dans le chagrin, quel sentiment du destin, d'une catastrophe mondiale !

Le soir, de sous plusieurs couches de nuages bleu sombre, noirs et gris, le soleil apparaît. Ses rayons sont larges, énormes, ils balaient l'espace entre ciel et terre comme dans les tableaux de Gustave Doré qui représentent les terribles scènes bibliques de l'arrivée sur la Terre de forces célestes vengeresses. Dans ces larges rayons jaunes, le mouvement des vieillards, des femmes avec des bébés dans les bras, des troupeaux de moutons, des guerriers revêt une grandeur et un tragique tels que par moments l'illusion est complète, de la réalité de notre transfert dans des temps de catastrophes bibliques.

Tous regardent le ciel, non pas dans l'attente de la venue du Messie, mais dans celle des bombardiers allemands. Soudain des cris : « Les voilà ! Ils arrivent, ils viennent par ici ! »

Très haut dans le ciel, en un mouvement lent et parfaitement réglé, voguent en triangle des dizaines d'avions, ils se dirigent de notre côté. Des dizaines, des centaines de personnes dégringolent pardessus le bord des camions, sautent hors des cabines et courent en direction de la forêt. Comme une peste qui se déchaîne, la panique s'empare de tous, la foule de ceux qui courent augmente de seconde en seconde. Et, se déployant au-dessus de la foule, le cri perçant d'une femme : « Froussards, froussards, ce sont des grues qui volent ! » Confusion.

Nous passons la nuit à ce qui doit être Komaritchi. Une partie de l'état-major est arrivée. Le colonel nous conseille de ne pas aller nous coucher, mais de venir nous informer auprès de lui toutes les heures. Lui-même ne sait absolument rien, il n'a aucun moyen de liaison, et d'ailleurs qui joindre ? Troïanovski a pris sur lui d'aller trouver le colonel, et voilà qu'il disparaît soudain ; nous sommes furieux, puis inquiets, le bonhomme a disparu et on ne le trouve nulle part. Nous allons voir le colonel à tour de rôle, moi et Lyssov, entre-temps nous regardons par la fenêtre et bâtissons des dizaines d'hypothèses sur la disparition de Troïanovski. Je suis sorti devant la maison et me suis approché de notre emka : elle fait un bruit bizarre. J'ouvre la portière : le jeune disparu est là, en compagnie de la nièce de notre hôte. Gêne réciproque. Troïanovski une fois extrait, nous lui passons un terrible savon dans l'isba : « Mais comment ne comprenez-vous pas la situation, crétin, jeune blancbec, comment avez-vous pu... ? »

Il a tout compris, tout reconnu, il se repent, il a sur le visage une expression douce, apaisée, il bâille, il s'étire. Sans doute est-ce là ce qui nous met le plus en rogne, cette disparité dans la façon dont nous avons passé le temps. La nièce entre dans l'isba. Calme et sérénité se lisent sur son visage, on pourrait en faire un modèle pour un tableau : *L'Innocence*, *La Pureté*, *Le Matin*. Et cela nous met en fureur. À l'aube, nous repartons.

La course de vitesse se poursuit : c'est nous ou les Allemands. Nous faisons monter dans notre camion le personnel médical d'un hôpital de district. Dix médecins qui n'ont pas l'habitude de marcher et qui, au bout de très peu de temps, se sont retrouvés à bout de forces. Nous les avons emmenés jusqu'à Belev. Un vieux médecin nous remercie de façon touchante, avec force grands mots : « Vous nous avez sauvé la vie », alors que les femmes médecins ne nous disent même pas au revoir et, saisissant leurs baluchons, courent sur le quai de la gare. Noblesse du vieux sang[1]. Belev et la rampe abrupte qui y conduit, une boue effrayante ; étroites ou non, les rues n'arrivent pas à absorber la masse qui se déverse depuis les chemins qui viennent des villages. Une multitude de rumeurs folles, absurdes et absolument paniquées. Soudain un déchaînement de tirs. Il s'avère que quelqu'un a allumé l'éclairage public des rues, et que les soldats et les commandants ont ouvert le feu sur les réverbères avec leurs fusils et leurs pistolets. Si seulement ils tiraient comme ça sur les Allemands. Ceux qui ne connaissent pas la cause de la fusillade courent où ils peuvent : ça ne peut être que les Allemands qui ont surgi, qui d'autre sinon ?

Nous passons la nuit dans une pièce d'une pauvreté abjecte. Il n'y a qu'en ville, dans un quartier de taudis, qu'il peut y avoir une misère aussi noire, aussi terrible. La maîtresse des lieux, un mastodonte à la voix enrouée, tonne, jure, bougonne contre les enfants, contre les objets. Pour moi, pour nous, elle donne l'image d'une furie, d'un suppôt de Satan, et voilà que nous ouvrons les yeux : elle est pleine de bonté, de générosité, d'attention, avec quel soin n'installe-t-elle pas pour nous ses bouts de tissu en loques sur le plancher, comme elle nous régale ! La nuit, dans le noir, j'entends pleurer. « Qui est-ce ? » La femme murmure d'une voix rauque : « C'est moi, j'ai sept enfants, c'est sur eux que je pleure. » Quelle pauvreté ! La misère en ville est bien pire qu'à la campagne, plus

1. Dans le texte original russe, « *blagorodnaïa kost* », littéralement « noble os ».

profonde, plus noire, elle envahit tout, l'air pauvre, la lumière pauvre...

Dans les isbas, il y a des journaux collés au mur en guise de papier peint, des journaux du temps de la paix. Nous les regardons et nous disons : « Regardez, c'était la paix. » Mais hier, nous avons vu une maison qui est déjà tapissée de journaux datant de la guerre. Si cette maison ne brûle pas, un jour ou l'autre des gens viendront et diront : « Regardez, des journaux qui datent de la guerre ! »

Arrêt pour dormir au-delà de Belev, chez une jeune institutrice. Elle est très mignonne et très sotte, un parfait petit mouton... Une de ses amies dort là, toute jeune également, mais pas aussi belle. Elles parlent à voix basse la nuit durant, passionnément, elles discutent ferme. Au matin, nous avons su : notre institutrice abandonne la maison et part à l'est, son amie a décidé d'aller à l'ouest rejoindre les siens qui habitent quelque part de l'autre côté de Belev, ce qui signifie rester avec les Allemands.

Notre institutrice nous demande de la prendre dans le camion. Nous sommes d'accord. J'ai baptisé notre camion d'une tonne et demie « l'arche de Noé », tellement nous avons arraché de gens par dizaines au déluge qui vient de l'ouest. Les deux amies ont les yeux rouges, elles ont pleuré toute la nuit. Désormais, tout le monde pleure la nuit pour, le jour, se montrer calme, indifférent, patient. Nous faisons nos bagages, notre jeune hôtesse sort avec un minuscule ballot. Elle ne veut emporter ni son miroir, ni ses rideaux, ni ses flacons d'eau de Cologne, ni même ses robes. « Je n'ai besoin de rien », dit-elle. Sans doute ai-je sous-estimé une forme de grande sagesse, chez cette fille de dix-huit ans, la sagesse de la vie.

Nous tentons de convaincre son amie. Son visage est glacé, les lèvres serrées, elle ne dit rien, ne nous regarde pas. Les deux amies se disent au revoir froidement, sans se serrer la main.

Celle qui reste comprend parfaitement : nous avons beau être tous là, à côté les uns des autres, déjà un abîme infranchissable est sous nos pieds. « Démarre, allons-y ! » Non, ils ne sont pas drôles, les problèmes qu'il faut résoudre à dix-huit ans !

À la dernière minute, nous entrons dans la coquette petite chambre de la jeune fille qui est déjà assise dans le camion, une chambre qui n'est plus à personne, et nous nettoyons nos bottes avec de la crème de beauté, en utilisant comme chiffon des collerettes blanches. Sans doute agissons-nous ainsi pour nous confirmer que la vie est en miettes.

Chapitre 7

LA RETRAITE DEVANT MOSCOU
Octobre 1941

Staline ne réagit pas au désastre qui s'accentuait sur le front de Briansk avant le 5 octobre. Ce fut le jour où une patrouille d'aviation de combat de l'Armée rouge repéra une colonne armée allemande d'une vingtaine de kilomètres de long qui s'avançait sur Ioukhno. La Stavka, quartier général de l'état-major de l'Armée rouge à Moscou, refusa d'accepter ce rapport et la confirmation qui suivit. Beria voulut même arrêter l'officier de l'air qui était en cause, sous l'accusation de propagande défaitiste, mais Staline finit par se réveiller devant la menace qui pesait sur la capitale.

Au point où on en était, il n'y avait qu'une seule chose susceptible de retarder l'avancée allemande vers Moscou, c'était la *raspoutitsa*, la saison de la boue avant que l'hiver ne s'installe pour de bon. Après un coup de gel et une chute de neige le 6 octobre, le matin suivant, le dégel survint rapidement. Grossman en décrit l'effet.

> Une pareille gadoue, personne n'en a vu, c'est sûr : la pluie, la neige, une soupe, liquide, un marécage sans fond, une pâte noire, touillée par des milliers et des milliers de bottes, de roues, de chenilles. Et une fois encore tous sont contents : les Allemands s'enlisent dans notre infernal automne, dans le ciel comme sur la terre. En tout cas, nous sommes passés entre les mailles du filet : demain, nous sortirons sur la route de Toula.

> Un village près de Toula. De petites maisons en briques. Nuit, neige, pluie. Tous sont gelés jusqu'aux os, surtout ceux qui ont

pris place dans « l'arche de Noé » : le commissaire de régiment Konstantinov, l'institutrice, et Barou, le correspondant du *Stalinski sokol* [1]. Lyssov, Troïanovski et moi roulons en emka, nous avons un peu plus chaud que les autres.

Nous arrêtons les voitures au milieu de la rue obscure du village. Petlioura est un magicien pour ce qui est de se procurer du lait, des pommes, de creuser des abris et de trouver où dormir. Il disparaît dans l'obscurité. Mais cette fois-ci, il semble qu'il ne soit pas à la hauteur. Nous entrons dans une isba glaciale et noire comme une tombe. À l'intérieur, dans le froid et les ténèbres, est assise une vieille femme de soixante-dix ans qui fredonne des chansons. Elle nous accueille avec joie, avec plaisir, pas du tout comme le font les vieilles, sans gémissements ni lamentations, alors que tout porte à croire qu'elle a toutes les raisons de se plaindre de son sort. Son histoire est la suivante.

Sa fille, ouvrière d'usine à Moscou, l'a conduite à la campagne chez son fils, l'y a laissée et s'en est retournée en ville. Son fils est le président du kolkhoze, il l'a fait déménager dans cette maison à demi ruinée, la bru ne voulant à aucun prix vivre avec sa belle-mère. La même bru interdit au fils d'aider sa mère, qui vit de ce que lui donnent de braves gens. De temps à autre, le fils lui apporte, à l'insu de sa femme, un petit peu de millet ou des pommes de terre. Son deuxième fils, Vania, le cadet, qui travaille dans une usine à Toula, est parti à la guerre comme volontaire. Il combat près de Smolensk, il n'y a pas de lettres de lui depuis longtemps, un mois entier. Vania est son préféré. Elle raconte toute cette histoire d'une voix pleine de bonté, sereine, sans amertume, sans rancune, sans douleur, sans reproche, elle raconte, comme un sage, un philosophe, un savant parlant des lois cruelles, mais naturelles de la vie. Avec la générosité d'une reine, elle a donné à notre meute transie toutes ses provisions, sans rien en garder : une dizaine de petites bûches, qui devaient lui suffire pour une semaine, une pleine poignée de gros sel, tout entière, si bien qu'il ne lui en est pas resté un grain ; elle nous a donné la moitié d'un seau de pommes de terre, n'en gardant pas plus d'une demi-douzaine de petites, elle a donné son oreiller : un sac bourré de paille, et sa couverture trouée. Elle a apporté une lampe, et lorsque les chauffeurs ont voulu y mettre de l'essence, elle s'y est opposée : « L'essence, vous en aurez besoin », et elle a apporté une minuscule fiole où elle conservait une « réserve » sacro-sainte de pétrole lampant et l'a vidée dans la lampe... Nous ayant offert chaleur, nourriture, lumière, couche moelleuse, elle s'en est allée derrière

1. *Le Faucon de Staline*, un journal de l'aviation de l'Armée rouge.

la cloison, dans la partie froide de l'isba. Elle s'est assise là et s'est mise à fredonner ses chansons.

Je suis allé la trouver : « Babouchka, mais vous, vous êtes dans le noir, le froid et vous allez vous coucher à même les planches ? » Elle s'est contentée de me faire un geste de main. « Comment faites-vous donc, seule, toutes les nuits, dans l'obscurité et le froid ? – Ma foi, je reste dans le noir, je me chante quelque chose ou je me raconte des histoires. »

Quand le chaudron de pommes de terre a été cuit, nous avons mangé, nous nous sommes bien réchauffés, nous nous sommes couchés. La vieille est venue nous trouver, elle est restée debout près de la porte et elle a dit : « Maintenant je vais vous chanter des chansons », et elle s'est mise à chanter d'une voix fruste, basse, rauque, une voix non pas de vieille femme, mais de vieil homme... Puis elle a dit : « Oh, quelle santé j'avais, un vrai cheval ! » Et elle nous a raconté : « Le diable est venu me trouver hier, la nuit, il a enfoncé ses griffes dans ma paume. Je me suis mise à prier : "Que Dieu se lève et que ses ennemis se dispersent", mais il n'y a pas prêté pas la moindre attention. Alors j'ai commencé à l'agonir de gros mots, il est parti immédiatement.

« Et avant-hier, mon Vania est venu, la nuit. Il s'est assis à table et a regardé par la fenêtre. Je l'ai appelé : "Vania, Vania !", et il a continué à se taire et à regarder par la fenêtre. »

Si nous sommes un jour vainqueurs dans cette guerre effroyable, féroce, c'est parce que nous avons de grands cœurs de cette trempe au plus profond du peuple, des justes à l'âme généreuse et prête à tout donner sans compter. Des vieilles comme cela sont les mères de ces fils qui, dans leur grande simplicité, donnent leur vie « pour leurs prochains » aussi facilement, aussi généreusement que cette vieille femme de Toula, si pauvre, nous a offert sa nourriture, sa lumière, son bois, son sel. Il peut bien n'y en avoir qu'une petite poignée sur notre terre, elles vaincront.

Cette pauvresse à la générosité royale nous a à tous fait forte impression. Le matin, nous lui avons donné toutes nos réserves, et les chauffeurs, pris d'une fièvre de bonté, ont ratissé tous les environs et lui ont apporté une quantité de bois et de pommes de terre telle que cela devrait lui suffire jusqu'au printemps. « Ça alors... la vieille... », a déclaré Petlioura quand nous sommes sortis sur la route, et il a hoché la tête.

Peu de temps après avoir gagné la route Orel-Toula, Grossman repéra un panneau indiquant Iasnaïa Poliana, la propriété de Tolstoï, à une vingtaine de kilomètres au sud de Toula. Il persuada ses compagnons qu'ils devaient la visiter. Les choses furent ainsi faites que celui qui leur succéda fut le général Guderian, qui décida de faire de la maison de l'écrivain son quartier général pour donner l'assaut à Moscou.

Iasnaïa Poliana. Je propose d'y passer. La emka tourne et quitte cette chaussée en folie, « l'arche de Noé » suit derrière. Au milieu des boucles d'or du parc automnal et de la forêt de bouleaux, on aperçoit des toits verts et des murs blancs. Voici l'entrée. Tchekhov, arrivé là, s'est avancé jusqu'à cette entrée, et, saisi d'un accès de timidité à la pensée qu'il allait, dans les minutes qui suivaient, voir Tolstoï, a fait demi-tour et s'en est allé à la gare reprendre le train pour Moscou. Le chemin qui mène à la maison est tapissé de quantité de feuilles, rouges, orange, jaune d'or et citron clair, c'est vraiment beau. Et plus c'est beau, plus c'est triste, l'époque veut ça...
À l'intérieur règne la détestable agitation fiévreuse qui précède les départs. Des caisses sont empilées. Les murs sont nus...

Avec une force étonnante, j'ai été envahi d'un sentiment soudain : les voilà, les Lyssye Gory [« Monts Chauves »], le voilà qui part, le vieux prince malade[1], et tout est venu se fondre en quelque chose qui ne faisait plus qu'un tout unique, ce qui se passait il y a plus de cent ans et ce qui se passe maintenant, aujourd'hui même, ce qui est décrit dans le roman avec une force et une justesse telles qu'il semble qu'il s'agisse du destin non pas du vieux prince Bolkonski, mais du vieux comte Tolstoï, ce qu'il est désormais impossible de séparer de la vie et qui est devenu la réalité supérieure de la guerre d'il y a cent ans, la seule réalité qui soit parvenue jusqu'à nous, l'unique vérité sur une souffrance qui s'en était allée et qui revient à nouveau nous envahir...

Rencontre avec Sofia Andreevna[2]. Elle est sereine et accablée...
Elle raconte que le secrétaire du comité régional a promis de donner des wagons pour tout évacuer, mais arrivera-t-on à le faire, maintenant que les Allemands sont si près et qu'ils avancent aussi inexorablement ? Nous avons évoqué Moscou et les amis qui ne sont plus, et nous nous sommes tus en songeant à leur triste sort. Puis nous avons parlé de ce dont tout le monde parle, avec un sentiment de douleur, de perplexité, d'affliction : de la retraite...
La tombe de Tolstoï. Au-dessus d'elle les avions de chasse hurlent,

1. Dans *Guerre et Paix*, le prince Bolkonski doit abandonner sa maison de Lyssye Gory à l'approche de la Grande Armée de Napoléon.
2. La petite-fille de Léon Tolstoï.

les explosions sifflent. Et cet automne majestueux et calme. Comme c'est dur. J'ai rarement ressenti une douleur pareille.

Toula, saisie de cette fièvre de mort, torturante, cette fièvre terrible que nous avons vue à Gomel, à Tchernigov, à Gloukhov, à Orel, à Bolkhov... Se peut-il que Toula aussi ? C'est le chaos. Dans la salle à manger du Voentorg* le commandant me cherche, il me demande de venir au comité régional. Il y a là le représentant de l'État-major général, il veut que je lui dise où est l'état-major du front de Briansk, il doit y envoyer des unités et ne sait pas où il se trouve. Les restes d'une division arrivent, ils disent que la 50e armée n'a pas pu s'échapper tout entière. Où sont Petrov et Chliapine ? Où est la petite jeune fille du service de santé Valia, qui avait joué avec nous aux dominos et avait mis *Le Petit Fichu bleu* ?

Les rues sont pleines de monde, on marche sur les trottoirs, on marche sur la chaussée, et pourtant il n'y a pas assez de place. Tous traînent des ballots, des corbeilles, des valises. Nous avons pris une chambre à l'hôtel. Nous y rencontrons tous les correspondants. Il y a aussi là Krylov, avec lequel nous nous sommes enfuis du front central. Les correspondants ont déjà fait leur trou à l'hôtel, certains ont noué des amours éclairs.

Nous avons dit adieu à notre camarade de route, l'institutrice, avec la crème et les collerettes blanches de laquelle nous avions nettoyé nos bottes. Pendant la nuit, notre camion remplit pour la dernière fois sa fonction d'« arche de Noé » : nous transportons à la gare avec leurs affaires les familles des travailleurs de la rédaction de Toula[1]. « On aurait dû leur demander de l'argent », dit Petlioura en colère, mais le conducteur de « l'arche », Serioja Vassiliev, est contre. C'est un garçon extraordinairement chaleureux, gentil et modeste.

La nuit, nous avons pu joindre la rédaction au téléphone, et le rédacteur nous a ordonné d'aller à Moscou. Nous avons été saisis d'un sentiment de bonheur irrationnel, ardent. Je n'ai pas dormi de la nuit jusqu'au matin : est-il possible que je voie Moscou ?

Dans la emka défoncée, le trajet de deux cents kilomètres droit au nord, de Toula jusqu'à la capitale soviétique, a bien dû leur prendre une bonne partie de la journée.

Moscou. Des barricades, aux accès lointains de la ville, aux accès proches, et dans la ville elle-même, surtout sur ses pourtours.

* Magasin militaire.

1. Sans doute s'agit-il de la rédaction de *Krasnaïa Zvezda*.

Nous nous sommes rasés, voluptueusement, avec les autres sur la place Serpoukhovkaïa ; les gens sont gentils, ils cèdent leur place dans la file, ils posent des questions sur la guerre. Sans passer par la maison, nous sommes allés à la rédaction [de *Krasnaïa Zvezda*], elle est au TDKA*. Le rédacteur [Ortenberg] nous a accueillis en montant immédiatement sur ses grands chevaux. « Pourquoi n'êtes-vous pas restés à l'état-major du front de Briansk ? – Il nous a été ordonné de partir, et nous sommes partis après tous les autres correspondants. – Pourquoi n'avez-vous rien écrit sur la défense héroïque d'Orel ? – Parce que Orel n'a pas été défendue. – C'est tout. Vous pouvez disposer. Demain à six heures du matin, tous les trois, Grossman, Troïanovski, Lyssov, vous retournerez sur le front. » On dit que c'est un bon rédacteur de journal. C'est bien possible. Mais d'où ce petit bonhomme qui débarque de nulle part et qui, autant que je le sache, n'a pas fini l'école primaire, sort-il cet amour du pouvoir et ce dédain à l'égard de ses subordonnés que n'avaient sans doute pas les patriciens romains ? Tout de même, après ces mois vécus sur le front, ne pouvait-il pas demander à des collaborateurs du journal, ne serait-ce que par décence, comment ils vont, s'ils sont en bonne santé ?

Par la suite, Ortenberg ressentit quelque gêne de la façon dont il s'était conduit. Voici comment il a évoqué les événements du 7 octobre.

Dans les bulletins du matin et du soir du Sovinformburo**, on trouve les mêmes communiqués qu'au début du mois : partout on combat opiniâtrement l'adversaire. À propos de la situation sur les fronts de l'ouest et de Briansk, il n'y a rien. Or Orel est déjà tombée. Je l'ai appris à l'État-major général. Et la même chose m'a été confirmée par nos correspondants du front de Briansk, Pavel Troïanovski et Vassili Grossman, qui revenaient des environs d'Orel. J'ai vu leur emka toute criblée d'éclats. Le personnel de la rédaction s'est rassemblé autour d'elle, l'a examinée, a hoché la tête : « Eh bien, ont-ils dit, ils ont dégusté, les copains ! On se demande comment ils ont fait pour s'en sortir vivants ! »
Quand ils ont eu fini de discuter avec leurs camarades près de leur emka, Grossman et Troïanovski sont venus me voir, ils m'ont

* La TDKA (Tsentralnyi Dom Krasnoï Armii) est la « Maison centrale de l'Armée rouge ».

** Le Sovinformburo [Bureau soviétique d'information] (1941-1951) était pendant la guerre la seule source officielle d'information d'où émanaient les communiqués sur la situation au front.

raconté la catastrophe sur le front. Je les ai écoutés attentivement jusqu'au bout, mais, ayant appris qu'ils n'avaient rien rapporté pour le journal, je n'ai pas pu me contenir et j'ai eu des mots très durs. Naturellement, le journal ne pouvait pas publier un reportage sur la percée du front de Briansk et la prise d'Orel par l'ennemi tant qu'il n'y avait pas de communiqué officiel. Nous n'en estimions pas moins que dans tout combat, même avec l'issue la plus fâcheuse pour les nôtres, d'authentiques héros se distinguent, des exploits sont accomplis, et, là-dessus, on peut et on doit écrire !

Sans prendre de gants, j'ai dit à Grossman et à Troïanovski : « Ce qu'il nous faut, ce n'est pas votre emka criblée de balles, mais des papiers pour le journal. Retournez sur le front... »

Sans doute était-ce injuste. Je ne cherche pas à me justifier, même aujourd'hui, alors que je sais fort bien que c'est un miracle que nos correspondants spéciaux aient échappé à l'encerclement ennemi. En voyant les visages troublés et émus de ces hommes, somme toute courageux, et même intrépides, il aurait fallu leur dire autre chose, leur parler moins rudement. Mais il faut se rappeler l'époque ! Elle n'était pas aux sentiments... Grossman et Troïanovski sont immédiatement partis rejoindre le 1er corps de fusiliers de la garde du général D. D. Leliouchenko, qui avait justement ce jour-là réussi à stopper l'ennemi près de Mtsensk. Mais ma sortie sur la emka criblée de balles a fait le tour des couloirs de la rédaction et même des bases de nos correspondants du front...

Malgré l'ordre d'Ortenberg de retourner sur le front le lendemain à la première heure, Grossman trouva le moyen de faire une visite éclair à son père cette nuit-là.

J'ai passé la nuit à la maison : il y avait là papa et Jenny Genrikhovna[1]. Nous avons parlé avec papa de l'angoisse qui est pour moi la plus insupportable, mais je ne vais pas écrire là-dessus. C'est là, nuit et jour, dans mon cœur. Est-elle vivante ? Non ! Je le sais, je le sens.

Une partie du 1er corps de fusiliers de la garde de Leliouchenko, composée de deux divisions de fusiliers et de deux

1. Djenni [Jenny] Genrikhovna, une Allemande de la Volga qui s'occupait des enfants de la famille, apparaît sous ses traits et son nom dans *Vie et Destin*. Elle eut la chance de ne pas être arrêtée comme espionne à Moscou au moment de la panique d'octobre 1941, alors même qu'elle parlait toujours un mauvais russe avec un fort accent allemand.

brigades blindées, avait été aéroportée dans la région d'Orel sur ordre personnel de Staline afin de stopper l'offensive allemande[1]. Mtsensk, où les T-34* de la 4e brigade blindée sous les ordres du colonel Katoukov avaient contre-attaqué, se trouve à cinquante kilomètres au nord-est d'Orel, sur la route vers Toula et Moscou. Leliouchenko et Katoukov devaient tous les deux devenir les célèbres commandants des armées blindées de la garde, lors de l'assaut sur Berlin quatre années plus tard.

> Nous avons rejoint au matin la même route par laquelle nous étions arrivés hier à Moscou. À la rédaction, tous se sont émus, mais bien sûr à voix basse, de ce que le rédacteur ne nous ait pas accordé un seul jour de repos. Le pire, c'est que ça n'a aucun sens. On a traversé à toute allure sans s'arrêter Serpoukhov, Toula. Il fait un temps affreux. Octobre, la neige, la pluie, un vent mordant. Nous sommes couchés à l'arrière, nous blottissant l'un contre l'autre. C'est la nuit, mais nous continuons notre course. À Moscou, on nous a indiqué à quel endroit est installé l'état-major du corps blindé : « Staroukhino ». Nous roulons, nous roulons sans fin. L'eau du radiateur s'est mise à bouillir, nous arrêtons l'engin pour prendre de l'eau dans une cuvette, la chaussée est entièrement déserte, sur des dizaines de kilomètres parcourus, nous n'avons pas rencontré un seul véhicule. Soudain, de derrière un bouleau surgit un soldat de l'Armée rouge, il demande d'une voix enrouée : « Vous allez où ? – À Staroukhino, répondons-nous. – Vous êtes dingues ou quoi ? » s'exclame-t-il. Il s'avère que les Allemands y sont déjà depuis la veille. « Je suis là en avant-poste de combat, ici c'est la ligne avancée, faites vite demi-tour, tant que les Allemands ne vous ont pas repérés, ils sont là, tout près. » Et, bien sûr, nous faisons demi-tour. Si l'eau du radiateur ne s'était pas mise à bouillir, c'en était fini de notre activité de correspondants. À travers une obscurité et une boue effroyables nous cherchons l'état-major. Enfin le voilà. Dans l'isba exiguë pleine d'une fumée bleue, il fait chaud, étouffant. Après ces quatorze heures de route, la chaleur nous assomme immédiatement, nous tombons d'envie de dormir, mais nous n'avons pas le temps, nous commençons à

1. Le 61e corps de fusiliers de la garde avait été formé le 27 septembre comme un élément de la réserve Stavka. Il était constitué des 5e et 6e divisions des fusiliers de la garde, des 4e et 11e brigades de chars. L'état-major du corps devint alors la base de la 5e armée.

* Les chars T-34, considérés comme les plus performants de l'Armée rouge.

interroger les commandants, nous lisons les rapports politiques, tout cela dans une sorte de brouillard. Au petit jour, sans nous être reposés, nous montons dans le camion et regagnons Moscou, on nous a donné des délais très stricts. Nous arrivons à la rédaction le soir. Nous nous mettons à écrire nos articles. Pour ne pas nous endormir, nous fumons cigarette sur cigarette et buvons du thé. Nous « bouclons » à temps, comme disent les journalistes, et rendons notre papier.
Le rédacteur n'en a pas imprimé une seule ligne.

Quelles qu'aient été les frustrations de la vie de journaliste, Grossman ne fut pas découragé pour autant, et il continua obstinément à prendre des notes, que ce soit pour ses romans ou pour ses articles.

Dans certains villages, par exemple dans celui de Krasnoïe, les Allemands ont construit des postes de tir* bétonnés, dissimulés dans les maisons. Ils ont abattu l'un des murs de la maison, ont fait rouler le canon à l'intérieur, et reconstruit ensuite un mur en béton.

Avant de pénétrer dans la forêt, les Allemands l'arrosent sauvagement de balles, puis ils foncent à toute allure.

La façon de tirer des Allemands. Le soir, ils sortent à la lisière de la forêt et font donner les pistolets-mitrailleurs. Le capitaine Baklan s'est approché des Allemands à cinquante mètres, ils ne l'ont pas remarqué. Il était couché là, à observer : leur façon de faire était celle de fous complets. Il y a eu une cavalcade et un hurlement de sauvage. Des dizaines de fusées se sont élevées dans l'air, l'artillerie s'est mise à tirer au hasard, les mitrailleuses crépitaient, les pistolets-mitrailleurs tiraient vers le ciel.
Et Baklan était là, couché, et observait, médusé, la façon de faire des Allemands.

Il vint à la fiction peut-être un peu par lassitude du journalisme. Grossman semble avoir tardé à donner à ses pensées et à ses sentiments à l'égard de la guerre une forme romancée. À ce moment-là, alors que l'Union soviétique luttait pour son existence, ses idées étaient très proches de la ligne du Parti. Ce ne fut qu'à Stalingrad, une année plus tard, que son regard sur

* Littéralement des « *Dzot* » (*Derevo-zemlianaïa ognevaïa totchka* [« poste de tir en bois et en terre »]).

le régime stalinien commença à changer. L'esquisse qui suit a très bien pu être en partie à l'origine de l'idée du *Peuple est immortel*, le roman qu'il écrivit et publia l'année suivante.

> Plan d'un récit : « Notes de l'officier de liaison Egorov. » L'idée de base : un jeune Soviétique débordant de joie de vivre part pour la guerre, plein d'intérêt et de curiosité. Au front, témoin de la souffrance des gens et amené à passer lui-même par un chagrin personnel, il se transforme en un guerrier endurci et féroce, débordant de haine envers l'ennemi. Dans ce récit le thème principal est la haine, et son caractère implacable. Nous voulons y décrire en détail l'armée et les combattants, les généraux, les officiers, les soldats, les kolkhoziens, les ouvriers de chez nous, les villes et les villages, en train de forger une grande défense. L'idée intrinsèque du récit : le caractère d'acier des Soviétiques, qui ne peuvent avoir pour destin que la victoire. Ils s'endurcissent dans les flammes des villes qui brûlent, dans les villages détruits par les Allemands.

Cet Egorov était probablement le prototype de l'Ignatiev du roman, un personnage insouciant qui devient un vengeur :

> « C'est un fait, camarade commissaire, dit-il, c'est comme si j'étais devenu une autre personne dans cette guerre : ce n'est que maintenant que j'ai vu la Russie comme elle est en réalité. Honnêtement, c'est sérieux. Vous vous promenez là et vous en venez à plaindre tellement la moindre rivière, le moindre bout de forêt, que votre cœur a mal... Je pensais, comment cela peut-il être vraiment vrai, que ce petit arbre passe aux Allemands ? »

Il est très difficile de retracer les mouvements exacts de Grossman durant cette période. La défense soviétique eut de la chance avec le temps. Des gelées suivies de brusques dégels qui transformaient les chemins de terre en bourbiers fangeux retardèrent l'avancée de l'armée allemande. Le 14 octobre, la 10e division blindée et la division SS Das Reich atteignirent le vieux champ de bataille de Borodino, à cent vingt kilomètres à l'ouest de Moscou. Entre-temps la 1re division blindée s'était emparée de Kalinine* sur la Volga, au nord-ouest de la capitale, et au sud, les chars de Guderian s'étaient avancés autour de Toula. Le 15 octobre, on dit aux ambassades étrangères de

* Nom de la ville de Tver entre 1933 et 1990.

se préparer à quitter Moscou et à partir pour Kouïbychev*. La panique s'empara de la capitale. Grossman, comme les autres correspondants de guerre, cherchait désespérément des exemples illustrant le mauvais moral des Allemands pour donner aux lecteurs un peu d'espoir au lieu de les affliger.

Ses carnets de notes – au moins un et sans doute deux manquent – disent peu de chose de ses expériences en novembre, lorsque le général Gueorgui Joukov écrasa les attaques allemandes, en préparant une grande contre-offensive avec des troupes fraîches venues de Sibérie et d'Extrême-Orient [soviétique]. Staline avait fini par être convaincu, en partie par Richard Sorge, l'espion soviétique à Tokyo, mais plus encore par des communications qui avaient été interceptées, que le Japon s'apprêtait à attaquer la flotte des États-Unis dans le Pacifique, à Pearl Harbor, et non l'Union soviétique.

À la mi-novembre, Grossman fut autorisé à revenir à Moscou, mais il fut atterré de découvrir qu'il avait manqué son père à un jour près. Sa femme avait été évacuée à Tchistopol en même temps que les familles de beaucoup de membres de l'Union des écrivains.

> Mon très cher, mon bon,
> J'ai été mortellement déçu de ne pas te voir. Je suis arrivé le jour qui a suivi ton départ pour Kouïbychev. Très cher, tous les deux nous nous reverrons, dis-toi-le bien. Je l'espère et j'en suis convaincu... Là où elle est [à Tchistopol] Lioussia travaille dur au kolkhoze, elle est devenue maigre comme un clou...
> Je vais sans doute partir pour le front, peut-être pour celui du sud...

Grossman dut finalement rencontrer son père à Kouïbychev car, si l'on en croit Ilia Ehrenbourg, Grossman y séjourna brièvement avec lui.

> « On nous avait alors donné un appartement et nous nous y sommes installés avec Grossman et Gabrilovitch. La nuit, c'étaient des conversations interminables, et le jour nous étions là assis à écrire. Vassili Semionovitch [Grossman] était à Kouïbychev depuis deux semaines lorsque arriva un ordre du rédacteur de *Krasnaïa Zvezda* lui disant de prendre l'avion pour le front sud. Il m'en

* Nom de la ville de Samara entre 1935 et 1991.

avait beaucoup dit sur la confusion qui régnait et sur la résistance, que quelques unités tenaient bon, que les moissons n'étaient pas faites. Il me raconta Iasnaïa Poliana. Ce fut alors qu'il entreprit son roman *Le peuple est immortel*, et quand je l'ai lu par la suite, bien des pages m'en ont semblé très familières. C'est pendant le conflit qu'il se découvrit écrivain. Ses livres d'avant la guerre n'étaient rien d'autre qu'une quête d'un sujet et d'une expression propres. C'était un internationaliste authentique et il me reprochait souvent de dire "les Allemands" au lieu de "les hommes de Hitler" en rendant compte des atrocités commises par les occupants. »

Ehrenbourg était convaincu que c'était la vision mondialiste de grande ampleur qui était celle de Grossman qui avait causé la haine à son égard du xénophobe qu'était Staline.

Il semble bien que Grossman alla non pas sur le front sud proprement dit, mais un peu plus au nord, retrouver la 21e armée et le front sud-ouest. La situation au sud était aussi instable qu'autour de Moscou. Le 19 novembre, le 1er groupe blindé du feld-maréchal von Kleist fit une percée jusqu'à Rostov-sur-le-Don, aux portes du Caucase. Mais ses divisions blindées furent bientôt contraintes de reculer à cause des contre-attaques du maréchal Timochenko, de fortes gelées auxquelles les troupes allemandes n'étaient pas préparées, et des lignes d'approvisionnement exagérément longues. Hitler était furieux : c'était le premier recul allemand de la guerre. La presse soviétique fut remarquablement discrète dans ses comptes rendus. Peut-être Staline ne voulait-il pas admettre que les Allemands étaient allés aussi loin que Rostov.

Sur le front sud-ouest, Grossman fut rattaché à l'état-major de la 1re division de fusiliers de la garde commandée par le général Roussianov[1].

Aucun de ses carnets correspondant à cette mission n'est parvenu jusqu'à nous. En tous les cas, il a manqué l'un des

1. La 1re division de fusiliers de la garde avait été constituée le 18 septembre à partir de la 100e division de fusiliers, qui avait été durement malmenée lors de la retraite de Minsk et de Smolensk, puis de la contre-attaque à Elyna, où elle reçut son titre de « de la garde ». Le lieutenant général I. N. Roussianov commanda par la suite le 1er corps mécanisé de la garde lors de l'opération Petite Saturne en décembre 1942, durant les derniers épisodes de la campagne de Stalingrad.

moments des plus dramatiques de l'histoire de Moscou. Le front de Kalinine, au nord de la ville, lança sa contre-attaque le 5 décembre, dans une neige de plus de un mètre d'épaisseur. Le sol était réellement dur comme de la pierre et les Allemands devaient allumer des feux sous leurs véhicules blindés avant de pouvoir en démarrer les moteurs. Le front ouest attaqua juste après. La rapidité de la retraite allemande permit à la Wehrmacht d'échapper au désastre, mais la capitale soviétique fut sauvée.

Il était certes bien difficile de s'en rendre compte à l'époque, et pourtant, ce fut là le tournant de la guerre, en ce sens que la Wehrmacht n'eut plus de chance ultérieure de gagner. Les États-Unis, qui allaient procurer à l'Armée rouge les camions et les Jeep dont elle avait besoin pour avancer rapidement en 1943 et 1944, venaient juste d'entrer en guerre. Dans l'euphorie de la contre-attaque autour de Moscou, Grossman sentit un nouvel état d'esprit dans les rangs soviétiques.

Grossman revint à Moscou le 17 décembre, et trois jours plus tard Ortenberg commenta ainsi sa méthode de travail :

> « Vassili Grossman est revenu... Il n'a pas été en mesure de donner son article pour le prochain numéro du journal, et nous ne lui avons pas demandé de se dépêcher. Nous connaissions sa façon de travailler. Il avait beau avoir appris à écrire dans n'importe quelle condition, dans un bunker à la lumière d'une lampe à mèche, dans un champ, couché dans son lit ou dans une isba pleine de monde, il écrivait toujours lentement, laissant obstinément libre cours à ce processus. »

Ce même jour, le 20 décembre, Grossman eut l'occasion de rattraper sa correspondance en retard, et il écrivit à l'une de ses amies, M. M. Chkapskaïa.

> N'ayez pas une vision trop sombre du sort de votre fils, peut-être est-il vivant et en bonne santé. Notre service postal marche vraiment très mal. Il y a ici une foule de gens qui sont dans l'impossibilité de correspondre avec les leurs. Ici tout va bien pour moi, c'est intéressant. L'humeur est bonne, les affaires sur le front vont bien, très bien même...
>
> Au fait, il y a trois jours, il s'en est fallu de peu que je ne sois privé de la possibilité de me faire entendre : je me suis retrouvé sous l'attaque en rase-mottes de cinq Junker et c'est tout juste si j'ai pu

m'extraire de la cahute qu'ils avaient bombardée et arrosée de balles. Il va de soi qu'il vaut mieux ne pas parler de ça en écrivant à Tchistopol.

Tchistopol était l'endroit où était réfugiée sa femme, Olga Mikhaïlovna Gouber. Il lui écrivit également, mais il passa bien sûr sous silence la façon dont il avait échappé de justesse à cette attaque aérienne.

> Les gens qui m'entourent sont très agréables. À ce propos, il y a ici Tvardovski[1]. C'est un bon gars. Dis à sa femme qu'il a l'air en excellente forme et que, somme toute, tout va parfaitement bien pour lui... Je suis revenu du front il y a trois jours, maintenant j'écris. J'en ai vu beaucoup. La situation actuelle est bien différente de cet été. Les routes, la steppe sont pleines de véhicules allemands fracassés, de canons abandonnés, par terre ce sont par centaines des cadavres allemands, des casques, des armes. Nous prenons l'offensive !

Grossman, comme beaucoup de Russes à l'époque, était convaincu par le demi-tour soudain de décembre que les Allemands, qui, dans leurs uniformes légers, souffraient si fort de la perfidie de l'hiver, étaient en train de s'effondrer sous le coup de l'offensive générale soviétique lancée par Staline après les contre-attaques de part et d'autre de Moscou. Le dernier article qu'il publia cette année-là dans *Krasnaïa Zvezda* était intitulé « Exécrables et risibles ».

> Lorsqu'ils marchaient en rangs par les capitales de l'Europe, ils avaient à cœur de faire forte impression, ces *frontoviki* fascistes. Et les voilà qui sont entrés au matin dans ce village russe. Les soldats avaient la tête embobinée dans des foulards. Certains

1. Tvardovski, Aleksandr Trifonovitch (1910-1971), poète, et par la suite rédacteur en chef de la revue littéraire *Novy Mir*, en 1950-1954 et 1958-1970, dans laquelle il publia *Une journée d'Ivan Denissovitch* et *Le Pavillon des cancéreux* de Soljenitsyne. Tvardovski était originaire d'un village près de Smolensk. Son père, un koulak, avait été déporté sous Staline. Tvardovski n'en venait pas moins de recevoir le prix Staline pour son grand poème « *Strana Mouravia* » [« Le Pays de Mouravia »], sur un koulak qui part pour un voyage à la Don Quichotte afin de découvrir un endroit en Russie où il n'y aurait pas de ferme collective, mais qui finalement rentre au pays dans une ferme collective où il trouve le bonheur.

avaient mis des capelines de femme sous leurs casques noirs et des caleçons longs de femme en tricot. Nombre de soldats traînaient derrière eux des luges, chargées de couvertures, d'oreillers, de petits sacs de nourriture, de vieux seaux...

Il y a six heures les Allemands étaient encore dans l'isba. Là, sur la table, il y a leurs papiers, leurs sacs, leurs casques, les isbas auxquelles ils ont mis le feu se consument encore, leurs corps sans vie, éventrés par l'acier soviétique, gisent dans la neige. Et les femmes, pressentant que le cauchemar de ces derniers jours est fini, s'exclament soudain à travers leurs sanglots : « Petits trésors, nos trésors à nous, vous êtes revenus ! »

« Eh bien, ça s'est passé comment... ? D'abord les Allemands sont arrivés à pied. D'abord ils frappent à la porte, ils s'entassent tous dans la maison, ils sont là debout près du poêle, comme des chiens efflanqués, ils claquent des dents, ils tremblent, ils fourrent leur main directement dans le poêle et leurs mains sont rouges comme de la viande crue. "Chauffe ! Chauffe !" qu'ils crient, et leurs dents font : clac, clac... Bon. Ils venaient à peine de se réchauffer qu'ils se sont mis à se gratter furieusement. C'était affreux à voir, et comique. Comme des chiens avec les pattes, qu'ils se grattaient. Les poux, avec la chaleur, ils étaient partis se balader sur eux. »

Deuxième partie

L'ANNÉE DE STALINGRAD

1942

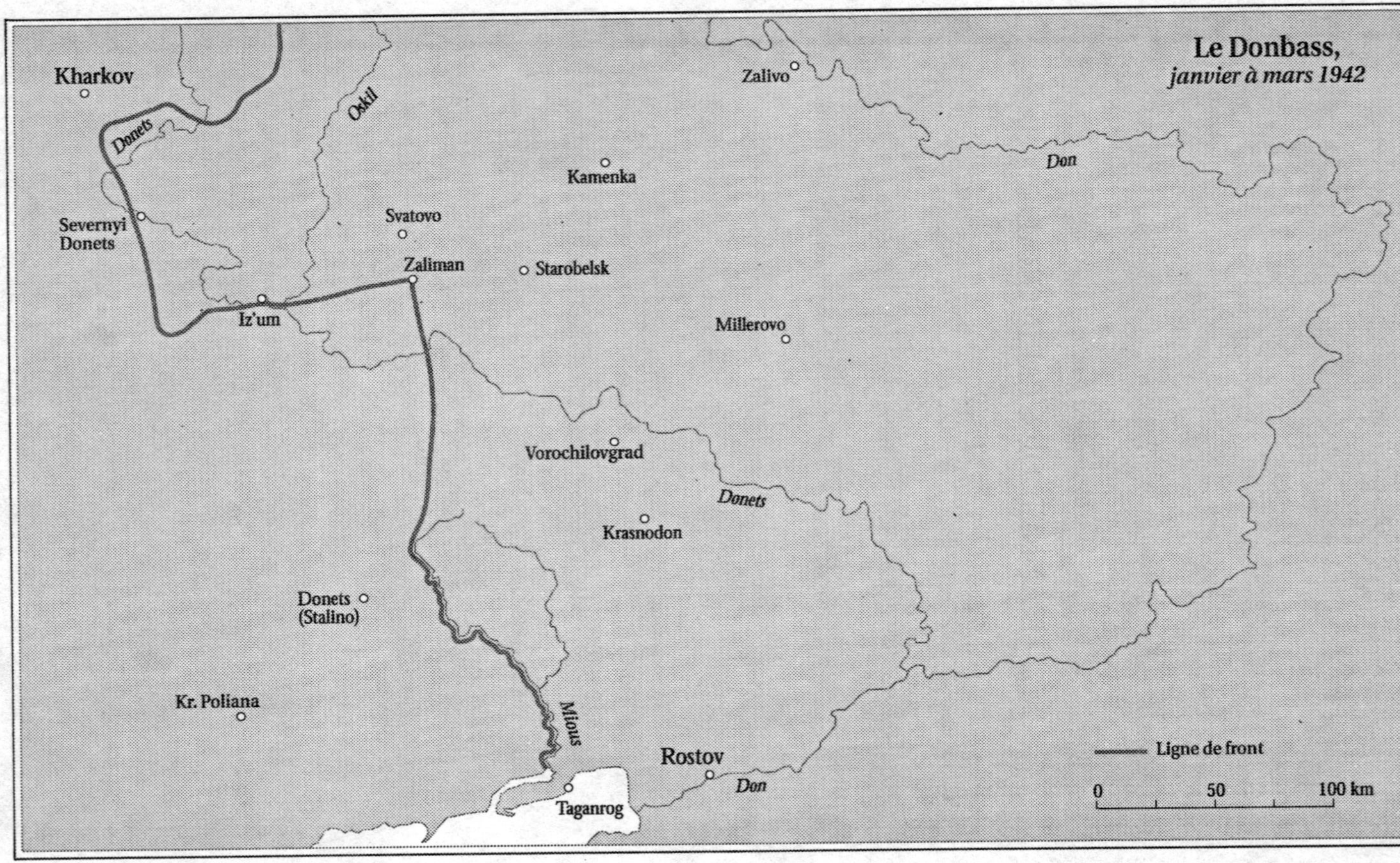

Le Donbass,
janvier à mars 1942
Kharkov
Donets
Oskil
Severnyi
Donets
Svatovo
Zaliman
Iz'um
Kamenka
Starobelsk
Zalivo
Don
Millerovo
Vorochilovgrad
Donets
Krasnodon
Donets
(Stalino)
Kr. Poliana
Mious
Rostov
Don
Taganrog
Ligne de front
0
50
100 km

Chapitre 8

DANS LE SUD

En janvier 1942 on envoya Grossman couvrir les opérations au sud-est de Kharkov. Il semble que cela se soit fait à sa demande. « Vassili Grossman a demandé à être envoyé sur le front sud-ouest, écrivit Ortenberg peu de temps après, c'est la région dont il est originaire. » Grossman n'était pas né là et il n'y avait pas passé son enfance, mais il connaissait la région de Donbass pour y avoir travaillé comme ingénieur des mines. Quoi qu'il en soit, ce furent les articles de Grossman durant cette période qui révélèrent à Ortenberg la mesure de son talent. « La cruelle vérité de la guerre !, a-t-il écrit, Vassili Grossman y est resté fidèle, lui dont le talent d'écrivain se découvrait là, sous nos yeux. »

Ortenberg pouvait bien être surpris de la requête de Grossman. Les autres correspondants étaient très désireux de rester près de Moscou car tout le monde s'attendait à voir les batailles décisives se dérouler sur l'axe central. Mais c'était presque comme si Grossman était irrésistiblement attiré par l'adversaire – la 6e armée allemande – et la région qui devait constituer le cadre de la période décisive de sa vie : Stalingrad.

Quand le feld-maréchal von Rundstedt demanda à l'OKH*, le Haut Commandement militaire, la permission de se replier sur la ligne de la rivière Mious, Hitler fut offensé à l'idée d'une

* Initiales de l'Oberkommando des Heeres, le Haut Commandement militaire, qui dépendait directement de Hitler.

retraite. Rundstedt insista, expliquant que c'était essentiel, et il présenta sa démission. Hitler l'accepta et nomma à sa place le feld-maréchal von Reichenau, commandant de la 6e armée et nazi convaincu. Mais Reichenau lui aussi insista sur la nécessité d'une retraite sur la Mious. Hitler, qui refusait de voir la réalité en face, découvrit avec stupeur que Sepp Dietrich, le commandant de la division SS Leibstandarte Adolf Hitler, était lui aussi du même avis.

La 6e armée de Reichenau s'était emparée de Kiev. À la fin de septembre 1941, on avait fait appel à ses troupes pour aider au transport de 33 771 Juifs jusqu'au ravin de Babi Yar, à l'extérieur de la ville, où ils furent systématiquement massacrés par le Sonderkommando SS 4a. La 6e armée s'empara également de Kharkov et la 38e armée, à laquelle était rattaché Grossman en ce mois de janvier 1942, lui faisait face.

> Le commandant de division Lazko[1] et sa femme Sofia Efimovna. Nuit. Touffeur. Une isba surchauffée. Boukovski et moi entrons là après une longue route nocturne dans le froid... Nos hôtes sont tous deux extrêmement accueillants. Abondante nourriture préparée maison : *vareniki*, *pirojki**, salaisons. Tandis que nous nous lavons, et faisons partir à l'eau le givre dont nous sommes couverts, Lazko tient une serviette blanche en toile brodée de motifs ukrainiens. Le chef d'état-major de la division est Poliak. Avant la guerre, il était travailleur responsable du Narkomindel**. Il est grossier et maussade.

Grossman était venu observer l'attaque qui se préparait sur le village, occupé par l'ennemi, de Zaliman, à une vingtaine de kilomètres au sud de Svatovo. Une précédente mission de reconnaissance avait découvert que les Allemands disposaient des oies vivantes tout autour du secteur, en guise de système d'alarme. Les oies faisaient grand bruit.

1. Le major général Grigori Semionovitch Lazko (1903- ?).

* Alors que les *pirojki* sont de petits pâtés cuits au four, les *vareniki* sont de petits chaussons de pâte, diversement fourrés, et pochés à l'eau à la manière des ravioles.

** Autrement dit haut fonctionnaire au Comité populaire des affaires étrangères, c'est-à-dire au ministère des Affaires étrangères.

Zaliman. Nuit. Tempête de neige. Des véhicules, des pièces d'artillerie. Tous avancent sans un mot. À un embranchement une voix enrouée demande : « Hé, elle est par où la route de Berlin ? » Grand éclat de rire.

Du haut d'un tertre, on voit la contre-attaque allemande. Ils avancent de quelques pas en courant et se couchent à terre. Une petite silhouette agite les bras : c'est un officier. Encore quelques pas en avant, et les voilà reculant dans le désordre vers l'arrière... Une fois encore la petite silhouette agite les bras, et de nouveau quelques pas, puis ils se mettent à reculer en désordre, la contre-attaque a échoué.
C'est comme un vœu qui se réalise. Dès que les Allemands forment un petit groupe, bing, un obus ! C'est l'œuvre du pointeur Morozov. Dès qu'ils se rassemblent et qu'on rêve de les disperser, bing, un obus, au point que nous sursautons. C'est Morozov.

L'Armée rouge se plaisait à faire étalage de tout soldat particulièrement doué avec son arme, qu'il s'agisse d'un sniper, d'un as du tir de grenade ou d'un artilleur comme Morozov. Ils étaient portés au pinacle à la manière des travailleurs stakhanovistes et leurs exploits tels qu'on les rapportait étaient bien souvent très exagérés.

Deuxième jour de la bataille de Zaliman. Il gèle à pierre fendre. Brume. Brouillard. Pas de vent. L'artillerie est assourdissante. Le régiment du lieutenant-colonel Eltchaninov mène le combat pour Zaliman. On a traîné les canons dans le village même. On a les a dissimulés derrière les maisons. Quand on aperçoit une mitrailleuse ou un mortier allemands, on roule le canon dehors, on mitraille en pointant directement à vue, et ensuite on le roule à nouveau derrière la maison.

Difficulté pour l'artillerie : le combat a lieu dans le village même et tout est imbriqué. Une maison est à nous, l'autre à eux. Comment utiliser ici des armes à feu de grande puissance ?

Conversation avec une femme du village : « Quarante Allemands se sont avancés, moi, du coup, j'ai fermé les yeux. Aïe ! Dieu du ciel, droit sur le village, et j'ai ouvert les yeux : les uns étaient par terre, les autres étaient repartis à toutes jambes. » (C'était le pointeur Morozov.)

Comment on a occupé Zaliman. Les Allemands venaient tout juste de tenter d'opérer un regroupement (les uns avaient quitté Zaliman, et les autres n'avaient pas eu le temps d'y entrer), quand nous avons bondi. Et trois blessés seulement. Sinon il aurait fallu y perdre des milliers d'hommes : là-bas ils ont des barbelés, des défenses d'artillerie et des casemates, du béton, des fossés, des cheminées dans leurs bunkers comme dans un appartement : avec des carreaux. Notre service de renseignements est bon : tout s'est révélé être comme ils l'avaient dit, comme s'ils l'avaient construit eux-mêmes.

Grossman a relevé « les cheminées dans leurs bunkers comme dans un appartement : avec des carreaux » parce qu'il arrivait fréquemment aux soldats de l'Armée rouge d'être époustouflés de la façon dont les troupes allemandes s'efforçaient la plupart du temps de rendre leurs positions défensives aussi douillettes. Cela avait un côté tellement installé, tellement peu militaire, dans une armée qui croyait aux qualités martiales et au blitzkrieg. Grossman rejoignit le commandant et l'état-major du régiment qui avait mené l'attaque.

Au poste de commandement du régiment. Une isba vide. Les Allemands ont tout emporté : les chaises, les lits, les tabourets. Le commandant de la division, le colonel Pessotchine, est grand et gros. Le commissaire de division Serafim Snitser est grand et gros. Pessotchine appartient visiblement à l'intelligentsia, pourtant on dit qu'il frappe ses subordonnés au visage à coups de poing. Il a tabassé le rédacteur du journal de la division. Tous les deux sont de grands plaisantins. Ils se moquent sans cesse l'un de l'autre et se protègent sans cesse l'un l'autre des refroidissements. Ils s'emmitouflent mutuellement et se boutonnent l'un l'autre les cols de leurs capotes. Ce sont des plaisanteries sans fin. L'artillerie lourde des Allemands tire. « Pourquoi ne l'anéantissez-vous pas ? demande Pessotchine. – Difficile de mettre la main dessus, répond le joyeux lieutenant. – Naturellement, mettre la main sur les bonnes femmes est plus facile », réplique Snitser.

Grossman a relevé nombre d'exemples de ce genre d'échanges moqueurs d'un lourd humour militaire.

« Vous grossissez, major Kostioukov. – Je rivalise avec mon supérieur. » Le commissaire de division : « Je suis bien sûr que vous allez gagner le concours. – Pas du tout, mon poids s'est stabilisé en 1936. – Chez vous, dans le régiment, tous sont gros. – Ce serait faire trop d'honneur aux Allemands que de maigrir à cause d'eux. »

Un déjeuner pour les officiers à l'état-major du régiment. « Chef, combien de temps ça vous a pris de fabriquer des *pelmeni** aussi petits ? – J'ai commencé à les faire quand il [un avion allemand] s'est mis à piquer, il ne me laisse pas le temps de les faire, le salaud. » Pendant le repas un capitaine entre en courant : « Permettez-moi de rendre compte : on a repéré au moins trois cents mitrailleurs. » Snitser en versant la vodka : « Ha, ha, ha ! Divisez-moi ça par dix. »

Pessotchine frappe les commandants. Le commissaire de division, commissaire du régiment, Serafim Snitser, frappe ses politrouks. Chacun frappe ses subordonnés dans sa branche. Tous deux sont énormes, massifs, avec de gros poings grassouillets. La commission militaire du Parti a ouvert des actions contre l'un et l'autre. Ils font des promesses, mais ce sont des promesses d'ivrognes qu'ils sont incapables de tenir, chaque fois ils explosent. Hier Snitser a frappé un tankiste avec lequel il avait eu une dispute à cause des « trophées » [du butin].

En dépit de l'existence de vestiges aussi décourageants de l'Armée rouge sous son aspect le plus rétrograde, Grossman était optimiste pour ce qui était du nouvel état d'esprit qui se développait.

L'esprit de l'armée – une force immense et diffuse. Elle est une réalité.

Il comparait ce changement avec les nouvelles mesures très strictes introduites pour la Wehrmacht (même si celles-ci n'étaient pas plus impitoyables que les sanctions infligées par les sections spéciales du NKVD rattachées aux formations soviétiques).

Message de Hitler aux troupes : « Pas un pas en arrière sur le territoire conquis. » On leur a lu cet ordre et on les a forcés à signer. Les prisonniers disent : « On nous a lu une condamnation à mort et nous l'avons signée. »

* Petits chaussons sibériens de pâte, généralement fourrés de viande et pochés.

Il apparaît clairement que Grossman fut autorisé par le lieutenant-colonel Eltchaninov à consulter les rapports du régiment concernant les mois précédents. À côté d'exemples d'héroïsme soviétique, Grossman notait les « événements extraordinaires », euphémisme officiel par lequel on désignait la lâcheté, la désertion, la trahison, les activités antisoviétiques et tous les autres crimes passibles de la peine de mort. Grossman était visiblement fasciné par la phraséologie militaire et la bizarre juxtaposition des observations. Mais ses notes à lui étaient infiniment plus dangereuses, car elles relevaient nombre de cas de désertion et d'insubordination. Si l'un ou l'autre de ses carnets avait été découvert par les « détachements spéciaux », les agents militaires de contre-espionnage du NKVD, qui était devenu le SMERSh au printemps 1943, il aurait eu de très gros ennuis.

8 octobre 1941. Le soldat de l'Armée rouge Kravtsov, de la 3e compagnie de mortiers, a systématiquement tenté, durant la marche, de faire des pauses-repos sans l'autorisation du commandant, terrorisant de ce fait la compagnie.

13 octobre 1941. Le soldat de l'Armée rouge Matrossov s'est distingué durant une mission de reconnaissance à cheval et il a été tué. L'une de nos sections s'est fait faire prisonnière avec comme mot d'ordre « À bas le pouvoir soviétique ».

19 octobre 1941. Dans la 8e compagnie le soldat de l'Armée rouge Panouk a été fusillé pour avoir aidé à une désertion vers le camp de l'ennemi[1].

24 octobre 1941. Le commandant de section Martchenko n'est pas certain de la victoire de l'Armée rouge. Il dit : « Hitler va nous refouler en Sibérie. »

15 novembre 1941. Un mitrailleur a déclaré : « L'allocution du camarade Staline m'a donné un surcroît de force. » Le soldat de l'Armée rouge Oska a déclaré : « Je vous donne ma parole, camarade Staline : tant que mon cœur battra, je lutterai contre l'ennemi. »

Lors des réunions conduites par des politrouks, les soldats entendaient raconter des récits de conduites héroïques et ils

1. Tous les soldats qui s'abstenaient de dénoncer ou d'abattre les camarades qui tentaient de déserter étaient traités comme des complices.

étaient encouragés à proposer eux-mêmes des slogans et des déclarations appropriées.

> Le politrouk Glianko a fait irruption en criant « Hourra ! » dans le village de Kouptchinovka.
>
> Le conducteur de chevaux Klotchko a été pris par les Allemands, ils l'ont emmené vers une maison dans laquelle il y avait des soldats [soviétiques] ; sur le seuil, devant l'entrée, Klotchko a crié : « Chef, les Allemands ! »
>
> « Je sollicite l'autorisation de fusiller deux Allemands, qui ont personnellement tué mon soldat de la 9e compagnie de fusiliers, le camarade Gorelov. »
>
> Le soldat de l'Armée rouge Piliouguine a dit : « Le général Gel nous aide gaillardement. Ses troupes aussi mettent à mal ces vermines. »
>
> Le soldat de l'Armée rouge Riabochtan a dit : « Je vais sur-le-champ creuser une tranchée, et aucun feu [ennemi] ne me fera sortir de là. »
>
> Le soldat de l'Armée rouge de la 9e compagnie Kozyrev a dit : « C'est dur de céder la terre qui vous appartient. Si seulement l'offensive pouvait intervenir au plus vite. »
>
> Le soldat de l'Armée rouge Jourba a déclaré : « Mieux vaut la mort que la captivité fasciste. »

Certains soldats étaient, d'un autre côté, dangereusement naïfs dans leur façon de se plaindre. Ils couraient le risque d'être remis entre les mains du Département spécial en tant que défaitistes et agitateurs ennemis.

> Le soldat de l'Armée rouge Maniouk a déclaré : « Aller tous les jours en service, ça veut dire qu'on ne se repose jamais. »
>
> Le soldat de l'Armée rouge Bourak a refusé de prendre un fusil-mitrailleur parce qu'il a les yeux malades. Le commandant de la compagnie Kovalenko s'est mis à lui lancer une bordée d'injures grossières.

Grossman releva nombre d'exemples de soldats, et même d'officiers faisant état de leur foi religieuse. Il est cependant difficile de savoir si les soldats avaient été ou non avertis de la reconnaissance par Staline de l'Église orthodoxe, à l'heure où la patrie était en crise.

> Le soldat de l'Armée rouge Goliaperov a déclaré : « Je n'accepterai de serment que si c'est [en jurant] sur la croix. »
>
> A été arrêté par la Section spéciale le soldat ex-déserteur Manjoulia, qui s'est présenté de lui-même.

Manjoulia, même s'il était revenu de son plein gré et était peut-être simplement un soldat à la traîne plutôt qu'un déserteur, risquait le peloton d'exécution ou le service dans un *chtrafbat*, ou « bataillon pénitentiaire », ce qui garantissait presque à coup sûr la mort, puisque ces bataillons étaient contraints d'effectuer les missions les plus risquées, y compris, le cas échéant, d'avancer au travers des champs de mines devant les troupes d'attaque[1].

> L'état politique et moral est bon. Le déserteur Toporov a été fusillé devant les rangs.
>
> Le médecin Dolenko. Son mari a rejoint les partisans, tandis que ce docteur Dolenko est partie avec les Allemands.

Un contraste aussi absolu entre l'héroïsme et l'indignité appelle bien des interrogations. Le docteur Dolenko, une Ukrainienne à en juger par son nom, pouvait avoir simplement voulu rejoindre sa famille derrière les lignes allemandes, mais aux yeux des Soviétiques, c'était là une trahison.

Comme dans toutes les armées, l'arrivée des lettres en provenance de la maison était un facteur important pour le moral des troupes.

> Une opinion largement répandue parmi les combattants est que la poste aux armées ne marche pas bien.

Et dans l'Armée rouge, plus encore que dans toute autre, la consommation d'alcool présentait la menace la plus sérieuse pour la discipline, dans la mesure où elle déliait dangereusement les langues.

1. Selon les sources militaires russes, 422 700 hommes sont morts dans des unités pénitentiaires pendant la guerre.

Le soldat de l'Armée rouge Kazakov a dit au chef de section : « Ça fait longtemps que mon fusil a une balle pour toi dans le canon. »

Le soldat de l'Armée rouge Evsteev a refusé d'aller prendre son poste, en arguant qu'il était mouillé. Le 20 octobre, il a abandonné son poste de son propre chef, quittant les autres servants de la mitrailleuse. Il est allé dans la 7e compagnie et il y a déclaré au milieu des soldats : « Nos chefs se moquent de nous, ils boivent notre sang jusqu'à la dernière goutte et eux-mêmes s'engraissent. » Lors d'un entretien avec le politrouk, il a soulevé une bagarre en déclarant que « le temps viendrait bientôt où nous vous soulèverons vous aussi à la pointe de nos baïonnettes ». Le politrouk l'a tué d'un coup de pistolet.

Toute la guerre durant, l'obsession majeure de beaucoup de ceux qui appartenaient à l'Armée rouge fut de se procurer de l'alcool, ou tout ce qui pouvait simplement ressembler à de l'alcool.

Le sous-chef de peloton Anokhine et le caporal Manokhine ont bu le contenu de flacons de liquide anti-ypérite. Le sous-chef de peloton Anokhine est mort sur le coup, le caporal est mort durant son transfert [à l'hôpital].

Grossman a relevé des exemples de la façon dont les rapports militaires officiels torturaient la langue.

Le chef de la pharmacie Podous se livre à des déprédations sur l'alcool pharmaceutique, il dilue les vestiges avec de l'eau.

L'alcool jouait également un grand rôle dans les affaires de corps et de cœur, peut-être en partie parce qu'il libérait les esprits de la profonde répression sexuelle de l'ère stalinienne, où le moindre soupçon d'érotisme était considéré comme « anti-Parti ».

Le lieutenant Boguinava a abandonné nuitamment la section pour aller retrouver une certaine petite Maroussia, qui n'en avait rien à faire. Boguinava l'a menacée de fusillade si elle ne l'épousait pas.

Il y avait, dans certains quartiers généraux, une attitude authentiquement respectueuse envers la culture, même si elle était généralement orientée par les officiers politiques vers la haine de l'ennemi et l'amour de l'Union soviétique.

Dans la 1re compagnie de mitrailleurs il y a un orchestre à cordes. Les soldats de l'Armée rouge organisent des manifestations artistiques d'amateurs à l'échelon du bataillon. La pièce *Dans le hameau de Fiodorovka* a été montée.
Une conférence de philosophie a été donnée pour les officiers.

L'ensemble des soldats de l'Armée rouge... « Un concert de l'ensemble est un coup droit au but contre le fascisme » (extrait d'appréciations). Il fonctionne depuis environ deux mois. On y apprend des chants [comme] *Oï, criait un moujik au bord du chemin*. Kalisty, qui travaille au tribunal, chante : *Oï, Dnipro, Dnipro, tu coules au loin et tes eaux sont comme des larmes*. Quand on chante cette chanson, les auditeurs ne sont pas les seuls à pleurer, pleurent également les membres de l'ensemble. Les membres de l'ensemble, qui sont des soldats, des fantassins, des artilleurs, des tankistes. Ils sont mal habillés, et l'un d'entre eux a des gelures. Ils sont parfois sous les tirs car les concerts ont lieu d'habitude avant le combat. Dans un village, à Doubrovo, les membres de l'ensemble ont abandonné leurs engins pour accourir en douce, un par un, sur le lieu du concert dans la forêt. Une vieille femme est apparue, Vassilissa Nitchvoloda, et elle a dansé au son du baïan* avec Kotliarov. Elle a soixante-quinze ans. Après le concert, elle a dit : « Merci, mes enfants, vivez longtemps, très longtemps, chassez les fascistes. »

Les villageois n'étaient pas toujours aussi accueillants.

Dans l'appartement où est cantonnée la 6e compagnie, la maîtresse de maison se montre hostile à l'égard des soldats : elle met de la cendre dans le thé et remplit l'appartement de fumée.

Le régiment d'artillerie commandé par le major Ivanov. Les premiers froids sont arrivés et les armes ont été nettoyées du lard à canon qui les graissait et enduites d'huile de machine.
On a créé des groupes de chasseurs de chars et on les a formés.
Dans la batterie où travaille le politrouk Malychev, il y a une chorale remarquable.
Par leurs propres moyens, ils ont agencé des bains.

* Type de grand accordéon russe.

Extrait du dernier rapport politique : « Lors du combat pour le village de Zaliman, un soldat de l'Armée rouge blessé est entré dans la cour de la citoyenne Iakimenko. Iakimenko Galia voulait lui porter secours. Un fasciste allemand a fait irruption dans la cour et a tué d'une balle le soldat ainsi que Galia, et il a tenté de tirer sur le fils Iakimenko, quatorze ans. Un vieux voisin, Beliavtsev, a saisi un gourdin et a frappé le fasciste sur la tête. Le combattant Petrov a surgi et il a exécuté l'Allemand. »

Dans presque toutes les unités soviétiques, il y avait un très fort taux de mortalité dû aux balles perdues.

Le lieutenant Evdokimov (né en 1922, scolarité complète de dix classes, komsomol) a blessé par accident au ventre le lieutenant Zorine, après quoi le lieutenant Evdokimov s'est donné la mort.

L'habitude soviétique de l'hyperbole exagérait fortement les morts ennemies.

Le camarade Mychkovski s'est héroïquement battu et il a anéanti un peloton entier de fascistes sous le feu de sa mitrailleuse. Il est mort de ses blessures.

Malomed, Naoum Moisseïevitch s'est battu en brave avec son peloton, il s'est emparé de trophées [armes prises en butin]. Malamed a été tué.
Le servant de mortier Sivokon a écrasé l'ennemi sans quartier.
Le 22 décembre, à quinze heures, a été enterré le camarade Avakov, commandant du régiment, qui est tombé en héros. Toutes les sections ont fait leurs adieux aux cendres du commandant. Les habitants du coin assistaient également à l'enterrement.

Le politrouk Oussatchev a bombardé de grenades les Allemands, puis est passé à l'attaque à la baïonnette. Oussatchev est mort héroïquement.

Après avoir écouté les rapports sur le combat, Pessotchine [le commandant de la division] s'exclame d'une voix chantante : « Ah, mon Dieu ! »

La reprise de Zaliman et d'autres villages amena Grossman à s'interroger encore plus sur la vie de ceux qui se trouvaient sous l'occupation allemande. Les rumeurs qui provenaient de l'autre côté des lignes préoccupaient tout le monde.

Les jeunes filles dans les villages occupés se vêtent de haillons et se frottent le visage avec de la cendre.

C'était pour détourner l'attention des soldats allemands. Les femmes allemandes prirent les mêmes mesures de précaution en 1945 dans l'espoir d'échapper au viol en tombant aux mains de l'Armée rouge. Pourtant Grossman, comme beaucoup d'autres, se trompait parfois en soupçonnant du pire ceux qui se trouvaient sous l'occupation ennemie.

À Zaliman, six jeunes filles, des beautés, sont parties avec des Allemands.

Il pourrait bien s'être agi là d'un racontar malveillant. Les filles les plus jolies étaient souvent prises pour servir dans les bordels de la Wehrmacht, un sort infiniment pire encore que le viol collectif, puisque cela durait dans le temps et que les jeunes femmes devaient faire mine d'y trouver du plaisir, sous peine de punitions sévères.

Pour la plupart des civils capturés lors des combats, survivre était la seule chose qui importait. Mais il pouvait arriver qu'un jeune paysan soit trop malin pour préserver son intérêt.

Un garçon du village était parti en reconnaissance et, en revenant tard le soir, il déclara au commandant du régiment, qui était logé là, qu'il avait repéré des Allemands. D'une voix enrouée il dit : « Donnez-moi de la vodka, je suis gelé. » Le commandant du régiment qui était alors en train de dîner en fut tout ému et commença à s'agiter : « Vania, bois donc un peu de vodka, Vania, un morceau de poulet. » Le garçon but, mangea le morceau de poulet et commença son récit. À ce moment-là surgit sa mère, qui lui flanqua une bonne raclée. Il s'avéra qu'il n'était allé nulle part et qu'il avait tout inventé.

Les officiers politiques fournissaient à Grossman bien des éléments destinés à nourrir ses articles. Beaucoup étaient issus des interrogatoires de prisonniers allemands ainsi que de lettres et de documents saisis, mais tout n'était pas également crédible.

De la lettre d'un soldat allemand : « Ne t'inquiète pas et ne sois pas triste, puisque plus vite je serai sous terre, plus je ferai l'économie de grandes souffrances. »

Il n'est pas impossible qu'une telle phrase soit devenue courante chez les soldats allemands déprimés, pourtant ces mêmes mots reviennent avec une fréquence suspecte dans les lettres que les autorités soviétiques prétendaient avoir interceptées, et ils n'apparaissent jamais dans les collections de lettres du front qui ont été rassemblées en Allemagne. Les officiers politiques, après avoir entendu la phrase, peuvent très bien avoir prétendu l'avoir trouvée dans d'autres lettres. Grossman cite ensuite un autre exemple qui revient souvent et qui nécessite aussi d'être traité avec précaution.

D'une lettre : « Souvent, nous pensons : bon, maintenant la Russie doit capituler, mais, hélas, ces hommes incultes sont trop bornés pour le comprendre. »

D'une lettre : « Pour la nourriture, les choses vont plutôt bien : hier nous avons égorgé, pour sept, un cochon de cent cinquante kilos, nous avons fait fondre trente kilos de lard. »

D'une lettre : « Nous faisons des *galouchki**. D'abord nous avons mis trop de farine, ensuite trop de pommes de terre. On en a fait en tout quarante-sept, pour trois, c'est bien suffisant. Maintenant je fais cuire du chou et des pommes. Je ne sais pas ce qu'il en sortira, en tout cas, il n'y a pas de noyaux. Nous récupérons tout ce que nous pouvons auprès de la population. Pas le temps d'écrire, nous n'arrêtons pas de faire la cuisine. C'est tellement agréable à l'armée ! Nous sommes quatre et nous avons tué pour nous un cochon. J'ai trouvé ici une grande quantité de miel, exactement ce qu'il me fallait. »

De la lettre d'une jeune fille allemande : « Je suis en train de devenir folle, reviens, mon amour. J'espère que tu survivras, parce que sinon pour moi la guerre serait perdue. Adieu, mon trésor, adieu. Mizzi. »

Adresse de Hitler : « Mes soldats ! J'exige que vous ne reculiez pas d'un pouce de la terre que vous avez conquise au prix de

* Genre de gnocchis, de boulettes à base de farine et d'œufs auxquelles on peut ajouter, comme ici, des pommes de terre, ou encore du fromage blanc, et qu'on fait pocher dans l'eau bouillante.

votre sang. Que l'incendie des villages russes, en éclairant les voies d'accès de nos réserves, leur insuffle l'esprit de vaillance. Mes soldats, j'ai tout fait pour vous, maintenant faites pour moi tout ce qui est en vos forces. » (Recueilli de la bouche d'un prisonnier de guerre.)

Chapitre 9

LA GUERRE DES AIRS DANS LE SUD
Janvier 1942

Le jour du Nouvel An 1942, Grossman écrivit à sa femme, une fois encore dans l'impression euphorique que les Allemands étaient en train de reculer sur tous les fronts.

> Ma chère Lioussenka, voilà, nous avons fêté le Nouvel An, toi à Tchistopol, et moi sur le front... L'horizon devant nous s'éclaire, un sentiment de confiance, de force, a gagné l'armée et chaque jour rend la victoire plus proche...

Dix jours plus tard, il écrivit encore.

> On me publie assez souvent, et le directeur montre de meilleurs sentiments à mon égard. Hier, nous avons eu des détails sur la mort de Gaïdar[1]. Il est tombé au combat... Tu te le rappelles, Lioussenka, Gaïdar ? Où sont nos amis, je n'arrive pas à croire que Vassia Bobrychev n'est plus. J'ai lu sa lettre, la dernière, il y a quelques jours, et mon cœur s'est serré. Je pense souvent à Roskine avec une grande douleur dans l'âme. Je songe à maman, je ne crois toujours pas à sa mort et je n'arrive encore pas à en prendre pleinement conscience. La réalité de cette douleur-là viendra plus tard...

Vers la fin janvier 1942, Grossman entreprit d'aller visiter un terrain d'aviation à Svatovo, mais ce ne fut pas un voyage facile en cet hiver.

1. Arkadi Gaïdar, un écrivain pour enfants célèbre et adulé, commandait un régiment à l'âge de dix-huit ans durant la guerre civile. En 1941, après l'invasion allemande, il partit au front comme correspondant.

> Il y avait une tempête de neige quand nous sommes partis de Zaliman pour Svatovo. La route disparaissait sous la neige. Nous nous sommes vite retrouvés complètement enlisés. Heureusement, un blindé qui passait nous a repérés. Nous avons grimpé dessus, il nous a reconduits à Zaliman en remorquant la voiture.

Il a fait état de cette aventure dans la lettre à son père qui suit.

> Ici pour l'instant les froids sont cuisants. Je me suis retrouvé l'autre jour au milieu d'une tempête de neige sur la steppe. J'ai pu regagner le village sur un blindé, sinon, j'aurais carrément gelé sur pied. Il y a beaucoup de travail, et un travail intéressant. Mon humeur est excellente. La seule chose est que je me fais du souci en pensant à tous ceux qui me sont proches, à vous qui êtes dispersés de par le monde. Je vois souvent maman en rêve, qu'en est-il d'elle, est-elle en vie ?

Tout au long de la guerre, Grossman n'a cessé d'être intrigué par les armes spécialisées. Pendant la première partie de la guerre, ce sont les pilotes de combat qui semblent l'avoir le plus attiré. Ensuite, à Stalingrad, les snipers ont enflammé son imagination, et durant les six derniers mois de la guerre, ce furent les troupes blindées.

Au début de février, il rendit visite à un régiment d'aviation de combat de l'Armée rouge qui appuyait le front sud-ouest depuis son terrain à Svatovo, au nord du Donets. Il était équipé d'avions de combat Yak. Surtout dans les débuts de la guerre, la flotte soviétique, bien que beaucoup plus nombreuse, ne pouvait pas rivaliser avec la supériorité technologique de ses adversaires de la Luftwaffe, si bien que certains pilotes de chasse avaient recours à l'éperonnage des avions allemands. Rares étaient ceux qui arrivaient à sauter à temps en parachute.

> Salomatine : « Aller éperonner, c'est la nature russe. C'est notre éducation soviétique. »
>
> Sedov Mikhaïl Stepanovitch, né en 1917 : « Éperonner n'est pas une conduite héroïque. La conduite héroïque, c'est d'en descendre le plus possible. »

Skotnoï : « Quel héros cela peut-il être, s'il n'a pas su le descendre avec tout un stock de munitions au complet et qu'il l'a éperonné ? » Skotnoï est taciturne, triste. « Aller dans un dancing, ça me gênerait, ça me gênerait de parler à une fille. »

Certains des pilotes qu'il interrogeait, surtout les commandants d'unité, étaient d'une fidélité rigide à la ligne du Parti, même si cela signifiait proclamer, contre l'évidence même du contraire, que leurs avions et leurs moteurs ne les laisseraient jamais tomber. À certains moments de la guerre, l'aviation de l'Armée rouge perdait presque autant d'avions dans des accidents que du fait des actions ennemies.

Le major Fatianov, Ivan Sidorovitch : « Les nôtres y vont deux par deux. Ils vont jusqu'à abandonner leur proie pour rester avec leur camarade. L'essentiel, c'est que nous avons confiance l'un dans l'autre, et que, dans le malheur, nous nous aidons. La tradition n'a pas été instituée par nous, mais nous la respectons religieusement. Nous avons pleinement confiance en notre matériel. Ni un moteur ni un avion ne nous ont trahis. »

À propos des Allemands. « Ils couvrent les Ju[nker] quand ils entrent dans l'attaque et quand ils en sortent. Ils ne supportent pas les évolutions brusques. Chez les Allemands le sens de la camaraderie est peu développé. Les couples éclatent facilement et ils s'éloignent, en s'efforçant d'utiliser leur vitesse. Ils s'éloignent d'un adversaire actif, mais ils s'accrochent de toutes leurs forces à ceux qui sont blessés. Je ne saurais dire que j'ai une très grande expérience. » (C'est la modestie même.)

Un général d'aviation parle au téléphone de campagne de bombes aériennes, de l'envol de la flotte de bombardiers, du début de l'attaque, etc. Ensuite il dit soudain : « Un enfant pleure sur la ligne, ça doit être dans une isba. »

Grossman doit avoir été intrigué par des contradictions mineures dans leurs rapports.

Martynov, Al[eksandr] Vas[silievitch], né en 1919. « Le caractère du pilote se voit tout entier à la façon dont son appareil vole. J'identifie l'adversaire qui est puissant, accrocheur. Les Allemands piègent les benêts, ils les attrapent par-derrière. Identifier un pilote lors d'un combat aérien est toutefois très compliqué... On voit le Fritz, on le voit bouger la tête, et on lui en envoie une !

Dans un combat aérien direct, le Fritz a du mal. Ce genre de duel aérien se mène jusqu'à la dernière goutte de sang. L'ennemi n'aime pas le combat à l'horizontale ou dans les virages, et il cherche à en arriver à un combat à la verticale. À l'horizontale on peut s'échapper en dérapant sur l'aile, et lui ne peut pas maintenir un feu ciblé.

« L'habitude de voler à deux est un gage de succès. Je suis derrière celui qui mène, il donne le signal de "sortir du combat"... J'ai déjà flambé en l'air, j'avais été touché par l'artillerie antiaérienne (j'ai eu des brûlures et j'étais blessé). Non, je n'ai pas eu peur quand j'ai flambé, pas la moindre appréhension, il n'y a pas le temps pour cela, le combat continuait.

« Les qualités [d'un bon pilote] sont :

« 1) la connaissance de son matériel pour pouvoir bien en jouer ;

« 2) la confiance et l'amour envers sa machine ;

« 3) l'audace, le sang-froid et un cœur brûlant ;

« 4) le sens de la camaraderie ;

« 5) le don corps et âme au combat, le dévouement à la patrie, la haine [de l'ennemi].

« Première rencontre avec un Heinkel. Je l'ai attaqué à douze reprises, il s'est tout enfumé. La première fois, ça fait plutôt peur. J'ai ramené beaucoup de trous : on m'avait canardé comme une vieille perdrix. »

Salomatine : [expliquant pourquoi] il n'attend pas ceux qui sont par-derrière. « C'est le chef qu'il me faut, et j'ouvre toujours le combat. Je ne recherche pas les distinctions, je veux descendre des Allemands, y compris au prix de ma vie. »

Salomatine avait parlé ensuite de Demidov, un camarade pilote tué peu de temps auparavant lors d'un combat aérien. Ils avaient évoqué sa mémoire pendant les toasts portés lors de la remise d'une médaille. C'était la coutume dans l'Armée rouge de mettre la nouvelle médaille dans une chope de vodka, de siffler l'alcool en une goulée et de finir avec la décoration coincée entre les dents.

« Demidov [le camarade tué] avait l'audace particulièrement contagieuse. Au moment de la remise des ordres, Baranov s'est mis à pleurer. Le premier toast a été pour Staline, le deuxième pour Demidov qui était mort. »

Le capitaine Zapriagalov : « Le premier jour de la guerre à Tchernovtsy [Czernowitz], à quatre heures et quelques, l'alerte a été déclenchée. Nous avons couru à l'aérodrome et nous avons décollé sous les bombardements. Le deuxième envol s'est fait du terrain bombardé.

« L'essentiel est que nous avons la foi. Nous n'avons pas le moindre doute, nous aidons les camarades en difficulté. Sur le plan technique, les Allemands sont très forts. »

Eriomine Boris Nik[olaevitch], vingt-neuf ans. « Le principe le plus important, c'est le vol par deux, l'amitié. On a l'habitude de voler ensemble et on connaît chacun les façons de faire de l'autre. Martynov (le second) vole avec Korol, il l'a formé. Le deuxième couple, ce sont les pilotes Balachov et Sedov. Moi, je vole avec Skotnoï.

« On voit comment s'achève la trajectoire d'une balle traçante dans ses plans noirs. Le Me[sserschmitt] est tout en longueur, comme un brochet. Je regarde et je vois à une vingtaine de mètres un nez jaune ; je vire, mais trop tard, et je vois : de petits feux qui viennent sur moi et une trace bleu foncé. Au même moment Martynov fonce sur lui et il s'en va. C'est passionnant, bien sûr, et on se laisse complètement prendre au jeu.

« Les Tchaïki[1], il faut les protéger, ces "petites mouettes", là-dedans, ce sont tous des gens bien.

« Avec Salomatine, nous avons pris l'air au moment de l'alerte et nous en avons descendu un. C'est un sentiment extrêmement agréable. Tu voles en te demandant sans cesse comment s'y prendre au mieux.

« Le commandant m'explique tout, et moi, je comprends ce qu'il attend de moi. Nous nous sommes mis d'accord au sol : battre des ailes veut dire se préparer à l'attaque. »

Le lieutenant Salomatine (qui vole avec Sedov), né en 1921 : « L'avion de tête arrive droit sur moi, je ne touche à rien. Il n'a pas tenu le coup et s'est détourné. L'éperonner aurait été plus commode. Seul à seul, c'est encore rien. Ce dont tu as peur, c'est de voir débouler une meute, et si tu en vois une, tu te réjouis, tu oublies tout, tu en es tout excité : c'est qu'ils s'apprêtent à bombarder nos troupes ! »

Sur l'éperonnage : « Échanger un chasseur contre un Junker est bien, c'est une chose sensée. Mais je ne donnerais pas pour autant le titre [de Héros de l'Union soviétique], parce que tout le monde

1. L'avion connu sous le nom affectueux de « *Tchaïka* » [« mouette »] ou « *Tchaetchka* » [« petite mouette »] était en fait le Polikarpov I-15, un avion de combat très petit avec des ailes en forme d'ailes de mouette, qui n'avait aucune chance de s'en sortir face à un Messerschmitt 109.

le fait. Pour l'éperonnage, j'ai depuis longtemps une idée : je vais frapper avec l'hélice. Ça peut faire vraiment très mal.

« Je me suis précipité sur eux et me suis enfoncé au milieu, j'ai failli en toucher un avec mon aile. Mais j'avais le soleil dans le dos et ils n'ont pas tiré. Le second, c'est tout juste si je ne l'ai pas heurté. Je l'ai abattu au canon à une distance de vingt-cinq mètres. Ensuite j'ai viré et j'ai tiré tous azimuts.

« Deuxième épisode. L'avion de tête est juste sous mon ventre à deux mètres, son souffle m'a déporté, j'ai piqué et je me suis éloigné des neuf Messer. J'aurais voulu abattre l'un d'entre eux qui était juste sous la queue de notre Yak, mais je n'ai pas eu le temps (c'était le lieutenant Skotnoï qui était là), il est parti en vol plané, mais j'ai repoussé le deuxième Messer pour qu'il soit protégé. Il a atterri et j'ai fait deux virages pour qu'ils ne le tuent pas. J'ai vu qu'il était vivant, il m'a fait signe de la main. »

[Skotnoï.] « Nous sommes arrivés face à face. Il a percé mon radiateur, et moi, je lui ai mis le feu. Je suis allé à la rescousse d'Eriomine. Un Me[sserchmitt] m'a mis le feu, à mon réservoir d'huile et aux tuyaux en caoutchouc. À l'intérieur l'avion brûlait, et il y avait beaucoup de fumée. Sedov m'a couvert. Moi-même je n'ai pas été brûlé, mais mes bottes l'ont été. Je suis sorti, j'ai fait un signe à Sedov, qui voulait dire tu peux y aller. Mon avion a tout entier brûlé. »

Chapitre 10

SUR LE DONETS AVEC LA DIVISION NOIRE
Janvier et février 1942

Grossman était avec la 37e armée, près de Severnyi Donets, à quarante kilomètres au sud-est de Kharkov. Ils faisaient face à la 6e armée allemande, qui était désormais sous les ordres du général Friedrich Paulus et que Grossman devait retrouver à Stalingrad.

La division du colonel Zinoviev, Héros de l'Union soviétique, né en 1905, paysan. « Je suis un moujik », dit-il de lui-même. En 1927, il a rejoint l'Armée rouge, a servi en Asie centrale dans les troupes frontalières. Au moment de la campagne finnoise, il avait le commandement d'une compagnie. Cinquante-sept jours durant il resta encerclé. C'est là qu'il a reçu son titre de Héros de l'Union soviétique.
« Le plus terrible, c'est quand ils rampent, tu leur tires dessus à la mitrailleuse, tu leur tires dessus au mortier, avec l'artillerie, tu les écrases, et eux, ils rampent, ils rampent, ils rampent ! Moi, désormais, je demande la même chose à mes soldats : "Rampez !" »
Il sort de l'Académie [Frounzé], mais il a du mal à s'exprimer, il se perd, se trouble, et ressent sa simplicité comme une gêne.
C'est une division de mineurs. Rien que des mineurs du Donbass. Les Allemands l'appellent la « Division noire ». Les mineurs ne voulaient pas reculer. « Nous ne laisserons pas un seul Allemand aller au-delà du Donets ! » Les mineurs-soldats de l'Armée rouge disent de leur commandant de division : « Notre Tchapaev[1] ».

1. Tchapaev, Vassili Ivanovitch (1887-1919), était un héros rouge de la guerre civile russe, célèbre pour avoir défendu la ligne du fleuve Oural, mais il s'y noya alors qu'il nageait vers la rive avec une balle dans l'épaule.

Durant le premier combat cent blindés allemands attaquèrent la division et les mineurs repoussèrent l'attaque. Lorsque l'adversaire ouvrit une brèche dans le flanc de la division, Zinoviev se précipita à cheval en avant de la première ligne en criant : « Mineurs, en avant ! – Les mineurs ne reculent pas ! » crièrent en retour les soldats de l'Armée rouge.

Les combattants n'ont pas peur des blindés. « Au fond de la mine, c'est bien plus effrayant », disent les mineurs.
Zinoviev dit : « Le personnage clé à la guerre, c'est le soldat de l'Armée rouge, car lui, il met sa vie en jeu, lui, il dort dans la neige par un froid de moins trente-cinq degrés. Or donner sa vie n'est pas si facile, tout le monde a envie de vivre, et les héros aussi ont envie de vivre. L'autorité, il faut la gagner par un échange de tous les jours avec les soldats, par une discussion de tous les jours, celui qui combat doit non seulement connaître le but fixé, il doit aussi le comprendre. Avec les soldats il faut discuter, chanter, danser. Mais l'autorité que détient celui qui commande ne doit pas être quelconque, elle doit être de qualité. Ça, c'est le service dans les unités frontalières qui me l'a appris. Lorsque le soldat y croit, il fera tout ce qu'il y a à faire et mettra sa vie en jeu. Le village doit être occupé, la route doit être coupée, je le sais bien : ils occuperont, ils couperont. »

Gel mordant. Neige qui crisse. L'air glacé coupe la respiration. Les narines deviennent collantes, les dents font mal. Sur les axes de notre avancée gisent des Allemands gelés. Les corps sont absolument intacts. Ce n'est pas nous qui les avons tués, c'est le froid. De petits malins redressent les Allemands gelés sur leurs jambes ou à quatre pattes, ils créent de savants groupes sculptés, fantastiques. Les corps gelés sont debout, les poings levés, les doigts écartés, certains ont l'air de courir en rentrant la tête dans les épaules. Ils portent des chaussures et de petites capotes toutes minces, en papier, des tricots qui ne gardent pas la chaleur. La nuit, avec la lune qui brille, les champs enneigés paraissent bleu foncé, et dans la neige bleue se dressent, installés çà et là par les petits malins, les corps sombres des soldats allemands gelés.

Encore des Allemands debout. L'un d'eux en sous-vêtements, dans un maillot de papier.

Dans un village qui vient tout juste d'être libéré, sur la place, gisent les cadavres de cinq Allemands et d'un soldat de l'Armée rouge. La place est déserte, personne à interroger, mais sans rien demander, on peut lire le drame qui s'est produit. L'un des Allemands a été tué d'un coup de baïonnette, un deuxième d'un coup de crosse, un troisième à la baïonnette et les deux autres par balles. Et le soldat de l'Armée rouge qui les a tués a reçu une balle dans le dos.

Grossman, qui préférait travailler avec seulement deux collègues ou tout seul, fut amené à se joindre à un groupe beaucoup plus nombreux de correspondants de guerre.

Dans l'isba où s'entassent des dizaines de personnes, c'est le chaos, l'état-major n'est pas encore installé. Une belle fille est là, avec une capote trop grande pour elle, une chapka à oreilles qui lui tombe sur les yeux, des bottes de feutre énormes, et, sous tout ce gris propre à la rendre affreuse, on devine une charmante jeune fille, élancée. Elle est là debout désemparée, ne sachant pas où s'asseoir, tenant dans ses mains un petit sac rouge. Quelle surprenante impression de tristesse il produit, ce petit sac de dame tout fripé et qui naguère était élégant, dans cette grise baraque militaire. Un soldat, pour plaisanter, a donné une grande tape dans le dos de la jeune fille, et soudain elle s'est mise à pleurer. Le soldat lui a dit : « Pardonne-moi ! Ma petite Lida, j'ai le bras lourd, un bras de mineur. »

En temps de paix déjà, nous confondions toujours nos caoutchoucs dans l'entrée, maintenant, quand dans l'isba dorment dix ou quinze photographes et correspondants, le matin, dans la lumière pauvre de l'aube d'hiver, chaque fois c'est un affreux remue-ménage : à qui sont ces bottes de feutre, ces molletières [1], ces moufles, cette chapka – car tout se ressemble aux yeux de celui qui, hier encore, était un civil, tous sont pareils, comme des Chinois. Les soldats, eux, ne se trompent pas.

Les maîtres de l'isba racontent comment les Allemands ont quitté le village alors qu'ils étaient déjà sous le feu de notre artillerie, avec leurs affaires en vrac, ils ont fui dans la panique, certains tombaient dans la neige et pleuraient à gros sanglots.

« Nous avions chez nous un chauffeur allemand, un homme du rang, il avait apporté avec lui de Poltava [le Q. G. de la 6e armée] une chatte. Cette chatte le connaissait si bien que, dès qu'il revenait de mission et qu'il entrait dans la maison, hop, elle accourait

1. L'Armée rouge, à l'instar de l'armée tsariste, ne croyait pas aux chaussettes. Les soldats portaient dans leurs bottes des bandages analogues à des bandes molletières. On croyait fermement que les bandes autour des pieds étaient bien plus efficaces pour prévenir les gelures.

et venait se frotter à ses bottes. Il la nourrissait avec du lard fondu, du pur saindoux il lui donnait. Et quand ils se sont enfuis, il a pris cette chatte avec lui, il l'aimait beaucoup. »

« Chez nous, dans l'appartement, il y avait le médecin de la division, l'*Arzt**, il passait toutes les nuits à travailler, il travaillait comme une bête de somme, on le voyait écrire, écrire, puis il croassait au téléphone, comme un corbeau : "Kamychevakha ! Kamychevakha** !" puis il se remettait à écrire, sans même voir l'aube, il travaillait comme une bête de somme. Et il criait à son ordonnance : "Pourquoi n'entend-on pas le Russe ?" Il aimait bien quand le matin je coupais du bois, on me réveillait exprès pour ça. »

Une femme raconte : « Elle était correcte, ma vache, jeune, ils l'ont attrapée, ils voulaient bouffer bien gras. »

Un commandant d'artillerie lance un ordre : « Sur les putes qui reculent, feu ! »

Le colonel Zinoviev avait autorisé Grossman à parcourir le journal de guerre de la division portant sur les mois précédents.

Octobre.
Le secr[étaire] resp[onsable] du komsomol Eretik, gravement blessé et à l'agonie, voulait jeter une grenade sur les Allemands qui accouraient, mais il n'eut pas la force de le faire. La grenade lui a explosé dans la main, tuant les Allemands qui arrivaient et Eretik lui-même.
On a fait tirer par des bœufs un avion abattu.
Les soldats ont porté sur douze kilomètres leur commandant blessé Mouratov.
La quatrième batterie a lutté jusqu'à la dernière cartouche, jusqu'au dernier combattant. Tous les servants, en combattant pour la patrie, ont trouvé une mort héroïque.

Le soldat de l'Armée rouge Petrov a déclaré : « Ici au front le commandement est mauvais. »

* « Le médecin » (en allemand dans le texte).
** Kamychevakha est le nom d'un village dans lequel existait un groupe clandestin de résistance lié aux partisans d'Orekhovo, particulièrement actif cet hiver-là.

Une mission de reconnaissance de six soldats avec à leur tête le lieutenant Drozd n'est pas rentrée. On a découvert ensuite Drozd porteur de deux blessures causées par une baïonnette, mort, sans son revolver mais avec ses papiers et son argent. Les soldats n'ont pas été retrouvés [1].
Touriline et Likhatov ont déchiré leurs cartes du Parti [2]. Gouliaev a déclaré : « Pourquoi ces tranchées ? Tout cela ne sert à rien. »

Le soldat de l'Armée rouge Tikhii [3] a tenté de violer la femme chez qui il était logé pour la nuit. Craignant les conséquences, Tikhii s'est échappé de l'appartement, s'est emparé d'un fusil, a sauté sur un cheval et est parti dans une direction inconnue. Sa recherche n'a pour l'instant donné aucun résultat.

Il y a des plaintes en masse de soldats à cause de la totale absence de courrier.

Un soldat de l'Armée rouge sans parti a déclaré : « Nous avons une excellente technique [les véhicules et les canons], mais la mettre en œuvre à la manière des stakhanovistes, comme un marteau-piqueur, nous ne l'avons pas encore fait. »

Sur la ville de Iampol a été lancé un tract manuscrit : « À Jérusalem, lors de l'office du matin, on a entendu la voix du Sauveur. Quiconque priera, ne serait-ce qu'une fois, sera sauvé. »

Le lieutenant Tchourelko a crié aux soldats : « Bande de salauds, vous ne m'aimez pas parce que je suis tsigane ! » Après quoi il a sauté à cheval, il voulait aller en première ligne, mais on ne l'a pas laissé faire. Après quoi il voulait se tirer une balle.

Le soldat de l'Armée rouge Douvanski faisait avancer un bœuf et le frappait de la crosse de son fusil. La crosse s'est brisée en heurtant le bœuf et le coup est parti, blessant Douvanski.

Le communiste Erseev a perdu son bloc-notes. Les soldats de l'Armée rouge l'ont retrouvé. Il recelait une prière transcrite à la main.

Les agents de reconnaissance [4] Kapitonov et Deïg [sans doute à

1. À l'évidence, on suspecte les soldats soit de l'assassinat de l'officier, soit de son abandon.
2. La raison la plus fréquente de la destruction de la carte du Parti était la crainte d'être exécuté si elle était trouvée par les Allemands.
3. *Tikhii* signifie en russe « tranquille ».
4. Dans l'Armée rouge, la notion d'espionnage ou « reconnaissance » recouvrait aussi bien l'usage habituel du mot que le renseignement militaire au niveau local. Les espions étaient apparemment sans expérience et naïfs.

l'occasion d'une mission de reconnaissance derrière les lignes ennemies] ont revêtu des habits civils et sont tombés sur une assemblée à l'occasion de laquelle les Allemands choisissaient un staroste. Les Allemands ont crié : « Que ceux qui ne sont pas d'ici sortent ! » Les deux agents de reconnaissance se sont levés, et on les a arrêtés.

Le menu de la cantine allemande le matin au petit déjeuner : du café, habituellement sans sucre, avec du pain tartiné de graisse, de saindoux. Un plat unique au déjeuner : soupe de viande. Au dîner, du café et du pain. Une fois par semaine, on leur donne un plat principal de viande.

En réponse au discours du camarade Staline, l'infirmière Roud a donné deux cent cinquante centimètres cubes de son sang, et Tabarina trois cent cinquante centimètres cubes.

Des mesures d'urgence ont été prises pour liquider les poux. On a aménagé des attrape-poux.

À la batterie de l'état-major, au petit déjeuner, on a trouvé une grenouille dans la soupe.

Au soldat Nazarenko, qui avait arraché du feu deux blessés graves, un caporal et un officier, puis tué dix soldats allemands, on a dit : « Tu es un héros. » Il a répondu : « Ça n'est pas vraiment de l'héroïsme, mais aller jusqu'à Berlin, ça, c'est de l'héroïsme ! » Il a dit : « Avec le politrouk Tchernychev, ça se passe bien pendant le combat ! En plein milieu, il a rampé vers moi, a éclaté de rire et m'a mis de bonne humeur. »

La nuit, dans un champ, nos soldats ont repéré près de meules de foin trois mitrailleurs allemands. Ils les ont encerclés, puis ils ont crié : « Rendez vous ! » Les Allemands ont gardé le silence. En fait, ils étaient là debout, morts gelés, appuyés aux meules. Apparemment, ils avaient été disposés là dans la journée par des farceurs.

Grossman, tout en glanant ce qu'il pouvait dans les rapports officiels, continuait à relever des petites scènes et des bribes de conversation tirées de la vie militaire.

Sur les commandants de division : « Je tiens bon », « Cette ligne, c'est moi qui la tiens », « C'est moi qui ai fait la percée »... L'éternel « Le voisin de gauche », « Le voisin de droite », « Le voisin me joue un sale tour », « Le voisin a pris du retard », « Le voisin a menti dans son rapport », « Oh ! ce voisin, ce voisin », « Ce sont mes trophées », « Ce sont mes tireurs antiaériens qui ont descendu un [avion] allemand, mais il est tombé chez le voisin, et le voisin prétend que c'est lui qui l'a descendu », « Le malheur avec les voisins »...

Si le commandant de la division a réussi une avancée, il déclare : « Je ne peux pas accroître mon avantage, le voisin me retient. » Et celui dont la division est allée moins vite et se trouve en arrière déclare : « Bien sûr que je suis en arrière, j'ai pris sur moi toute la force du choc, tandis que pour le voisin, naturellement, c'était facile de pousser en avant ! »

Dans le matin clair et glacé, avec quarante degrés au-dessous de zéro, les isbas sont là toutes à fumer en chœur, comme des navires de ligne au port. Il n'y a pas de vent, pas le moindre frémissement, et plusieurs dizaines de colonnes de fumée se dressent tout droit, comme des étais entre la blancheur neigeuse de la terre et l'implacable ciel bleu.

Immédiatement après le combat, les femmes du village sont sorties en foule des caves et se sont précipitées sur le champ de bataille, dans les tranchées allemandes, pour récupérer leurs couvertures et leurs oreillers.

Dans un village ukrainien, libéré des Allemands, les femmes chaulent les maisons non pas comme on le fait avant une fête, mais comme après une maladie grave et contagieuse qui aurait frappé le village.

« Dès le moment où les Allemands sont entrés dans les maisons, les chats en sont sortis et n'y sont plus rentrés de trois mois. Et ça n'est pas seulement chez nous, dans tous les villages, on raconte la même chose. Ils sentent, en somme, que c'est un peuple étranger, c'est l'odeur des Allemands, peut-être bien. »

On le lit entre les lignes de la relation de Grossman, les villageois qui s'étaient trouvés sous l'occupation allemande étaient très inquiets de la façon dont ils allaient être traités par les autorités soviétiques. Nombre d'entre eux avaient détruit leurs papiers d'identité et avaient besoin d'être rassurés sur le fait qu'ils ne seraient pas punis d'en être dépourvus.

Le matin, dans le village qui venait tout juste d'être libéré, est revenu Kouzma Oglobline, le président du conseil de village qui avait rejoint les partisans. C'est un homme en acier trempé, avec un grand manteau noir et un fusil. L'isba est pleine de monde. Oglobline dit : « Ne craignez rien, vivez hardiment... Mais les bottes allemandes, rendez-les… Moi, par exemple, j'ai fait sauter avec une grenade un véhicule où il y avait trois cents paires de bottes. Des bottes, j'en avais grand besoin, mais je n'en ai pas pris une seule paire… Pourquoi vous faudrait-il des papiers d'identité ? Nous sommes entre nous, non ? Allons, courage, vivez sans crainte, les Allemands, c'est fini, ils ne reviendront pas… » (Malheureusement Oglobline s'est trompé, l'été suivant, les Allemands sont revenus.)

Retour à Voronej. De nuit, dans l'hôpital de campagne. Nous faisons la connaissance du médecin dans l'obscurité, à la faible lueur des braises dans le poêle. Cette doctoresse parle et parle encore, elle s'émeut, récite des poèmes, se fait philosophe. « Dites-moi, vous êtes blonde ? » demande Rosenfeld. « Non, j'ai les cheveux entièrement gris », répond-elle. S'ensuit un silence. Gêne de Rosenfeld, gêne de la doctoresse, du coup je suis gêné comme les autres.

L'adjudant-chef Koïda : « Les blessés, il ne cesse d'en viendre et d'en viendre [*sic*]. »

Un blessé : « Camarade major, un esclandre s'est produit, permettez-moi d'avoir recours à vous. » Le major effrayé : « Quoi, que s'est-il passé ? – C'est qu'on n'est pas d'accord, s'il y aura encore ou non une Allemagne après la guerre. »

Les blessés exigent des journaux, ils les arrachent aux infirmiers : ils veulent fumer*.

Le wagon sanitaire est arrêté sur les voies. Tout autour, des convois militaires. Ouliana, Galia, Lena ne sont pas plus tôt grimpées dans le wagon que, sur-le-champ, des soldats sortent de partout : pour aider les infirmières à s'installer. Hurlements et éclats de rire dans toute la gare de triage.

Nous quittons l'hôpital de campagne. Je me suis souvenu une fois de plus de la façon dont, rejoignant le front, je suis arrivé affamé devant le commandant, comment on a déposé devant moi une assiette d'un superbe bortsch ukrainien maison. À l'instant même où j'en portais à la bouche la première cuillerée, Boukovski a fait irruption en criant : « Vite, vite, courons, le convoi s'ébranle déjà ! » Je me suis précipité à sa suite. Ce bortsch m'a hanté des semaines durant.

* On roulait les cigarettes avec du papier journal.

Nous avons changé et pris place dans un train ordinaire [civil]. On est à l'étroit, c'est bondé. Le contrôleur dit à un homme en manteau noir : « Laissez s'asseoir les soldats qui voyagent, là, aujourd'hui, mais qui demain ne seront plus là. » Un soldat de l'Armée rouge, un Ouzbek, chante dans sa langue, très fort, dans tout le wagon. Sons barbares pour nos oreilles, paroles incompréhensibles. Nos soldats écoutent attentivement, avec une sorte d'expression attentive et retenue, sans la moindre moquerie, sans le moindre sourire.

Grossman entendit une fois de plus raconter des anecdotes sur les territoires occupés par l'ennemi.

Un vieil homme attendait les Allemands. Il avait mis une nappe sur la table et disposé une collation. Les Allemands sont arrivés et ont tout mis à sac. Le vieux s'est pendu.

Le commandant de régiment Kramer, Karl Edouardovitch. Il casse de l'Allemand avec acharnement. Il est tombé malade pendant la bataille. Quarante de fièvre. On a rempli d'eau bouillante un tonneau, le gros bonhomme s'y est plongé et il a guéri.

L'offensive générale de janvier, déclenchée sur la demande instante de Staline et contre l'avis de Joukov, se révéla impossible à tenir, comme le craignaient les plus réalistes. L'armée allemande n'était pas sur le point de s'effondrer, ainsi que Staline l'avait prétendu après les contre-attaques victorieuses de décembre près de Moscou. Grossman parcourut des rapports sur les combats de la Première Guerre mondiale qui résonnaient avec une familiarité désagréable. La présence, dans ses carnets, de telles critiques implicites sur la conduite de l'offensive présentait presque autant de risques que celle de commentaires négatifs et d'« événements extraordinaires ».

Extrait d'une directive du général d'artillerie Ivanov aux commandants des 7e, 8e, 9e et 11e armées : « 26 janvier 1916. Presque toutes nos attaques durant les derniers combats présentaient le même tableau caractéristique : les troupes se précipitaient sur un secteur des positions ennemies, faisant sortir des tranchées et des points d'appui ce qu'il restait des troupes, les poursuivaient sans savoir s'arrêter, puis ensuite, attaquées à leur tour par les unités ennemies voisines ou les unités de réserve, non seulement elles reculaient vers les points d'appui dont elles s'étaient emparées lors de la bataille, mais, comme elles venaient de les conquérir et, par conséquent, ne trouvaient pas en elles de recours, elles se repliaient vers l'arrière, souvent sur la position qu'elles occupaient avant l'attaque, subissant du même coup le plus souvent de lourdes pertes...

« Une victoire tactique sans résultats stratégiques, c'est un beau jouet qui coûte cher, mais qui n'est d'aucune utilité. » Similitude frappante de ces considérations de général avec celles faites cet hiver dans la région de Zaliman.

Encore sur la pauvreté. La pauvreté est triste, mais elle a sa beauté, c'est comme la pauvreté d'un peuple. Les blessés, on leur donne un morceau de hareng et, pour les plus sérieusement atteints, cinquante grammes de vodka. Les pilotes de chasse qui accomplissent des exploits ont des chopes faites de bouteilles de verre vert irrégulièrement arasées. Certains des pilotes ont des bottes de fourrure sans semelle. Le commissaire de l'escadrille de chasse dit à l'adjudant-chef : « Il faudrait donner à celui-là d'autres bottes, sinon il va se geler les pieds ! » L'adjudant-chef hoche la tête : « Je n'en ai pas. » Le pilote déclare : « Ça ne fait rien, j'ai assez chaud comme ça ! »

Le manque d'équipement était largement dû aux reculs désastreux de 1941, quand tant de matériel et de magasins avaient été abandonnés au cours de la retraite. La seule façon d'obtenir des rechanges était d'acheter un intendant avec de la vodka, une solution que beaucoup de soldats trouvaient insupportable.

Chapitre 11

AVEC LA BRIGADE DE CHARS DE KHASSINE
Février 1942

Après que l'offensive générale soviétique de janvier 1942 se fut achevée de façon désastreuse, Grossman commença à réfléchir sur la variation du moral des troupes. Il était passé d'une incrédulité désespérée durant le terrible été de 1941 à la panique en automne, au moment où les Allemands s'approchaient de Moscou, puis à un optimisme débridé lors de la grande contre-attaque aux abords de la capitale, et maintenant de nouveau à la dépression.

> L'homme russe travaille très dur et a une vie difficile, mais il ne ressent pas au fond de l'âme le caractère inévitable de ce dur travail et de cette vie difficile. À la guerre, je n'ai observé que deux attitudes à l'égard de ce qui se passait : soit un extraordinaire optimisme, soit une attitude totalement noire et ne laissant aucune place au moindre espoir. Les passages de l'optimisme à la noirceur sont rapides et brutaux, et ils se font facilement. Il n'y a pas de demi-mesure. Personne ne vit avec l'idée que la guerre est installée et que seul un dur effort de guerre, soutenu de mois en mois, conduira à la victoire, et même ceux qui en parlent ainsi n'y croient pas vraiment. On ne trouve que les deux sentiments suivants : l'ennemi est battu, c'est le premier ; l'ennemi est imbattable, c'est le second.

Grossman était si profondément touché par l'authentique esprit de sacrifice dont faisaient preuve des soldats du rang et des officiers du front qu'il devenait extrêmement émotif sur ce sujet.

L'homme russe à la guerre revêt son âme d'un vêtement blanc. Il peut vivre en pécheur, mais il meurt en saint. Sur le front, beaucoup ont des pensées et des âmes pures, beaucoup font preuve d'une réserve toute monastique.

Les arrières vivent selon d'autres lois, et jamais ils ne peuvent se fondre moralement avec le front. Leur loi est celle de la vie, de la lutte pour la vie, or nous ne savons pas vivre saintement, nous savons mourir saintement. Le front, c'est la sainteté de la mort russe, l'arrière le péché de la vie russe.
La patience sur le front, la résignation face à des difficultés inimaginables, c'est la patience des hommes forts. C'est la patience d'une très grande armée et il y a aussi en elle la grandeur d'âme du peuple.

D'un autre côté, Grossman supportait très mal une bonne partie de la propagande qui cherchait à occulter l'incompétence du commandement militaire soviétique au cours des six mois précédents.

Le mythe de Koutouzov et de la stratégie de 1812. On habille le corps sanglant de la guerre des oripeaux, blancs comme neige, des conventions idéologique, stratégique et artistique. Ceux qui ont vu la retraite, et ceux qui l'ont habillée. Le mythe de la Première et de la Deuxième Guerre patriotique.

Encore sur le front sud, avec la 37e armée, Grossman rendit visite à une brigade de chars commandée par le colonel Khassine. Il passa là un certain temps avec le capitaine Kozlov, un officier juif.

Dans la brigade de chars de Khassine, le commandant du bataillon de fusiliers motorisés, le capitaine Kozlov, philosophait sur la vie et la mort lors d'une conversation nocturne avec moi. C'est un jeune homme barbu qui, avant la guerre, était en classe de chant au conservatoire à Moscou. Propos de Kozlov : « Je me suis dit : de toute façon je suis mort, et quelle importance, que cela arrive aujourd'hui ou demain. Et après en avoir décidé ainsi, je vis facilement, simplement, et même, pour ainsi dire, proprement. J'ai l'âme parfaitement sereine, je vais au combat sans peur aucune, je n'attends rien, je sais parfaitement qu'un homme qui commande un bataillon de fusiliers motorisés doit être tué, qu'il ne peut pas survivre. Si je n'avais pas cette conviction d'une mort inévitable, je me sentirais mal et je ne serais vraisemblablement pas capable d'être ainsi plein de gaieté et de sérénité, et courageux au combat. »

Kozlov m'a raconté comment, à l'automne 1941, dans la forêt de Briansk, il chantait la nuit des airs d'opéra classique devant les tranchées allemandes ; le plus souvent, les Allemands, après avoir un peu écouté, commençaient à tirer à la mitrailleuse sur le chanteur. Peut-être est-ce simplement que sa façon de chanter ne leur plaisait pas.

Kozlov m'a dit que, à son avis, les Juifs ne se battent pas aussi bien qu'il le faudrait, il dit qu'ils se battent de façon ordinaire, alors que dans une guerre comme celle-ci, les Juifs devraient se battre comme des fanatiques.

Le summum de la haine raciste vise les Juifs orthodoxes, qui sont par essence des fanatiques de la pureté du sang juif, des racistes. Il y a deux pôles opposés : d'un côté des racistes qui sont les oppresseurs du monde, de l'autre des Juifs racistes, opprimés dans le monde.

Ce à quoi on n'est pas habitué fait peur. On s'habitue à tout. Mais à la mort, non. Sans doute pour la simple raison qu'on ne meurt qu'une fois. Et on ne peut pas s'habituer du premier coup.

La guerre est un art. On y voit s'accorder des éléments de calcul, de science glacée et d'expérience intelligente avec l'inspiration, le hasard et quelque chose de parfaitement irrationnel. (La lutte pour Zaliman chez Pessotchine.) Ils s'accordent, ils s'accordent, et parfois ils entrent en conflit. C'est comme une improvisation musicale qui n'est pas concevable sans une technique géniale.

La lune au-dessus du champ de bataille enneigé.

Grossman continuait à rassembler des portraits croqués sur le vif à côté de ses autres petites scènes.

Le commandant d'un char lourd Krivorotov Mikhaïl Pavlovitch, vingt-deux ans. (Un gars énorme, avec des yeux bleu foncé.) Il travaillait comme conducteur de moissonneuse-batteuse dans un sovkhoze[1] en Bachkirie depuis l'âge de vingt ans. En dé-

1. Un sovkhoze (*Sovietskoe khoziastvo*) était fait de plusieurs bâtiments comportant généralement des maisons sur deux niveaux, tandis qu'un kolkhoze était une ferme collective créée à partir d'un petit village ou d'un hameau.

cembre 1940, il est allé à l'armée. « Je n'avais jamais vu de tanks de ma vie, dès le premier coup d'œil ils m'ont beaucoup plu, j'en suis tombé follement amoureux. Un tank, c'est vraiment très beau. J'ai travaillé comme mécanicien chauffeur. C'est un engin puissant par sa capacité de tir, puissant par sa force. Les tanks, c'est de l'or.

« Ils ont des canons, des mortiers. Nous avons franchi un ravin et nous avons fait irruption dans le village. J'ai crié : "Canon sur le flanc gauche !" Nous avons anéanti le canon, des mitrailleuses. Le flanc gauche a été touché par un obus. Le tank s'est mis à brûler. L'équipage a sauté dehors et moi, dans le tank qui brûlait, j'ai écrasé leur batterie. Ça chauffait un peu le dos, tout brûlait. C'était un engin rapide. Ça aurait été dommage de l'abandonner. Vraiment dommage. Je suis rentré chez moi et j'ai sauté par l'ouverture du haut à travers le feu, exactement comme saute un brochet. Dans le char, l'huile et la peinture brûlaient. »

Maroussia la téléphoniste. Tous chantent ses louanges, tous la connaissent. Elle appelle tout le monde par son nom et patronyme, et tout le monde l'appelle Maroussia par-ci, Maroussia par-là. Personne n'a vu son visage.

Abachidzé est un joyeux luron, un komsomol, commissaire de bataillon, un type vulgaire. Il a une manière répugnante, insolente, grossière, hautaine de parler avec la vieille paysanne qui habite l'isba. Menaces. Quand il demande à quelqu'un d'allumer sa cigarette, Abachidzé dit : « Permettez-moi d'effleurer le petit bout de votre plaisir. »

On ne dit pas de quelqu'un qu'il a été tué, mais qu'il « s'est couvert [1] ». « Mon ami s'est couvert, quel gars c'était ! »

Une journée superbe, très claire. Au-dessus des maisons se déroulent des combats aériens. Scènes terribles : des oiseaux avec des croix, des oiseaux avec des étoiles. Toute l'horreur, toutes les pensées, tout le frémissement de l'esprit et du cœur de l'homme est dans ces ultimes instants de la vie de l'appareil, comme s'il exprimait avec ses ailes ce qu'il y a dans les yeux du pilote, sa main, son front couvert de sueur. Les avions volent bas, au ras des toits. En voici un qui s'est fiché en terre, et quelques minutes après un autre, un homme est mort sous nos yeux, qui était très jeune, très costaud, et qui n'avait pas du tout envie de mourir. Comme il volait, comme il tremblait, combien étaient terribles les à-coups

1. L'euphémisme en question se réfère au couvercle dont on couvrait le cercueil et qu'on scellait.

du moteur, ces à-coups d'un jeune cœur au-dessus de la plaine enneigée. Le caractère de renard et de loup des Messer à croix jaune.

Les pilotes disent : « Notre vie est comme une chemisette de petit enfant, très courte et pleine de merde[1]. »

Étrange paradoxe : les Messer sont presque impuissants face à nos Mouettes [les avions russes Tchaïka], parce que nos Mouettes volent très lentement.

La joie d'un cameraman qui a filmé un combat aérien tragique : « Je n'ai qu'à retoucher les croix, et c'est tout ! »

Toute la nuit un pilote mort est resté là, gisant sur un splendide tertre neigeux. Il gelait très fort et les étoiles brillaient avec une intensité extrême. Au petit matin, le tertre est devenu tout rose, et le pilote gisait sur ce tertre rose.

Grossman, on pouvait le prévoir, fut fasciné par l'histoire hors du commun d'un commissaire prêt à risquer sa peau pour empêcher une terrible erreur judiciaire.

Le politrouk senior Mordoukhovitch est un petit Juif de Mozyr, commissaire de division. Dans cette division d'artillerie, il y avait un soldat, un ouvrier de Toula énorme nommé Ignatiev, un brave, l'un des meilleurs soldats de la division. Le commissaire était parti pour un certain temps. Lors d'une étape, Ignatiev se laissa distancer par son corps, il rejoignit un autre corps, prit part à la défense, se battit. À un moment de répit, il fut renvoyé dans son corps d'origine. En chemin, un poste du NKVD le retint. Ignatiev fut arrêté et présenté au tribunal pour désertion. Le tribunal le condamna à être fusillé. Au même moment, Mordoukhovitch revint et apprit toute l'histoire. Il se précipita chez le commissaire de division et lui expliqua qu'Ignatiev était un combattant remarquable. Le commissaire se prit la tête dans les mains : « Je ne peux plus rien faire pour toi ! » On emmena Ignatiev pour être fusillé, le délégué de la Section spéciale, le commandant d'état-major, deux soldats et le politrouk adjoint. On conduisit Ignatiev dans un petit bois, le commandant dégaina son pistolet et lui tira un coup dans la nuque. L'arme s'enraya. Ignatiev se retourna, poussa un cri et s'enfuit dans la forêt. On ouvrit le feu sur lui, mais sans l'atteindre. Il se cacha. Les Allemands étaient à trois kilomètres des lieux.

1. Cette formule est passée dans la langue et était utilisée par les Allemands aussi bien que par les soldats de l'Armée rouge.

Ignatiev erra dans la forêt trois jours durant. Il s'introduisit nuitamment dans la division et alla trouver Mordoukhovitch dans son abri. Mordoukhovitch lui dit : « Ne crains rien, je vais te cacher. » Il donna à Ignatiev de quoi manger, mais Ignatiev était incapable de manger, il pleurait, il tremblait. Mordoukhovitch cacha Ignatiev cinq jours avec lui, dans son abri. Le sixième jour, Mordoukhovitch alla trouver le commissaire de division et lui raconta tout. « Sauvez-le, camarade commissaire, il est revenu de lui-même ! Il dit : "Je préfère mourir du fait des miens plutôt que de passer chez les Allemands !" Et puis il est parfaitement innocent. » L'histoire bouleversa le commissaire de division, et il alla trouver le commissaire du corps. Celui-ci aussi fut ému et s'en fut rapporter la chose au chef commandant l'armée. La condamnation fut levée. Ignatiev resta dans la division. Il suit maintenant Mordoukhovitch jour et nuit. « Pourquoi me suis-tu comme ça ? – J'ai peur que les Allemands vous tuent, camarade commissaire, je veille sur vous. »

Il y a pourtant des histoires qui étaient à peine plus que l'équivalent, au front, d'un mythe urbain.

On conduisait devant le tribunal un soldat accusé de désertion. Les Allemands tombèrent sur le groupe. Les gardes de l'escorte, jetant leurs armes, s'enfuirent à toutes jambes, le déserteur s'empara d'un fusil, tua deux Allemands, et emmena le troisième au tribunal. « Qui es-tu ? – Je suis venu pour passer en jugement. »

Ceux qui étaient condamnés aux *chtrafoty*, ou « bataillons pénitentiaires », étaient appelés « *smertniki* », les « hommes morts », parce qu'on estimait qu'aucun ne survivrait. L'État soviétique leur offrait une chance de laver leur déshonneur dans leur sang. Nombreux sont ceux qui faisaient preuve d'un courage exceptionnel. Un *smertnik*, Vladimir Karpov, reçut même le plus élevé des ordres existants, celui de Héros de l'Union soviétique. Bien évidemment, il n'était pas un condamné politique, parce que ces derniers, par ordre de Staline, ne pouvaient recevoir de décoration d'aucune sorte.

Une compagnie de *smertniki*, constituée de condamnés au poteau d'exécution auquel on a substitué l'envoi en première ligne. La compagnie est commandée par un lieutenant qui s'est infligé volontairement une blessure et qui a été condamné à être passé par les armes.
Les gens de cet escadron de la mort ont des visages pleins de

taches, marqués de gelures, avec les traces roses d'un froid de quarante degrés en dessous de zéro, des capotes déchirées, une toux terrible qui vient de la région de l'estomac, rocailleuse, comme un aboiement. Des voix enrouées. Tous se sont laissé pousser la barbe. À l'aide de leur feu et des chenilles, les tankistes ont percé la ligne de fortifications et débarqué à Volobouevka une escouade commandée par le sergent Tomiline. Le combat a duré huit heures. L'escouade de Tomiline s'est rendue maîtresse de douze maisons et a anéanti le point de liaison de la 75e section de la 75e division d'infanterie. Tomiline lui-même a tué dix fascistes. La section du sergent Galkine a mis hors de combat trente hommes, elle a brûlé six maisons dans lesquelles étaient installés des nids de mitraillettes et de mitrailleuses et a couvert l'état-major du bataillon d'une pluie de grenades. Deux groupes, de cinquante-cinq hommes en tout, restèrent en action toute la nuit. Au matin, ils rejoignirent à la limite sud de Volobouevka nos troupes qui avançaient. Tomiline, en menant les hommes au combat, criait : « Allons, les bandits, en avant ! »

Du journal de guerre du 7e régiment Howitzer d'artillerie de la garde :

Le 12 janvier 1942, le sergent Ivanov et l'agent de reconnaissance Ofitserov ont vu sept hommes sur le flanc d'une colline. Il apparut qu'il s'agissait de fascistes qui avaient emmené un homme jusqu'à un trou dans la glace et qui commençaient à le plonger dans l'eau. Des coups de feu firent fuir les fascistes, et sur la glace resta un vieil infirmier militaire à demi gelé. Il était presque mort de peur.

Le 13 janvier 1942, le sergent Belooussov a été envoyé pour établir le lien avec l'infanterie. Sur son chemin se trouvait un vallon couvert d'une forêt. En passant à skis dans la forêt, Belooussov remarqua une ligne qui reliait deux postes allemands. Sur le poste le plus proche de lui, personne ne patrouillait. Belooussov retira ses skis et coupa la ligne. Il s'enfonça plus profond dans la forêt, trouva une bobine vide et y enroula soixante-dix mètres de câble téléphonique.

Grossman continua à noter des expressions et des mots bizarres. La vodka était par exemple appelée « produit 61 » parce que c'était là sa place sur la liste des articles fournis.

Un cuisinier dans un régiment de la garde [utilisait sans cesse le verbe] « formaliser ». « Je vais formaliser la table. » « Je vais formaliser la viande de mouton. » « Je vais formaliser la choucroute. »

Un raid de vingt-huit avions. Pas un seul artilleur ne s'est éloigné de son arme. Explication du commandant : « Ils sont ligotés à leur arme. »

Le commissaire de la 5e compagnie de la garde est devenu fou après un raid de l'aviation et une attaque des blindés.

Les planchettes indispensables pour les commandants de batterie étaient faites avec de grandes icônes.

Le commissaire taillait les « traverses [1] » dans des morceaux de caoutchouc rouge.

La nuit, le commandant du régiment Howitzer, le lieutenant-colonel Tarassov, couché sur le plancher dans une isba, lit *Faust*. Il porte un lorgnon dont il essuie les verres avec une peau de chamois.

Tarassov raconte comment il a « saupoudré » les Allemands. Ses récits traduisent bien la psychologie de l'artilleur. L'infanterie avait eu l'occasion de rapporter que les Allemands allaient déjeuner au signal d'une corne. La fumée permit de localiser les cuisines. Il ordonna de rassembler les coordonnées, de préparer les canons et de rendre compte quand tout serait prêt. On fit donner un feu concentré. Les Allemands se mirent à hurler.

On emmenait un Allemand dans un train sanitaire. Pour lui sauver la vie, il fallait lui faire une transfusion sanguine. Il cria : « *Nein ! Nein !* » Il ne voulait pas du sang slave. Au bout de trois heures, il est mort.

La défense était ébranlée et les combattants s'enfuyaient. Le commissaire du bataillon, deux revolvers en main, cria : « Où allez-vous ? Où ? En avant pour la patrie... Bordel de Christ, que votre mère aille se faire ... Pour Staline, fils de pute que vous êtes... ! » Les soldats firent demi-tour et revinrent occuper la défense.

Un soldat dont on ne connaît pas le nom et dont on sait qu'il était tout frisé a circulé en traîneau pendant douze jours, en ayant revêtu des habits civils, sur les arrières des Allemands. Il avait, cachés sous la paille, un mortier et des obus de mortier. Il ouvrait le feu, puis il dissimulait le mortier sous la paille. Quand il rencon-

1. Ces barres parallèles baptisées « traverses » étaient des galons. Les officiers avaient des insignes carrés connus sous le nom de « cubes ».

trait des Allemands, il poussait la chansonnette. Pas une seule fois il ne fut soupçonné. Il s'éloignait des Allemands, sortait son mortier et tirait sur eux.

Le photographe Rioumkine avait l'habitude d'agonir d'injures obscènes les artilleurs de la garde qui tournaient le dos de façon rien moins que photogénique au moment des tirs d'attaque.

Le lieutenant Matiouchko est à la tête d'un détachement d'extermination dont la mission est de tuer les Allemands qui occupent les maisons. Faisant irruption dans le village, les soldats chargés de cette mission se précipitent dans les maisons. Matiouchko a dit : « Mes soldats sont tous des bandits, et la guerre, dans ces maisons, est une guerre de bandits. » Il arrive qu'ils étranglent les Allemands de leurs mains.

De la fumée et des flammes sort la voix d'un sergent : « Ne tirez pas par ici, c'est moi qui ai pris la maison ! »

L'un de ces soldats exterminateurs est entré dans notre maison et, d'un coup d'œil sombre et rapide, il a balayé ceux qui étaient assis là. Et tous ont compris qu'il faisait cela par habitude, l'habitude d'un homme qui fait irruption dans une maison pour tuer. Le lieutenant Matiouchko aussi avait compris son regard, et il dit en riant : « À lui tout seul, il aurait été parfaitement capable de tous nous escagasser ! »

Nous sommes entrés dans le village de Malinovka avec le bataillon d'infanterie motorisée [commandé par le capitaine Kozlov]. Les maisons sont en feu. Les Allemands crient, meurent. L'un d'eux, noir, brûlé de partout, dégage de la fumée. Les soldats n'ont pas mangé depuis deux jours, ils mâchonnent en marchant des tablettes de millet concentré. Ils se sont glissés dans les celliers détruits et, en moins de temps qu'il n'en faut pour le dire, ils se sont procuré des pommes de terre, ont rempli de neige des gamelles et ont mis les pommes de terre à bouillir sur les charbons pris aux maisons qui brûlent... Comment le cadavre d'un cheval s'est-il retrouvé dans un cellier ? Impossible à comprendre ! Dans ce même cellier se trouve un tonneau brisé de chou [mariné]. Les soldats le mangent avidement par poignées entières et disent : « Ça ne fait rien, c'est bon, mangez, il n'est pas empoisonné. » Au même endroit, dans le cellier, sur le cadavre du cheval, on fait un pansement au correspondant photographe qui a été blessé.

« Et puis nos avions sont arrivés et, ne sachant pas que le village était déjà repris, ils nous ont bombardés. » Kozlov, le commandant du bataillon, qui résistait à une attaque de blindés, était de très bonne humeur et complètement ivre. Les blindés furent repoussés hardiment.

Le 3e corps de cavalerie cosaque de la garde part au combat. Les hommes chargent les affaires de l'état-major dans des camions et embobinent les câbles de liaison. Cette soirée glacée d'hiver est pleine d'un charme mystérieux. Tout est calme et clair. Le petit bois craque au passage des roulantes. Des chevaux sont menés par leurs conducteurs. En plein milieu de la rue, une jeune fille a pris dans ses bras un cosaque, elle l'embrasse en pleurant. Les trois derniers jours écoulés ont fait de lui sa famille. Il est devenu plus que proche, pour cette jeune fille du village de Pogorelovo, qui est près de Koursk.

Un remarquable pointeur de la batterie, qui est au combat depuis le tout premier jour de la guerre. Il a été tué par un éclat. Tué au moment où il riait. Il est là étendu, gelé, riant, mort. Il reste là un jour, il reste là deux jours. Personne n'a envie de l'enterrer, par paresse. Le gel a transformé la terre en granit. Il a de mauvais camarades ! Ils ne mettent pas les corps en terre ! Ils laissent les morts sur place et ils s'en vont. Il n'y a pas d'équipes chargées des mises en terre. La question n'émeut personne. Personne ne se sent concerné. Par l'intermédiaire du commissaire supérieur du bataillon Zotov, j'ai informé de cela l'état-major du front avec un message chiffré. C'est là une forme d'insensibilité barbare, asiatique ! Comme il est fréquent d'avoir à observer l'arrivée des troupes de réserve sur la ligne de front, et de voir comment ces forces de complément avancent sur les lieux des combats récents au milieu des morts qui sont là par terre, sans sépulture. Qui pourra déchiffrer ce qui se passe alors dans les âmes des hommes qui viennent prendre la relève de ceux qui sont là, gisant dans la neige ?

Exécution d'un traître. Pendant la lecture de la condamnation, les sapeurs creusent sa tombe à l'aide de pics. « Retirez vos bottes », lui dit-on. Très adroitement, il a retiré l'une des bottes avec la pointe de l'autre, et s'est occupé quelques instants de celle qui restait en sautant sur un pied. Puis il a dit soudain : « Reculez, camarades, une balle perdue pourrait vous toucher ! »

L'anomalie magnétique de Koursk gêne les pilotes et les artilleurs, elle trouble les équipements. L'anomalie magnétique a joué un tour à notre Katioucha, et notre Katioucha a joué un tour à notre infanterie, elle a touché notre ligne avancée.

Un matin, dans une rue de village enneigée, on a dressé une table couverte d'un drap rouge. Les tankistes de la brigade du colonel

Khassine se sont mis en rangs et la remise des ordres a commencé. Tous les récipiendaires ont longtemps été dans des combats ininterrompus, et leur alignement ressemble à un alignement d'ouvriers travaillant dans un atelier de chauffe : salopettes déchirées, vêtements luisants de graisse, avec des mains noircies d'ouvriers et des visages qui, tous, sont des visages d'ouvriers typiques. On appelle vers la table celui qui doit être décoré et il marche lourdement, en tanguant, dans la neige profonde. « Je vous félicite de cette haute décoration nationale ! – Je sers l'Union soviétique ! » répondent les voix rauques de Russes, d'Ukrainiens, de Juifs, de Tatars, de Géorgiens. C'est l'Internationale des travailleurs à la guerre.

Nous bavardons la nuit, légèrement éméchés, avec le commandant du bataillon d'infanterie motorisée Kozlov. Il me raconte que le héros qui a été décoré le matin même de deux décorations, qui est l'éclaireur en chef de la brigade et que je regardais d'un regard plein d'enthousiasme, n'est pas du tout un héros. J'en ai été estomaqué tant il semblait qu'on ne pouvait pas imaginer plus authentique que ce que j'avais vu le matin dans la rue du village. Kozlov m'a fait cadeau de la croix de fer qu'il a prise sur l'officier [allemand] tué. L'officier était par terre, m'a raconté Kozlov, grièvement blessé, ivre, au milieu de centaines de cartouches de pistolet-mitrailleur utilisées. C'est lui, blessé, que le soldat a tué d'un coup de feu. Dans sa poche on a trouvé une carte postale pornographique.
Kozlov et Boukovski ont décidé le matin d'organiser un concours de tir au revolver. On a fixé une cible à un vieux poirier derrière la grange. On me regarde avec dédain et commisération : un civil, sans aucune expérience. Apparemment par le plus grand des hasards, j'ai mis toutes les balles au centre de la cible. Les vétérans Kozlov et Boukovski n'en ont pas mis une seule. Je pense que là, il ne s'agissait pas tout à fait d'un hasard.

Khassine est dans une isba, entouré de ses collaborateurs, avec ses yeux noirs saillants et son nez busqué, les joues bleues de s'être tout récemment rasé. Il ressemble à un Persan. Sa main bouge sur la carte, pareille à la patte griffue d'un énorme oiseau. Il est en train de m'expliquer comment s'est passé le récent raid de la brigade de chars. Il aime beaucoup le mot « oblique » et il le répète sans cesse : « Les chars évoluaient à l'oblique... »
À l'état-major du front, déjà, on m'avait raconté que la famille de Khassine avait été tuée lors d'une fusillade massive de la population civile de Kertch perpétrée par les Allemands, et que Khassine était tombé par hasard sur une photographie des morts étendus

dans le fossé parmi lesquels il avait reconnu sa femme et ses enfants. J'ai pensé à ce que pouvait ressentir cet homme quand il menait ses blindés au combat. L'intégrité de l'image que donne le personnage est fortement brouillée par le fait que, dans l'isba de l'état-major, une jeune femme médecin lui donne des ordres avec vulgarité et culot. On dit qu'elle donne des ordres non seulement au colonel, mais à sa brigade de chars. Elle se mêle de toutes les dispositions à prendre et corrige les listes des hommes proposés pour des décorations.

Entretiens avec des soldats d'un bataillon d'infanterie motorisée.

Mikhaïl Vassilievitch Steklenkov, noueux, maigre, blond-blanc, né en 1913, a abandonné ses études en cinquième année d'école et est allé travailler.

« S'ennuyer ? Jamais. On s'assoit et on entonne des chansons. On n'a pas le temps de s'ennuyer ! On pense à chez soi et on s'oublie. Mon père a été gazé par les Allemands durant la guerre impérialiste. On m'a envoyé le 23 juillet dans la ville d'Ivanovo à l'École militaire et politique, comme élève. On a été mis en rangs dès l'alerte, on nous a donné ce qu'on devait, et on est parti...

« On me demande : "Qu'est-ce que tu as à être de si bonne humeur ? – Et pourquoi pas ?" La patronne dans l'isba me demande : "Pourquoi chantes-tu toutes ces chansons ? Maintenant c'est la guerre !" Et moi je lui réponds : "C'est justement maintenant, le moment où il faut chanter."

« C'est que mon équipe, elle est brave, elle ne s'éloigne pas d'un pouce de la pièce d'artillerie. Je suis couché à observer les bombes, j'ai bien le temps de ramper me mettre à l'abri si c'est nécessaire... Là, c'est vrai, on n'a plus de tabac... La pièce de 25 mm, avec ce canon-là, c'est intéressant de tirer à bout portant...

« Pourquoi attendre la fin de la guerre ? Si je reste en vie, je rentrerai chez moi, et sinon qu'est-ce que ça peut faire ? Avant la guerre, je n'ai pas eu le temps de me marier. Et maintenant je ne peux pas me passer de la guerre. Si on me retire du combat, je commencerai à m'ennuyer. » Il s'est gelé la main et le pied, mais il n'est pas allé à l'hôpital.

« Je n'ai pas peur des balles, qu'elles aillent au diable et qu'elles me tuent. Nous tirons, et ça me met de bonne humeur. »

Ivan Semionovitch Kanaev, né en 1905, de Riazan, marié, quatre enfants.

« On m'a rappelé le 3 juillet 1941. On m'a remis la convocation alors que j'étais en train de faire mon bois. On a chanté, on a bu du vin, c'était la fête. On m'a formé comme conducteur à Dachki. Ma femme et ma mère venaient me voir. Le commandement était très compréhensif, ils m'accordaient des permissions. Six fois, j'ai été à la maison.

« Mais lorsqu'on s'est approché du front, là c'était vraiment terrible. Mais on est parti combattre, et l'humeur est devenue meilleure. Maintenant je vais au combat comme au travail. Comme on va à l'usine. Avant c'était terrible, mais maintenant je n'ai pas peur de leurs balles, il n'y a que le mortier qui me chagrine. J'ai aussi pris part à une attaque à la baïonnette, mais les Allemands ne l'ont pas attendue. On a crié "Hourra !", et ils se sont empressés de s'enfuir.

« C'est bien, quand il y a un camarade gai, qu'il commence à raconter des blagues, ou qu'il chante.

« J'ai un fusil, une arme qui m'est très chère, elle ne me laisse pas en plan. Je l'ai laissé tomber dans la boue à Bogodoukhovka, j'ai pensé qu'elle était fichue, mais non, grâce au ciel.

« Je m'ennuie moins de la maison maintenant, mais surtout j'ai très envie de voir les petits, surtout le plus jeune, il allait naître et je ne l'ai pas vu. En fait oui, ça me manque. J'ai un ami, Selidov, depuis le premier jour on est ensemble.

« Nous avons fait cinquante kilomètres à pied en une journée. Si on a de bonnes jambes, ça n'est pas si difficile.

« Mon havresac avec les affaires est léger. Un peu de pain, surtout, un carnet, une paire de dessous, des bandes de rechange pour les pieds. À Petrichtchevo, on a pris des trophées, mais moi, je n'ai rien pris pour moi. À quoi ça sert, ils me tueront. J'aurais pu ramasser une douzaine de montres-bracelets, mais je suis comme ça par nature : ils [les ennemis] me dégoûtent, et tripoter leurs affaires me dégoûte. Les camarades les prennent, mais moi, personnellement, j'ai peur de les toucher.

« Les chars ? Bien sûr que je les ai vus.

« Avec les Allemands, ça s'est passé directement en face à face. Il y en a un qui m'a blessé, et je l'ai tué. Il a surgi et j'ai eu le temps de penser que je voulais le capturer vivant. "Halte !" je lui crie, et il m'en envoie une rafale. Dans le bras, je l'ai reçue. Je l'ai mis en joue, il est tombé. Ensuite une femme est sortie d'une maison m'apporter une écuelle de lait et je l'ai bue. Seulement il n'y avait rien pour faire un pansement, j'avais donné mes molletières pour un petit garçon qui était blessé, pour lui bander l'épaule.

« Il ne faut jamais reculer devant un mortier ou une mitrailleuse. Si tu cours en arrière, tu es perdu, même si leur tir n'est pas très précis. Tu te couches, tu cours ailleurs. Ils se taisent et toi tu cours vers l'avant. Mais si tu es allé en arrière, ils te rattrapent !

« Leur aviation ? Mais qu'est-ce qu'elle peut faire ? On se disperse de par le champ. Le mortier, ça, pour moi c'est une chose détestable. C'est leur arme la plus forte.

« À la maison, j'avais peur d'un grincement de porte, et ici je n'ai peur de rien. À Petrichtchevo, j'ai descendu un mitrailleur qui était sur un toit. Nous avions fait l'approche et nous nous étions couchés par terre. Il gelait ferme et nous étions restés longtemps couchés, j'étais complètement gelé. Dès que j'ai sauté sur mes jambes, aïe, aïe, aïe, ça fait mal ! J'étais vraiment complètement gelé. Avec mon fusil, j'ai mis en joue le mitrailleur, il s'est tout de suite tu. Après, j'ai vérifié : je l'avais touché au sourcil. Je leur ai descendu une quinzaine d'hommes.

« C'était follement amusant de venir combattre en courant à Morozovka. Ils battent en retraite, et nous, nous les poursuivons à toute allure. Est-ce que c'est moi qui ai cherché le combat ou quoi ? Nous combattons sur notre terre à nous. On en entend de belles. La population locale en raconte, sur eux, sur leur bassesse. Comment pourrait-on leur pardonner ?

« Là où j'étais, la patronne m'a donné une aiguille à coudre. Pendant le combat, j'avais perdu une martingale, je m'en suis procuré une autre, mais je n'avais rien pour la recoudre. En revanche, des boutons, j'en ai toujours une poche pleine.

« Ma conclusion est la suivante, nous devons vaincre. Simplement je ne sais pas comment. C'est l'été, non, qu'ils nous ont eus ? Ils sont de parfaits fanfarons, mais des lâches.

« J'ai été blessé, excusez-moi, ça me gêne de le dire, bref j'ai eu très peur de retourner voir ma femme sans ce qu'il faut. Le médecin a regardé et il a dit : "Eh bien, tu t'en es bien tiré, tout est en ordre."

« C'est bien de se battre au petit matin. C'est comme si on allait au travail. Il fait un peu sombre, on voit tous les points [d'appui de l'ennemi], surtout à cause des balles traçantes, et on n'a pas plus tôt investi le village que le jour arrive déjà.

« J'ai perdu le goût des bonnes femmes. Ah ! Si seulement je pouvais voir mes gamins, ne serait-ce qu'une journée, et puis ensuite continuer la guerre jusqu'au bout.

« Au village, il arrive que nous fassions des travaux bien plus lourds qu'à la guerre. Question lourdeur, au village c'est pire. Ici j'ai pris l'habitude. On dort sous le feu de l'artillerie et des mortiers. On ronfle au milieu d'un champ plein de neige. Cet hiver je me suis vraiment sérieusement gelé.

« Chez nous, il y a une moralité pour le soldat. Ramène non seulement les blessés, mais ramène aussi les morts pendant le combat.

Un jour où j'étais resté étourdi, un camarade soldat est venu et m'a arraché au combat... »

« Les balles évitent l'audacieux », dit Kanaev. Tous sont là étendus, et lui se lève et crie : « Soldats, derrière moi ! » Près de Bogodoukhovo il a conduit une section à l'attaque. Ça n'est pas un poltron. « Ne t'en fais pas, camarade politrouk ! [criait-il] On ne nous blessera pas ! »

Extrait des réflexions du capitaine Kozlov : « Pour réussir un tir ciblé pendant le combat, il faut une grande audace. Chez nous, soixante pour cent des soldats n'ont pas tiré une seule fois, pas une seule, durant tout le temps de la guerre[1]. La guerre se fait grâce aux mitrailleuses lourdes, aux bataillons de mortiers et à l'audace d'individus isolés. Chez moi dans le bataillon, je pose le problème de la façon suivante : il faut nettoyer les fusils avant le combat, et, après le combat, vérifier. Celui qui n'a pas tiré, cela signifie que c'est un déserteur. Je prends sur moi le courage d'affirmer que nous n'avons pas eu une seule attaque à la baïonnette. D'ailleurs regardez, nous n'avons plus de baïonnettes. Mais en fait j'ai très peur du printemps, ça va se réchauffer et les Allemands vont recommencer à nous pourchasser. »

Les craintes du capitaine Kozlov étaient parfaitement fondées. Hitler était en train de préparer une grande offensive vers le sud pour s'emparer des champs de pétrole du Caucase, alors même que Staline était persuadé que la Wehrmacht allait se tourner vers Moscou de nouveau. L'offensive allemande de l'été 1942 devait, par l'entêtement aveugle de Hitler, conduire à la bataille de Stalingrad.

1. La conviction de Kozlov, qu'une majorité de soldats ne tiraient pas sur l'ennemi pendant la bataille, est comparable à la théorie discutable du « pourcentage de feu » du brigadier général S. L. A. Marshall telle qu'elle est exposée dans *Men Against Fire*, 1947. Marshall prétendait que soixante-quinze à quatre-vingt-cinq pour cent des hommes au combat ne faisaient pas usage de leurs armes contre l'ennemi. La validité de cette étude de Marshall fut mise en cause au cours de l'hiver 1988 par le professeur Roger Spiller dans le *RUSI Journal*, mais la théorie de base pourrait bien être vraie...

Chapitre 12

« LA VÉRITÉ IMPITOYABLE DE LA GUERRE »
Mars à juillet 1942

Vassili Grossman écrivit à son père au début du mois de mars sur les effets déstabilisants de cet hiver de guerre.

> J'ai parfois l'impression que j'ai passé ma vie entière à rouler en camion, à dormir dans des granges et dans des maisons à demi brûlées, et que je n'ai pas eu d'autre vie. L'aurais-je rêvée, ou quoi ?
> J'ai vécu tout l'hiver en passant d'un endroit à l'autre, j'en ai un peu trop vu, et de toutes les couleurs. Je suis devenu un soldat endurci, vraiment ! La *makhorka* [tabac grossier] et les rhumes ont rendu ma voix rauque, et ma tempe droite, Dieu sait pourquoi, a blanchi.

Le jour suivant, il écrivit encore.

> Ici, c'est à nouveau l'hiver, un froid de gueux... J'ai terriblement envie de soleil pour me réchauffer, j'en ai assez de me toucher tantôt le nez, tantôt les oreilles pour vérifier qu'ils sont bien en place. Et, au fait, je suis plus léger de seize kilos, ce qui est très bien. Te rappelles-tu mon gros ventre ?

À son retour à Moscou au début d'avril, Grossman alla voir Ortenberg, qui rapporta par écrit leur conversation peu de temps après.

> « Il y a deux mois, Vassili Grossman est venu me trouver et il m'a dit sans préambule :
> « "Je veux écrire un roman." Sans attendre ma réponse, il a tout

de suite annoncé : “Pour cela, il me faut un congé de deux mois.” Sa demande ne m'a pas effrayé, comme, apparemment, il l'attendait. Sur le front, il y avait alors une relative accalmie. Il a eu mon accord. »

Grossman écrivit à son père immédiatement.

J'ai eu droit à un congé de deux mois pour écrire, du 10 avril au 10 juin... Je suis très content, heureux comme un gamin. La venue à Moscou m'a fait une très forte impression, la ville, les rues, les boulevards, tous ont comme des visages de proches, d'êtres chers... J'ai réussi à faire quelques petites choses pour arranger mes affaires matérielles : j'ai signé un contrat pour la publication d'un petit livre de reportages et de récits du front. Je t'envoie l'argent aujourd'hui... Ici, dans l'appartement, il fait très froid. Djenni Genrikhovna s'est beaucoup affaiblie...

Pendant mon séjour ici, je n'ai été nulle part ou presque...

Le directeur m'a mis sur le dos un travail énorme, je suis resté à mon bureau à bûcher là-dessus jour et nuit. D'ailleurs, ça n'est pas plus mal, car à la rédaction il fait relativement chaud, et qu'en plus j'avais droit à la *kacha**. Parce que, sinon, j'étais gâté avec les soupes du front. À Tchistopol, je travaillerai à mon roman... Physiquement, je ne me sens pas trop bien, je suis fatigué, je tousse beaucoup, je me suis refroidi jusqu'à la moelle des os lors des vols dans des avions à découvert sur le front.

Grossman ne perdit pas de temps et partit pour Tchistopol. Là-bas, vivant de nouveau avec sa femme, il travailla de longues heures durant à son roman sur les désastres de 1941, qu'il décida d'appeler *Le peuple est immortel*. Ce livre, qui reposait très largement sur ses notes prises au front, était amené à jouir d'un énorme succès auprès des soldats de l'Armée rouge. Grossman, intellectuel juif qui appartenait à un monde tout autre, non seulement y démontrait son courage au front, mais surtout il y faisait preuve, dans ses observations, d'une extrême justesse et d'une grande empathie. Pourtant, en dépit de tout cet intense travail, Grossman n'en aspirait pas moins à retourner sur le front. De fait, il écrit à son père de Tchistopol, le 15 mai, qu'il va partir dans la première semaine de juin.

* Bouillie ou gruau de céréales.

L'activité a repris sur le front, j'écoute avidement la radio, c'est là que se résoudront tous les problèmes et les destins.

Trois jours auparavant, le maréchal Timochenko avait attaqué avec six cent quarante mille hommes au sud de Kharkov, depuis le saillant de Barvenkovo. Ce devait être un terrible désastre. Le Groupe d'armées sud de la Wehrmacht était sur le point de lancer l'opération Fridericus, l'étape préparatoire précédant sa grande offensive estivale de l'opération Bleue, qui devait le conduire à Stalingrad et dans le Caucase. Le résultat fut que l'assaut soviétique, mal inspiré, se trouva pris entre le marteau de la 1re armée blindée de Kleist et l'enclume de la 6e armée du général Paulus. Deux armées soviétiques furent encerclées et quasi anéanties en un peu plus d'une semaine. Les Allemands firent près de deux cent cinquante mille prisonniers. L'enthousiasme de Grossman pour le front se trouva rapidement dissipé et il revint travailler à son roman.

Je travaille ici énormément [écrivait-il à son père le 31 mai] et j'ai l'impression de n'avoir jamais autant travaillé de ma vie... J'ai lu mon texte avant-hier à Asseev, et il a beaucoup aimé... Malheureusement, mon congé arrive à sa fin, et je suis très fatigué, éreinté d'avoir trop écrit. À dire vrai, j'ai reçu un télégramme d'une extraordinaire libéralité et parfaitement inattendu de mon si cruel directeur. Il écrit qu'il n'a rien contre la reconduction de mon congé afin que je puisse finir le travail à Tchistopol... Il est possible que, en raison de cette permission, je reste encore ici sept ou dix jours de plus... J'écris sur la guerre, sur l'été et l'automne 1941... En plus, je suis embêté ici par un total manque d'argent... J'ai écrit plusieurs lettres à Moscou, à toutes les maisons d'édition, mais pas un seul de ces chiens ne m'a envoyé un kopeck... Je pense souvent à Katioucha et je voudrais bien la voir... C'est vraiment une grande fille, j'ai reçu deux lettres d'elle et je sens bien d'après ces lettres qu'elle s'est éloignée de moi, que ce sont de petits mots sans chaleur...

Le soir je m'assois parfois sous un pommier en fleur, j'écoute les rossignols, j'observe les fenêtres éclairées de la petite maison : c'est la paix, le silence, le calme. Je n'arrive pas à y croire. Il y a un général nommé Ignatiev qui a dit un jour que les hommes qui, à la guerre, montrent le plus d'audace sont les correspondants. Ils sont chaque fois amenés à aller de l'arrière au front, or c'est le moment le plus pénible, celui du passage des rossignols aux avions...

J'ai reçu ici une carte du Bureau des déplacements disant que maman ne figure pas sur les listes de personnes évacuées. Je le savais bien moi-même, qu'elle n'avait pas réussi à partir, mais mon cœur s'est serré quand j'ai lu ces lignes.

Grossman n'eut pas besoin du délai supplémentaire qui lui avait été accordé par Ortenberg. Il remit le manuscrit à Ortenberg le 11 juin et écrivit à son père le jour suivant.

Pour le roman, mes affaires semblent bien marcher. Le directeur l'a lu hier et l'a chaleureusement approuvé, il m'a fait venir la nuit et m'a donné l'accolade, il a dit une masse de choses flatteuses et a promis de le publier intégralement, sans coupures, dans *Krasnaïa Zvezda*. Or le texte est long, vraiment long... Comment va-t-il être accueilli par les lecteurs, c'est la question qui m'inquiète... Soit dit en passant, cela va puissamment rétablir ma situation matérielle. J'espère que tu pourras t'en convaincre concrètement très bientôt. Cela me fait vraiment plaisir. Parce que tu dois sans doute être maigre comme un clou, mon pauvre.

En même temps, il écrivait à sa femme, à Tchistopol, pour lui dire à peu près la même chose que ce qu'il avait écrit à son père, mais en ajoutant, avec une fierté touchante :

Je suis désormais un personnage important à la rédaction. Le directeur me fait venir dix fois par jour. Je dors sur place, dans les bureaux, car nous relisons les épreuves jusqu'à deux ou trois heures du matin.

Ortenberg, de son côté, a écrit :

« Au bout de deux mois tout juste, Vassili Semionovitch a apporté *Le peuple est immortel*, un manuscrit de quelque deux cents pages. Je l'ai lu, comme on dit, d'un seul trait. Il n'y a encore rien eu de tel depuis le début de la guerre...
« On a décidé de le faire paraître sans tarder.
« On a donné le premier chapitre au marbre. Quand le texte sur trois colonnes a été prêt, j'ai commencé à relire la liasse. À côté de moi il y avait Grossman qui suivait jalousement le moindre de mes gestes de peur que je ne fasse une correction malvenue. »

Le 14 juillet, Grossman, très excité, écrivait à son père :

Aujourd'hui *Krasnaïa Zvezda* a commencé à publier mon roman... Avant-hier, je t'ai envoyé quatre cents roubles par mandat télégraphique ! Je vais rester à Moscou encore à peu près trois semaines ou un mois, tout le temps de la publication de mon roman dans le journal.

Le 12 août, Ortenberg écrivait :

« Aujourd'hui est sorti le dernier chapitre du roman de Vassili Grossman *Le peuple est immortel.* Il a été publié dans dix-huit numéros du journal, et l'intérêt que lui portent les lecteurs n'a fait que croître avec chaque numéro.

« Dix-huit jours durant, et parfois la nuit, debout près de mon pupitre, l'auteur à mes côtés, j'ai relu la liasse du chapitre à venir pour l'insérer dans le numéro du journal. Nous n'avons eu aucun conflit, Vassili Semionovitch et moi. Il n'y a que le dénouement qui a fait l'objet d'une discussion animée : le héros principal du roman, I. Babadjanian, meurt. Et, aussi bien quand j'ai lu le manuscrit que maintenant, après avoir lu le dernier chapitre composé, j'ai dit à l'écrivain : "Ne pourrait-on pas faire vivre un héros tellement cher à son lecteur ?" Vassili Semionovitch a répondu : "Sans cela, il n'y a pas de vérité de la guerre..." »

En réalité, Grossman eut à affronter une situation extrêmement embarrassante, du genre de celles que redoute tout romancier, même s'il n'est pas conforme à l'usage d'avoir donné au personnage principal du roman son vrai nom et son identité réelle. Babadjanian n'avait pas été tué comme on l'avait dit à Grossman. Mais ce futur général de troupes blindées pardonna au romancier sa mort littéraire.

À Moscou, rares étaient ceux qui semblaient avoir la moindre idée du désastre qui était en train de se produire dans le Sud tandis que les armées de Hitler avançaient sur la Volga et s'enfonçaient plus profondément dans le Caucase. Il semble bien, à en juger par une lettre de Grossman à sa femme datée du 22 juillet, que même ceux qui étaient de retour à Moscou après avoir été dans la région étaient inconscients du danger.

Hier est arrivé en avion de Stalingrad Kostia Boukovski. Il y a eu chez moi une « réception », autrement dit on a bu, on a chanté... Tvardovski[1] a lu un superbe chapitre de son nouveau

1. Tvardovski (voir note 1, chap. 7, p. 88) était surtout connu comme auteur de « Vassili Tiorkine », l'histoire d'un paysan-soldat de fiction, un

grand poème [« Vassili Tiorkine »]. Tout le monde était ému aux larmes.

Juste un peu plus de trois semaines plus tard, le 19 août, Grossman écrivait à son père :

> Je pars dans quelques jours pour le front...
> Ton cœur de père se réjouirait si tu savais et voyais quel accueil on m'a fait à l'armée après la parution de mon roman. Vraiment, j'en ai conçu de la fierté et beaucoup d'émotion. D'autant que tous l'ont bien aimé, du plus haut commandement jusqu'au bas de l'échelle.
> Mon très cher, mes affaires personnelles vont mieux que jamais, c'est le succès, la reconnaissance, et pourtant j'ai le cœur lourd, lourd. Je voudrais tellement aider tous mes proches, les réunir tous. La pensée du sort de maman me torture...
> J'ai reçu une lettre de Iouri, le fils de Vadine, il est à la guerre, lieutenant, il a participé à de nombreux combats, il a été blessé.

Le jeune cousin de Grossman, Ioura Beniach, était sur le point d'être envoyé à Stalingrad, où Grossman lui-même était affecté.

---

grand optimiste qui se débrouille toujours pour survivre. Il avait surgi dans les colonnes du journal de Tvardovski au moment de la guerre russo-finlandaise. Le personnage devint un héros populaire au moment de la Grande Guerre patriotique et il valut à Tvardovski un autre prix Staline en 1946.

Chapitre 13

LA ROUTE DE STALINGRAD

Août 1942

Tandis que Grossman travaillait à son roman *Le peuple est immortel*, le commandement allemand avait préparé les plans de la grande offensive d'été de Hitler, l'opération Bleue. Avec ce qui ressemblait fort à une réédition du plan Barbarossa, Hitler comptait mener l'attaque dans le Caucase pour s'y emparer des champs de pétrole. Il était persuadé que s'assurer une telle source de carburant lui permettrait de tenir face aux trois grandes puissances qui étaient désormais alignées contre lui. Mais le 12 mai, six jours avant la date prévue pour le commencement de l'opération allemande, le maréchal Timochenko lança sa propre offensive au sud de Kharkov, comme on l'a vu au chapitre précédent. La Stavka espérait reconquérir la ville. Mais l'attaque soviétique fut stoppée net. La vaste concentration de forces allemandes qui se trouvaient dans le secteur et la rapidité de leur réaction à cette situation nouvelle conduisirent à un autre encerclement catastrophique cinq jours plus tard, lorsque la 6e armée du général Paulus referma hermétiquement le piège sur plus de trois armées soviétiques. La nouvelle de ce désastre fut un choc, tout particulièrement pour Grossman, qui avait passé si longtemps dans ce secteur et avait rencontré nombre de ceux qui étaient engagés dans la bataille.

Un des effets secondaires de cet engagement fut de retarder la phase principale de l'opération Bleue jusqu'à la fin du mois de juin. Un officier supérieur allemand, qui avait avec lui tous les plans pour l'offensive au sud, fut tué sur le territoire soviétique après que son pilote se fut égaré, mais Staline refusa de croire en l'évidence. Il pensa qu'il s'agissait d'une ruse, tout comme il avait refusé de croire aux avertissements qui avaient précédé Barbarossa. Il était persuadé que Hitler allait de nouveau porter son attaque contre Moscou. Mais il ne fallut pas longtemps pour qu'il comprenne à quel point son obstination était lourde de conséquences. Les fronts sud-ouest et sud de Timochenko, déjà très malmenés près de Kharkov, en furent bientôt réduits à une retraite précipitée. La 6e armée de Paulus avançait dans la grande boucle du fleuve Don, tandis que trois autres armées, les 4e et 1re armées blindées et la 17e armée, s'approchaient du bassin inférieur du Don pour s'avancer dans le Caucase.

Staline commença à paniquer. Le 19 juillet, il donna personnellement l'ordre au Comité de défense de Stalingrad de préparer sans délai la cité à la guerre. Il avait paru impensable que les Allemands pussent atteindre la Volga, sans même parler d'attaquer la ville qui portait son nom, d'autant qu'il avait largement construit sa propre réputation sur une version très exagérée de la façon dont elle s'était défendue durant la guerre civile, quand elle s'appelait encore Tsaritsyne.

Pendant ce temps-là, Hitler commençait à se mêler du plan d'opérations du Haut Commandement allemand. Dans la version initiale, le but de la 6e armée de Paulus avait été d'avancer en direction de Stalingrad, mais sans prendre la ville. L'idée était simplement de garder l'ensemble du flanc gauche de l'opération Bleue le long de la Volga, tandis que l'attaque majeure avancerait vers le sud, dans le Caucase. Mais bien vite le plan changea. La 6e armée, appuyée par une partie de la 4e armée blindée rappelée du Caucase, reçut l'ordre de prendre la ville qui portait le nom de Staline.

Le 28 juillet, juste après que les Allemands se furent emparés de Rostov et que trois de leurs armées eurent traversé le Don pour gagner le Caucase, Staline publia le célèbre décret no 227, connu sous le nom de « Plus un pas en arrière ». Quiconque reculait sans ordre de le faire ou qui se rendait devait être traité comme un « traître à la patrie ». La fille de Grossman entendit parler par la suite de l'échange qui suit, dans les bureaux de la rédaction de *Krasnaïa Zvezda*.

« Quand l'ordre fameux de fusiller les déserteurs fut rendu public, Ortenberg dit à mon père, à Pavlenko et à [Alekseï] Tolstoï[1], qui se trouvaient tous dans son bureau à ce moment-là : "L'un de vous ne pourrait-il pas écrire une histoire sur ce sujet, s'il vous plaît ?" Mon père répliqua immédiatement sans réfléchir : "Je n'ai pas l'intention d'écrire quoi que ce soit de ce genre." Cela mit Pavlenko en colère. Il se tortilla de tout son corps et, en sifflant comme un serpent, il déclara : "Vous êtes un arrogant, Vassili Semionovitch, un arrogant patenté !" Mais Tolstoï, qui avait seulement assisté à la scène sans prendre part à cet échange verbal, écrivit bientôt une histoire sur un déserteur d'une sauvagerie bestiale qui, fuyant l'Armée rouge, entre dans une maison et y tue trois petits enfants. »

Les armées soviétiques qui battaient en retraite étaient en proie au chaos. Des milliers de vies furent perdues en contre-attaques absurdes. Beaucoup de ceux qui étaient piégés dans la grande boucle du Don, à quelque soixante kilomètres à l'ouest de Stalingrad, se noyèrent en tentant de s'échapper. Grossman interrogea par la suite nombre d'hommes qui avaient vécu ce désastre. Voici le récit que Grossman recueillit de Vassili Gueorguievitch Kouliev, un correspondant militaire âgé de vingt-huit ans, ex-chef komsomol à la tête de Jeunes Pionniers, qui s'était désigné lui-même comme commissaire du groupe.

« Nous nous sommes repliés, tout en combattant sous les tirs de mortiers et de pistolets-mitrailleurs. Nous sommes assis dans une tranchée sous un feu d'enfer. Nous nous retrouvons encerclés. Je me désigne de ma propre initiative comme commissaire d'un groupe de dix-huit hommes. Nous sommes couchés dans les blés, arrivent des Allemands à cheval. Un type roux crie avec un fort accent : "Russes, mains en l'air !" Nous tirons une rafale de pisto-

1. Tolstoï, Alekseï Nikolaevitch (1882-1945), romancier et dramaturge, cousin de Léon Tolstoï, mais en marge du reste de la famille. Il s'était rallié aux idées politiques révolutionnaires avant la Première Guerre mondiale, mais il ne revint en Union soviétique qu'en 1923, une fois flatté et rassuré par les nouvelles autorités bolcheviks. Son œuvre principale était l'épopée de *Pierre le Grand*, mais il a également écrit de la science-fiction. Il lui fut possible de poursuivre sa carrière en 1938 durant la Grande Terreur, grâce à son roman servile *Khleb* [« *Le Pain* »], louange de la défense par Staline au temps de la guerre civile de Tsaritsyne, qui fut par la suite rebaptisée Stalingrad. Pendant la guerre, il écrivit *Ivan le Terrible*, en deux parties, ainsi que le genre d'« articles patriotiques » qui sont décrits ici.

lets-mitrailleurs et désarçonnons quatre Allemands. Nous nous enfonçons dans cette brèche et nous tirons avec nos pistolets-mitrailleurs, avec une mitrailleuse. Il y avait vingt-cinq Allemands. Des dix-huit que nous étions, seize s'en tirent.

« La nuit, nous marchons dans les blés, ils sont plus que mûrs et crissent. Les Allemands nous attaquent à la mitrailleuse, bientôt nous ne sommes plus que six. Ensuite je rassemble encore une fois seize hommes, je calcule l'angle de route afin que l'itinéraire ne comporte ni routes ni villages. Nous passons la nuit au-dessus du Don[1]. Nous tressons des cordes avec des bâches pour faire traverser les blessés, mais on n'en a pas assez. Je propose de traverser à la nage, avec tous les papiers sous le calot et le barda dans un sac. Au milieu du fleuve, je n'en peux plus, je me débarrasse du sac dans l'eau et je garde mes carnets dans mon calot. »

Une fois que les Allemands eurent définitivement nettoyé la rive occidentale du Don des troupes soviétiques, le général Paulus redéploya ses formations pour les préparer à une nouvelle avancée. Dans les premières heures du 21 août, l'infanterie allemande traversa le Don dans des barges d'assaut et installa des têtes de pont sur la rive orientale. Des ingénieurs se mirent rapidement au travail et au milieu du jour suivant une série de ponts flottants porteurs de chars était en place au travers du « Don paisible ». Des unités blindées remplirent rapidement la tête de pont.

Le dimanche 23 août 1942, la 16e division blindée mena la charge à travers la steppe pour atteindre la Volga, juste au nord de Stalingrad, en fin d'après-midi. Dans le ciel, les bombardiers de la 4e flotte du général Wolfram von Richthofen battaient des ailes en signe d'encouragement pour les forces au sol. Ils laissaient derrière eux les ruines de Stalingrad sur laquelle ils avaient, les uns après les autres, déposé un tapis de bombes. Ce jour-là et durant les trois jours qui suivirent, quelque quarante mille civils, dit-on, trouvèrent la mort dans la ville en flammes.

Ce fut aussi le jour où Grossman, sur les ordres d'Ortenberg, quitta la capitale soviétique pour Stalingrad, afin de rendre compte de la bataille à venir.

1. Il existe un phénomène topographique inexpliqué qui fait que les grands cours d'eau russes qui coulent vers le sud, en particulier la Volga et le Don, ont tendance à avoir des rives occidentales très hautes et des rives orientales plates.

Nous avons quitté Moscou en voiture le 23 août. La direction du garage de la rédaction avait longuement préparé la voiture pour ce parcours de mille kilomètres de Moscou à Stalingrad. Mais, à trois kilomètres de Moscou, nous nous sommes soudain arrêtés : les pneus des quatre roues étaient à plat. Pendant que le conducteur, Bourakov, après s'être étonné, entreprenait sans hâte de réparer les chambres, nous, les correspondants, commencions notre enquête en interrogeant la population des environs de Moscou. Une jeune fille sur la route, bronzée, le nez busqué, les yeux bleus, insolents :

« Vous aimez les colonels ?

– Pourquoi devraient-ils me plaire ?

– Et les lieutenants à “cube*” ?

– Les lieutenants me tapent sur les nerfs. J'aime les soldats du rang. »

En dépit de l'urgence qu'il y avait pour eux à aller vers le sud, Grossman ne pouvait pas ne pas se rendre à la propriété de Léon Tolstoï, qu'ils avaient vue pour la dernière fois juste avant qu'elle ne soit occupée par le général Guderian, au mois d'octobre précédent.

Iasnaïa Poliana. Quatre-vingt-trois Allemands étaient là, gisant à côté de Tolstoï. On les a déterrés et enterrés dans les trous des bombes à effet de mine larguées par les Allemands.

Les fleurs devant la maison foisonnent, c'est un bel été.

Voilà donc, apparemment, la vie, pleine de douceur et de calme. La tombe de Tolstoï, avec des fleurs encore, des abeilles qui butinent sur les fleurs et, à l'aplomb de la tombe, de petites guêpes immobiles en suspension. Tandis qu'à Iasnaïa Poliana le grand verger a gelé. Tout est mort : les pommiers desséchés se dressent tout gris, moroses, sans vie, comme des croix sur des tombes.

Une grand-route bleutée comme de la cendre. Dans les villages règnent les femmes. Sur le tracteur, au conseil du village, dans les granges du kolkhoze, à l'écurie, dans la queue pour la vodka. Des filles éméchées s'avancent avec un accordéon en chantant, elles font leurs adieux à une compagne qui part pour l'armée. Une charge énorme de travail s'est abattue sur la femme... La femme occupe la place décisive. Elle a pris sur elle un énorme labeur, et le front reçoit du pain, des avions, des armes, des munitions. Ce

* Un galon en forme de cube sur l'uniforme désignait le grade de lieutenant.

sont elles, désormais, qui nous nourrissent, elles qui nous fournissent des armes. Quant à nous, les hommes, nous accomplissons la seconde moitié de la tâche, nous combattons. Et nous combattons mal. Nous avons reculé jusqu'à la Volga. Les femmes ne disent rien, mais elles n'ont aucune rancœur, elles n'ont pas en elles de mots durs. À moins qu'elles ne les retiennent. À moins qu'elles ne comprennent combien est terrible le fardeau de la guerre, même d'une guerre malheureuse.

La patronne de l'endroit où nous passons la nuit, délurée, fofolle, guillerette. Elle dit : « Hé oui, maintenant c'est la guerre, la guerre qui gommera tout. » Elle ne détache pas son regard de Bourakov et cligne de l'œil : c'est un beau gars, bien bâti. Bourakov se renfrogne, se trouble. Elle, elle rit, puis elle met la conversation sur des sujets pratiques, elle n'aurait rien contre échanger du beurre contre une chemise, acheter aux soldats un demi-litre [de vodka].

La nuit d'après, nous avons affaire à une gentille petite dame. La pureté incarnée. Elle se refuse aux conversations grossières. La nuit, dans le noir, elle parle en confiance de sa maisonnée, de son travail, elle apporte des poussins pour nous les montrer, elle rit, parle de ses enfants, de son mari, de la guerre. Et tous se mettent à l'unisson de son âme simple et pure.
Ainsi en va-t-il de la vie des femmes, à l'arrière et au front, deux courants, l'un pur, lumineux, l'autre sombre, guerrier : « Hé oui, maintenant c'est la guerre. »
Mais les PPJ, ça, c'est notre plus grand péché.

PPJ était une expression d'argot désignant une « épouse de campagne », à cause de la ressemblance de ces initiales (*pokhodno-polevaïa jena**) avec celles du PPCh**, le pistolet-mitrailleur standard de l'Armée rouge. Les « épouses de campagne » étaient de jeunes infirmières et des femmes soldats rattachées à un quartier général, qui pouvaient être chargées des transmissions ou du secrétariat, et qui portaient d'habitude un béret derrière la tête plutôt que la *pilotka*, le « calot ». Elles se trouvaient pratiquement forcées de devenir les concubines des

* Littéralement « épouse mobile de campagne ». Même s'il ne s'agissait pas de prostituées, on peut mettre en parallèle l'usage de ces initiales avec la désignation semi-officielle, dans l'armée française, et tout particulièrement dans la Légion, du BMC (bordel militaire de campagne).

** Le PPCh-41 était un pistolet-mitrailleur conçu par G. S. Chpaguine (pistolet-Poulemiot Chpaguina).

officiers supérieurs. Grossman a également jeté sur le papier quelques réflexions amères sur le sujet, peut-être pour les utiliser par la suite dans un récit.

Les femmes PPJ.
Note concernant le chef du département des ressources administratives*. Elle a pleuré une semaine entière, mais elle y est allée.
« Qui est-ce ?
– La PPJ du général.
– Eh bien le commissaire, lui, n'en a pas, de PPJ. »
À trois heures du matin, avant l'attaque.
« Où est le général ? »
La sentinelle :
« Il est au lit avec une pute. »
Ces filles se voulaient des Tania, des Zoïa Kosmodemianskaïa[1].
« C'est la PPJ de qui ?
– Celle d'un membre du Conseil militaire. »
À côté de cela, des dizaines de milliers de jeunes filles qui portent l'uniforme militaire accomplissent à la guerre une tâche noble et difficile.

Récit à propos d'un général qui a échappé à l'encerclement. Il menait une chèvre au bout d'une ficelle. Des commandants l'avaient reconnu. « Où vas-tu comme ça, camarade général ? Par où comptes-tu passer ? » Le général répondit avec un sourire en coin : « La chèvre saura me sortir de là. » (Général Efremov ou Efimov.)

Krassivaïa Metcha : le charme ineffable de ces lieux.

* Littéralement « *natch. akho.* » (*natchalnik administrativnogo khoziastvennogo otdela*).

1. Zoïa Kosmodemianskaïa, une étudiante moscovite de seize ans, servait derrière les lignes allemandes dans la province de Tambov avec un groupe de partisans et avait pris le nom de guerre de « Tania ». Elle fut arrêtée par les Allemands, torturée et exécutée dans le village de Petrichtchevo, le 29 novembre 1941. Avant que les Allemands ne la pendent dans la grand-rue du village, on dit qu'elle cria : « Jamais vous ne nous pendrez tous. Mes camarades me vengeront. » On lui décerna à titre posthume la médaille de Héros de l'Union soviétique. Plus tard, l'histoire de son héroïsme a été quelque peu ternie par les récits des gens du pays lui reprochant d'avoir mis le feu aux maisons, en partie pour mettre ainsi à exécution l'ordre impitoyable de Staline de détruire tous les abris afin que les Allemands meurent de froid, alors même que la première victime fut sans doute la population civile russe.

Complainte nocturne sur le sort d'une vache tombée dans un fossé antichar.
Dans la lumière bleu sombre d'une lune jaune.
Les femmes se lamentent : « Elle laisse quatre enfants. » Comme si les enfants avaient perdu une mère. Un homme court dans la lumière bleu sombre de la lune pour vider la vache de son sang. Le matin, le chaudron bout. Tous ont des mines rassasiées, des yeux rougis, des paupières gonflées.

Des femmes maigres et des jeunes filles en fichu travaillent à niveler une route : elles chargent de la terre sur des brancards en bois et égalisent les bosses avec des pics et des pelles.
« D'où êtes-vous ? [demandons-nous.]
– De Gomel.
– Nous aussi, nous nous sommes battus près de Gomel. »
On s'est regardé, on s'est tu, on est reparti. Quelque chose faisait peur dans cette rencontre près du village de Mokraïa Olkhovka, c'est-à-dire à quarante kilomètres de la Volga.

Les femmes des villages.
Sur elles s'est abattu l'énorme fardeau de tout le travail.
Niouchka est une femme à poigne, une culottée, une marie-couche-toi-là.
Elle déclare : « Hé, c'est la guerre maintenant, je m'en suis déjà fait dix-huit, depuis que mon mari est parti. Nous avons une vache pour trois, et elle ne se laisse traire que par moi, les deux autres, elle ne veut pas les reconnaître comme patronnes. » Elle rit. « C'est devenu plus facile de faire céder une femme qu'une vache. »

Elle a un petit sourire en coin. Avec simplicité, de bon cœur, elle propose son amour.

Énormité de l'espace : nous roulons quatre jours durant. L'heure n'est déjà plus la même : une en plus. La steppe n'est plus la même, les oiseaux ne sont plus les mêmes : des vautours, des chouettes, des busards. Voilà que déjà melons et pastèques apparaissent. Mais c'est la même désolation.

Le village de Lebiajé. Des maisons en bois de grande taille, des pièces peintes à la peinture à l'huile. Nous nous sommes réveillés, matin tranquille, grisounet, petite pluie. La Volga est à quinze kilomètres. Impression effrayante que celle produite par cette fausse tranquillité, ce silence campagnard.

La Volga. Traversée. Journée éclatante. Énormité du fleuve, sa lenteur, sa majesté. Volga, en un mot...
Sur le bac, des véhicules transportant des bombes aériennes. Dans

le ciel des avions [ennemis], des rafales de mitrailleuses crépitent. Et la Volga, lente, imperturbable. Et les gamins, assis dans ce bac qui est une véritable poudrière, et qui pêchent à la ligne.

Il y avait plusieurs terrains d'aviation dans la région, qui eurent de l'importance lors de la bataille de Stalingrad. L'un d'eux était un champ de melons jouxtant un marché à ciel ouvert qui était resté actif, en dépit des mitraillages en rase-mottes de l'aviation allemande. L'Union soviétique recevait déjà en grande quantité du matériel militaire des États-Unis en Lend-Lease*, y compris des Jeep Willy et le DC-3 Douglas Dakota que les Russes appelaient le « Douglas ».

Nous sommes arrivés. Dans l'air, rugissement de moteurs, tohu-bohu. Des Cobra, des Yak, des Hurricane. Surgit un énorme et élégant Douglas. Les avions de chasse se déchaînent, viennent le renifler, se ruent à sa suite. Lui cherche un endroit où atterrir, et eux dansent dans toutes les directions. Il s'est posé. Les chasseurs sont là, autour et au-dessus de lui. Le tableau est grandiose. Des images animées tout droit sorties d'un film. Les soldats rouges, en contemplant cette scène d'atterrissage, commentent. L'un dit : « C'est exactement comme des abeilles, qu'est-ce qu'ils ont comme ça à s'agiter ? » Le deuxième : « C'est la melonnière qu'ils surveillent, c'est clair. » Un troisième, en regardant le Douglas qui vient de surgir : « Sûrement un caporal de notre compagnie qui débarque. »

Le passager à bord devait, bien évidemment, être nettement plus important. Il pouvait même s'agir du général Gueorgui Joukov[1] qui vint en avion le 28 août sur les ordres de Staline pour superviser la défense de la ville. « Qu'est-ce qui leur arrive ? » cria au téléphone Staline, explosant de rage, à l'en-

* Issu d'une entente entre Winston Churchill et Franklin Roosevelt, le Lend-Lease Act du 11 mars 1941 permettait aux États-Unis, encore officiellement neutres, de fournir aux Alliés du matériel de guerre à des conditions privilégiées.

1. Général (devenu plus tard maréchal) Gueorgui Konstantinovitch Joukov (1896-1974), sergent de cavalerie durant la Première Guerre mondiale, il fut blessé à Tsaritsyne (devenue Stalingrad) en 1919. En 1939, il fut vainqueur lors de la bataille de Khalkin-Gol contre les Japonais en Extrême-Orient soviétique. En 1941, Joukov fut chargé de la défense de Leningrad, puis il dirigea la bataille de Moscou.

droit du général Aleksandr Vassilievski[1], le premier représentant de la Stavka à avoir atteint Stalingrad. Il était furieux contre le commandement militaire local. « Comment ne comprennent-ils pas qu'il ne s'agit pas seulement d'une catastrophe pour Stalingrad ? Nous sommes en passe de perdre notre principale voie navigable et bientôt ce sera aussi le tour de notre carburant ! »

Grossman passa au moins une nuit en Transvolga*.

Nuit chez le secrétaire du comité local du Parti. Conversations sur les kolkhozes et les présidents de kolkhozes qui emmènent paître le troupeau loin dans la steppe et vivent comme des rois : ils abattent les veaux, boivent le lait, achètent et vendent le bétail (et une vache coûte quarante mille [roubles]).
Conversations des femmes à la cuisine du comité local.
« Cet Hitler-là, c'est un véritable antéchrist. Et nous qui disions avant que les communistes étaient des antéchrists[2]. »
Transvolga. Poussière. Steppe brune. Couleuvres écrasées sur les routes. Linottes. Chameaux. Cri des chameaux. Et voilà le soleil dans une pâle fumée brumeuse, la fumée emplit la moitié du ciel, c'est la fumée de Stalingrad...

Le bombardement de Stalingrad le 23 août avait mis le feu aux réservoirs de pétrole, et les colonnes de fumée noire, qui continuèrent de s'élever durant des jours et des jours, étaient visibles de loin tout autour de la ville.

1. Général (devenu plus tard maréchal) Aleksandr Mikhaïlovitch Vassilievski (1895-1977), fils d'un prêtre, qui servit comme officier dans l'armée tsariste durant la Première Guerre mondiale. Planificateur et officier d'état-major doué de qualités exceptionnelles, il échappa aux purges en dépit de ses origines bourgeoises. Il faisait partie de l'état-major de Molotov lors de la vaine tentative de sauver le pacte germano-soviétique que fut la visite à Berlin de novembre 1940. Quand les Allemands avancèrent sur Moscou, Vassilievski devint, avec Joukov, l'un des premiers conseillers de Staline et représenta la Stavka dans les endroits critiques, comme Stalingrad à la fin du mois d'août 1942.

* Littéralement le Zavoljié, l'« outre-Volga », c'est-à-dire la région située sur l'autre rive, orientale, du fleuve.

2. Des remarques naïves de ce genre pouvaient, si elles étaient rapportées par un indicateur, conduire à plusieurs années de goulag, comme cela apparaît clairement dans les rapports du Comité de défense de Stalingrad.

« Un avion [allemand] ! » Tous restent assis.
« Il fait demi-tour ! » Tous courent hors de l'isba dans la rue et regardent en l'air.

Le vieux chez lequel nous avons passé la nuit. « J'ai à la guerre quatre fils, quatre gendres, et quatre petits-fils. Un fils est cuit. Ils m'ont avisé du décès. »

La qualité de cœur des gens de notre peuple.
Je ne sais pas qui pourrait avoir la force de supporter un tel fardeau.
Tragique de ces villages vides.
On fait monter en voiture de petites jeunes filles pour les emmener, elles pleurent, et leurs mères pleurent : l'armée leur prend leurs filles.
Une vieille femme va et vient pour surveiller la nuit les granges du kolkhoze, avec en guise d'arme un manche de poêle. Quand quelqu'un s'approche, elle crie : « Halte, qui va là ? Je vais tirer ! »

Une fois encore, regardant par-delà la steppe de la Volga en direction du Kazakhstan, Grossman est frappé par l'immensité du pays. Et pourtant cette taille même, cette profondeur de l'Union soviétique ne semblent plus suffire à être la défense qu'elles semblaient constituer naguère.

Cette guerre sur la frontière avec le Kazakhstan, sur le cours inférieur de la Volga, fait l'impression terrible d'un couteau profondément enfoncé dans le corps.
Le général Gordov[1] était à la tête du district militaire de la région de la Volga. Il a combattu en Biélorussie occidentale, il commande actuellement sur la Volga. La guerre a lieu là.

Grossman arriva finalement à destination au moment où la 6e armée allemande ainsi qu'une partie de la 4e armée blindée s'approchaient des banlieues nord, ouest et sud.

Stalingrad a brûlé. Il y aurait eu trop à écrire. Stalingrad a brûlé, brûlé... Stalingrad !

1. Le général Vassili Nikolaïevitch Gordov (1896-1950), qui commandait la 64e armée durant la retraite au-delà du Don, fut commandant en chef du front de Stalingrad pour un laps de temps très court avant d'être remplacé par le général Eremenko. Arrêté en 1947 durant la Seconde Terreur, il fut exécuté pour trahison en 1950.

La ville est morte. Les gens sont dans les caves. Tout est calciné. Les murs brûlants des maisons sont comme les corps de défunts morts dans une chaleur effroyable et qui n'auraient pas eu le temps de refroidir.

Des bâtisses énormes, des monuments, des squares. Des inscriptions : « Passage pour piétons ». Des amas de fils électriques, un chat assoupi sur une fenêtre, des plantes dans des vasques. Au milieu de milliers de colosses de pierre calcinés et à demi détruits se dresse miraculeusement un pavillon en bois, un kiosque où l'on vendait de l'eau gazeuse. C'est comme Pompéi, frappée de destruction un jour où la vie battait son plein. Des tramways, des voitures sans leurs vitres. Des maisons brûlées avec leurs plaques commémoratives : « En ce lieu, I. V. Staline a pris la parole en 1919[1]. » Le bâtiment d'un hôpital pour enfants, surmonté d'un oiseau en plâtre qui a une aile cassée et l'autre déployée pour l'envol. Le Palais de la culture est une bâtisse noire couverte d'un voile velouté de suie sur le fond duquel se détachent deux personnages nus d'une blancheur de neige.

Des enfants errent, beaucoup sont à moitié fous, beaucoup de visages rient.

Coucher de soleil sur une place. Beauté terrible et étrange : un ciel d'un rose tendre apparaît au travers de milliers et de dizaines de milliers d'embrasures vides et de toits absents. Une immense affiche vilainement bariolée : « La voie de lumière ».

Sentiment de sérénité comme après de longs tourments. La ville est morte, à la manière du visage d'un défunt qui est passé par une douloureuse maladie et qui a trouvé le repos dans un sommeil éternel.

Et à nouveau les bombardements, les bombardements d'une ville déjà morte.

Bien que la plupart des hommes eussent été rappelés pour servir ailleurs que dans la ville, la population civile de Stalingrad s'était accrue de réfugiés venus de la steppe du Don. Grossman s'efforça de recueillir les témoignages de quelques-uns d'entre eux, notamment une vieille femme, ainsi qu'une autre, plus jeune, appelée Roubtseva, qui venait d'une ferme collective.

1. La ville de Tsaritsyne avait été rebaptisée Stalingrad en l'honneur de la résistance, largement exagérée, que Staline avait organisée contre une force en maraude de Cosaques blancs durant la guerre civile russe.

« Où est votre mari ?
– Ne posez pas cette question, murmure Serioja, son petit garçon. Ne faites pas de peine à maman.
– Il a combattu plus qu'à son tour, répond-elle, en février, on l'a tué. » (Ils avaient envoyé un avis.)
Son récit à propos de lâches : « Un Allemand piquait droit au sol, comme une lance. C'était le bon moment pour l'abattre, mais tous nos héros s'étaient couchés dans les hautes herbes. "Hé, vous, espèces de ... !" je leur crie.
« On conduisait un prisonnier à travers le village, je lui demande : "Quand as-tu commencé à te battre ? – En janvier. – Bon, alors tu as tué mon mari", je lève la main sur lui, mais la sentinelle ne me laisse pas faire. "Laisse-moi, je lui dis, je vais le bousculer un coup", et la sentinelle : "C'est pas prévu par le règlement. – Laisse-moi, je dis, je vais le bousculer un coup en me passant du règlement et je m'en irai." Il ne m'a pas laissée faire.
« On peut vivre sous les Allemands, bien sûr, mais pour moi, ça ne serait pas une vie. Depuis qu'on a tué mon mari, je n'ai plus que mon seul Serioja. Sous le pouvoir soviétique, je le verrai devenir quelqu'un, mais avec les Allemands, il serait condamné à mourir berger.
« Les blessés nous volent des tas de choses, on en a plein le dos. Ils ont déterré toutes les pommes de terre, arraché les tomates, les courges, ils les ont toutes nettoyées et nous, maintenant, on n'aura pas de quoi manger cet hiver. Ils piquent tout dans les maisons : châles, serviettes, couvertures. Ils ont égorgé une chèvre, mais ça ne fait rien, on a pitié d'eux : il y en a un qui vient, il pleure, on lui donne notre part du dîner et on pleure soi-même. »
La vieille femme : « Ils les ont laissés, ces idiots, s'avancer profond jusqu'à la Volga, ils leur ont donné la moitié de la Russie. C'est clair. Ils ont à leur disposition une masse d'engins. »

Lors de sa visite à Traktorny, les grandes usines de tracteurs du nord de Stalingrad, Grossman entendit parler de l'attaque, le 23 août, de la 16e division blindée par quelqu'un dont le nom pouvait prêter à confusion, le lieutenant-colonel Guerman, qui commandait le régiment de défense antiaérienne.

Le 23 au soir, environ quatre-vingts chars allemands en deux colonnes, ainsi qu'un grand nombre de camions avec de l'infanterie motorisée s'avancèrent sur Traktorny. Chez Guerman [dans son régiment], il y avait beaucoup de filles, qui s'occupaient de divers instruments, de la mesure des distances, des vues stéréosco-

La mère de Grossman (photographie de son passeport).

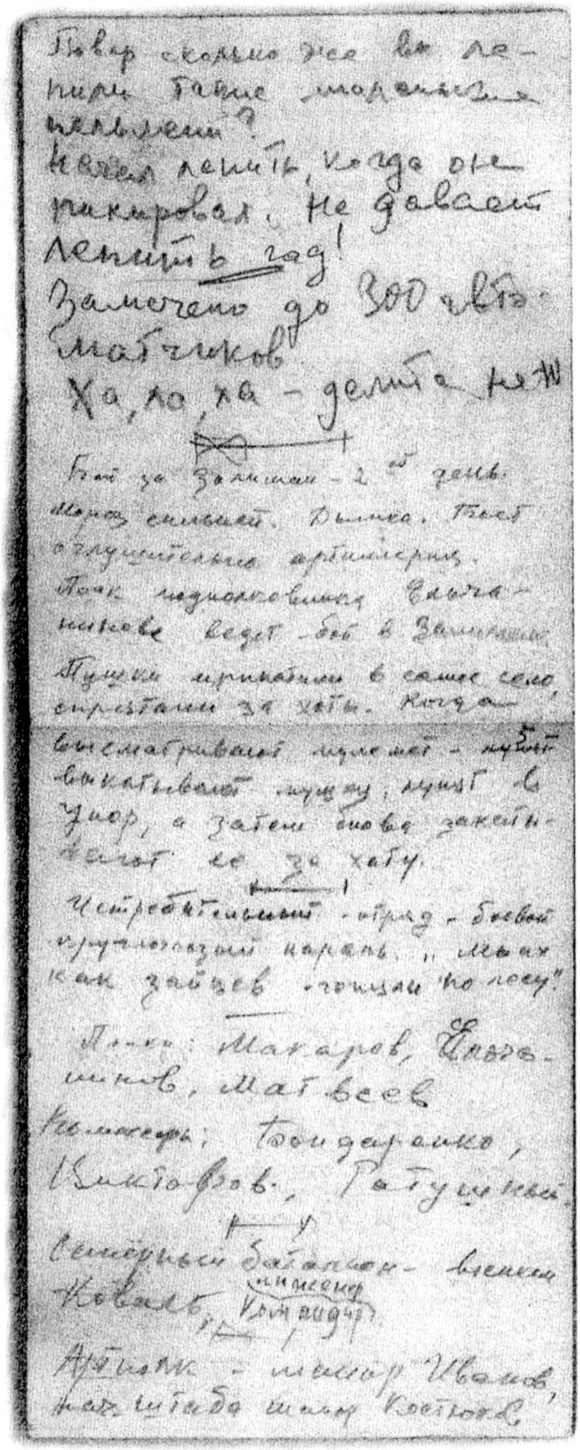

Une page d'un des nombreux carnets de Grossman.

Les citoyens soviétiques attendent des nouvelles de la guerre,
mais les journaux sont peu fiables en 1941.

Ukrainiennes ramenant les corps des hommes de leur famille.

Un soldat avec une vieille femme dans un village libéré des environs de Moscou. L'occupation a duré près de deux mois.

Concert improvisé par des soldats.

L'écrivain à la guerre.

Des citoyens soviétiques
écoutent Molotov annoncer
l'invasion allemande,
22 juin 1941.

Grossman s'envole pour la première fois, aérodrome de Ziabrovski, près de Gomel, août 1941.

Pendant la terrible retraite de 1941, les soldats de l'Armée rouge ont parcouru des centaines de kilomètres à pied.

Le Palais de la Culture à Stalingrad, décrit par Grossman.

Grossman sur la rive de la Volga en compagnie de Kolomeïtsev,
un autre correspondant. On voit à l'arrière-plan les citernes de pétrole en feu.

Au Q G du front de Stalingrad, Ortenberg (au centre) et Konstantin Simonov (à droite) envoient des dépêches à Moscou, septembre 1942.

Grossman et Vyssokoostrovski (au centre) à Stalingrad, septembre 1942.

Les servants de mortier et d'obusier, tel ce soldat portant un calot, recevaient parfois de leurs commandants des ordres de faire feu fantasques. En entrant dans Berlin, ils entendirent ainsi : « Sur le repaire de la bête fasciste, feu ! »

Avec la brigade blindée de Khassine, Grossman parle à un vieux paysan décoré de la croix de Saint-Georges pendant la Première Guerre mondiale.

Le genre de soldat de l'Armée rouge dont Grossman évoqua le courage et la détermination dans *Le peuple est immortel*.

Des soldats lisent des lettres de leurs familles pliées en triangles ; en bas à droite, un exemplaire de *Krasnaïa Zvezda*.

Levkine (à gauche), Koroteev (centre droit) et Grossman (à droite) parlent avec des civils, octobre 1942.

Les Soviétiques prêts pour l'opération Uranus autour de Stalingrad, novembre 1942.

Grossman lit le journal. Il vérifie peut-être un de ses articles parus dans *Krasnaïa Zvezda*. Le chameau à l'arrière-plan pourrait-être le célèbre Kouznetchik qui accompagna la 308e division de fusiliers de Stalingrad à Berlin.

piques, du renseignement. Il y eut au même moment une attaque aérienne massive. Une partie des batteries tira sur les chars, une autre sur les avions. Lorsque les chars furent très près de la batterie du lieutenant Skakoun, celui-ci entreprit de leur tirer dessus. Des avions vinrent l'attaquer. Il ordonna à deux canons de tirer sur les chars et à deux autres de tirer sur les avions. Il n'y avait aucune communication possible avec la batterie. « Bon, ils sont couverts* ! » dit Guerman. Tonnerre assourdissant. Et de nouveau le silence. « Cette fois, ils sont vraiment couverts ! » Un tir, à nouveau. Ce n'est que le 24 au soir que revinrent quatre hommes qui avaient réussi à sortir sur une bâche Skakoun très grièvement blessé. Les filles étaient mortes à leur poste.

La batterie de Golfman se battit durant quarante-huit heures avec une arme allemande. « Qui êtes-vous, des fantassins ou des artilleurs ? – Les deux à la fois. »

Des deux côtés on utilisait des armes et des véhicules pris à l'ennemi, ce qui était la cause d'une confusion extrême.

La brigade blindée légère du lieutenant-colonel Gorelik était au repos dans le secteur de Traktorny. Soudain des tanks firent irruption. « Les Allemands ! »

« Les Allemands ? » Rapide enquête. Le tank de tête dans cette colonne allemande était notre KV[1].

Les hommes de la défense antiaérienne avaient reçu l'ordre de battre en retraite, mais ils étaient dans l'impossibilité de retirer leurs canons. Alors beaucoup restèrent sur place. Le commandant de l'équipe de tir, le lieutenant Troukhanov, resta à son poste, il tira jusqu'à l'épuisement, agissant en lieu et place des servants, descendit un tank et trouva la mort.

La brigade de Gorelik. Les hommes ne comprennent pas l'importance des événements du 23 août. Mais ils sont ulcérés du manque d'attention à leur égard : on ne leur a pas décerné de médailles, et au commandant de la brigade, qui a attrapé la typhoïde, on a retiré sa voiture de fonction.

Sarkissian. Il n'est pas allé le dimanche à Stalingrad, pour la bonne raison qu'il avait une bonne amie au village et qu'on devait apporter de la bière. Comme un bout de ferraille imprévu, il est venu se coincer dans l'engrenage du plan militaire allemand. Peut-être bien

* Voir note p. 126.

1. Le tank soviétique standard en 1942 était le T-34, un tank moyen, mais il y avait encore nombre de tanks lourds de type KV en service.

qu'à cause de lui Hitler n'a pas dormi pendant plusieurs nuits : le rythme était brisé ! Or le rythme est tout ou presque.

Grossman fait sans doute allusion à la bataille menée le 23 et le 24 par le capitaine Sarkissian et d'autres équipes de canons antiaériens. Y ont également participé des jeunes femmes dont beaucoup étaient étudiantes à Stalingrad. Faisant preuve d'un courage étonnant, les combattants résistèrent à la 16e division blindée jusqu'à ce que les trente-sept emplacements soient détruits par le feu des chars. Sarkissian, tout comme le colonel Guerman, relata le combat à Grossman, en insistant sur le fait que « les filles avaient refusé de descendre dans leurs bunkers » et avaient combattu les blindés de front. Mais le vrai problème auquel était confronté le 14e corps de blindés du général von Wietersheim était le manque de carburant.

S'appuyant sur une combinaison de ses propres observations et des remarques de ceux qu'il avait interrogés, Grossman écrivit par la suite une description très pittoresque de la retraite à la fin du mois d'août, depuis le Don jusqu'à la Volga, quand les états-majors des 62e et 64e armées qui battaient en retraite atteignirent Stalingrad.

> Ce furent des jours difficiles, terribles... Les armées reculaient. Les hommes avaient un air sombre. La poussière couvrait leurs vêtements, leurs armes, la poussière était là sur la bouche des armes, sur la bâche qui recouvrait les caisses qui contenaient les papiers de l'état-major, sur les capots noirs laqués des machines à écrire, sur les valises, les sacs, les fusils entassés pêle-mêle sur les camions. Une poussière sèche gagnait les narines et la gorge. Les lèvres ainsi desséchées se couvraient de crevasses.
>
> C'était là une poussière terrible, la poussière de la retraite. Elle rongeait la confiance, elle éteignait le feu du cœur, elle installait le trouble devant les yeux du pointeur comme du tireur. Il y avait des instants où les hommes oubliaient leur devoir, leur force à eux, leur arme, et où ils étaient envahis d'un sentiment confus.
>
> Les chars allemands circulaient en vrombissant sur les chemins. Au-dessus des endroits où on traverse le Don, nuit et jour, voltigeaient des avions piqueurs, et des « Messer » passaient dans un sifflement au-dessus des convois.
>
> Fumée, feu, poussière, une étouffante chaleur de mort. Et les hommes avaient parfois l'impression qu'il n'y avait pas dans cet air brûlant l'oxygène que recherchaient leurs lèvres desséchées,

qu'ils allaient étouffer dans la poussière grise et sèche. Oui, en ces jours-là, les visages des combattants en marche étaient aussi livides que les visages des blessés qui étaient étendus dans les camions cahotants d'une tonne et demie.

En ces jours-là, ceux qui marchaient avec leur arme avaient envie de gémir et de se plaindre, tout comme ceux qui gisaient dans leurs bandages ensanglantés sur la paille des villages dans l'attente de véhicules sanitaires. La grande armée d'un grand peuple battait en retraite. Les premiers convois de l'armée en retraite étaient entrés dans Stalingrad. Dans les rues élégantes de la ville, devant les vitrines de magasins, devant les kiosques peints en bleu où l'on vendait de l'eau gazeuse et du sirop, devant les librairies et les magasins de jouets passaient des camions avec des blessés au visage grisâtre, des voitures du front aux ailes toutes froissées, aux carrosseries trouées par les balles et les éclats, de petites emkas des états-majors aux pare-brise constellés de fêlures, des voitures dont pendaient des touffes de foin et d'herbes hautes de la steppe et qui étaient couvertes de la poussière et de la boue des routes en guerre. Et le souffle de la guerre avait brûlé la ville, il y avait pénétré.

Mais il faut le dire bien franchement : en ce moment de grande angoisse, alors que le grondement de la bataille parvenait jusque dans les faubourgs de Stalingrad, alors que, la nuit, on voyait l'éclair lointain des fusées et que les faisceaux bleutés des projecteurs balayaient le ciel, alors qu'apparaissaient dans les rues de la ville les premiers véhicules criblés d'éclats d'obus, qui transportaient les blessés et les affaires des états-majors qui battaient en retraite, alors que dans les journaux les articles de une parlaient d'un danger mortel qui menaçait le pays, dans bien des cœurs avait surgi un sentiment de terreur. Bien des yeux regardaient au-delà de la Volga.

Et ces hommes avaient l'impression que ce n'était pas à eux de défendre la Volga, mais à la Volga de les défendre. Ces visages en disaient beaucoup sur l'évacuation, les transports, les bateaux qui allaient vers Saratov et vers Astrakhan ; ils se souciaient, semblait-il, du destin de la ville, mais, sans le vouloir, par leur inquiétude et leurs angoisses, ils rendaient difficile la défense de la ville et souscrivaient tacitement à la nécessité de livrer Stalingrad.

Chapitre 14

LES COMBATS DE SEPTEMBRE

Stalingrad s'étire sur une quarantaine de kilomètres le long de la rive occidentale de l'imposante Volga. Après le déferlement du 14e corps blindé sur la partie nord de la ville, le 23 août, l'avancée de la 6e armée ralentit considérablement. Soumise à une formidable pression due à la nervosité de Staline, la Stavka ordonna de lancer des attaques depuis la steppe contre le flanc gauche du 14e corps blindé. Précipitées, mal préparées, elles aboutirent à de terribles pertes en hommes et en matériel, mais elles rendirent Paulus prudent, écartèrent la Luftwaffe de la ville et donnèrent à la Stavka le temps d'envoyer des renforts.

Au sud-ouest, une partie de la 4e armée blindée du général Hoth marchait inexorablement sur Stalingrad, même si Eremenko avait concentré la plupart de ses forces dans cette direction. Le « membre du Conseil militaire » d'Eremenko, c'est-à-dire l'officier politique principal, n'était autre que Nikita Khrouchtchev [1], chargé de l'évacuation d'Ukraine de l'industrie

1. Khrouchtchev, Nikita Sergueïevitch (1894-1971). Commissaire du peuple pendant la guerre civile, il gagna en influence en soutenant Staline contre Trotski. Il supervisa une grande partie de la construction du métro de Moscou et joua un rôle de tout premier plan dans la destruction de l'intelligentsia ukrainienne pendant la Grande Terreur. En 1939, il prit la tête du Parti communiste en Ukraine et, en 1941, organisa l'évacuation des usines de l'Est devant l'avancée allemande. Après la mort de Staline en 1953, il prit part à l'éviction de Beria puis s'imposa progressivement à la tête du Parti. En 1956, il dénonça les crimes de Staline au cours du XXe Congrès,

soviétique. Plus tard, Grossman traversera la Volga pour rendre visite à Eremenko et Khrouchtchev au nouveau quartier général du front de Stalingrad.

Épuisés, démoralisés, les restes de la 62e et de la 64e armée avaient quitté les steppes du Don pour se replier sur la ville proprement dite. Vers le 12 septembre, le périmètre défensif de la 62e armée se limitait à trois kilomètres de profondeur à la pointe la plus méridionale de la ville et de quinze kilomètres à la limite de sa banlieue nord. À la fin du mois, il se réduisait à une bande au nord de la ville d'une vingtaine de kilomètres de long et de un à cinq kilomètres de profondeur.

Sans journal de sa part, on ne peut suivre avec précision les mouvements de Grossman. On peut toutefois déduire de ses carnets qu'il devait être en cantonnement à Doubovka, sur la rive occidentale de la Volga, à moins de quarante kilomètres en amont de la partie nord de Stalingrad. Escarpée, parfois même marquée de petites falaises, la rive en question dominait la partie orientale, plus plate. L'idée même de voir les envahisseurs allemands atteindre la Volga, le « cœur de la Russie », contribuait beaucoup à une sorte de défaitisme que Grossman perçut lors de nombreuses conversations.

> On ne peut pas reculer au-delà. Chaque pas en arrière est un malheur terrible et peut-être irréparable. La population des villages proches de la Volga est pénétrée de ce sentiment, qui habite également les armées qui défendent la Volga et Stalingrad.
> Regarder le plus beau des fleuves procurait à la fois joie et amertume. Des bateaux repeints en gris-vert et camouflés par des branches mortes étaient amarrés aux appontements. Une fumée légère s'élevait discrètement au-dessus de leurs cheminées... Partout, jusqu'à la rive même, étaient creusés des tranchées, des casemates, des fossés antichars. La guerre est arrivée jusqu'à la Volga.
>
> Nous vivons dans la maison d'une « dékoulakisée* ». L'ancienne propriétaire a surgi de nulle part. Elle nous observe jour et nuit sans dire un mot. Elle attend. Et nous vivons ainsi sous son regard.

---

mais ses tentatives de libéralisation ne s'inscrivaient pas dans la logique de ses autres actions, telle la répression du soulèvement hongrois de 1956.

* Un ancien paysan riche et propriétaire de ses terres (koulak) dont les biens avaient été repris par l'État au moment de la collectivisation.

Une vieille femme a passé toute la nuit dans un trou. Tout Doubovka est dans des trous. Dans le ciel vole une *kerossinka*[1], elle ferraille, allume des chandelles[2] et lance de petites bombes.
« Où est la grand-mère ?
– La grand-mère est dans la tranchée, dit en riant un vieil homme, elle sort la tête, comme une musaraigne[3], et puis elle la rentre.
– C'est la fin pour nous. Il [Hitler] est arrivé, le voyou, jusqu'aux fondements de notre terre. »
Sur la steppe, un soldat armé d'un fusil antichar pousse un énorme troupeau de moutons.

Dans la description suivante, Grossman semble se trouver assez près de la partie nord de la ville, non loin du quartier de Rynok, dont les parcs et les parcelles riches en fruits presque mûrs apparaissaient comme un petit jardin d'Éden aux hommes de la 16e division blindée qui avaient passé les trois mois précédents à traverser la steppe écrasée de soleil.

Durant toute la nuit, des avions vrombissent au-dessus de nos têtes. Le ciel gronde jour et nuit, comme si on était sous le tablier d'un pont énorme. Ce pont est bleu clair le jour, bleu sombre la nuit, très arqué, dans les étoiles, et sur ce pont des colonnes de camions de cinq tonnes passent avec fracas.
Les positions de feu sont au-dessus de la Volga, dans une ancienne maison de repos.
Ravin abrupt. Fleuve bleu foncé, rose, comme une mer.
Des vignes, des peupliers. Les batteries sont camouflées avec des feuilles de vigne. Il y a des banquettes pour ceux qui sont au repos. Sur un banc, un lieutenant, avec une table devant lui. Il crie : « Batterie... feu ! »

1. *Kerossinka* (« lampe à pétrole » ou « Primus ») était le surnom donné à un biplan aux ailes en toile, le Polikarpov U-2. Conçu pour la formation des pilotes, il servait aussi à la pulvérisation de pesticide. Le nom de *kerossinka* vient de ce qu'il pouvait prendre feu en un rien de temps. À Stalingrad, ces appareils étaient souvent confiés à des jeunes femmes entre dix-huit et vingt ans. Elles franchissaient les lignes ennemies pendant la nuit, coupaient le moteur et lâchaient de petites bombes sur les Allemands. Ces bombes étaient inefficaces mais la tactique terrorisait l'ennemi. Ils appelaient ces avions « moulins à café » et leurs pilotes « sorcières de la nuit ».

2. Cela signifie probablement que le pilote lançait une fusée de reconnaissance pour que les hommes de l'Armée rouge ne leur tirent pas dessus.

3. Le texte original la compare à un *souslik*, qui est une sorte de petit écureuil vivant dans la steppe.

Au-delà, c'est la steppe : de la Volga émane la fraîcheur, tandis que la steppe sent la chaleur. Dans l'air il y a des Messer. La sentinelle crie : « Air ! », et l'air est pur, tantôt chaud, tantôt frais, et sent l'absinthe.
Sur la berge même, au bord de l'eau, avancent des blessés dans leurs pansements ensanglantés. Juste au-dessus de la Volga que le soir rosit, des hommes nus sont assis et écrasent les poux dans leur linge. Les engins de traction rugissent et crissent sur les galets de la berge.
Et puis après, les étoiles, la nuit avec la seule tache blanche d'une église, là-bas en Transvolga.

Matin clair et frais à Doubovka. Explosion, bruit de verre, plâtre, poussière, obscurité dans l'air. Sur la Volga, des cris, des pleurs. Une bombe allemande a tué des femmes et des enfants, sept. Une jeune fille en robe jaune vif crie : « Maman ! Maman !... »
Un homme hurle comme une femme, son épouse a eu le bras arraché. Elle parle calmement, comme endormie. Un éclat d'obus a atteint le ventre d'une femme malade du typhus. Elle n'est pas encore morte. Des charrettes passent, d'où le sang goutte. Et les cris, les pleurs sur la Volga.

Grossman obtint la permission de franchir la Volga depuis sa partie est, sa rive gauche, pour se rendre sur la rive occidentale dans la ville dévastée. Les points de passage étaient soumis au strict contrôle des hommes de la 10e division de fusiliers du NKVD, chargés d'arrêter les déserteurs et d'empêcher les civils de fuir la ville. Staline sentait que leur présence obligerait les troupes soviétiques à la défendre plus ardemment. Grossman était accompagné de Kapoustianski, autre correspondant de *Krasnaïa Zvezda*. La traversée de la Volga représentait un danger parce que la Luftwaffe ne cessait de prendre pour cible les points de passage.

Traversée terrible. Peur intense. Le bac est plein de voitures, de charrettes, de gens par centaines, serrés les uns contre les autres, et il reste coincé ; de très haut, un Ju-88 a largué une bombe. Une énorme colonne d'eau, toute droite, blanc bleuté. Sentiment de terreur. Dans le bac, il n'y a pas une seule mitrailleuse, pas un canon antiaérien. La tranquille et claire Volga paraît effrayante, comme un échafaud.

La ville de Stalingrad, dans les derniers jours d'août et le début de septembre après l'incendie. La traversée pour Stalingrad. Au départ, pour nous donner du courage, nous avons bu, au sovkhoze sur la rive gauche, une grande quantité de vin de pomme.
Au-dessus de la Volga hurlent des Messer. La Volga est dans le brouillard et la fumée, on fait brûler sans cesse des fumigènes pour camoufler la traversée.
La ville incendiée, morte. La place des Combattants tombés. Des inscriptions sur les monuments : « Le prolétariat de Tsaritsyne la rouge aux combattants pour la liberté, morts en 1919 des mains des bourreaux de Wrangel. »
Dans l'entrée d'une maison brûlée, sur un amas d'affaires diverses, les habitants mangent du *chtchi*[1]. Un livre traîne là, *Humiliés et offensés*[2]. Kapoustianski a dit à ces gens : « Vous aussi, vous êtes humiliés et offensés. »
Une jeune fille : « Nous sommes offensés, mais pas humiliés. »

Les deux correspondants dépassèrent la limite occidentale de Stalingrad, où le flanc droit de la 6e armée de Paulus établissait une jonction avec la 4e armée blindée de Hoth venue du sud-ouest. Là, les neuf divisions allemandes l'emportaient par le nombre sur les quarante mille soldats soviétiques épuisés des 64e et 62e armées qui se repliaient sur la ville.

Varaponovo, où l'on voit les vieilles tranchées, envahies d'herbes folles, où se sont déroulés les combats les plus sanglants de la guerre civile. Et c'est ici, une fois de plus, que la pression de l'ennemi se fait la plus pénible.

Grossman et Kapoustianski semblent cependant avoir passé en ville la majeure partie de leur visite. Ils entendirent parler des premiers bataillons ouvriers levés dans les diverses usines de la ville et soumis au commandement du général Saraev de la 10e division de fusiliers du NKVD. Le choc des combats s'avérait trop brutal pour nombre d'entre eux, de sorte que les détachements d'interception du NKVD et du Komsomol avaient pour mission d'empêcher leur fuite. Des officiers politiques rapportèrent aux correspondants des exemples montrant la détermination de leurs hommes.

1. Soupe au chou russe traditionnelle.
2. *Humiliés et Offensés*, Fiodor Dostoïevski, 1861.

Un soldat en a abattu un autre qui emportait un blessé et avait levé les mains en l'air devant l'ennemi. Après quoi ce soldat a sorti lui-même le blessé abandonné. Son père lui avait donné, en lui disant adieu, une serviette que sa mère avait brodée durant leurs fiançailles, ainsi que les quatre croix dont il avait été décoré lors de la Première Guerre.

De nuit à Stalingrad. Près du point de franchissement attendent des voitures. Il fait noir. Au loin, on voit les flammes d'incendies. Les renforts qui ont traversé la Volga escaladent la rive, non sans peine. Deux soldats passent près de nous et j'entends l'un des deux dire : « Les légers*, ils sont pressés de vivre[1]. »

Grossman utilisa une partie de ces notes pour l'article publié le 6 septembre dans *Krasnaïa Zvezda.*

Nous sommes arrivés à Stalingrad immédiatement après un raid aérien. Çà et là, des foyers d'incendie fument encore. Le camarade qui est arrivé avec nous, qui est de Stalingrad, nous montre sa maison qui a brûlé. « Ici, c'était la chambre d'enfants, dit-il, et ici il y avait ma bibliothèque, et le coin, là-bas, où il y a les tuyaux tordus, était l'endroit où je travaillais, c'est là qu'était mon bureau. » De dessous l'amoncellement de briques, surgissent les carcasses déformées de lits d'enfants. Les murs de la maison sont encore chauds, comme le corps d'un défunt qui n'a pas eu le temps de refroidir.

Les murs et la colonnade du Palais de la culture physique sont couverts de la suie de l'incendie et sur ce fond d'un noir velouté se détachent, aveuglantes de blancheur, deux statues de jeunes gens nus. Sur le rebord des fenêtres des maisons vides sommeillent des chats sibériens au poil luisant. Près du monument de Kholzounov, de jeunes garçons ramassent des éclats de bombes et d'obus antiaériens. À cette heure vespérale et paisible, une grande tristesse émane de la beauté rose du coucher de soleil au travers des centaines de fenêtres sans vitres.

Les gens se sont très vite habitués à la guerre. Sur le bac qui transporte les troupes vers la ville s'abattent à tout moment des chasseurs et des bombardiers ennemis. Les salves de mitrailleuses grondent, les défenses antiaériennes frappent, et les matelots, tout

* Le mot russe *(legkari)* désigne non seulement un état d'esprit, mais également les conducteurs de voiture légère.

1. Cela signifie qu'ils profitaient au maximum de la vie tant qu'ils en avaient encore la possibilité.

en gardant l'œil sur le ciel, mangent des morceaux de pastèque juteuse, un gamin qui laisse pendre ses jambes du bac suit attentivement la façon dont flotte le bouchon de sa ligne, une femme d'un certain âge, assise sur un banc, tricote un bas.

Nous pénétrons dans l'entrée d'une maison démolie. Les habitants déjeunent sur des tables faites de planches et de caisses, les enfants soufflent sur des écuelles pleines de soupe au chou.

Les autorités militaires soviétiques pensaient que la seule façon de sauver Stalingrad consistait à attaquer sans relâche le flanc nord du 14e corps blindé, mais les trois armées d'infanterie impliquées (1re armée de la garde, 24e et 66e armées) avaient peu de chances d'y parvenir bien que supérieures en nombre. À court de munitions, elles n'avaient presque plus d'artillerie et étaient surtout constituées de réservistes.

Les ordres insensés de Staline d'aller de l'avant débouchaient sur le chaos le plus total. Dans la confusion, des divisions quittèrent la tête de ligne de Frolovo, au nord de la courbe du Don, et marchèrent sans savoir ni dans quelle direction aller, ni qui elles devaient retrouver. La Luftwaffe les mitrailla et les bombarda dans la steppe tandis que la supériorité des équipages des blindés allemands rendait la lutte inégale. À Doubovka, Grossman se trouvait non loin du site de ces redoutables attaques[1].

Des divisions en marche. Les visages des hommes. Des ingénieurs et des techniciens, l'artillerie, les chars. En marche jour et nuit. Des visages, encore des visages, leur sérieux, des visages de morts.

Le prolétaire du Donbass Liakhov, soldat du bataillon d'infanterie motorisée de la brigade de chars, a écrit au commandement avant l'attaque : « Transmettez au camarade Staline que je donnerai ma vie pour la patrie, pour lui, et que je ne le regretterai pas le moins du monde. Si je disposais de cinq vies, je les donnerais sans hésiter toutes les cinq pour lui, tellement cet homme m'est précieux. »

Grossman s'intéressait aux récriminations quotidiennes des soldats. Dans l'exemple suivant, un homme parle de la steppe, où les pilotes de la Luftwaffe repéraient facilement les roulantes, puis il évoque cette autre grande préoccupation, les bottes.

1. Le début de ce carnet, intitulé « Nord-ouest de Stalingrad, septembre 1942 », a été perdu ou détruit.

« La plupart des soldats tués l'ont été à cause des cuisines. Les caporaux restent à attendre près des cuisines, [sinon,] le temps de recevoir la nourriture, elle est déjà gâtée.
« J'ai eu tellement mal à cause de mes chaussures, je marchais avec des ampoules qui saignaient. Je les ai prises sur un mort, elles étaient intactes, mais trop petites. »

« Nous, les jeunes, nous ne pensons pas à la maison, ce sont les plus âgés... Le caporal de la 4e compagnie Romanov nous a conduits sur le champ de bataille. Nous, les jeunes, qui avons été bien élevés, nous comprenons bien, nous supportons, mais les plus âgés sont d'une humeur tout à fait exécrable. »

Grossman s'intéressa particulièrement à un soldat de l'Armée rouge, Gromov, un fusilier antichar qui, du haut de ses trente-huit ans, devait passer pour un ancien aux yeux des jeunes conscrits. Selon Ortenberg, Grossman passa une semaine avec l'unité antichar. « Ce n'était plus un étranger dans leur famille », écrivit-il. Ortenberg revendiqua l'honneur de lui avoir donné l'idée d'écrire sur Gromov parce que le portrait qu'en fit Grossman fut salué comme un chef-d'œuvre, en particulier par Ilia Ehrenbourg. Voici les notes de Grossman à propos de ce qu'il appela l'histoire de Gromov :

« Quand on met dans le mille, il y a une grande flamme sur le blindage, le coup vous assourdit terriblement, il n'y a plus qu'à ouvrir la bouche.
« J'étais couché. On a crié : "Ils arrivent !" Je les ai eus du deuxième coup. Les Allemands se sont mis à pousser des cris terribles, nous les entendions très bien. Ça nous a même réjoui l'âme. D'abord une petite fumée, puis un craquement et une flamme. Evtikhov a tiré sur un véhicule. Il a touché la caisse, et il fallait voir comment les Fritz se sont mis à crier...
« (Gromov a des yeux vert clair et un visage souffrant, mauvais.)
« Le numéro un porte un fusil, le numéro deux porte trente cartouches antichars, cent autres pour les fusils, deux grenades antichars et une carabine.
« Il [le fusil antichar] fait un de ces bruits... La terre en tremble.
« Chez nous aussi, les pertes principales viennent de ce que nous sommes amenés à porter nous-mêmes le petit déjeuner et le déjeuner. Il ne faut y aller soi-même que la nuit. La vaisselle n'est pas adaptée, il faudrait se procurer des seaux.
« La nuit nous étions couchés, et le jour c'était l'attaque. Les champs étaient plats comme une table. »

Ces notes où se trouvent incluses les paroles de Gromov seront retravaillées pour aboutir à l'article de *Krasnaïa Zvezda* qui impressionna tant Ehrenbourg et bien d'autres :

> Pendant la marche, le fusil [antichar] fait très mal à la clavicule et le bras s'ankylose. Sauter avec est incommode, marcher lorsque ça glisse est difficile, le poids de l'arme entrave le mouvement et empêche de conserver son équilibre.
> Le soldat antichar marche à grands pas lourds, en claudiquant légèrement d'une jambe, celle sur laquelle porte le poids du fusil.
> Il [Gromov] était tout entier envahi de la hargne d'un homme pas commode, que la guerre a arraché à son village natal, à son isba, à sa femme, à ses enfants, de la hargne d'un [saint] Thomas incrédule qui a vu de ses propres yeux l'immense malheur de son peuple... Devant les yeux et dans le dos des soldats antichars s'élevaient des murs de fumée blanc et noir, de poussière d'un jaune grisâtre. C'est ce que d'habitude on appelle « l'enfer »... Il était couché au fond d'une tranchée et l'enfer hurlait en milliers de voix, et Gromov sommeillait, allongeant ses jambes fatiguées ; un repos frugal et austère de soldat.
> « J'ai tiré dessus [un char] une deuxième fois. J'ai vu tout de suite que je l'avais touché, j'en ai eu le souffle coupé.
> « Un feu bleu est passé sur le blindage, rapide comme une étincelle. J'ai immédiatement compris que mon petit obus antichar avait pénétré à l'intérieur et donnait cette flamme bleue. Une petite fumée s'est élevée. À l'intérieur, les Allemands se sont mis à crier, ils ont crié très fort, de ma vie je n'avais entendu un tel cri, et puis on a entendu tout de suite un craquement à l'intérieur, ça craquait, ça craquait. C'était les cartouches qui explosaient. Ensuite ce fut une vraie flamme qui jaillit, elle montait droit vers le ciel. Il était cuit. »
>
> Le commandant du régiment Savinov, un superbe visage russe. Des yeux bleus, un hâle tirant sur le rouge. Sur son casque un impact de balle. Savinov : « Sous le choc de la balle, je suis devenu comme ivre. Je suis resté étendu, inconscient, pendant un quart d'heure. Les Allemands m'avaient fait boire jusqu'à l'ivresse. »

Les civils étaient également pris dans ce qui, pour les deux camps, passait pour la bataille clé de la guerre.

> Les espions. Un garçon de douze ans qui avait identifié les états-majors [allemands] d'après les fils, les coiffeurs, les cuisines, les messagers.

Une femme à laquelle les Allemands avaient dit : « Si tu n'y vas pas et ne reviens pas, nous fusillerons tes deux filles. »

Le caractère impitoyable des Soviétiques faisait écho à celui des Allemands quand il s'agissait de pousser les hommes à se battre.

Dans le décret n° 227 de Staline – « Plus un pas en arrière » –, une instruction voulait que le commandement de chaque armée organise « de trois à cinq détachements (de deux cents hommes chacun) », pour faire barrage, afin de former une seconde ligne destinée à « combattre la lâcheté » en abattant tout soldat qui tentait de fuir. Dans le quartier industriel du nord de Stalingrad, Grossman rencontra le colonel S. F. Gorokhov, alors commandant de la 124e brigade :

Après la septième attaque, Gorokhov a dit au commandant du détachement de barrage : « Bon, ça suffit comme ça de leur tirer dans le dos. Il est temps d'aller à l'attaque. » Il y est allé et a repoussé les Allemands.

La défense de Stalingrad était soumise à la discipline la plus rigoureuse. Quelque treize mille cinq cents soldats furent exécutés au cours des cinq mois que dura la bataille. Grossman entendit parler d'un « événement extraordinaire », terme officiel soviétique pour « trahison de la mère patrie », un crime à la définition plutôt floue.

Événement extraordinaire. Condamnation. Exécution. On l'a déshabillé, on l'a enterré. La nuit, il est revenu dans l'unité dans ses sous-vêtements ensanglantés. On l'a fusillé encore une fois.

Peut-être fait-il référence à un autre cas, mais c'est pratiquement ce qui se passa dans la 45e division de fusiliers [1], quand le peloton d'exécution du Département spécial du NKVD rattaché à la division ne parvint pas à tuer le condamné, peut-être parce que l'alcool affectait la vision des tireurs. Comme tant d'autres, ce soldat avait été condamné à mort pour automutila-

1. Le 1er mars 1943, en hommage au rôle qu'elle joua pendant la bataille de Stalingrad, la 45e division de fusiliers devint la 74e division de fusiliers de la garde. Jusqu'à la fin de la guerre, elle resta avec la 62e armée, plus tard 8e armée de la garde.

tion. Après avoir tiré, le peloton l'enterra dans un trou d'obus voisin, mais l'homme parvint à s'en sortir et regagna sa compagnie, où on « l'exécuta » une seconde fois. D'ordinaire, le prisonnier devait se déshabiller avant d'être fusillé pour que son uniforme donné à quelqu'un d'autre ne présente pas trop d'impacts de balles.

Un certain nombre de généraux soviétiques ne se gênaient pas pour rosser des subalternes, même assez gradés, en dépit du fait que frapper un officier ou un sous-officier constituait l'une des caractéristiques les plus honnies du régime tsariste.

> Conversation des colonels Chouba et Tarassov avec le commandant de l'armée :
> « "Quoi ?
> – Permettez-moi de répéter.
> – Quoi ?
> – Permettez-moi de répéter."
> « Il frappe Chouba en plein dans les dents.
> « Moi [apparemment Tarassov], je reste là au garde-à-vous, en rentrant la langue et en serrant les dents, sinon je risquerais en plus de me mordre la langue et de rester sans dents. »

À ce moment critique de la guerre, Grossman nota dans ses carnets un certain nombre d'anecdotes relatives à la bureaucratie militaire soviétique.

> 1. Histoire des avions qui trois jours d'affilée bombardèrent nos chars, et, durant ces trois jours, les télégrammes ont circulé d'une instance à l'autre, d'un échelon à l'autre.
>
> 2. On avait parachuté des vivres à une division qui s'était retrouvée encerclée. L'intendant ne voulait pas distribuer les vivres parce qu'il n'y avait personne pour signer le bordereau.
>
> 3. À un chef de mission de reconnaissance, on refuse de délivrer un demi-litre de vodka, on ne donne pas un morceau de soie d'une valeur de quatre-vingts roubles et cinquante kopecks.
>
> 4. Information sur les décollages. Demande de bombardement.
>
> 5. Un avion avait pris feu. Le pilote, pour sauver l'appareil, ne sauta pas et ramena l'avion en flammes jusqu'au terrain d'atterrissage. Il était déjà lui-même en feu et son pantalon brûlait sur lui. Les services d'intendance refusèrent de lui délivrer un nouveau

pantalon, en arguant du fait que le délai d'usure n'était pas expiré. La comédie se poursuivit plusieurs jours durant.

Comment un Ju-53 avec le plein de carburant brûlait dans le ciel clair du soir, les pilotes sautant avec leurs parachutes.

Staline devint fou de rage en apprenant le 3 septembre que Stalingrad était encerclée sur sa rive occidentale. Pour le général Eremenko, commandant en chef du front de Stalingrad, et Nikita Khrouchtchev, membre de son Conseil militaire et donc commissaire principal, la grande question consistait à savoir à qui devait incomber la responsabilité de défendre la ville proprement dite. Le candidat devrait reprendre en main une 62e armée éprouvée et démoralisée, coupée le 10 septembre de sa voisine au sud, la 64e armée.

Le lendemain, 11 septembre, le Q G d'Eremenko, installé dans un réseau de tunnels des gorges de la Tsaritsa, fut directement soumis au feu. Le rédacteur en chef de Grossman, Ortenberg, accompagné de l'écrivain Konstantin Simonov, y arriva ce jour-là. Ils parlèrent à un Khrouchtchev « sinistre », qui avait du mal à allumer une cigarette à cause du manque d'oxygène régnant dans les tunnels. Ortenberg et Simonov se réveillèrent au matin pour constater que le Q G avait été déserté pendant leur sommeil. Toujours d'une humeur exécrable, Staline avait dû accepter qu'Eremenko se retire du front de Stalingrad de l'autre côté de la Volga. Le général Vassili Tchouïkov, commandant sévère, voire impitoyable, reçut l'ordre de prendre la tête de la 62e armée en place sur la rive occidentale[1]. Grossman aura l'occasion d'interroger tous les acteurs.

Khrouchtchev est fatigué, grisonnant, les traits affaissés. Quelque chose entre Koutouzov et le bon papa Krylov.
Eremenko. Durant cette guerre-ci, il a été blessé sept fois.

1. Le général Vassili Ivanovitch Tchouïkov (1900-1982) commanda la 4e armée pendant l'invasion de la Pologne en 1939, puis la 9e armée au cours de la guerre russo-finlandaise. Entre 1940 et 1942, il fut attaché militaire en Chine. Après Stalingrad, sa 62e armée devint la 8e armée de la garde : il la commanda jusqu'à la victoire à Berlin et conduisit les négociations pour la reddition avec le général Hans Krebs. De 1949 à 1953, il fut commandant en chef des forces soviétiques en Allemagne de l'Est, et en 1960 et 1961, vice-ministre de la Défense.

Eremenko se vanta d'avoir choisi Tchouïkov.

> « Tchouïkov, c'est moi qui l'ai promu. Je savais qu'il ne cédait pas à la panique... Je connaissais Tchouïkov avant la guerre, je le rudoyais durant les manœuvres. "Je connais ta bravoure et je n'ai pas besoin de cette bravoure-là [lui ai-je dit]. Ne prends pas de décision à la légère, tu aimes ça." »

Selon Tchouïkov, l'entretien avec Eremenko et Khrouchtchev se déroula ainsi :

> « Eremenko et Khrouchtchev m'ont dit :
> "Il faut défendre Stalingrad jusqu'au bout. Qu'en penses-tu ?
> – À vos ordres, j'obéis.
> – Non, obéir ne suffit pas, qu'en penses-tu ?
> – Cela veut dire mourir. Nous mourrons." »

Dans ses Mémoires, rédigés pendant l'ère Khrouchtchev, Tchouïkov donnera une version différente de cette conversation :

> « "Camarade Tchouïkov, dit Khrouchtchev, comment interprétez-vous votre mission ?
> « – Nous défendrons la ville ou nous serons morts au combat", telle fut la réponse de Tchouïkov.
> « Eremenko et Khrouchtchev le regardèrent et lui dirent qu'il avait parfaitement compris le sens de sa mission. »

Comme on le verra ultérieurement, Grossman sera déçu par la vanité et la jalousie des commandants de Stalingrad après les combats : en effet, tous regretteront que l'on ait sous-estimé leur rôle. Eremenko ne dissimulait pas sa vantardise et son désir de saper l'influence de Khrouchtchev :

> « J'étais caporal durant la dernière guerre. J'y ai tué vingt-deux Allemands... Qui a envie de mourir ? Personne n'en a particulièrement envie... À Stalingrad j'ai agi de façon terriblement sévère : "Fusiller sur place."
> « Khrouchtchev m'a proposé de miner la ville. J'appelle Staline. Il me dit : "Pour quoi faire ?"
> « Moi : "Je ne livrerai pas Stalingrad, je n'ai pas envie de mettre des mines."
> « Staline : "Envoie-les se faire foutre."

« Nous avons tenu sur le feu [de l'artillerie] et sur les hommes. Mais nos défenses fortifiées étaient merdiques. »

Les officiers supérieurs ne s'accordaient que sur un point, la défectuosité des défenses de Stalingrad. Tchouïkov fit observer qu'un camion suffisait à renverser les barricades. Gourov, commissaire principal de la 62e armée, dit qu'il n'existait pas de fortifications et Krylov, chef de l'état-major, ajouta qu'elles étaient dérisoires. « Pour défendre Stalingrad, confiera plus tard Tchouïkov à Grossman, les chefs de division comptaient plus sur le sang que sur les barbelés. »

Tchouïkov, que Grossman apprendra à bien connaître au cours de la guerre, se plaisait également à exposer son expérience et son rôle à Stalingrad. « J'ai commandé un régiment à l'âge de quinze ans, lui confiera-t-il en évoquant la guerre civile. J'ai été le principal conseiller de Tchang Kaï-chek », ajouta-t-il à propos de 1941. Il ne mentionna pas le fait que c'était un avantage réel de se trouver en Chine pendant le premier été désastreux de la guerre.

L'armée de Tchouïkov n'était pas seulement épuisée et démoralisée. Réduite à moins de vingt mille hommes, elle était largement dépassée en nombre et en armement sur le secteur clé du centre de Stalingrad, que quatre divisions d'infanterie allemandes, deux divisions blindées et une division motorisée attaquaient depuis l'ouest. Leurs deux grands objectifs étaient le Mamaev Kourgane*, une colline tatare de cent deux mètres de haut (connue sous le nom de Point 102) et le point de franchissement de la Volga, au-delà de la place Rouge. Tchouïkov y parvint dans la nuit du 12 septembre, immédiatement après qu'Eremenko et Khrouchtchev eurent confirmé sa nomination au poste de commandant de la 62e armée.

À la lueur des bâtiments embrasés, ils rejoignirent le Mamaev Kourgane où le Q G de la 62e armée s'était provisoirement installé. La situation était encore plus désespérée qu'ils le redoutaient. « Je revois le Mamaev Kourgane dans mes rêves », dira plus tard Grossman.

La seule division intacte placée sous son commandement

* On appelle « kourganes » les tertres qui surgissent dans les steppes et qui marquent le plus souvent l'emplacement d'une sépulture antique.

était la 10e division de fusiliers du NKVD du colonel Saraev mais ses unités étaient dispersées et le colonel, responsable devant la hiérarchie de commandement du NKVD, ne souhaitait pas réellement placer ses hommes sous le commandement de l'Armée rouge. Gourov, le commissaire de Tchouïkov, se montrait cinglant vis-à-vis de la division du NKVD.

> La division de Saraev était disséminée sur l'ensemble du front, et par conséquent elle n'avait pas de commandement. La division de Saraev n'a pas rempli sa fonction, elle n'a pas tenu la défense ni maintenu l'ordre en ville.

L'année précédente, aucun chef militaire n'avait eu le courage d'affronter un des officiers de Beria, mais Tchouïkov, face au désastre, n'affichait aucun scrupule. De toute évidence, sa menace, adressée à Saraev, d'une colère de Staline au cas où la ville tomberait ne fut pas vaine. Saraev obéit aux ordres et plaça l'un de ses régiments devant le site de débarquement, ainsi qu'on le lui avait demandé.

Grossman ne découvrit que plus tard que Tchouïkov était également du genre à frapper ses subalternes quand il était de mauvaise humeur. C'était certes un homme impitoyable, capable de faire exécuter un commandant de brigade qui avait manqué à son devoir au même titre qu'un simple soldat déserteur, mais nul ne pouvait mettre en doute sa bravoure physique.

> Un officier qui commande doit savoir qu'il vaut mieux y laisser sa peau plutôt que de se coucher à terre devant un obus allemand. Ce genre de choses n'échappe pas aux soldats.
> La première chose à faire : il faut convaincre ceux qui commandent que le diable n'est pas aussi terrible qu'on le dépeint.
> Les paniquards le savaient : il n'y aurait pas de pitié. C'est encore mille fois plus redoutable que les Allemands.
> Les soldats le savaient : tu es arrivé ici, tu n'en sortiras pas. Ou tu y perdras ta tête, ou tu resteras sans jambes. Et puis, il y a aussi l'esprit de bravade russe. Nous pratiquions le combat de contre-attaque. Quand l'ennemi était fatigué d'attaquer, nous, nous attaquions.

Dans ses Mémoires, Tchouïkov reconnut ouvertement que, lors de la défense de Stalingrad, il avait suivi le précepte suivant : « Le temps, c'est du sang. » Il devait retenir les Allemands à tout prix en lançant des divisions et des régiments frais dans l'enfer de la ville dès leur traversée du fleuve et leur arrivée sur la rive orientale.

Peu avant l'aube du 13 septembre, la 6e armée lança sa grande offensive sur la ville. Tchouïkov n'avait pas même eu le temps de rencontrer ses officiers : déjà la 295e division d'infanterie allemande se dirigeait vers le Mamaev Kourgane, siège de son Q G. Deux autres divisions d'infanterie marchaient vers la gare principale et le site de débarquement. Tchouïkov ne pouvait qu'observer les événements depuis une tranchée grâce à des jumelles périscopiques.

Ce soir-là, le quartier général du Führer célébra le succès de la 71e division d'infanterie parvenue au cœur de la ville. Staline entendit les mêmes nouvelles au Kremlin quand Eremenko l'appela pour le prévenir qu'on pouvait s'attendre dès le lendemain à une autre attaque de la même ampleur. Staline se tourna vers le général Vassilevski : « Donnez immédiatement des ordres pour que la 13e division de la garde de Rodimtsev franchisse la Volga et voyez qui d'autre vous pouvez envoyer. » Joukov, qui se trouvait avec eux et étudiait une carte de la région, se vit ordonner de revenir immédiatement par avion.

L'attaque lancée la veille sur le Mamaev Kourgane faisait que le Q G de Tchouïkov se trouvait à présent sur la ligne de front. Aux premières heures, ils se dirigèrent vers le sud et les tunnels des gorges de la Tsaritsa, abandonnés récemment par Eremenko et Khrouchtchev. Gourov dit à Grossman :

> « Quand nous avons abandonné le Point 102, nous avons bien senti que le pire était l'incertitude, nous ne savions pas comment tout cela allait finir. »

Les combats du 14 septembre ne furent pas en faveur des défenseurs. Comme le redoutait Tchouïkov, la 295e division d'infanterie allemande s'empara du Mamaev Kourgane, mais ce fut au centre de la ville que plana la plus grande menace : l'un des régiments du NKVD de Saraev participa à une contre-attaque de la gare principale. Elle changea de mains plusieurs fois dans la journée.

Selon la légende de Stalingrad, l'événement clé fut le franchissement de la Volga sous un feu nourri par la 13e division de fusiliers de la garde du général Aleksandr Rodimtsev[1], parvenue sur place à marche forcée. Grossman relata le périple et l'arrivée des participants sur la rive de la Volga.

> La route tournait en direction du sud-ouest et bientôt commencèrent à apparaître des érables et des saules. Tout autour s'étendaient de grands jardins, plantés de pommiers bas. Et en même temps qu'elle approchait de la Volga, la division aperçut un haut nuage sombre. On ne pouvait pas le confondre avec de la poussière. Il était sinistre, rapide, léger et noir comme la mort : c'était la fumée des réservoirs de pétrole en feu qui s'élevait au-dessus du nord de la ville. De grandes flèches, clouées aux troncs des arbres, indiquaient la direction de la Volga avec l'inscription « Traversée »...
> Il était impossible d'attendre la nuit pour traverser. Les hommes déchargeaient en hâte des véhicules des caisses avec de l'armement et des cartouches, brisaient les couvercles [pour prendre] les bouteilles de liquide incendiaire, le sucre, le saucisson.
> Les barges se balançaient sur la vague, et les hommes de la division terrestre de fusiliers étaient envahis par la peur parce que l'ennemi était partout, dans le ciel comme sur la berge, et qu'ils l'affrontaient sans sentir sous leurs pieds la fermeté rassurante de la terre ferme. Insupportable était la transparence et la pureté de l'air, insupportable la clarté du ciel d'un bleu intense, le soleil semblait impitoyablement brillant, et l'eau plate et fuyante paraissait trompeuse et déloyale.
>
> Personne ne se réjouissait de ce que l'air était pur, de ce que les narines pouvaient sentir la fraîcheur du fleuve, de ce que la douce humidité du souffle de la Volga arrivait jusqu'aux yeux irrités par la poussière. Sur les barges, sur les bacs, sur les vedettes, on se taisait. Ah, pourquoi n'a-t-on pas, au-dessus du fleuve, la poussière asphyxiante et épaisse de la terre ? Pourquoi la petite fumée des fumigènes est-elle si transparente et si fine ? Les têtes se tournaient et se retournaient avec inquiétude, tous observaient le ciel.
> « Il pique, le salaud ! » cria une voix.
> À une cinquantaine de mètres de la barge surgit soudain de l'eau

1. La 13e division de fusiliers de la garde fut fondée en 1942 sur le modèle de la 87e division de fusiliers. Le général Aleksandr Ilitch Rodimtsev (1905-1977) s'était vu décerner la médaille de Héros de l'Union soviétique pour son rôle de conseiller pendant la guerre d'Espagne et plus particulièrement pour sa participation à la bataille de Guadalajara, en 1937, à l'issue de laquelle les Chemises noires de Mussolini avaient été repoussées.

une haute et mince colonne d'un blanc bleuté. Et immédiatement, plus près encore, une deuxième colonne s'éleva et retomba, et puis une troisième. Des obus explosaient à la surface de l'eau et la Volga se couvrait de blessures déchiquetées d'écume, les éclats venaient frapper les bords de la barge. Les blessés criaient doucement, comme s'ils s'efforçaient de dissimuler leurs blessures. Et déjà sifflaient sur l'eau les balles de fusils.

Il y eut un instant terrifiant, lorsqu'une bombe frappa le bord d'un petit bac. La flamme brilla, le bac fut couvert d'une fumée sombre, on entendit le bruit de l'explosion et un long cri humain qui semblait être né de ce fracas. Et immédiatement, des milliers de gens purent voir, au milieu des éclats de bois qui se balançaient sur l'eau, la tache verte des lourds casques d'acier d'hommes qui flottaient.

Tchouïkov dit à Rodimtsev, passé sur la rive occidentale pendant l'après-midi du 14 septembre afin de recevoir ses ordres, que la situation était si désespérée que ses hommes devraient abandonner toutes leurs armes lourdes pour n'emporter que des grenades et leurs armes personnelles. Plus tard, il décrivit l'événement à Grossman.

« On a commencé à traverser à dix-sept heures le 14 septembre, en s'armant à toute allure en route. Un seul bac a été détruit pendant la traversée. Quarante et un hommes ont trouvé la mort, vingt ont été sauvés. »

On a beaucoup écrit sur la façon dont la 13e division de fusiliers de la garde avait escaladé la rive escarpée de la Volga et foncé sur les Allemands, lesquels se trouvaient désormais à moins de deux cents mètres du fleuve, mais Grossman entendit parler d'une mission spéciale confiée à un petit groupe de six hommes de cette division.

Le lieutenant sapeur Tchoumakov, les sergents Doubovoï et Bougaev, les soldats de l'Armée rouge Klimenko, Choukhov, Messerachvili ont accompli la mission consistant à faire sauter le bâtiment encerclé de la Banque d'État, sous un feu serré de l'ennemi. Ils ont porté chacun vingt-cinq kilogrammes d'explosifs, sont arrivés à atteindre l'édifice et ont provoqué l'explosion.

Inévitablement, la traversée du fleuve présenta des aspects moins héroïques que les récits officiels soviétiques ne manquèrent pas de gommer.

Sept Ouzbeks se sont infligés des tirs volontaires dans les extrémités. Ils ont tous été fusillés.

La presse soviétique et internationale rapporta les exploits de la 13e division de fusiliers de la garde. Rodimtsev devint un héros pour tous, et tant pis pour la jalousie maladive de Tchouïkov. Toutefois Grossman s'intéressait davantage à la bravoure des soldats et des sous-officiers qu'aux querelles des commandants. Il persuada le Q G de Rodimtsev de lui donner le rapport suivant et il le porta dans sa musette jusqu'à la fin de la guerre. Il le mentionna dans son essai *Tsaritsyne-Stalingrad* et l'inclut dans son roman *Pour une juste cause*.

Rapport
11 h 30, 20.9.42
Au lieutenant de la garde Fedosseev (commandant le 1er bataillon)

Je rapporte que la situation est la suivante : l'adversaire cherche à encercler ma compagnie, à envoyer sur l'arrière de ma compagnie des tireurs de pistolet-mitrailleur, mais toutes ses tentatives ont échoué. En dépit des forces supérieures de l'adversaire, nos soldats font preuve de bravoure et d'héroïsme face aux chacals fascistes. Tant qu'ils ne marcheront pas en travers de mon cadavre, les Fritz ne réussiront pas. Les hommes de la garde ne reculent pas. Que tombent, de la mort des braves, les combattants officiers, mais l'adversaire ne doit pas franchir notre défense. Que tout le pays connaisse la 13e division de la garde, la 3e compagnie de fusiliers. Tant que le commandant de la compagnie vivra, pas une seule de ces putes ne passera. Ils ne pourront passer que lorsque le commandant de la compagnie sera tué ou grièvement blessé. Le commandant de la 3e compagnie se trouve dans une situation très tendue et il est lui-même, à titre personnel, en mauvaise santé physique, rendu sourd et affaibli. Il souffre de vertiges et il tombe, il souffre de saignements du nez, mais malgré toutes ces difficultés, les hommes de la garde, nommément la 3e compagnie et la 2e, ne reculeront pas en arrière, nous mourrons en héros pour la ville de Staline, que la terre soviétique soit notre sépulture. Le commandant de la 3e, Kolaganov, a tué personnellement deux Frisés

mitrailleurs et leur a pris la mitrailleuse ainsi que des documents qu'il a transmis à l'état-major du bataillon.
Je compte sur mes soldats et mes officiers. En attendant, pas une ordure fasciste ne marchera en travers de mon cadavre. Les hommes de la garde ne reculeront devant rien, jusqu'à la victoire complète. Nous serons les héros de la libération de Stalingrad.
Kolaganov
19.9.42

Surpassée en nombre en permanence, la 62ᵉ armée résista de son mieux dans un périmètre sans cesse restreint de la rive occidentale. Rodimtsev dit à Grossman :

« Nous avons mené l'action sans forces de réserve. Une mince ligne de défense, voilà tout ce dont nous disposions. »

Eremenko lui dit :

« J'en ai eu une suée. Les Allemands ont fait pression, et on avait disposé les troupes de façon stupide. J'avais chaud même si je suis très résistant. »

Gourov, commissaire principal de la 62ᵉ armée, précisa :

« Il y avait des jours où nous évacuions deux mille à trois mille blessés. »

Krylov, chef d'état-major de la 62ᵉ armée, lui fit remarquer la façon dont les Allemands menaient la bataille.

« Ils comptaient sur l'emploi massif de la technique, sur la stupéfaction. Leur puissante technique se trouvait disproportionnée par rapport aux possibilités de l'infanterie allemande. Le chaînon moyen du commandement allemand ne prend aucune initiative, dans la mesure où il s'en remet au commandement supérieur.
« Les premiers jours de septembre ont été particulièrement pénibles, ça a été le début de la confusion.
« Je travaillais le soir, je mettais alors mes pensées en ordre pour donner des indications aux troupes. Le jour, nous comptions les minutes jusqu'au soir. »

Les Allemands ne savaient que trop bien qu'il leur fallait briser la colonne de la 62ᵉ armée lors de sa traversée de la

Volga et recourir pour cela à l'artillerie et à la Luftwaffe. C'est pour cette raison qu'il y eut tant de combats pour reprendre le Mamaev Kourgane, unique colline d'où l'on pouvait tirer directement sur les sites de débarquement. Les soldats chargés du passage du fleuve, bien souvent des bateliers et des pêcheurs de la Volga, affrontaient des dangers aussi grands que les *frontoviki* de la rive occidentale.

> Le chef de la traversée, le lieutenant-colonel Pouzyrevski, est ici depuis environ quinze jours. Jusque-là, c'était le capitaine Eziev, un Tchétchène, mais il a été tué sur une barge par une bombe. Perminov, le commissaire militaire, en est à son cinquante-septième jour depuis le début de l'organisation de la traversée. Le commandant en second du bataillon Iline, grièvement blessé, a été évacué en avion. Smeretchinski, tué, était le chef de la traversée avant Eziev. Le commandant du bataillon, qui avait lui aussi organisé la traversée, a été tué par un éclat d'obus. Cholom Akselrod, le commandant du peloton technique, a été tué par un obus de mortier lors de l'installation de la logistique de la traversée.
> Le politrouk Samotorkine et le lieutenant Petrov ont été blessés par des obus de mortier. Le politrouk Ichkine a eu la jambe arrachée par un obus [d'artillerie] à longue portée.

Pour que les renforts se regroupent sur la rive opposée, les mille trois cents mètres de large du fleuve constituaient une épreuve terrible, mais Tchouïkov, avec son humour brutal si caractéristique, fit remarquer que cette traversée n'était qu'un début.

> Les soldats, en arrivant ici, disaient : « Eh bien alors, nous arrivons en enfer. » Et après avoir été là un jour ou deux, ils disaient : « Non, ici c'est dix fois plus terrifiant et bien pire qu'en enfer. »
> Une haine féroce, inhumaine, à l'encontre des Allemands.
> [Des soldats de l'Armée rouge] accompagnaient [un prisonnier], ils ne l'ont pas mené jusqu'au bout : il est mort, le pauvre bougre, de peur. « Tu veux de l'eau de la Volga ? » Et dix ou douze fois, ils l'ont plongé dedans.

La souffrance semblait répondre à un destin universel. Vers la fin du mois, Grossman reçut une lettre de son épouse, Olga Mikhaïlovna, dans laquelle elle racontait la mort de son fils, Micha, tué par une bombe. Dans sa réponse, il fit de son mieux pour apaiser son désespoir.

Ma chérie, ma toute bonne,
Aujourd'hui on m'a fait parvenir par l'intermédiaire d'un messager de fortune ta lettre de Moscou. Elle me cause un très grand chagrin. Tu ne dois pas, Lioussenka, te laisser abattre et envahir par le désespoir. Autour, il y a tant de malheur, j'en vois tant.

Je vois des mères dont les trois fils ont été tués à la guerre et dont le mari y est mort, je vois des femmes dont les bombardements ont tué les petits-enfants, et toutes, elles prennent sur elles, elles vivent, elles travaillent, elles attendent la victoire, elles ne se laissent pas aller. Or dans quelles conditions difficiles ne vivent-elles pas ! Sois forte toi aussi, ma joie, tiens bon... N'oublie pas que tu m'as moi, et aussi Fedia, que tu as l'amour et une raison de vivre.
On m'a proposé une deuxième fois pour l'ordre du Drapeau rouge, mais pour l'instant sans effet aucun, comme la première fois... J'ai pris sur un soldat mort une lettre écrite avec des pattes de mouche enfantines. On y a, à la fin, les mots suivants : « Sans vous je m'ennuie ferme. [...] Venez, que je puisse vous voir, ne serait-ce qu'une heure. J'écris et mes larmes coulent à flots. Venez petit papa. »

Il écrivit aussi à leur vieille nourrice germanophone, Djenni Genrikhovna Henrichson, qu'il placera bien des années plus tard dans son roman *Vie et Destin* sans même changer son nom.

Vous êtes déjà au courant de notre grand malheur, la mort de Micha. Voilà, Djenni Genrikhovna, que le malheur s'est abattu sur notre famille aussi. Écrivez-moi à ma nouvelle adresse : 28 Poste aux armées, 1re unité, V. S. Grossman (N'indiquez pas ma fonction sur l'adresse). Y a-t-il des nouvelles de papa ? Où est-il actuellement ? Je ne sais pas où lui écrire.

À ce moment, Grossman ignorait que son neveu, Ioura Beniach, jeune lieutenant à Stalingrad, avait été tué au combat, lui qui s'efforçait de le contacter pour avoir lu ses articles.

Chapitre 15

L'ACADÉMIE DE STALINGRAD

« L'Académie de Stalingrad de combats de rue » est une expression du général Tchouïkov. Il voulait que les Allemands soient toujours le plus près possible et avait ordonné à ses hommes de rapprocher au maximum leurs tranchées de l'ennemi pour rendre plus difficile le travail de la Luftwaffe qui, malgré sa suprématie, se montrait incapable de faire la distinction entre les deux forces en présence. Tchouïkov se vanta devant Grossman :

> « Lorsque l'aviation frappait, les Allemands et les nôtres couraient à la rencontre les uns des autres et se cachaient dans les mêmes trous.
> « Faire donner l'aviation sur la première ligne était impossible pour les Allemands. À l'usine Octobre rouge, ils ont mis en pièces l'une de leurs divisions toute fraîche. »

Grossman insista sur cette proximité dans un essai écrit vers la fin des combats.

> À certains endroits, les tranchées creusées par le bataillon se trouvent à vingt mètres de l'ennemi. La sentinelle entend les soldats aller et venir dans la tranchée allemande, elle entend les disputes qui éclatent quand les Allemands partagent la nourriture, toute la nuit elle entend l'Allemand de garde qui fait des claquettes dans ses chaussures trouées. Ici tout a été mesuré pour les tirs, et la moindre pierre est un repère.

Le moyen d'affaiblir les Allemands consistait à lancer de petites attaques nocturnes pour les empêcher de dormir et jouer sur leur peur de l'obscurité en usant des talents de chasseurs des hommes originaires de Sibérie. Les tireurs d'élite constituaient une puissante arme psychologique tout en renforçant le moral soviétique. Tchouïkov pouvait, comme tout général soviétique, faire fi des vies humaines, principalement dans les premiers temps, où il ordonnait contre-attaque sur contre-attaque pour ralentir l'avancée allemande. Toutefois, il reconnut assez rapidement l'avantage procuré par les engagements rapprochés en recourant à de petits groupes armés de grenades, pistolets-mitrailleurs, poignards, pelles affûtées ou lance-flammes. Les Allemands donnaient le nom de *Rattenkrieg** à ces affrontements sauvages dans les caves, les égouts et les ruines des immeubles d'habitation.

Tchouïkov donnera des détails à Grossman :

> « Stalingrad, c'est le triomphe de l'infanterie russe. L'infanterie a vaincu tout l'arsenal de la technique allemande [les véhicules]. Nous ne nous sommes pas contentés de repousser les attaques, nous avons été amenés à attaquer nous aussi. La retraite, c'est la mort. Tu reculeras et on te fusillera. Je reculerai, on me fusillera... Un soldat qui reste trois jours se considère comme un ancien. Les gens ici ne vivaient qu'un jour. Nulle part on ne s'est ainsi servi des armes de combat rapproché... [et nos hommes] ont cessé d'avoir peur des chars. Nos soldats sont devenus si rusés, comme pas un seul professeur n'en aurait l'idée. Ils sont capables de se construire un abri tel qu'on lui marche sur la tête sans même s'en apercevoir.
>
> « Les nôtres sont en haut. Les Allemands, en bas, ont mis en marche un phonographe, les nôtres ont percé un trou dans le plancher et ont tiré au lance-flammes... Je dois vous dire, que ça, c'était une bagarre, camarades ! »

Grossman était fasciné par la façon dont les soldats observaient, apprenaient et improvisaient de nouvelles manières de tuer l'ennemi. Il s'intéressait tout particulièrement aux tireurs d'élite et en vint à connaître les deux meilleurs. Vassili Zaïtsev, héros de tout premier ordre pour la propagande soviétique – le personnage interprété par Jude Law dans le film *Stalingrad* –,

* « Guerre des rats ».

était un marin de la flotte du Pacifique basée à Vladivostok. Il appartenait à la 284e division de Sibériens du général Nikolaï Batiouk[1]. Anatoli Tchekhov, que Grossman accompagna lors d'une mission pour l'observer à l'œuvre, faisait partie de la 13e division de fusiliers de la garde de Rodimtsev. Peut-être est-ce dû à la jalousie de Tchouïkov à l'égard de Rodimtsev et de la façon dont la presse parlait de sa division si les exploits de Tchekhov passèrent toujours après ceux de Zaïtsev. Rodimtsev parla à Grossman de Tchekhov pendant sa visite au mois d'octobre. « Le soldat de l'Armée rouge Tchekhov a tué trente-cinq fascistes [pendant les combats]. J'ai voulu lui donner une permission. Il a tué assez d'Allemands pour mériter une permission à vie. » Grossman rencontra alors Tchekhov.

Tchekhov Anatoli Ivanovitch. Né en 1923. « Je suis arrivé à Kazan en 1931, j'ai poursuivi mes études jusqu'à la septième classe. Mon père s'est mis à boire, il a abandonné ma mère, il restait aussi mes deux petites sœurs. J'ai dû quitter l'école, bien qu'étant excellent élève. J'aimais beaucoup la géographie, mais j'ai dû laisser tomber... L'appel sous les drapeaux du 29 mars 1942 est arrivé. J'ai demandé à aller comme volontaire à l'école des tireurs d'élite. En réalité, enfant, je n'avais jamais tiré, même avec un lance-pierre. Pour mon premier essai avec un fusil de petit calibre, j'ai obtenu neuf points sur cinquante possibles et le lieutenant s'est fâché : "C'est parfait dans toutes les matières, mais en tir, c'est très mauvais, tu ne seras jamais capable de rien." Mais je ne me suis pas démonté, j'ai entrepris d'étudier la théorie du combat et l'arme. Pour mon premier essai avec un fusil de guerre, j'ai frappé à la poitrine et à la tête. On m'avait donné trois cartouches et j'ai mis dans le mille. Et depuis je suis devenu excellent. J'ai demandé à être volontaire.

« J'ai eu envie devenir un homme qui anéantit lui-même l'ennemi. J'en ai eu envie après avoir lu le journal. J'ai voulu être célèbre. J'ai appris à apprécier la distance à l'œil, sans appareillage optique.

« Mes livres préférés ? En fait, je lisais peu. Mon père buvait jusqu'à être soûl, il mettait dehors toute la famille, il arrivait même que je n'apprenne pas mes leçons. Je n'avais pas de coin à moi.

« Le 15 au matin, j'ai pris part à l'offensive. J'ai marché sur le Mamaev Kourgane... Et j'ai eu l'impression que ce n'était pas la

1. Le 1er mars 1943, la 284e division de fusiliers devint la 79e division de fusiliers de la garde à la suite du rôle glorieux qu'elle joua à Stalingrad.

guerre, mais que simplement j'apprenais à ma section comment bien se camoufler, comment tirer.

« En criant "Hour-r-ra !" nous avons avancé en courant de deux cents mètres environ. À ce moment-là, il y a eu un tir de mitrailleuse, qui nous a empêchés d'avancer. J'ai rampé, comme on nous l'avait appris, sur les coudes, comme un fantassin cosaque. Et je me suis retrouvé pris au piège, avec sur les côtés trois mitrailleuses et un char. Je me suis fixé à moi-même une ligne de conduite, et je ne me suis pas retourné, je savais que la section ne me laisserait pas tomber. J'ai tiré à bout portant, à cinq mètres. Ils [les mitrailleurs] étaient assis de profil par rapport à moi, ils ont cherché à voir et j'en ai abattu un premier et un deuxième. Et alors trois mitrailleuses, un char et un canon de mortier ont fait feu tous à la fois sur moi. Moi et quatre de mes soldats, nous sommes restés couchés dans un cratère de bombe de neuf heures du matin à huit heures du soir... On m'a nommé dans la foulée commandant d'une section de mortier.

« Lorsque j'ai reçu un fusil de sniper, je me suis trouvé un endroit au quatrième étage ; il y avait un mur, et l'ombre de ce mur me protégeait, et quand il y avait du soleil, je redescendais sans me faire voir. Je voyais bien de là : il y avait cent mètres jusqu'à la maison où étaient les Allemands, des tireurs de pistolet-mitrailleur et des mitrailleurs. Le jour, ils n'étaient pas là, ils restaient dans les sous-sols. Je sortais à quatre heures. Le jour commençait à poindre. Le premier Frisé courait pour chercher de l'eau, pour la toilette des chefs. C'est quand il y avait déjà du soleil. Il courait de côté dans ma direction, je regardais peu les visages, je regardais la tenue : un officier est en pantalon, en veste, avec une casquette et sans ceinture, un simple soldat a des bottes.

« Je me suis assis sur le palier d'un escalier. J'ai fixé le fusil à la grille de façon à ce que la fumée se fonde sur le mur blanchi. Au début, ils marchaient au pas. Le premier jour, j'en ai descendu neuf. En deux jours, j'en ai descendu dix-sept. Ils ont envoyé des femmes[1], j'ai tué deux femmes sur cinq. Le troisième jour, j'ai repéré une embrasure. Un sniper. J'ai guetté et j'ai tiré. Il est tombé et s'est mis à crier en allemand. Ils ont cessé de transporter des obus de mortier et ils n'allaient plus chercher d'eau. En huit jours, j'ai descendu quarante Frisés.

1. Il n'y avait pas de femmes soldats sur la ligne de front, il s'agirait donc de civiles russes recrutées ou contraintes à servir comme auxiliaires. Un ordre personnel de Staline voulait qu'elles soient considérées comme traîtres même si les Allemands les forçaient à travailler sous la menace de leurs armes.

« S'il y a du soleil, ça fait de l'ombre sur le mur quand on bouge. Quand il y a du soleil, je ne tire pas. Un nouveau sniper est apparu dans l'embrasure... Le sniper m'a mené la vie dure, à quatre reprises il a tiré sur moi. Mais toujours à côté. C'était dommage, bien sûr, de partir. Mais ils n'ont pas pu boire l'eau de la Volga. Ils allaient chercher de l'eau, les repas, les rapports, des munitions... Leur eau était croupie, ils la prenaient dans des locomotives. Le matin, ils allaient chercher de l'eau avec un seau.

« C'est plus commode pour moi de tirer quand ils courent, l'œil et le bras fonctionnent mieux. Quand ils sont arrêtés, ça m'est plus difficile... Le premier est sorti, il a fait cinq mètres calmement. Je l'ai mis immédiatement en joue dans une ligne de mire un peu en avant, à peu près à quatre centimètres du nez.

« Après avoir reçu mon fusil, au début, je n'arrivais pas à me décider à tuer un homme : un Allemand est resté là debout presque quatre minutes, il ne cessait de parler à quelqu'un, je l'ai laissé aller. Quand j'ai tué mon premier, il est tombé tout de suite. Un deuxième est sorti en courant, il s'est penché sur celui qui était mort, et je l'ai descendu, lui aussi... J'étais d'abord tout secoué, quand j'ai tué : le type allait juste chercher de l'eau !... Ça m'a fait un effet terrible : j'avais tué un homme ! Et puis je me suis souvenu des nôtres, et j'ai commencé à les abattre sans pitié.

« La maison [d'en face] est effondrée jusqu'au niveau du premier étage. Il y en a qui sont dans l'escalier, d'autres au premier étage [1]. Il y a des caisses dans lesquelles l'argent a entièrement brûlé.

« Sur le kourgane vivent des filles, elles font des feux, préparent de la nourriture, les officiers [allemands] vont voir ces filles.

« De temps en temps, on voit le tableau suivant : un Fritz avance, un chien dans une cour lui aboie après, et l'Allemand tue le chien. Si, la nuit, on entend aboyer, cela veut dire que les Frisés font quelque chose dans le coin, ils fouinent d'une maison à l'autre, et c'est pour ça que les chiens aboient.

« Je suis devenu féroce, je tue, je les hais, comme si toute ma vie devait être comme ça. J'ai tué quarante personnes, trois dans la poitrine, les autres à la tête. Quand le coup part, la tête retombe

1. Dans son article pour *Krasnaïa Zvezda*, Grossman ajouta des détails : « Parfois c'est très calme, puis on entend de petits morceaux de plâtre tomber dans la maison d'en face où les Allemands sont installés. On entend aussi parler allemand et craquer des bottes allemandes. Parfois aussi les tirs et les bombardements sont si intenses qu'il faut se pencher vers l'oreille du camarade et crier le plus fort possible, mais le camarade répond par un geste : "Je ne t'entends pas." »

tout de suite en arrière ou sur le côté, ils projettent les bras en avant et ils tombent... Pchelintsev aussi avait du mal à tuer : le premier, il n'a pas pu, le deuxième, il l'a tué et a pensé : "Comment ai-je pu ?"

« J'ai descendu deux officiers. Un sur une hauteur, l'autre près de la Banque d'État. Il était en blanc des pieds à la tête, les Allemands sautaient sur leurs pieds pour lui rendre les honneurs, il les passait en revue. Il a voulu traverser la rue et je l'ai frappé à la tête. Il s'est écroulé tout de suite, il a seulement levé les jambes en l'air, dans ses chaussures.

« Le soir, quelquefois, je sors du sous-sol, je regarde : mon cœur chante, je voudrais, ne serait-ce qu'une petite demi-heure, me retrouver dans la ville vivante. On sort et on pense : la Volga coule tranquillement, est-il possible que notre Volga soit faite pour cette terrible affaire ? Avec nous, il y avait quelqu'un de Stalingrad, et je lui ai demandé où étaient les clubs, les théâtres, et comment on se divertissait sur la Volga. »

Les membres de la rédaction de *Krasnaïa Zvezda* n'en crurent pas leurs yeux quand ils reçurent le texte intégral de cet article dans un message de plus de quatre cents pages émanant de la Stavka. Grossman avait persuadé le détachement des transmissions du front de Stalingrad de l'envoyer à Moscou. Qu'ils accèdent à une telle demande en pleine bataille de Stalingrad montre bien en quelle estime on le tenait. Ortenberg fut le premier à reconnaître que les efforts et les risques pris par Grossman valaient vraiment le coup :

> « Peut-être parce que Grossman était à côté du héros de son texte à venir [Tchekhov], qu'il subissait avec lui les difficultés et les dangers de la vie au combat, il a réussi à dresser un portrait aussi expressif de combattant, à pénétrer aussi profondément dans le monde de ses pensées et de ses souffrances. »

Chacun discutait et admirait les exploits des tireurs d'élite comme s'il s'agissait de footballeurs. Chaque division acclamait sa vedette et les Sibériens de la 284ᵉ division de fusiliers pensaient avoir la plus grande de toutes en la personne de Vassili Zaïtsev. Cependant, les exagérations de la propagande rendaient quelque peu suspects les exploits de ces stakhanovistes de la guérilla urbaine.

> Zaïtsev est un homme réservé, à propos duquel on dit dans la division : Zaïtsev est « modeste, cultivé ». Il a tué deux cent vingt-cinq Allemands[1]. Les autres snipers sont de jeunes « levrauts* ». Batiouk dit : « Ils l'écoutent, sages comme des images. » Il dit : « C'est exact, camarades, ce que je dis ? » Et tous : « C'est exact, Vassili Ivanovitch. »

Il est assez difficile de vérifier une des notes des carnets de Grossman.

> Mourachov et l'assistant médical Zaïtsev avaient été condamnés à être fusillés. Le premier pour s'être tiré une balle dans la main, le second parce qu'il avait abattu un pilote allemand célèbre qui avait sauté en parachute de son avion détruit. Tous les deux ont vu leur peine commuée. Et tous les deux sont maintenant les meilleurs snipers de Stalingrad. (Mourachov a dix-neuf ans.)

Zaïtsev était le seul tireur d'élite célèbre portant ce nom à Stalingrad et on ne trouve nulle part ailleurs qu'il était assistant médical ou avait abattu un pilote lors de sa descente en parachute. Peut-être Grossman fut-il le seul à rapporter cette histoire avant que la machine de propagande soviétique ne changeât sa vie en légende.

Comme les autres tireurs d'élite, Zaïtsev semblait fier de se venger des femmes russes fréquentant des Allemands.

> Zaïtsev a tué une femme et un officier allemand : « Ils étaient couchés en travers l'un de l'autre. »

Plusieurs grands tireurs d'élite de Stalingrad, dont Tchekhov et Zaïtsev, évoquèrent de brefs duels avec des tireurs allemands. C'est à peine surprenant vu que la priorité numéro un était justement la lutte contre ces tireurs.

1. Il est impossible de juger de l'exactitude des scores revendiqués par les tireurs d'élite à Stalingrad, celui de Zaïtsev en particulier, parce que selon ses propres dires, il ne devint tireur que le 21 octobre quand il tua trois hommes, l'un après l'autre. On raconte que le colonel Batiouk aurait assisté à cet exploit et ordonné qu'il fût fait « tireur d'élite ». On ne voit donc pas comment Zaïtsev aurait pu faire un score aussi étonnant alors que la phase la plus intense des combats était terminée.

* Le nom de Zaïtsev est formé sur une racine signifiant « lièvre », et ses disciples sont donc surnommés « jeunes lièvres » ou « levrauts ».

Duel de Zaïtsev avec un grand sniper allemand. « Lui avait tué trois des nôtres. Il a attendu un quart d'heure, notre petite combe était vide, et il a commencé à se redresser. Et moi, j'ai vu que son fusil était par terre. Je me suis levé de toute ma hauteur. Il m'a vu et il a compris. Et j'ai tiré. »

Cette brève mais terrible rencontre fut probablement celle dont s'empara la propagande soviétique. On aboutit ainsi à la saga épique d'un duel prolongé entre Zaïtsev et l'introuvable « major König », chef d'une « École de tireurs d'élite de Berlin » tout aussi impossible à identifier, amenée sur place pour repérer Zaïtsev et l'abattre. On ne trouve rien à ce propos dans les sources allemandes. On peut aussi douter que les deux hommes se soient relevés. Les tireurs d'élite des deux camps avaient tendance à travailler en duo et le tireur victorieux qui se vantait d'une telle action se serait fait tuer aussitôt.

Vu le traitement dont cette histoire fit l'objet dans les Mémoires du général Tchouïkov, c'est peut-être lui qui eut l'idée de promouvoir le mythe, d'autant plus que Zaïtsev appartenait à la division de Batiouk et non à celle de Rodimtsev. Il est curieux de constater que Grossman, qui intégra quasi telles quelles à *Vie et Destin* ses notes à propos du duel, apporte toutefois un changement. Le duel, raconté sommairement par Zaïtsev et noté par Grossman, dure « des jours » dans le roman. Pour une fois, l'écrivain semble avoir préféré la version de la propagande.

Dans ses Mémoires (très certainement rédigés avec l'aide de spécialistes de la propagande), Zaïtsev raconte lui aussi l'histoire passionnante mais somme toute peu convaincante d'un duel long de plusieurs jours. On peut voir aujourd'hui au musée des Forces armées de Moscou un viseur télescopique dont l'étiquette précise qu'il a été retrouvé sur le cadavre du major allemand. Plus révélateur encore, dans les rapports que le département politique du front de Stalingrad faisait parvenir à Moscou pendant la bataille, il n'est jamais fait mention de ce duel épique. Pourtant, le moindre détail utile à la propagande était signalé.

Le colonel Batiouk s'enorgueillissait également des autres spécialistes des armes.

« Nous avons dans la division le meilleur sniper du front, Zaïtsev, et le meilleur servant de mortier, Bezdidko ! Le meilleur artilleur est Chtchoukline, le commandant de la 2e batterie (quatorze chars avec un canon). »
Bezdidko déclare, non sans jalousie : « Il l'a fait avec un seul canon parce qu'il n'en avait qu'un à sa disposition. »
Ici on adore taquiner le légendaire tireur de mortier d'élite Bezdidko. Quand les hommes se trouvent être sous un feu de mortier, le commandant de la division déclare : « Ah, Bezdidko, ce fils de chienne, ce n'est pas ce que je lui ai appris ! » Et Bezdidko qui ne manque jamais sa cible sourit et fronce le nez. Bezdidko lui-même, un homme à la voix mélodieuse de ténor et au sourire ukrainien rusé, qui a à son actif mille trois cent cinq Allemands tués, prend plaisir à titiller gentiment Chtchoukline, le commandant de la 2e batterie qui n'a que la peau sur les os.

Bezdidko est également présent dans la rencontre rapportée dans *Vie et Destin*, et la conversation reproduit pratiquement celle des notes originales.

« Camarade lieutenant-colonel, aujourd'hui j'ai tué cinq Fritz et dépensé quatre obus de mortier.
– Bezdidko, raconte donc comment tu as fait sauter ce petit bordel. »
Et Bezdidko modestement : « Je considère qu'il s'agit d'un abri blindé. »

Quelques improvisations se révèlent moins heureuses. Zaïtsev essaya de fixer un viseur télescopique à un fusil antichar, persuadé de pouvoir tirer dans la meurtrière d'un bunker ennemi, mais la qualité des munitions était si imprévisible que pas deux balles ne touchèrent la même cible. Grossman nota une autre invention, en réalité moins parfaite qu'il ne le dit ici.

L'inventivité des soldats rouges s'est concentrée sur le fusil antichar. On enfile une roue de télègue* sur un pieu et on la tourne à trois cent soixante degrés. On a abattu sept avions.
Le capitaine Ilgatchkine, commandant le bataillon, souffrait de ne jamais pouvoir atteindre un avion avec une arme d'infanterie. Il entreprit de calculer en théorie la vitesse d'une balle de fusil anti-

* Charrette à quatre roues, utilisée en Russie pour le transport des marchandises.

char (mille mètres à la seconde), dressa un tableau, le compléta en prenant en compte le fait que l'avion arrive sur nous, ou s'éloigne de nous. Il a immédiatement atteint le but en suivant les indications du tableau. Alors il a planté un poteau, on a aménagé un emmanchement sur lequel on a fixé une roue et on a installé le fusil antichar avec les bêches de crosse sur les rayons, tandis que le corps du fusil était entre les rayons.

Batiouk raconta aussi comment les Allemands essayaient de les railler à la radio ou tout simplement de lancer des plaisanteries.

« Rouss, tu as eu quoi à déjeuner ? »
Réponse.
« Et moi, Rouss, j'ai mangé du beurre, des œufs, mais pas aujourd'hui. Aujourd'hui, je n'ai rien mangé. »
« Rouss, je vais chercher de l'eau, tire dans les jambes, pas dans la tête. J'ai des enfants en bas âge, et une mère. »
« Rouss, et si on échangeait un Ouzbek contre un Roumain [1] ? »

Surnommé par ses soldats « Batiouk le blindé », le général semble avoir été l'un de ces commandants parfaitement indifférents au danger.

Batiouk : « Dans cet abri blindé, la porte volait d'ordinaire vers l'intérieur et allait retomber sur la table. »
Les Allemands envoyaient toujours des obus de mortier sur l'abri blindé du chef de l'artillerie. Batiouk restait debout près de son abri et les corrigeait en riant : « Plus à droite, plus à gauche. »

L'artillerie, ainsi que Tchouïkov l'avait compris dès le début de la bataille, allait être leur seul espoir. Vu qu'il n'y avait pas assez de place pour déployer de l'artillerie lourde au milieu des bâtiments dévastés de la rive occidentale, il avait fait replier sur la rive orientale tous les canons et tous les obusiers de plus de 76 mm. Les hommes les plus importants étaient les officiers d'observation avancée, bien souvent cachés dans les hauts bâtiments comme les tireurs d'élite. Ils donnaient par radio ou par

1. Les Ouzbeks avaient la réputation d'être les membres les moins fiables de l'Armée rouge alors que les Allemands méprisaient ouvertement leurs alliés roumains des 3e et 5e armées roumaines, censées protéger les flancs nord-ouest et sud de la 6e armée allemande à Stalingrad.

ligne de terre des détails sur les cibles. « L'artillerie sur le champ de bataille doit ressembler à un cerf-volant », fit remarquer le général Eremenko à Grossman, mais il ne se leurrait pas sur le danger que représentaient les « tirs amicaux ».

> « Lorsque à Stalingrad notre artillerie frappe nos propres hommes, les soldats rouges plaisantent amèrement : "On attendait un deuxième front, eh bien ils l'ont ouvert." »

La principale tactique de Tchouïkov pour casser les assauts allemands les plus rudes consistait à créer des « brise-lames » avec des maisons défendues. Les patrouilles combattantes se faufilaient la nuit vers une cible donnée avant de recevoir des renforts.

> Prise d'une maison. Groupe d'assaut de dix hommes, bouteilles. [Suivi plus tard par un] groupe de renforcement, munitions, provisions pour six jours. Tranchées pour le cas où ils seraient encerclés.

Le ravitaillement des unités isolées ou avancées posait un problème de taille. La 62e armée faisait souvent appel à des U-2 pour larguer des vivres sur les positions soviétiques.

> Les U-2 larguent des vivres la nuit à nos troupes. Nous signalons la première ligne par des lumignons qu'on allume au fond des tranchées. Le commandant de la compagnie, Khrennikov, a oublié une fois de signaler ainsi la première ligne. Soudain du fond de l'obscurité des cieux, une voix rauque se fit entendre : « Hé, *khren*[1], tu les allumes bientôt, tes lumignons ? » C'était un pilote avec le moteur coupé. Khrennikov dit que cela lui fit un effet terrifiant, cette voix venue du ciel et qui l'appelait par son nom.

Le général Rodimtsev dit à Grossman :

> La division est logée dans différentes maisons, selon une disposition en damier avec les Allemands. Les hommes vivent dans des sous-sols, des appartements, des tranchées... Quatre soldats

1. En russe, « khren » signifie « raifort », mais c'est aussi un euphémisme pour une insulte du genre « fils de pute ». De sorte que, quand le pilote criait « Hé, fils de pute ! », Khrennikov était étonné d'entendre ce qu'il croyait être son propre nom.

tenaient quatorze jours durant, deux venaient au ravitaillement, deux restaient pour garder la maison... La reconnaissance est rendue très difficile... Le moral se ressent de la fatigue, mais il est bon... Il y a des poux. Ils se sont procuré un réchaud Primus, des fers à repasser, et ils les suppriment.

Là encore, fusaient entre les tranchées ou même les étages d'une maison plaisanteries ou insultes, teintées de l'humour allemand si délicat :

« Rouss, donne-moi une chapka et je te refile mon pistolet-mitrailleur ! »

Grossman s'étonnait de l'« étrange inquiétude » des soldats et des officiers à qui il s'adressait. L'avis du monde extérieur semblait réellement les préoccuper.

« Et qu'est-ce qu'on dit de nous, comment en parle-t-on, là-bas ? Que pense-t-on de nous ? »
Terrible incertitude.

Les généraux, en particulier Eremenko, adoraient pontifier sur la guerre et la vie militaire, mais c'était souvent à eux qu'ils ramenaient leurs propos.

« Les plus jeunes ont peu d'expérience de la vie. Ils sont comme des enfants. Ils iront mourir là où on les a envoyés... Les soldats les plus intelligents sont ceux de vingt-cinq ou trente ans. Quant à ceux de la tranche d'âge supérieure, ils ne se sentent pas très bien, leur famille les tourmente. Moi, c'est ma jambe qui me tourmente. Près de Smolensk, la tension était terrible, ensuite, ça a été [le front de] Briansk. Sur le [front] nord-ouest, je n'ai pas dormi durant cinq jours d'affilée. »

« Oui, quand deux généraux combattent, l'un des deux est obligatoirement intelligent, et l'autre idiot. » Et il ajoute en riant : « À moins que les deux ne soient des idiots. »

Gourov, commissaire principal de la 62e armée, faisait des déclarations aussi lapidaires.

« Le combattant, le soldat, est toujours le même partout. Il n'y a que les officiers chargés du commandement qui soient différents. »

Les commandants soviétiques avaient peu d'influence sur les événements dans la zone de franchissement de la Volga. Tout dépendait des hommes des bataillons chargés d'assurer les transports fluviaux, des bateliers de la Volga originaires de Iaroslavl pour la plupart.

Le général Rodimtsev fit part à Grossman de la vision officielle, donc optimiste.

> « Nous avons parcouru tout le fleuve pour faire la collecte. Nous avons maintenant toute une flotte : vingt-sept barques de pêche, des bateaux à moteur, et nous avons remonté du fond de la Volga une vedette, mais elle a été détruite par un tir direct. La division ne manque de rien : nourriture chaude, linge de rechange, chocolat, lait concentré. Les blessés sont évacués de manière exemplaire. Il y a des réserves pour trois jours. »

Grossman passa toutefois assez de temps avec les bateliers incorporés dans l'armée pour se forger une opinion plus précise.

> Là où nous sommes, la Volga fait mille trois cents mètres de large... Une barque a été touchée. Elle transportait de la farine. Le soldat Voronine ne s'est pas démonté, il a sorti la farine de l'un des sacs et a bouché un trou avec, et pour les autres trous, il les a enduits avec la pâte de farine qui s'était formée. Dans la barque touchée, il y avait soixante-dix-sept trous et le soldat les a obturés tous les soixante-dix-sept en un jour.
>
> Le sergent Vlassov, un petit vieux originaire de Iaroslavl. La barge avait été percée par un obus. Un homme le tenait par les pieds : il a obturé le trou avec sa capote et l'a tout enfoncée à force. Il était président d'un kolkhoze. Il a deux fils au front, et trois enfants et sa femme à la maison.
>
> Le caporal Spiridonov a eu l'arrière-train défoncé, il demande un remontant. Deux blessés graves, Volkov et Loukianov, ont rappliqué de l'hôpital à trente kilomètres de là, ils se sont enfuis à pied. On les a mis dans une voiture pour les ramener, et tous deux pleurent : « Nous ne voulons pas quitter le bataillon. »
>
> Quand Eziev et Iline ont été blessés, le soldat rouge Minokhodov les a sortis tous les deux de la barge et les a bandés. Lui-même était blessé au dos. Il a couru sur un kilomètre jusqu'au deuxième convoi pour leur dire que le commandant du bataillon était blessé,

et il est tombé sans connaissance. On les a emmenés ensemble à l'hôpital.

Le conducteur couard d'une vedette à moteur a été abattu par Vlassov après un discours du commissaire. Le conducteur Kovaltchouk avait reçu l'ordre d'amener les soldats à Octobre rouge. La canonnade grondait et lui, terrifié, les emmena sur une île et déclara : « Ma vie m'est plus chère que tout. Transférez-moi, fusillez-moi, de toute façon je ne ferai pas ce travail, je suis un homme âgé. »
Il avait tout simplement peur, il proférait des injures. Il ne reconnaissait l'autorité de personne, et à propos de l'ordre du général, il s'est exclamé : « Au diable les généraux ! »
On a formé le bataillon et on a fusillé Kovaltchouk devant les rangs. « Au moment où des centaines et des milliers de soldats se battent pour Stalingrad, il a trahi sa patrie » [a dit le commissaire]. « Qui va le descendre ? » Alors, Vlassov a fait un pas en avant : « Permettez-moi de le faire, camarade commissaire. » [Kovaltchouk] a commencé à se mettre à plat ventre. Il pleurait : « Pardonnez-moi, camarade commissaire, je me corrigerai. » Le commissaire a embrassé Vlassov devant toute la compagnie.

De toute évidence, le commissaire du bataillon respectait beaucoup Vlassov.

« Ce que j'ai vécu de plus terrifiant, c'est quand une barge a commencé à couler. Il y avait là environ quatre cents soldats. La panique, des cris : « Nous coulons, nous sommes perdus ! » Et Vlassov vient vers moi : « C'est prêt, camarade commissaire. » [La barge avait été grossièrement réparée.] Et voilà qu'éclate un incendie : un soldat, le fils de chienne, s'était emparé d'une bouteille de KS[1] et avait commencé à boire. On éteint le feu avec des bâches. Un peu plus et les hommes auraient commencé à se jeter à l'eau ! Nous avions aussi là avec nous le vieux Mouromtsev. Il a découvert deux voies d'eau et il les a colmatées.
C'est que tous connaissent la peur, et moi aussi j'ai eu peur, tous en passent par là, mais certains savent dominer cette peur. Maintenant, on y est à ce point habitué que lorsqu'il y a une accalmie, on dit : « Ça devient ennuyeux ! »

Grossman eut l'occasion de discuter longuement avec Vlassov.

1. Le KS était un produit industriel contenant de l'alcool frelaté.

Vlassov Pavel Ivanovitch, quarante-trois ans, originaire de la région de Iaroslavl. Une famille de six personnes, un fils dans les mortiers de la garde, il a été recruté en août 1941, il gardait des dépôts.

« Nous sommes arrivés sur la Volga le 25 août. La barge était grande, avec près de quatre tonnes de munitions. Pendant que nous étions en train de la charger, on nous tirait dessus, mais nous n'y prêtions pas attention. Nous sommes partis. J'étais à la proue, c'est ma place. Le tir a commencé. Il a percé le pont, il a percé le bord un mètre au-dessous de la ligne de flottaison. L'eau s'est mise à bouillonner, les hommes ont crié.

« J'ai arraché à l'un des nôtres sa bâche et je me suis précipité dans la cale ; le pont était fracassé, et donc elle était éclairée. On a obturé le grand trou avec des bâches et une capote. Et pour les petits trous, nous les avons colmatés de l'extérieur : on me tenait par les pieds et j'étais là, à pendouiller. »

(Sur le conducteur couard [de la vedette à moteur].)

« C'était dans les premiers jours d'octobre. On nous avait donné l'ordre de passer sur l'autre rive, pour arranger le débarcadère. Il nous a menés sur une île et a déclaré : "Ma vie m'est plus chère que tout." Nous l'avons agoni d'injures, si nous avions su nous servir du moteur, nous l'aurions débarqué.

« On ne nous fait pas revenir, on nous dit : "Vous avez déserté le front."

« On a tout rapporté au commissaire. On nous a mis en rangs, tout le bataillon. Le commissaire a lu la condamnation. Et le conducteur, il s'est mal conduit, il a pleuré, il a demandé à retrouver son poste. Mais il fait un piètre défenseur, il disait qu'il se rendrait aux Allemands. Moi, j'avais le sentiment que si j'avais été libre d'agir, je l'aurais mis en pièces en me passant de cette condamnation. Ensuite le commissaire a dit : "Qui va le descendre ?" Je suis sorti du rang, il est tombé. J'ai pris à un camarade son fusil et je l'ai abattu.

– Vous avez eu pitié de lui ?

– Mais enfin, de quelle pitié parlez-vous ? »

« Le 28 août [1941] au soir, on m'a envoyé ma convocation d'appel sous les drapeaux. De façon générale, je bois peu, je n'ai pas l'habitude. Je n'ai pas beaucoup l'occasion d'écrire [à la maison] : "Je suis encore vivant", et je demande à ce qu'on me raconte comment ils s'en tirent, à la maison. Les gamins ne sont pas des enfants gâtés, je ne sais pas comment ils sont sans moi, mais quand j'étais là, ils donnaient un sérieux coup de main. Il y a beaucoup de choses à faire, il faut travailler jour et nuit. Le lin est ce qui

demande le plus de travail à cultiver, il faut sarcler, encore sarcler une deuxième fois, on l'arrache à la main, on le met à sécher en javelles, et ensuite on le bat, il faut l'étendre, et ensuite le ramasser.
« Ici, somme toute, le travail est plus facile. Encore que, quand on a fait le pont, on n'a pas dormi de trois jours. On se fatigue un bon coup, et on dort. Si, un jour, on ne dort pas, le suivant, de toute façon, on dormira.
« Les soldats de la défense antiaérienne travaillent mal. J'ai bien vu, ils n'ont abattu que trois avions. Il n'y a pas lieu de leur chanter des louanges.
« Les enfants m'obéissent. Parfois, je suis sévère avec eux, mais c'est impossible autrement. Si on laisse faire sans rien dire, ça ira mal, à la maison comme à la guerre... Et quand je suis parti à l'armée, j'ai tout rendu, je ne dois plus rien, si on me tue, je ne laisse pas de dettes derrière moi... On porte tout avec soi : quart, gamelle, cuillère. L'argent, on l'envoie à la maison, ici, il n'y a rien à acheter.
« Dans mon peloton, il reste Mochtchev et Malkov, c'est tout. Tous les autres ont été tués ou blessés...
« Le poisson, nous en pêchons, les Allemands l'étourdissent pour notre compte. J'ai attrapé un esturgeon, et ensuite encore un autre poisson, celui que nous appelons gardon rouge [1]. On en a fait de la soupe. »

Il y a des chiens qui reconnaissent très bien les avions. Quand ce sont les nôtres qui volent, même droit au-dessus de leurs têtes, ils ne font pas attention du tout. Mais si ce sont des avions allemands, ils se mettent immédiatement à aboyer, à hurler, et ils vont se cacher. Même s'ils volent très haut.

Les obus de mortiers et les bombes qui tombent dans l'eau ne font pas d'éclats, le seul danger est l'impact direct. Hier, un dragueur de mines a péri, il est allé au fond avec soixante-quinze blessés.

Dans son article « Traversée du fleuve à Stalingrad », Grossman écrivit :

La terre, au point de passage du fleuve, est labourée par un fer maléfique...
Et le feu allemand ne cesse pas même une minute...
Mille trois cents mètres d'eau de la Volga séparent de Stalingrad les appontements de la rive champêtre. Plus d'une fois les soldats

1. *Acipenser ruthenus*, ou esturgeon d'eau douce, et *Leuciscus idus*, appelé parfois orfe ou ide mélanote.

du bataillon de pontonniers ont entendu comment, dans le court moment de silence au-dessus de la Volga, arrivait, rapproché mais qui, de loin, paraissait triste, le son de la voix des hommes : « Aaaah !... » C'était notre infanterie se relevant pour une contre-attaque.

L'emploi du temps allemand : jusqu'à minuit, feu [d'artillerie]. De minuit à deux heures du matin, calme. De deux heures à cinq heures, ça recommence. De cinq heures à midi, calme. À partir de neuf heures du matin, l'aviation est très précisément au rendez-vous, jusqu'à cinq heures du soir. L'aviation frappe la berge, elle ne frappe pas le fleuve.
La traversée se fait depuis six heures du soir jusqu'à quatre heures et demie du matin... Nous camouflons [les barges], nous les amenons sous le couvert de la rive et de la forêt. Le vapeur *Donbass* se glisse à l'intérieur d'une des barges détruites et se dissimule derrière les autres.

Au point de franchissement vers la rive occidentale, un soudeur en vint à réparer autre chose que de vieux bateaux.

Le soudeur Kossenko savait si bien s'y prendre que les hommes venaient du front pour lui demander de réparer les Katioucha. « Chez vous, c'est mieux que sur le front. » Deux chars sont arrivés du front en toute hâte : « Vite, vite, nous devons aller combattre. » Ils ont été réparés et sont repartis au combat.

Le quotidien. [Les troupes de transport disposent] d'un four à pain, d'un bain et d'une étuve antipoux. Le bain est creusé dans la terre. Les soldats aiment prendre un bain de vapeur [et se fouetter] avec des branches de bouleau. Les sortir de là est impossible. La cheminée du bain a été emportée par une onde de choc.
Le four à pain est un poêle russe installé dans la terre. Nous faisons cuire un superbe pain d'une légèreté aérienne, cuit à la sole, nos artisans sont remarquables. Pendant le dernier bombardement, le four à pain y est passé entièrement ! La cuisine, dans la deuxième compagnie, a été sous impact direct.
« Permettez-moi de venir au rapport. Toute la cuisine s'est envolée dans les airs, et en même temps la soupe au chou !
– Faites cuire un deuxième repas. »

Même s'il n'était que correspondant, Grossman s'impliquait lorsque la situation l'exigeait.

> Des obus de Katioucha avaient pris feu, un camion et autour des dizaines de véhicules. Nous les avons éloignés.

Mais, par-dessus tout, il se félicitait que ses articles plaisent tant aux hommes.

> L'article sur les soldats originaires de Iaroslavl a beaucoup plu aux nôtres. Ils sont assis là, fiers comme des coqs : « On écrit sur nous ! »

Chapitre 16

LES COMBATS D'OCTOBRE

Le quartier général de Tchouïkov se trouvait depuis moins d'une semaine dans les tunnels de la Tsaritsa quand une nouvelle offensive allemande frappa le centre de Stalingrad. Son état-major et lui-même se déplacèrent de quelques kilomètres vers le nord et les usines Octobre rouge. Ce quartier industriel s'avéra bientôt la cible des attaques allemandes et la première grande offensive débuta le 27 octobre. Les attaques terrestres étaient précédées de raids d'escadrilles de Stuka, surnommés par les soldats de l'Armée rouge « siffleurs » ou « musiciens » à cause de leurs sirènes quand ils fondaient sur leurs cibles.

Les combats étaient tout aussi désespérés sur le flanc nord où la 16e division blindée avait pris Rynok et Spartakovka avant d'avancer vers les usines de tracteurs [Traktorny].

> La 149e brigade de Bolvinov est sans doute la meilleure des unités. Bolvinov a été mis sous les ordres de Gorokhov [commandant la 124e brigade], et Gorokhov l'a pris sous sa protection. Mais Bolvinov fait ce qu'il faut. Il rampe, avec des grenades accrochées à lui, d'un point de feu à l'autre, et les soldats de l'Armée rouge l'aiment bien.

Les communications constituaient le problème majeur de tous les Q G de la rive occidentale. Les câbles étaient sans cesse détruits par le pilonnage et les estafettes, abattues. Tchouïkov décrivit à Grossman le sentiment de frustration et de peur.

« Le sentiment le plus pénible : quelque part ça craque, tout tonne, on envoie un officier de liaison, et il est tué.
« Et alors, à ce moment-là, on tremble tout entier à cause de la tension...
« Le plus terrible, c'est quand on est là, comme un idiot, que le combat bat son plein, et qu'on ne peut rien faire. »

Le quartier général de Tchouïkov fut directement menacé le 2 octobre. Le Q G de la 62e armée campait sur la rive escarpée de la Volga juste en dessous de citernes de carburant que tout le monde croyait vides. Ce fut une terrible erreur : les Allemands prirent pour cibles les citernes et le Q G fut recouvert de pétrole en feu, comme Tchouïkov le racontera plus tard à Grossman.

« Le pétrole coule à flots vers la Volga à travers le poste de commandement et la Volga s'enflamme. Nous sommes à quinze mètres du fleuve. Il n'y a d'issue que du côté de l'ennemi... Les réservoirs de carburant prennent feu. Une colonne de huit cents mètres de haut. La Volga. Tout s'écoule vers la rive en rugissant. On m'a sorti du fleuve en flammes. Certains des soldats qui dormaient ont brûlé... Dans l'état-major, quarante hommes au moins ont péri. »

Le chef d'état-major de Tchouïkov donna sa propre version de l'événement.

« Ensuite ils [les hommes de l'état-major] sont passés dans la galerie près de l'usine Barrikady, du 7 au 15 octobre. Là, ils [les Allemands] ont fait pression pour nous séparer du gros des forces.
« De là, nous sommes allés au ravin Bannyi, dans la conduite qu'occupait le poste de commandement de la 284e division, puis je suis parti vers la berge. Ici, on entend beaucoup parler du ravin Bannyi.
« "Le poste de commandement de l'armée est parti !
« – Où ça ?
« – Pas sur la rive gauche, mais plus près de la première ligne." »

Le 6 octobre, le général Paulus lança deux divisions contre l'énorme usine de tracteurs, à la lisière nord de la ville. Hitler le pressait de neutraliser la poche de résistance soviétique de la rive occidentale, et Staline poussait Eremenko à contre-attaquer et à repousser les Allemands. Tchouïkov ne tint pas compte de cet ordre irréaliste. Il parvenait à conserver sa position parce que l'artillerie lourde positionnée sur la rive orientale leur tirait au-dessus de la tête pour briser les préparatifs allemands.

L'usine de tracteurs Traktorny de Stalingrad fut le théâtre d'épouvantables combats quand les chars de la 14e division blindée foncèrent sur les ateliers, broyant sous leurs chenillettes les pans de verrières tombées à terre. Les survivants de la 112e division de fusiliers et de la 37e division de fusiliers de la garde du colonel Joloudev formaient des poches de résistance bien que leurs lignes de défense fussent brisées[1].

> La division de Joloudev. Le commissaire Chtcherbine. L'usine de tracteurs Traktorny. Le poste de commandement a été enseveli. Le silence s'est fait d'un coup. Ils sont restés là longtemps, ensuite ils ont entonné : « C'est bon, frères, c'est bon [de vivre]. » C'est un sergent qui les dégageait, sous les tirs. Il travaillait comme un enragé, avec frénésie, au point que l'écume lui montait aux lèvres. Une heure après, il a été tué par un obus de mortier. Un Allemand, qui tirait au pistolet-mitrailleur, s'était faufilé dans la conduite, il s'était installé là et ouvrait le feu quand il y avait le bruit des obus et des armes. On l'a traîné dehors. Il était tout noir, et on l'a mis en pièces.
>
> En occupant un atelier, les Allemands avaient réussi à hisser un char hors d'usage à une certaine hauteur et ils faisaient feu par la fenêtre de l'atelier.

Grossman passa une fois encore sur la rive occidentale au moment où une nouvelle offensive allemande relançait la bataille. Il écrivit au rédacteur en chef de *Krasnaïa Zvezda* pour le tenir informé de ses déplacements.

> Camarade Ortenberg, le 11 au matin je suis arrivé avec Vyssokoostrovski [un autre correspondant de *Krasnaïa Zvezda*], et la nuit j'ai traversé Stalingrad. J'ai longuement parlé avec les soldats, les officiers, le général Rodimtsev.

1. La 37e division de fusiliers de la garde fut formée en août 1942 à partir du 1er corps aéroporté ; plus tard, elle intégrera la 65e armée, refondue après les lourdes pertes subies à Stalingrad.

Grossman entendit deux soldats de l'Armée rouge bavarder alors qu'ils se dirigeaient vers le point de franchissement de la Volga.

> Conversation de soldats de l'Armée rouge se dirigeant vers le point de passage.
> Le premier : « Ça fait bien longtemps que je n'ai rien mangé de chaud. »
> Le second : « Nous allons boire du sang bien chaud, là-bas, le nôtre. »

La 13e division de fusiliers de la garde de Rodimtsev avait été pratiquement anéantie lors d'une attaque surprise. Le 1er octobre, des groupes de la 295e division d'infanterie allemande avaient infiltré les drains sur le flanc droit de Rodimtsev et pratiquement réussi à couper la division du reste de la 62e armée. Les gardes de Rodimtsev avaient lancé de terribles contre-attaques et réussi de justesse à repousser les Allemands. Grossman passa les 12 et 13 octobre avec la division.

> Les enterrements se faisaient tout près de la Volga. Avec des discours, et, en guise de salut, une salve d'honneur. On installait un monument sur lequel on indiquait la date de la mort, et les circonstances. On enterrait de nuit. Pas un seul enterrement n'a eu lieu sans salve d'honneur.

Le salut, à Stalingrad, ce n'était pas une salve tirée en l'air, mais vers les Allemands.

> Charmant et triste.
> Le Mamaev Kourgane, le poste de commandement du bataillon. Les servants de mortier de la compagnie refont sans cesse passer les mêmes paroles sur le disque : « Non, puissions-nous [n'aller] pas tout de suite, amis, dans un lit glacé*. »
>
> Nulle part la musique n'est plus présente qu'ici. Cette terre retournée, argileuse, pleine de merde, en sang, résonne de la musique que transmet la radio, des disques sur les phonographes, des voix des chanteurs des compagnies ou des sections.

* Il s'agit là des paroles d'une chanson à boire irlandaise sur une musique de Beethoven dont il est également question au chapitre 17.

« Nous avons eu ici deux concerts [a dit Rodimtsev]. Le coiffeur Roubintchik a joué du violon dans notre conduite. »
Et tous ceux qui étaient là ont eu un sourire au souvenir du concert.

Rodimtsev rapporta une anecdote plus représentative des priorités des soldats.

« Aujourd'hui deux soldats sont venus. Il s'avère qu'ils se sont battus pendant quatorze jours dans une maison encerclée par des maisons "allemandes". Ces deux-là, comme ça, tranquillement, ont demandé des biscuits, des munitions, du sucre, du tabac, se sont chargés du tout et sont partis en disant : "Nous en avons deux qui sont restés là-bas, ils gardent la maison et ils ont envie de fumer. En réalité, la guerre dans les maisons est quelque chose de très particulier – il a souri – et je ne sais pas s'il vaut la peine d'en parler dans le journal. Hier, il est arrivé quelque chose de drôle : les Allemands s'étaient emparés d'une maison, et dans la cave il y avait un tonneau d'alcool. Les soldats de la garde n'ont pas supporté l'idée que les Allemands boivent cet alcool ; vingt hommes sont allés à l'assaut, ils ont repris la maison et ils ont fait rouler le tonneau dehors. Ils l'ont roulé sur toute la rue, or cette rue, il faut le préciser, était presque entièrement tenue par les Allemands. L'affaire s'est passée dans une extrême jubilation...
« Je suis calme, il le faut. Je crois bien que j'ai déjà tout vu. Une fois, mon poste de commandement a été "repassé*" par un blindé allemand, et ensuite, pour plus de sûreté, un tireur de pistolet-mitrailleur a lancé une grenade. Cette grenade, je l'ai rejetée à l'extérieur... »

Grossman alla aussi avec Efim Guekhman voir Rodimtsev sur la rive occidentale. Le général de la garde dit que les interviews le mettaient mal à l'aise.

« Vous savez, je suis superstitieux. Je me rappelle comment le journal [*Krasnaïa Zvezda*] avait publié un éditorial à propos de Dovator[1]. Eh bien, le jour même il a été tué. »

* Les soldats russes disaient des blindés allemands qui avançaient intentionnellement sur leurs systèmes souterrains de défense (tranchées, casemates ou autres) qu'ils les « repassaient ».

1. Le Generalmajor L. M. Dovator, commandant du 2e corps de cavalerie de la garde pendant la bataille de Moscou, fut tué le 20 décembre 1941.

Avec sa générosité habituelle, Grossman louait toujours le courage d'autrui. Ortenberg se souvient de l'avoir entendu dire :

« Guekhman est d'un courage hors du commun. Lors d'une nuit d'octobre très noire, à Stalingrad, nous devions quitter la conduite de Rodimtsev et traverser la Volga sur une barque. Rodimtsev, inquiet, tendait l'oreille au grondement [de l'artillerie] à l'extérieur. Hochant la tête, il nous dit : "Camarades, buvez donc un petit verre avant d'aller là-bas, sur le passage, c'est un peu trop chaud." Guekhman répondit en haussant les épaules : "Merci bien, je mangerai plutôt encore un morceau de saucisson." Il dit cela si tranquillement, et il mangea le saucisson avec un tel appétit qu'il nous fut impossible de ne pas éclater de rire. »

À l'aube du lundi 14 octobre, la 6e armée allemande lança ce que le général Paulus espérait être la dernière offensive destinée à écarter la 62e armée de la rive occidentale. Tous les Stuka disponibles de la 4e flotte aérienne du général Wolfram von Richthofen servirent à anéantir les positions soviétiques. Aucun bombardement n'avait été aussi intensif. Tchouïkov sentait venir le paroxysme de la bataille.

« La presse [1] s'était moquée de Hitler [à cause de sa difficulté à prendre Stalingrad], et nous étions effrayés. Nous étions là à attendre, nous savions, nous sentions que Hitler avait jeté le gros de ses forces.

« Après le 14 [continua Tchouïkov], je pris la décision [de faire passer] toutes les femmes sur l'autre rive. Combien de larmes n'y a-t-il pas eu !

« Ici, le courage est contagieux, comme peut l'être ailleurs la lâcheté. On vit d'une heure à l'autre, d'une minute à l'autre, parole d'honneur. On attend l'aube. Et ça commence. Et le soir, grâce à Dieu, la journée entière est passée, et c'est tellement étonnant...

« C'est sûr que si on m'avait dit que je serais là pour le Nouvel An, j'aurais bien ri. »

La nuit du 15 octobre, trois mille cinq cents blessés furent évacués de l'autre côté du fleuve. Nombre d'entre eux durent ramper jusqu'à la rive parce qu'il n'y avait pas assez d'assistants

1. Tchouïkov fait probablement plus référence à la presse internationale qu'à la presse soviétique.

médicaux. Le 16 octobre, au petit matin, le général Eremenko traversa lui aussi le fleuve pour aller voir Tchouïkov. Il voulait savoir une fois pour toutes s'ils réussiraient à tenir.

> Eremenko est arrivé la nuit du 13[1], et moi et Gourov sommes sortis à sa rencontre. C'était un enfer de feu, un raid aérien.

Tchouïkov ne dit pas que Gourov et lui n'avaient pas réussi à localiser Eremenko sur la rive du fleuve, mais que celui-ci avait débouché dans leur Q G, où il les attendait. Eremenko raconta à Grossman sa rencontre avec un soldat :

> « "Je vous ai reconnu, camarade commandant." Il m'a raconté où il avait été, où il s'était battu, combien il avait tué d'Allemands. »

Après la bataille, la version de Tchouïkov eut tendance à traiter la réalité un peu à la légère, mais c'était taire le fait que, pendant la crise de la mi-octobre, la tête de pont de la 62e armée se réduisait à moins de mille mètres de profondeur et que cela allait encore empirer.

> L'attaque allemande : tout faire rentrer dans la terre, lancer les chars et, après ce sauvage passage à tabac, notre infanterie immortelle sortait de terre et isolait leur infanterie de leurs blindés...
> On crie : « Les blindés sont sur le poste de commandement ! – Et l'infanterie ? – On l'a isolée. – Alors tout va bien. »

Grossman demanda à Tchouïkov ce qu'il pensait de la méthode allemande.

> « Ils ne sont pas plus brillants que ça. Mais pour ce qui est de la discipline, il faut leur rendre justice. Un ordre est un ordre. »

Krylov, son chef d'état-major, avait vécu le terrible siège de Sébastopol au mois de juin et il comparait la bataille à celle de Stalingrad.

> « Là-bas, les forces fondaient, alors que, ici, elles se reconstituent. L'échelle était plus grande, le potentiel n'était pas supérieur.

1. Grossman parle de la nuit du 13 octobre, mais, dans la plupart des récits, c'est aux premières heures du 16 octobre qu'Eremenko se serait rendu sur la rive occidentale.

« Il y a beaucoup de points communs. On a parfois l'impression de continuer le même combat. Mais il n'y a pas le sentiment d'être irrémédiablement condamné à la perte, comme à Sébastopol. »

La perte de l'usine Traktorny avait isolé à Spartakovka la 124e brigade de Gorokhov.

Le jour de gloire, je me suis souvenu de ce bataillon qui avait traversé jusqu'à Gorokhov, afin de détourner sur lui le choc[1]. Il fut anéanti en totalité, jusqu'au dernier homme. Mais qui s'est souvenu de ce bataillon le jour de gloire ? Personne ne se souvient de ceux qui ont traversé, à la fin d'octobre, par une nuit de mauvais temps. (Deux jours plus tard, j'ai vu un Géorgien prisonnier issu de ce bataillon. Il avait déserté et s'était rendu. Il déclara que nombreux étaient ceux qui s'étaient rendus.)
A été tué à son poste l'Ossète Alborov (une bombe). Il avait le corps de son fusil dans la main, parce que le canon avait sauté. Son pouls battait encore. Son compagnon d'arme sanglotait, il criait : « Mon camarade est mort ! »

Grossman passa du temps avec la 308e division de fusiliers sibériens du général Gourtiev, défenseurs des usines de silicate juste au nord du complexe industriel de Barrikady[2]. Ils avaient franchi la Volga le 30 septembre pour passer aussitôt à l'action. Voici comment il raconte ce qu'il leur était arrivé depuis cette date.

Arrive une première vague, une deuxième, une troisième. Ce jour-là, treize attaques furent repoussées. Ils [les Allemands] cherchaient à atteindre coûte que coûte le point de passage. Rôle énorme de notre artillerie.
Le 1er [octobre], quatre régiments d'artillerie et des Katioucha ont, une demi-heure durant, fait feu sur cinq cents mètres. Tout s'est tu, les Allemands se sont tus. Tous regardaient et écoutaient. Les Allemands se trouvaient en bordure de l'usine, c'était dans la journée du 2. Une partie s'est couchée, les autres se sont enfuis.

1. Grossman fait probablement référence au 17 octobre, quand toutes les têtes de pont de la rive occidentale connurent les combats les plus violents. Ce bataillon était issu de la 138e division de Lioudnikov, renforts frais à qui Tchouïkov avait fait traverser la Volga au moment critique.

2. La 308e division de fusiliers devint la 120e division de fusiliers de la garde rattachée à la 3e armée. Comme presque toutes les divisions de Stalingrad, elle ne cessa de se battre jusqu'à Berlin.

Un Kazakh escortait trois prisonniers, il fut blessé : il saisit son couteau et égorgea les Allemands. Un tankiste, un garçon solide, roux, sauta hors de son char devant le poste de commandement de Tchangov, quand il fut à court d'obus. Il attrapa des briques et se jeta sur les Allemands en jurant. Les Allemands s'enfuirent.
Les hommes avaient bon moral, habitués qu'ils étaient à essuyer le feu. Ils avaient entre vingt-trois et quarante-six ans. La plupart étaient des Sibériens, originaires d'Omsk, de Novossibirsk, de Krasnoïarsk. Les Sibériens sont plus râblés, plus sévères, plus durs. Ce sont des chasseurs, plus disciplinés, mieux habitués au froid, aux privations. Pas un seul cas de désertion [en route* pour Stalingrad]. L'un d'eux avait laissé tomber son fusil du train, il a sauté pour le récupérer, a couru sur trois kilomètres derrière le wagon et l'a rattrapé. Ils sont taciturnes, mais vifs d'esprit, et parlent sans détour.

On est habitués aux « siffleurs ». C'est même ennuyeux quand les Allemands ne sifflent pas. Quand ils sifflent, cela signifie qu'ils ne balancent rien. Durant la nuit du 2 au 3, ils sont passés à l'attaque de l'usine Silikatnyi [de silicate], tout le régiment de Markelov a été abattu. Il est resté onze hommes. Le soir du 3, les Allemands ont occupé l'usine. L'ordre était : plus un pas en arrière. Le commandant a été grièvement blessé, le commissaire a été tué.
On a commencé à défendre une rue en ruines et qui brûlait devant le jardin des Sculptures. Personne ne revenait des combats défensifs. On mourait sur place. Le pic des combats fut atteint le 17 octobre. Les 17, 18, 19 il y eut des bombardements jour et nuit, et les Allemands allèrent à l'attaque en deux régiments.
L'assaut commença à cinq heures du matin. Le combat dura toute la journée. Ils firent une percée sur un flanc et isolèrent les régiments de leurs commandants. Les régiments, installés dans les maisons, menèrent la lutte durant deux ou trois jours, et le point de commandement prit part au combat, on s'y battit aussi. Un tankiste se défendit contre les Allemands à coups de pierres, alors qu'il n'avait plus de munitions. Le commandant de la 7e compagnie et ses hommes abattirent dans un ravin une compagnie d'Allemands et sortirent de nuit. Nous occupons une maison : nous sommes vingt, pour un combat à la grenade, un combat pour chaque étage, pour chaque marche, pour les couloirs, pour le moindre mètre des pièces.
Kalinine, chef adjoint de l'état-major, tua vingt-sept hommes, et il abattit quatre chars avec son fusil antichar.

* En français dans le texte.

À l'usine, il y avait quatre-vingts ouvriers et une compagnie de défense. Il resta trois ou quatre hommes. Ils n'avaient pas la moindre pratique du combat. Leur commandant était un jeune ouvrier, un communiste, d'une trentaine d'années, et sur les ouvriers s'était abattu au moins un régiment d'Allemands.

Le 23, les combats se déroulèrent à l'usine. Les ateliers brûlaient, les voies ferrées, les routes, les espaces verts. Au point de commandement, dans l'usine, Kouchnarev et le chef d'état-major Diatlenko restèrent dans la conduite avec six tireurs de pistolet-mitrailleur, ils avaient deux boîtes de grenades. Ils ont repoussé l'ennemi.
Les Allemands amenèrent des blindés sur l'usine, les ateliers changèrent de mains à plusieurs reprises, les blindés les détruisirent en tir direct. L'aviation bombardait de jour comme de nuit.
Le 27, un Allemand prisonnier, un enseignant, parla de la cruauté de cet ordre d'aller jusqu'à la Volga. Il avait les mains noires et des poux plein la tête. Le prisonnier éclata en sanglots.

Mikhaliov, Barkovski, le chef d'état-major Mirokhine ont été tués et tous ont été décorés à titre posthume... Le tireur de pistolet-mitrailleur Kolossov a été enseveli par de la terre jusqu'à la poitrine. Il est là et il rit : « Moi, ça me rend furieux. » Le commandant du peloton de liaison Khamitski est assis près de l'abri blindé, il est en train de lire, il y a un bombardement intense. Gourtiev s'est fâché : « Qu'est-ce que c'est que ça ? – Mais qu'est-ce que j'y peux si ça bombarde ? Alors moi, je bouquine. »

Mikhaliov était très aimé. Maintenant, quand on demande : « Comment ça va ? – Eh bien quoi, nous vivons sans père. » Il avait pitié de ses hommes, il en prenait soin.

Un chimiste, l'officier de liaison Batrakov, avec des lunettes, noiraud, faisait tous les jours dix à quinze kilomètres. Il arrivait, il essuyait ses lunettes, il faisait le compte rendu de la situation et il s'en allait. Il était ponctuel ; toujours à la même heure.
Les 12 et 13, le calme régnait, mais nous en comprenions la signification. Le 14, ils firent donner les Vanioucha[1] sur le poste de commandement de la division. Le poste a été enseveli et nous sommes partis. Nous avons eu entre treize et quinze morts au poste

1. Vanioucha était le surnom donné au Nebelwerfer, un mortier allemand à tubes multiples. Sur le même principe que la Katioucha, mais moins efficace, on avait commencé par l'appeler Vania et des blagues fusèrent pour savoir ce qu'il adviendrait du petit Vania s'il épousait la puissante Katioucha. On parlait aussi d'« âne qui braie », à cause du bruit que faisaient dans l'air les obus de mortier.

de commandement de la division. Le son de l'obus à la thermite est sourd, il éclate dans les oreilles. D'abord, c'est un bruit grinçant : « Tiens, voilà Hitler qui commence sa musique », et on a le temps de se cacher. Vladimirski avait envie de faire, il a souffert jusqu'au soir, au point qu'il voulait emprunter sa gamelle à un soldat.

L'atelier n° 14, il a flambé de l'intérieur. Quand a été tué Andriouchenko – le commissaire du régiment –, le commandant du régiment, le lieutenant-colonel Kolobovnikov, quatre fois décoré (un homme au visage de pierre), a téléphoné au poste de commandement et a commencé son rapport : « Camarade major général, permettez-moi de vous informer... » Il n'a plus su que dire, s'est mis à pleurer et a dit : « Vania n'est plus. » Et il a reposé le combiné.

Un tankiste « engagé » [c'est-à-dire le commandant d'un blindé rattaché à l'infanterie]. On le nourrissait de chocolat, on lui donnait de la vodka, on lui rassemblait ses obus. Et lui travaillait comme une bête de somme. Le régiment était aux petits soins pour lui.

Une grenade, un pistolet-mitrailleur, un canon [antichar] de 45 mm. « Trente blindés se sont mis en marche, nous avons eu peur, c'est que c'était la première fois ! Mais pas un seul homme ne s'est enfui. Nous avons commencé à tirer sur le blindage. Les blindés ne cessaient de se rapprocher des tranchées profondes. Un soldat de l'Armée rouge est sorti et s'est moqué d'eux : "Creuse plus profond !" »

Les postiers. Makarevitch, un barbu, de la campagne, avec un sac plein d'enveloppes, de cartes, de lettres, de journaux. Karnaoukhov a été blessé. En tout trois ont été blessés, et un tué...

Kossitchenko, blessé, arrachait avec les dents la goupille de la grenade.

Grossman écrivit pour *Krasnaïa Zvezda* le récit de l'attaque de la 308e division de fusiliers. Il fut publié plus d'un mois plus tard sous le titre « L'axe de l'attaque principale ». Ortenberg aura l'occasion de parler des techniques d'interview de Grossman.

« Tous les correspondants spéciaux sur le front de Stalingrad n'en revenaient pas : comment Grossman avait-il réussi à obtenir d'un Sibérien aussi peu enclin à parler et aussi retenu que le commandant de la division, le général Gourtiev, de "tout mettre sur la table" durant six heures d'affilée au moment le plus brûlant ? »

Grossman subit peut-être l'influence des superstitions des *frontoviki*, qui vivaient constamment avec la mort sous sa forme la plus imprévisible, mais il avait aussi les siennes, propres à un écrivain. Son rédacteur en chef, Ortenberg, s'amusait que Grossman crût néfaste de fermer ses lettres et paquets personnels.

« Après avoir écrit son énième article, il s'adressait à Guekhman avec lequel il circulait souvent sur le front : "Vous avez la main légère, Efim. Prenez donc mes feuillets et collez vous-même le paquet pour l'envoyer à Moscou..." »

Journaliste aguerri du Parti, Ortenberg plaisantait sur la façon dont Grossman relisait avec attention ses articles une fois imprimés.

« Je sais que lorsque le journal qui comportait son grand article arrivait, l'écrivain changeait littéralement à vue d'œil. Il était tout content, relisant son papier, vérifiant tout haut comment sonnait telle ou telle phrase. Lui, écrivain confirmé, révérait le mot imprimé. »

Là, Ortenberg manque peut-être de sincérité. Grossman se mettait souvent en colère en voyant comment ses articles avaient été réécrits et tronqués. Le 22 octobre, dans une lettre à sa femme, Olga, il écrivit :

J'ai écrit une lettre d'injures au rédacteur et j'attends sa réponse avec curiosité. Je lui ai parlé de l'attitude bureaucratique et des mœurs de fonctionnaires de la rédaction...

En fait, la prose de Grossman subissait probablement moins de modifications que celle de la plupart des autres journalistes. Ortenberg reconnaissait ouvertement que le journal devait en grande partie sa popularité à Grossman. Même les militants du Parti, à Moscou, avaient conscience du courage que sa prose apportait aux soldats de l'Armée rouge, pour ne pas dire à la population tout entière. Elle avait bien plus d'effet que les clichés staliniens les plus enflammés.

Il n'y a qu'ici que l'on sait ce qu'est un kilomètre. C'est mille mètres, c'est cent mille centimètres. Ivres, les tireurs de pistolet-mitrailleur [allemands] avançaient avec une opiniâtreté de somnambules. Il n'y a plus personne qui puisse raconter comment s'est battu le régiment de Markelov... Oui, ils étaient de simples mortels et aucun d'eux n'en est revenu.

Plusieurs fois par jour les canons allemands, les mortiers, soudain, se taisaient. Soudain la force de pression des avions qui piquaient se relâchait. Un silence insolite s'installait. Alors les observateurs criaient « Attention ! » et la défense avancée se saisissait des bouteilles de liquide incendiaire, les hommes des unités antichars ouvraient les sacs de toile enduite qui contenaient les cartouches, les tireurs de pistolet-mitrailleur caressaient de la paume leur arme PPCh. Ce court silence précédait une attaque.

Bientôt le grincement de centaines de chenilles, le grondement sourd des moteurs annonçaient le mouvement des chars et le lieutenant criait : « Camarades, attention ! Des tireurs de pistolet-mitrailleur sont en train de s'infiltrer sur la gauche. »

Parfois les Allemands s'approchaient à une distance de trente ou quarante mètres et les Sibériens apercevaient leurs visages sales, leurs capotes déchirées, et ils entendaient leurs exclamations gutturales...

Oui, vu de l'extérieur, il est clair qu'il y avait de l'héroïsme dans le moindre geste quotidien des hommes de la division. Et dans la manière dont le commandant du peloton de liaison, Khamitski, paisiblement assis sur un monticule devant son abri blindé, lisait un roman tandis qu'une dizaine d'avions piqueurs allemands fonçaient droit au sol dans un hurlement. Et dans la manière dont l'officier de liaison Batrakov nettoyait soigneusement ses lunettes et rangeait dans son havresac les rapports avant de se mettre en route pour faire vingt kilomètres dans « le ravin de la mort » avec la même tranquillité habituelle que s'il s'agissait d'une promenade dominicale [1]. Et dans la manière dont le tireur de pistolet-mitrailleur Kolossov, enseveli par une explosion dans un abri blindé avec de la terre et des morceaux de bois jusqu'au cou, tourna la tête vers le commandant en second Spirine et éclata de rire. Et dans la manière dont une dactylo de l'état-major, la grosse Sibérienne aux joues rouges Klava Kopylova, avait entrepris de taper dans un abri un ordre de combat et avait été ensevelie, dégagée, était passée pour continuer son travail, dans un deuxième abri blindé, avait été

1. Dans la version définitive de l'article, la marche quotidienne semble être passée de dix à quinze kilomètres dans les carnets de Grossman à quelque vingt kilomètres dans *Krasnaïa Zvezda*.

de nouveau ensevelie, de nouveau dégagée, et avait tout de même achevé de taper l'ordre dans un troisième abri avant de l'apporter au commandant de la division pour qu'il soit signé. C'étaient des gens de cette trempe qui étaient sur l'axe de l'attaque principale.

Les *balki*, ou « ravins », étaient souvent perpendiculaires à la rive de la Volga : elles constituaient des abris sûrs, mais étaient aussi synonymes de danger quand l'ennemi parvenait à s'y infiltrer discrètement.

La *balka* est une grande force, surtout ici, à Stalingrad. Elle constitue une bonne approche, étroite, profonde. Il y a là les postes de commandement des unités de mortier. Elle est toujours exposée au feu et beaucoup d'hommes y ont trouvé la mort. On y a les différents câbles, c'est par là qu'on transporte les munitions. L'aviation et les canons de mortier l'ont nivelée avec le sol environnant. C'est là que Tchamov a été enseveli, et dégagé. C'est par là que passent les espions.

Grossman observa la vie au poste de commandement de Gourtiev.

Les rapports sont sur des papiers à en-tête, des morceaux de documents venant des usines, du Parti et ainsi de suite.
Le retour de Zoïa Kalganova qui a été blessée deux fois. Le commandant de la division : « Bonjour, ma chère petite fille. »

Le courage des jeunes infirmières forçait le respect de tous. La plupart de celles relevant de la 62e compagnie sanitaire de l'armée étaient des étudiantes ou des diplômées de Stalingrad, mais la 308e division de fusiliers avait fait venir de Sibérie un certain nombre de ses femmes médecins, secrétaires ou chargées de transmissions. Les infirmières sortaient sous une pluie de feu pour récupérer les blessés avant de les porter ou de les traîner pour les mettre à l'abri. Elles apportaient aussi les rations.

Nos jeunes filles, des Thermos dans le dos, portent le petit déjeuner. On parle d'elles avec une immense affection. Nos jeunes filles ne se sont pas aménagé de tranchées.

Une des jeunes femmes lui fournira la liste improvisée des victimes parmi celles venues avec elle de Sibérie.

« Liolia Novikova, une fille très gaie, elle n'avait peur de rien. Elle a reçu deux balles dans la tête. Lyssartchouk Nina a été blessée. Borodina Katia a eu le bras droit transpercé. Egorova Antonina a été tuée, elle est allée à l'attaque derrière le peloton comme infirmière, un tireur de pistolet-mitrailleur lui a mutilé les deux jambes et elle s'est vidée de son sang. Arkanova Tonia, elle accompagnait les combattants blessés et a disparu sans qu'on ait de nouvelles. Kanycheva Galia, elle a été tuée par une bombe en tir direct. Et on est restées nous deux, Zoïa et moi... J'ai été blessée à l'épaule, elle a été blessée par un éclat d'obus de mortier près de son abri blindé, puis par un éclat de bombe sur le point de franchissement.
« Nous avons fait nos études à l'école n° 13 à Tobolsk. Nos mères pleuraient : "Mais comment pouvez-vous aller là-bas ? Il y a des hommes." Nous ne nous représentions pas du tout la guerre comme ça.
« Notre bataillon était à l'avant-garde du régiment, il est allé au combat à dix heures du matin. Même si ça faisait peur, nous trouvions ça très intéressant. Sur dix-huit jeunes filles, il en est resté treize.
« J'ai eu très longtemps peur des morts, et une fois, la nuit, je me suis cachée derrière un mort et, tout le temps où le tireur de pistolet-mitrailleur canardait, je suis restée couchée derrière lui. Le premier jour, j'avais peur du sang et je n'avais pas envie de manger. Cela me restait devant les yeux.
« Nous avons été en marche huit jours durant, cent vingt kilomètres, sans dormir et sans manger. Avant, je m'imaginais la guerre comme ça : tout est en feu, les enfants pleurent, les chats courent partout, et quand nous nous sommes retrouvés à Stalingrad, tout était réellement comme ça, sauf que c'était encore bien plus terrible.
« Un jour nous épluchions les pommes de terre avec le cuisinier, nous étions lancés dans une grande conversation, nous parlions des soldats. Et soudain tout s'est trouvé couvert de fumée, et le cuisinier a été tué ; au bout de quelques minutes, le lieutenant est arrivé. Un obus de mortier a explosé, il nous a blessés lui et moi...
« Circuler la nuit est particulièrement effrayant, les Allemands crient tout près, tout est en feu. Porter les blessés est très pénible, nous demandions aux combattants de les porter.
« Ensuite, j'ai pleuré lorsque j'ai été blessée. Nous ne [...] portions pas [les blessés] dans la journée. Sauf une fois : Kazantseva traînait Kanichev, et les tireurs de fusil-mitrailleur l'ont tuée en l'atteignant

à la tête. Le jour, nous les déposions dans un endroit abrité, et le soir nous les transportions avec l'aide des soldats.

« Il y a eu parfois des moments où je regrettais d'y être allée et je me consolais en me disant que je n'étais pas la première, ni la dernière. Et Klava disait : "Il y a des gens si formidables qui meurent, pourquoi pas moi ?" Nous avons reçu des lettres de nos maîtres, ils sont fiers d'avoir éduqué de telles filles. Nos amies nous envient d'avoir l'occasion de panser les blessures. Papa écrit : "Sers loyalement et reviens à la maison avec la victoire." Quant à maman, elle a une façon d'écrire telle, que, quand on la lit, tout de suite les larmes viennent aux yeux... »

Klava Kopylova est dactylo. « J'étais en train de taper un ordre de combat, et là, j'ai été ensevelie, le lieutenant crie : "Vous êtes sauve ?" On m'a dégagée et je suis passée dans l'abri blindé d'à côté. Encore une fois j'ai été ensevelie, on m'a dégagée de nouveau, et je me suis remise à taper, cette fois-ci jusqu'au bout. Si je reste en vie, je ne l'oublierai jamais. La nuit, il y a des bombardements, tout est en feu. On m'a réveillée. Dans l'abri blindé, il y avait tous les membres du Parti, ils m'ont si bien félicitée, si chaleureusement. Le 7 novembre, on m'a remis ma carte du Parti. Et on a essayé de faire des photos à plusieurs reprises pour la carte, mais les obus frappaient sans cesse.

« Si la journée est calme, nous chantons et nous dansons (*Le Petit Fichu bleu*). J'ai lu *Anna Karénine* et *Résurrection*. »

Liolia Novikova, membre de l'équipe sanitaire : « Les amies de Galia Titova m'ont raconté que, une fois, elle était en train de faire un pansement, les tirs étaient forts, le soldat a été tué, et elle touchée. Elle s'est levée de toute sa hauteur et elle a dit : "Au revoir, les filles", et elle est tombée. Nous l'avons enterrée.

« Les soldats blessés écrivent surtout aux commissaires[1]... Bien que je connaisse l'allemand, je ne parle pas aux prisonniers, je n'ai même pas envie de parler avec eux.

« Ma matière préférée est l'algèbre. J'aurais voulu entrer à l'Institut de construction mécanique... Sur dix-huit filles infirmières, nous ne sommes plus que trois... Nous avons enterré Tonia Egorova. Après le premier jour de combat, nous avons perdu deux filles. Nous avons vu le caporal et il nous a dit que Tonia était morte en sa présence, en disant : "Aïe, je meurs, j'ai mal, je ne sais plus, ce

1. Un bon soldat venant d'être blessé craignait à juste titre de ne jamais revoir ses camarades. Les autorités de l'arrière renvoyaient dans n'importe quel régiment ceux qui pouvaient encore se battre, c'est pourquoi ils écrivaient à leurs officiers politiques.

sont mes jambes ou pas ?" Il lui a dit : "Ce sont bien les tiennes." Pendant deux jours, on ne pouvait pas approcher du blindé, ensuite nous y sommes allées : elle était étendue dans la tranchée. Nous l'avons arrangée, nous lui avons mis un foulard et nous avons couvert son visage avec une blouse. Nous pleurions. Il y avait moi, Klava Kanycheva, Klava Vassilieva. Elles sont toutes les deux mortes depuis.

« Dans la réserve, nous vivions en mauvaise entente avec les soldats, nous vérifiions s'ils avaient ou non des poux et nous nous disputions sans cesse. Et maintenant les soldats disent : nous sommes très reconnaissants à nos jeunes filles. Nous allions à l'attaque avec le peloton, et rampions sur les coudes à côté d'eux. Nous leur donnions à boire, nous les nourrissions, nous leur faisions des pansements sous le feu ennemi.

« Nous nous sommes montrées plus résistantes que les soldats, et nous les poussions même. La nuit, on tremble, on se rappelle la maison et on pense : "Ah, si seulement maintenant je pouvais être à la maison." »

Le sergent Ilia Mironovitch Bryssine :

« Le soir, nous avons entrepris de porter des obus de mortier depuis le point de passage sur le fleuve à six kilomètres, d'abord sur la berge, puis par la *balka*, ensuite dans la ville et enfin à l'usine. Chaque homme portait seize kilos et nous fîmes deux voyages. Nous les portions huit par huit, sur des bâches. Sur la rive, nous avancions sous un feu de mortier. Dans de telles conditions, on ne regarde pas où on met les pieds, on regarde en l'air. Les bombes tombaient à quelque cinq mètres. Nous avons laissé un blessé avec un homme et nous avons continué. Dans le ravin, les tireurs de pistolet-mitrailleur et les servants de mortier nous canardaient. Nous l'avons surnommé "le ravin de la mort". Il faut le suivre sur quatre cents mètres, on fait cinq pas et on se laisse tomber à terre. Vingt-deux hommes ont transporté deux cents obus, dix ont été touchés. Une fois, nous avons empilé trois cents obus, et ils ont explosé sous un tir direct. Ah, quelle déception ça a été pour nous ! Nous avons recommencé de zéro.

« Nous avons fait feu toute la journée. Les Allemands étaient à soixante-dix mètres de nous environ. Il y avait avec moi Doudnikov, Kaïoukov, Pavlov, Glouchakov, Pinikov. Au petit matin le 28, le lieutenant nous a rejoints en rampant, mais à l'aube il a été touché aux yeux par un obus et il a fallu s'occuper de lui. J'ai envoyé avec lui Pavlov et nous sommes restés à quatre. Et les Allemands marchaient en colonne, debout. Tout le jour, nous les avons repoussés. Pavlov m'a appelé : "Et si on passait à l'attaque ?"

Je lui demande : "Combien as-tu d'hommes ? – Dix. Et toi, combien en as-tu ? – Quatre. – Bon, allons-y !" Or les Allemands étaient une centaine, deux compagnies de SS[1]... Et nous y sommes allés.

« Je me suis redressé de toute ma taille et je me suis précipité. "Suivez-moi, hourra !" J'ai couru tout seul vers la deuxième maison, les Allemands étaient à une quinzaine de mètres. Tout était silencieux. Le jour commençait à poindre. J'étais un peu terrifié. Je suis entré en courant dans la maison, dans la première pièce, j'ai tendu l'oreille. Les Allemands menaient le feu derrière les murs, depuis les angles. Alors j'ai jeté une grenade par la fenêtre en direction de l'un des angles, et par la porte en direction du deuxième. J'éprouvais un sentiment qu'il m'est difficile de décrire. Ça me grisait de me rapprocher des Allemands, ils étaient passés derrière une levée de terre, je ne pouvais pas les atteindre, on n'apercevait que leurs casques.

« Alors, par un mur éventré, j'ai gagné le premier étage. J'y avais caché dans la journée huit grenades. Nous les appelions des "saucisses[2]". Je suis là debout comme si j'étais en prison derrière des barreaux : les fers à béton sont là qui pendent, et il n'y a pas de murs. Je leur ai balancé les huit grenades. Ils se sont mis à tirer sur moi avec deux mitrailleuses et un canon de mortier. J'ai été dans tous les angles, et je n'avais pas peur du tout : j'ai noué deux bâches, je les ai attachées à une barre et je suis descendu au rez-de-chaussée par un trou de bombe. J'ai tout de même réussi à ramper jusqu'aux miens dans la première maison. On m'a dit : "Kaïoukov a été blessé à mort..."

« Le commandant de la compagnie m'appelle : "Va donc repérer le tas de scories au-delà de la ligne, là où il y a une maison en bois." Je lui dis : "Il faut que je mange. – Et dormir ? – Qui parle de dormir !" Le lieutenant m'a donné du pain, du sucre et alors des obus de mortier ont volé. Et donc je n'ai pas mangé. Bon, ça va, puisque c'est comme ça, je vais y aller. Et j'y suis allé... Je suis allé sur le tas de scories. J'ai repéré deux mitrailleuses et un canon de mortier. Je suis revenu et j'ai fait mon rapport. "Bon, dit mon

1. Les soldats de l'Armée rouge ayant fait Stalingrad parlent presque tous de combats contre des soldats de la SS, mais en fait il n'y avait sur place aucune formation SS. C'était plutôt une façon de désigner les soldats allemands, bien armés et très disciplinés.

2. On donnait le nom de « saucisse » à la grenade standard de facture soviétique. Fournie par le biais du programme Lend-Lease, la grenade à main américaine était appelée « ananas ».

lieutenant, tu les as repérés, occupe-toi donc aussi de les supprimer." »

« Quand les Allemands nous ont repoussés jusque sur la Volga, leurs servants de mortier ont crié : "Rouss, glouglou !" Et nous leur avons crié en réponse : "Hé, venez donc par ici, vous avez soif, non[1] !" »

Des soldats ont brûlé dans les maisons, on a trouvé leurs corps calcinés ; pas un seul d'entre eux n'a quitté sa place, ils ont brûlé sur leur poste de défense.

Un des plus célèbres articles de Grossman parus dans *Krasnaïa Zvezda* avait pour titre « La bataille de Stalingrad » : c'était un recueil de descriptions, parfois fort succinctes.

À la lueur des fusées, on voyait les maisons en ruines, la terre fouaillée par des tranchées, les abris blindés aménagés le long de l'escarpement et des ravins, de profondes fosses recouvertes de tôles de fer-blanc et de planches pour parer au mauvais temps. « Tu m'entends ? Est-ce qu'on a apporté le déjeuner ? » demande un homme assis à l'entrée d'un abri. Du fond des ténèbres une voix répond : « Ils y sont allés il y a longtemps, mais on ne les voit pas revenir. Soit ils se sont planqués en route, soit ils n'y arriveront pas du tout cette fois-ci. C'est que ça barde ferme vers les cuisines. – Ah ! le salaud, j'ai envie de déjeuner », dit celui qui est assis, mécontent, et il bâille.

Dans l'une des bâtisses, les Allemands étaient si solidement incrustés qu'il fallut les projeter dans les airs en même temps que les lourds murs. Sous le feu intense des Allemands qui pressentaient la mort, six sapeurs apportèrent dans leurs bras dix pouds* d'explosif et firent tout sauter. Si, pour un court instant, on s'imagine le tableau : le lieutenant sapeur Tchermakov, les deux sergents Doubovyi et Bougaev, les sapeurs Klimenko, Choukhov, Messerachvili, en train de ramper sous les tirs le long des murs en ruines, chacun avec une provision de mort d'un poud et demi**, si, pour un court instant, on imagine leurs visages couverts de sueur, sales,

1. Comme on l'a vu au chapitre précédent, les tireurs d'élite soviétiques avaient abattu tous les porteurs d'eau. Ainsi privés, les Allemands avaient même offert des croûtons de pain à des enfants de Stalingrad pour qu'ils remplissent leurs gourdes d'eau de la Volga, mais les tireurs avaient l'ordre de descendre tout civil, enfants y compris, qui assisterait l'ennemi pour quelque raison que ce soit.

* Dix pouds correspondent à 163,8 kilogrammes.

** Environ 25 kilogrammes.

> leurs petites vareuses élimées, si on imagine comment le sergent Doubovyi criait : « Ne craquez pas, les sapeurs ! » et Choukhov, en tordant la bouche, en recrachant la poussière, répondait : « Et comment le pourrait-on ! C'est avant qu'il aurait fallu ! », alors vraiment, un sentiment de grande fierté vous envahit.
> Ici, où toutes les notions sont bouleversées, où une avance de quelques mètres équivaut à des mouvements de plusieurs kilomètres dans des conditions [normales] de campagne, où il arrive que la distance qui sépare de l'adversaire installé dans la maison voisine se mesure par deux dizaines de pas, les positions respectives des points de commandement de la division se trouvent, elles aussi, très naturellement bouleversées. L'état-major de la division se trouve à deux cent cinquante mètres de l'ennemi, et les points de commandement des régiments et des bataillons sont situés en conséquence. « Le lien avec les régiments en cas de coupure est facile à maintenir par la voix, dit en plaisantant un soldat de l'état-major, on criera et ils entendront. Et de là, on transmettra, également par la voix, au bataillon... » Ici, dans ce souterrain où tout est ébranlé par les explosions d'obus, les commandants de l'état-major sont là penchés sur la carte, et ici le chargé des transmissions, devenu un élément essentiel du traitement des messages depuis les fronts de la guerre, crie « Lune, lune », et ici, tenant discrètement une cigarette de *makhorka* et s'efforçant de ne pas respirer en direction des chefs, les agents de liaison sont assis dans un coin.

Après la bataille, Grossman entendit cette histoire de la bouche de Gourtiev, le commandant de la 308e division de fusiliers de la garde, et de celle de Joloudev, celui de la 37e division de fusiliers de la garde. Ils avaient été voisins pendant la terrible bataille des usines Traktorny quand les hommes de Joloudev avaient été écrasés.

> Gourtiev a téléphoné à Joloudev et lui a dit : « Courage, je ne peux pas t'aider. Tiens bon ! »
> Quand on a fait passer Joloudev sur la rive gauche [c'est-à-dire quand on l'a retiré complètement de la bataille], il a dit à Gourtiev : « Tiens bon, courage, mon vieux ! » et ils ont tous les deux éclaté de rire.

Ortenberg rapporta aussi un événement bizarre survenu lors d'un des voyages de Grossman de Stalingrad à Akhtouba, la base de la rive orientale de la Volga.

« Un jour, au milieu d'octobre, il a dit aux officiers du département politique du front qu'il avait l'intention d'aller trouver [le général] Rodimtsev le jour suivant. Ils avaient là deux paquets bien emballés avec des cadeaux qu'avait envoyés d'Amérique une organisation féminine. On demanda à Grossman de remettre ces cadeaux aux deux "femmes les plus courageuses ayant défendu Stalingrad". Le département politique avait décidé qu'on pouvait trouver ces deux femmes dans la division de Rodimtsev et que Grossman était digne de leur remettre les cadeaux. Vassili Semionovitch, qui n'aimait pas les cérémonies officielles, accepta à contrecœur. Il traversa le fleuve sur une barque à moteur jusque chez Rodimtsev... Devant lui se tenaient deux jeunes filles, très émues de ce qu'un écrivain célèbre et un général héroïque leur remettent des cadeaux. Après les avoir l'un et l'autre solennellement remerciés, elles entreprirent sur-le-champ d'ouvrir les paquets. Ils contenaient des costumes de bain féminins et les sandales qui allaient avec. Tous furent terriblement gênés. Ces costumes de bain luxueux étaient si étranges, dans ce contexte, au milieu de la canonnade tonnante de la bataille de Stalingrad. »

Chapitre 17

LE VENT TOURNE

Les combats d'octobre s'essoufflèrent à la fin du mois, en grande partie à cause de l'épuisement des hommes et du manque de munitions. Réorganisée, l'artillerie soviétique était maintenant à même de pilonner les concentrations allemandes avant de lancer des attaques. Toujours soumis à la pression de Hitler, Paulus organisait aussi des attaques, mais à moindre échelle, pour éviter l'artillerie soviétique et les batteries de Katioucha et parce que les divisions allemandes étaient à court d'hommes. Plus grave encore, Paulus avait obéi aux ordres de Hitler en utilisant comme fantassins les hommes chargés d'accompagner les chars : cela signifiait qu'en cas d'attaque surprise, il n'avait plus de blindés en réserve.

Le Führer était toujours obsédé par l'idée de prendre Stalingrad : cet ersatz de victoire aurait compensé son échec à s'emparer des champs pétrolifères du Caucase. Il en parla le 8 novembre dans le cadre d'un discours radiodiffusé depuis Munich. « Je voulais atteindre la Volga, déclara-t-il avec une ironie peu subtile, pour être plus précis, un point bien défini, une ville bien définie. Par hasard, elle portait le nom de Staline. » Puis il se vanta : « Le temps importe peu. »

Hitler ne pouvait avoir plus tort. Le temps revêtait une grande importance. L'hiver arrivait et c'était la saison propice aux offensives soviétiques. Les soldats allemands appelaient « un temps de Russe » les pires conditions climatiques. Ignorant des projets qui se tramaient, Grossman écrivit à son père le 13 novembre, à une semaine de l'attaque décisive.

Je travaille beaucoup, un travail sous tension, et je suis vraiment fatigué. Je n'avais encore pas eu l'occasion de me trouver dans des endroits aussi chauds que celui où je me trouve en ce moment. Ici, je ne reçois aucun courrier. Une fois seulement on a apporté d'un coup tout un paquet de missives, parmi lesquelles une lettre et une carte postale de toi... Actuellement, ici, il gèle sérieusement et il y a du vent.

Ni le Q G de Hitler en Prusse-Orientale ni la 6e armée allemande ne se rendaient compte que la Stavka se servait de la 62e armée comme d'un appât menant à un énorme piège. Les Allemands savaient leurs flancs menacés : l'arrière gauche, le long du Don, était défendu par la 3e armée roumaine et le front sud de Stalingrad, par la 4e armée roumaine. Une concentration soviétique fut bien signalée, mais on sous-estima gravement l'échelle et l'ambition de l'opération : il était impensable que l'Armée rouge pût encercler la 6e armée comme les groupes blindés allemands avaient circonscrit les armées soviétiques l'année précédente.

Toujours stationné dans Stalingrad, le général Tchouïkov avait ses propres problèmes. La Volga gelait, mais pas au point de se solidifier. Les gros fragments de glace entraînés par les eaux rendaient terriblement hasardeux le ravitaillement. C'est alors que, le jeudi 19 novembre, l'opération Uranus débuta à cent cinquante kilomètres au nord-ouest de Stalingrad par un assaut massif lancé contre la 3e armée roumaine. Le lendemain, à cinquante kilomètres au sud de la ville, une autre attaque écrasa la 4e armée roumaine. Le 21 novembre, les Allemands comprirent enfin que les trois cent mille hommes de la 6e armée allaient être isolés et qu'ils ne pouvaient rien faire.

Grossman avait réussi à se faire rattacher au 4e corps de cavalerie, chargé de la protection du flanc gauche et extérieur des deux corps mécanisés chargés de l'attaque. Selon Ortenberg, Grossman

« regarda depuis le poste d'observation de la division le début de l'offensive, puis il se joignit aux troupes qui avançaient et décrivit de façon très vivante tout ce qu'il avait vu en route ».

Un soldat qui avait été prisonnier de guerre durant la Première Guerre mondiale dit en regardant un avion piquer : « Ça doit être mon gamin qui bombarde. »

Ils courent à l'attaque en se protégeant le visage avec une pelle de sapeur. Pour l'attaque, un fusil vaut mieux qu'un pistolet-mitrailleur.

Vêtus d'uniformes bruns et de casquettes en peau de mouton à la mode des Balkans, les Roumains manquaient d'équipement moderne, de commandement et d'armes antichars. Bientôt, ils jetèrent leurs fusils en criant « *Antonescu*[1] *kaputt !*, mais la reddition ne leur sauva pas la vie. Des milliers de prisonniers furent abattus sur-le-champ et les routes glacées étaient jonchées des débris d'une armée en déroute.

Les troupes sont en marche. L'humeur est plus gaie. « Eh, si seulement on allait jusqu'à Kiev. » Un autre : « Eh, j'irais bien jusqu'à Berlin ! »

Pris sur le vif : un point d'appui défensif mis sens dessus dessous par un char. Un Roumain, sur lequel est passé un char, aplati. Son visage est comme un bas-relief. À côté de lui, deux Allemands écrasés. Au même endroit, l'un des nôtres gît dans la tranchée, à demi écrasé.
Des boîtes de conserve, des grenades, des « citrons » [grenades à main], une couverture tachée de sang, des pages de magazines allemands. Nos soldats sont assis là, au milieu des cadavres, ils font bouillir dans un chaudron des morceaux de viande découpés sur un cheval tué et tendent vers le feu leurs mains gelées.

Sur le champ de bataille, côte à côte, un Roumain tué et un des nôtres, également mort. Le Roumain a sur lui une feuille de papier et un dessin d'enfant : un petit lapin et un bateau.
Le nôtre a une lettre :
« Bonjour, et peut-être bonsoir. Coucou, petit papa... » Et la fin de la lettre : « Revenez, mon petit papa, parce que sans vous on rentre à la maison comme si c'était une autre maison. Sans vous je m'ennuie ferme. Venez, que je puisse vous voir, ne serait-ce qu'une heure. J'écris et mes larmes coulent à flots. [...] Signé : votre fille, Nina. »

1. Le dictateur roumain, le maréchal Ion Antonescu (1882-1946), avait été le plus ardent partisan de l'Allemagne lors de l'invasion de l'Union soviétique, mais l'effondrement de ses troupes mal équipées pendant la campagne de Stalingrad suscita chez les Allemands un fort ressentiment à l'égard de leurs malheureux alliés.

Pendant cette attaque rapide, alors qu'il n'y avait pas de ligne de front bien définie, Grossman se retrouva en danger de manière inattendue. Il était accompagné d'Alekseï Kapler, ce réalisateur qui deviendra le premier amour de Svetlana Staline. Pour avoir osé convoiter la jeune fille du tyran, Kapler fut battu par les hommes de Beria et condamné à dix ans de goulag en 1943. Après la mort de Staline, il racontera son odyssée aux côtés de Grossman : « Nous sommes rentrés dans une maison vide et avons décidé d'y passer la nuit. Des soldats sont apparus. Nous avons vu leurs ombres au plafond et compris à leurs casques que ce n'étaient pas les nôtres mais des Roumains. Heureusement ils sont repartis sans nous voir. »

Les soldats de l'Armée rouge rageaient de constater que leurs prisonniers roumains avaient pillé les maisons de la population locale.

> Des châles de vieilles femmes, du linge, des jupes, des couches de bébé et des blouses de femmes de toutes les couleurs. On a trouvé sur un soldat vingt paires de bas.

Les civils libérés affichaient la plus grande joie.

> « Comment nous avons su que les nôtres étaient arrivés ? Nous écoutions par la fenêtre : "Egor, démarre le moteur" [avons-nous entendu]. "Ce sont les nôtres !" avons-nous crié. »

Bientôt ils exprimèrent leur répugnance pour les Roumains qui, suivant l'exemple des Allemands, avaient frappé ou fouetté les civils pour les faire avouer où ils cachaient leurs vivres.

> Les Roumains. Un vieux les appelle « dindons ». De vrais Tsiganes. Ils disent tous : « La guerre, c'est mauvais, nous voulons rentrer chez nous. » [Mais] ils ont fouetté le vieux à quatre reprises. Ils l'ont forcé à moissonner, et ils ont emporté le grain moulu. Ils mangeaient des bonbons aux fruits et des conserves.

Certains civils avaient également souffert des actions militaires soviétiques.

> Une babouchka raconte comment une de nos bombes l'a blessée au moment où les Allemands occupaient le village.

« Il l'a lancée sur moi, le fils de chienne, qu'il aille se faire ... », dit-elle furieuse. Puis elle jette un œil sur le commandant qui est en train de changer de chaussures et elle se reprend : « Le fils de chienne, euh... fiston. Il n'y a pas de vache, rien à faire paître, rien à rentrer. Ce n'est pas une vie. »

Les notes de Grossman lui servirent à écrire son article « Sur les routes de l'avancée » consacré à l'offensive au sud de Stalingrad.

La glace descend sur la Volga. Les plaques de glace bruissent en se frottant, elles se rompent, grimpent l'une sur l'autre. Le fleuve est presque entièrement couvert de glace. De temps à autre seulement, sur le large ruban blanc qui coule entre les sombres berges sans neige, on aperçoit des taches d'eau. La glace blanche de la Volga charrie des troncs d'arbres, des poutres. Voici, sur un monticule de glace, un grand corbeau tout renfrogné. Hier, on a vu descendre ici le corps d'un marin de la flotte rouge avec son maillot rayé. Les matelots d'un cargo l'ont sorti. Le mort était pris dans la glace. Ils ont eu du mal à l'en arracher. On aurait dit qu'il ne voulait pas quitter cette Volga où il s'était battu et où il était mort.
Quand nous avons traversé la Volga, des bateaux près de nous remorquaient des barges pleines de prisonniers roumains. Ils étaient là, dans de mauvaises petites capotes vertes, avec de hauts bonnets blancs, frappant des pieds et frottant leurs mains gelées. « Cette fois-ci ils l'ont vue, la Volga », disaient les matelots.
Un groupe de deux cents hommes est d'ordinaire sous l'escorte de deux ou trois soldats. Les Roumains marchent avec application, certains groupes sont même en rangs, ils marchent au pas, et cela fait rire les passants... Et les prisonniers avancent, avancent toujours, en foule compacte, faisant tintinnabuler leurs gamelles et leurs gourdes, ceinturés de ficelles, de bouts de fil de fer, avec, jetées sur leurs épaules, des couvertures de toutes les couleurs. Et les femmes, en riant, disaient : « Eh bien, c'est vraiment des Tsiganes qui nomadisent, ces Roumains-là. »

Le long des routes gisent les cadavres de Roumains. Des armes lourdes abandonnées, camouflées dans l'herbe sèche de la steppe, sont tournées vers l'est. Des chevaux errent dans les *balki*, traînant derrière eux des traits d'attelage brisés. Des véhicules fracassés par les obus fument en traînées bleuâtres. Les routes sont jonchées de casques qui portent le blason royal roumain, de milliers de cartouches, de grenades, de fusils. Voici un abri roumain. Une montagne de douilles usées, noircies, est là près d'un nid de mitrailleuse. Dans le couloir de communication se détachent des feuilles blanches de papier à lettres, l'hiver brun de la steppe est devenu rouge brique de sang. Là encore, traînent des fusils à la crosse fendue par les balles russes. Et sans cesse à notre rencontre viennent des cohortes de prisonniers.

Avant de les envoyer vers l'arrière, on les fouille. Ils sont ridicules et pitoyables, ces monceaux d'affaires de femmes de la campagne qu'on trouve dans les sacs et dans les poches des Roumains. Il y a là des châles de grands-mères, des boucles d'oreilles, du linge de corps, des jupes et des langes de bébé. Plus longtemps nous roulons, plus nombreux se font les véhicules et les canons abandonnés et plus fréquents les véhicules « trophées » [pris comme butin] qui vont vers l'arrière. Il y a là aussi bien des camions que d'élégantes voitures de petite cylindrée, des transporteurs blindés et des voitures d'état-major.

Nous entrons dans Abganerovo.

Une vieille paysanne nous raconte les trois mois où sont restés les occupants.

« C'est devenu très vide. Pas de poule pour caqueter, pas de coq pour chanter. Il ne reste pas une seule vache. Personne à faire sortir le matin, personne à rentrer le soir. Les Roumains ont tout ramassé. Ils ont fouetté tous nos vieux ou peu s'en faut : celui-ci n'était pas allé travailler, celui-là n'avait pas livré son grain. À Plodovitaïa ils ont fouetté quatre fois le staroste ; ils ont emmené mon fils infirme et avec lui sa petite fille et son petit garçon de dix ans. Voilà trois jours que nous pleurons. Mais ils ne sont toujours pas là. »

La gare d'Abganerovo est tout entière pleine de trophées saisis à l'ennemi. Les Allemands ont déjà eu le temps d'adapter la largeur de la voie ferrée[1]. Il y a des wagons français, belges, polonais. Des convois sont là, chargés de farine, de maïs, de mines, d'obus, de matières grasses, hermétiquement scellés dans de grandes boîtes rectangulaires, des wagons d'ersatz de *valenki* [bottes en feutre] sur une épaisse semelle de bois, de chapkas en peau de mouton, d'appareillage technique, de projecteurs. Les fourgons sanitaires ont un air piteux et misérable avec leurs bat-flanc cloués à la hâte et couverts de linge sale. Des soldats sortent des wagons en geignant des sacs en papier remplis de farine et ils les chargent sur des camions. Sur chacun des sacs est imprimé un aigle.

L'âpre vent d'hiver a rendu rouge bronze les visages des soldats de l'Armée rouge. Il n'est pas facile de combattre par un temps

1. L'écartement des rails russes différait de celui d'Europe de l'Ouest.

pareil, de passer dans la steppe les longues nuits d'hiver exposé à cette bise glacée qui vous transperce jusqu'aux os, mais les hommes avancent vaillamment. C'est l'offensive de Stalingrad. Le moral de l'armée est au plus haut.

Vers le 26 novembre, plus d'un quart de million d'hommes de la 6e armée de Paulus, la plus grande formation de la Wehrmacht, étaient encerclés entre la Volga et le Don. L'Armée rouge sous-estimait l'importance des forces qu'elle cernait et elle s'empressa de lancer une série d'attaques afin d'enfoncer le périmètre, mais les Allemands, certains que Hitler ne les abandonnerait jamais, résistèrent avec acharnement.

Journée claire et joyeuse. Préparation d'artillerie. Les Katioucha. Ivan le Terrible. Grondement. Fumée. Attaque. Et l'échec : les Allemands se sont enterrés. Impossible de les déloger.

Les conditions climatiques étaient de plus en plus rudes, la neige et le gel réduisant les chances de la 6e armée de faire une percée. En revanche, elles perturbaient moins l'Armée rouge.

L'hiver dans la steppe sur la ligne de front. Une fosse, recouverte d'une bâche. Un poêle fait avec un casque. La cheminée est une douille en cuivre. En guise de combustible, les hautes herbes de la steppe. Pendant la marche, l'un porte une brassée de hautes herbes, le deuxième des copeaux, le troisième la douille, le quatrième le poêle.

Début décembre, Grossman regagna la rive orientale située en face de Stalingrad. Il écrivit au rédacteur en chef de *Krasnaïa Zvezda*.

Camarade Ortenberg, j'envisage de partir demain pour aller dans la ville [de Stalingrad]. Je pensais m'installer ici pour écrire un long texte[1], mais j'ai compris qu'il va me falloir remettre ce travail d'écriture et consacrer un certain temps à la collecte de matériaux en ville. Comme la traversée est désormais une affaire assez compliquée[2], ce déplacement va me prendre au moins une semaine. C'est pourquoi je vous prie de ne pas vous fâcher si

1. Grossman fait certainement référence à « L'armée de Stalingrad ».
2. La Volga n'était pas encore entièrement gelée, ce qui rendait son franchissement imprévisible et dangereux.

l'envoi de mon travail prend du temps. En ville, j'envisage de parler avec Tchouïkov, avec les commandants de la division, et de séjourner dans les sections du front. En même temps je voudrais vous dire qu'il me faudra être à Moscou aux environs de janvier. Si vous pouvez me rappeler, je vous en serai infiniment reconnaissant. En fait, je ressens une sorte de saturation d'impressions et une fatigue consécutive à cette tension de trois mois à Stalingrad. S'il m'arrive quoi que ce soit d'imprévu et de fâcheux durant ce séjour à Stalingrad, je vous demande de bien vouloir venir en aide à ma famille.
Vas[ssili] Grossman.

Grossman réussit à traverser et il se rendit au Q G de la 62e armée. La vie y était plus calme maintenant que les Allemands assiégés manquaient de vivres et de munitions. Leur survie dépendait entièrement du ravitaillement aérien sur le terrain d'aviation de Pitomnik, au centre de la zone encerclée. Goering avait dit à Hitler qu'il était tout à fait possible de ravitailler la 6e armée par la voie des airs, même si ses généraux de la Luftwaffe l'avaient prévenu de l'impossibilité d'accomplir une tâche aussi démesurée. Les soldats de la 6e armée étaient encouragés à croire qu'une armée blindée SS viendrait à leur secours. Le général Tchouïkov dit à Grossman :

Chez les Allemands, on a fait courir le bruit que Hitler était venu à Pitomnik et avait dit : « Tenez bon, je suis venu en personne à la tête d'une armée pour vous porter secours. » (Il était habillé en caporal.)

La légende du terrain d'aviation rappelle celle qui courait chez les Soviétiques pendant les terribles journées de septembre, à savoir que l'on avait vu Staline en personne à Stalingrad.

Tchouïkov insista aussi sur la situation vécue par sa 62e armée, presque impossible à ravitailler à cause de la Volga à moitié gelée. Ils devaient compter quasi exclusivement sur les communications radio avec la rive orientale parce que la glace avait rompu les câbles. Les positions d'artillerie concentrées sur la rive occidentale n'étaient pas à court de munitions : en cela les Soviétiques avaient l'avantage.

Grossman décrivit le bunker de Tchouïkov dans un article intitulé « Conseil militaire ».

Quand on entre dans les abris blindés et l'habitat souterrain des officiers et des soldats, on est une fois de plus saisi par le désir ardent de conserver pour toujours les traits remarquables de ce mode de vie singulier. Ces lumignons et ces tuyaux de poêle faits à partir de douilles d'artillerie, ces gobelets faits de têtes d'obus qui sont là sur les tables à côté d'une chope en cristal, ce cendrier de porcelaine sur lequel on peut lire « Épouse, n'irrite pas ton mari » et qui voisine avec une grenade antichar. Cet énorme globe électrique mat dans le « bureau » blindé du commandant. Et le sourire de Tchouïkov disant : « Hé oui, et un lustre, aussi. C'est que nous habitons en ville », et ce volume de Shakespeare dans le cabinet souterrain du général Gourov... Tous ces samovars et ces phonographes, ces sucriers de famille bleu pâle et ces miroirs ronds dans des cadres en bois accrochés aux parois d'argile du souterrain, tout ce quotidien, ces objets du temps de paix arrachés au feu des maisons en flammes.

Grossman se réjouissait de l'inévitable victoire sur la 6e armée mais désespérait de la façon dont les services éditoriaux de *Krasnaïa Zvezda* traitaient son travail. Il s'en plaignit dans une lettre à sa femme en date du 5 décembre.

Je travaille énormément. Tu le constates sans doute en regardant le journal. Mais si tu voyais comment on coupe et comment on défigure [mes textes], comment on va même jusqu'à ajouter des phrases entières à mes pauvres articles, tu serais à coup sûr navrée plutôt que réjouie de ce que mes articles, finalement, voient le jour. La rédaction s'est fait une règle de couper la fin de chacun de mes textes, de remplacer les virgules par des points, de barrer précisément les descriptions qui me plaisent le plus, de changer les titres et d'insérer des phrases du type : « Cette foi et cet amour ont véritablement fait des miracles. » Ces corrections sont faites à la va-vite par des rédacteurs professionnels et il me faut parfois relire une phrase à plusieurs reprises pour en comprendre le sens. Tout cela me chagrine beaucoup, d'autant que je travaille dans des conditions extrêmement difficiles...

Pendant le long gel de la Volga, la 62e armée de Tchouïkov ne disposait pas d'énormément de rations, y compris en vodka et en *makhorka*, mais, le 16 décembre, le fleuve se décida enfin à se solidifier. Dans un premier temps, une passerelle fut constituée à l'aide de planches, puis on put établir une véritable route en renforçant la surface de la Volga à l'aide de branchages plongés dans l'eau. Des camions et même des pièces d'artillerie lourde allaient bientôt pouvoir passer. « Merci le gel ! » écrivaient à leur famille les soldats de l'Armée rouge. En moins de deux mois, dix-huit mille camions et dix-sept mille autres véhicules auraient franchi la glace. Grossman célébra l'événement dans un article intitulé « Un jour nouveau ».

> Tous ceux qui ont tenu cent jours le point de passage sur la Volga et qui ont traversé le fleuve glacé gris sombre, tous ceux-là ont regardé dans les yeux une mort rapide et impitoyable. On chantera un jour le chant de ceux qui dorment au fond de la Volga...
> Nous marchons de nuit sur la Volga. La glace qui a deux jours ne ploie déjà plus sous le poids des pas, la lune illumine un réseau de sentes, les traces innombrables de traîneaux. Un soldat des transmissions marche devant d'un pas sûr et rapide, comme s'il avait passé la moitié de sa vie à circuler sur ce lacis de pistes. Brusquement, la glace se met à craquer, le soldat s'approche d'une vaste éclaircie entre les glaces, s'arrête et dit :
> « Hé, hé, il semble que nous n'ayons pas pris le bon chemin, il aurait fallu prendre sur la droite. »
> Les soldats des transmissions prononcent toujours ce type de phrase rassurante, où qu'ils se trouvent et où qu'ils nous conduisent.
> Les barges détruites pas des obus sont prises dans la glace. Les câbles couverts de glace luisent, bleutés. On voit, dressées droit en l'air, des poupes, des proues de bateaux et de barques à moteur.
> Le combat continue dans les usines... Les canons tonnent en grondant, les explosions des obus de mortier sont sèches et sonores, à tout moment on entend les rafales distinctes de pistolets-mitrailleurs et de mitrailleuses. Cette musique de la destruction ressemble terriblement au fonctionnement pacifique d'une usine, comme les coups d'un marteau-pilon laminant des poutres d'acier, comme, en temps de paix, le rivetage. On dirait que de l'acier liquide et du mâchefer, se déversant dans un moule, illuminent d'un bref éclat rose la glace toute fraîche de la Volga.
> Le soleil se lève et éclaire les bords des énormes trous creusés par des bombes de plusieurs tonnes. Le fond de ces trous effrayants reste toujours dans une pénombre sinistre, et le soleil a peur de s'y risquer...
> Le soleil brille au-dessus de centaines de voies de chemin de fer où des citernes gisent, le ventre en l'air, comme autant de chevaux tués, où des centaines de wagons de marchandises s'empilent les uns sur les autres, soulevés par la force de l'onde de choc, s'amassant autour des locomotives glacées à la manière dont un troupeau rendu fou par la peur se serre contre ses meneurs.

Nous marchons sur un terrain vague creusé de trous de bombes et d'obus. Ce terrain vague est bien visible des snipers et des guetteurs allemands, mais le soldat maigre, fluet, qui marche à mes côtés, vêtu d'une longue capote, avance tranquillement, sans se presser, et explique d'une voix rassurante : « Vous pensez qu'ils ne nous voient pas ? Ils nous voient. Avant, sur ce terrain, nous avancions de nuit en rampant. Mais maintenant ce n'est plus ça : ils économisent les cartouches et les obus. »
Nous longeons des amas de ferraille rouillée, de gigantesques creusets pour fondre l'acier, des plaques de métal et des murs effondrés. Nos soldats sont à ce point habitués aux destructions d'ici qu'ils ne leur prêtent plus la moindre attention. Tout au contraire, leur intérêt est attiré par une vitre restée entière par hasard à la fenêtre d'un bureau d'usine en ruines, par une haute cheminée, par une maisonnette en bois restée debout par miracle. « Regarde-moi ça, une maisonnette encore vivante », disent ceux qui passent par là, et ils sourient.

Rien d'étonnant à ce que Grossman fût à nouveau très tendu quand il écrivit à son père vers la mi-décembre.

Je compte être en janvier à Moscou, je me sens plutôt bien, mais mes nerfs, c'est sûr, en ont pris un coup. Je suis devenu méchant et susceptible, j'agresse mes collègues et ils commencent à avoir peur de moi. Dans l'immédiat, je ne peux ni ne veux partir d'ici. Tu comprends bien que, au moment où la fortune nous sourit, on n'a pas envie de quitter les lieux que l'on a connus dans les moments les plus pénibles qui soient.

Les soldats rouges ont remonté le phonographe. « Qu'est-ce qu'on met ? » demande l'un d'entre eux. Immédiatement plusieurs voix répondent : « Mets la nôtre, tu sais bien laquelle... » Tandis que le soldat cherchait le disque, j'ai pensé : « Comme ce serait bien d'entendre ici, dans cette cave noire délabrée, ma chanson préférée, une chanson à boire irlandaise. Et soudain une voix triste et solennelle s'est mise à chanter :

La tempête de neige siffle derrière la fenêtre...

À l'évidence cette chanson plaisait beaucoup aux soldats rouges. Tous étaient assis là sans souffler mot. Dix fois de suite, ils firent repasser le même extrait :

Nous vous prions Madame la Mort
De vouloir attendre dehors.

Ces paroles, et la musique géniale de Beethoven, trouvaient ici une résonance d'une incroyable puissance. Ce fut là sans doute pour moi l'une des plus fortes émotions de la guerre... Et soudain je me suis souvenu de la petite lettre écrite d'une main enfantine, la lettre qui gisait près du mort dans un abri de soldat. « Bonjour, et peut-être bonsoir. Coucou, petit papa. Sans vous je m'ennuie ferme. Revenez, mon petit papa, parce que sans vous on rentre à la maison comme si c'était une autre maison. Venez, que je puisse vous voir, ne serait-ce qu'une heure. J'écris et mes larmes coulent à flots. [...] Signé : votre fille, Nina. »
Et je me suis souvenu de ce petit papa tué. Peut-être avait-il relu cette lettre en sentant venir la mort, et la lettre froissée était restée ainsi, près de sa tête.

Troisième partie

LA RÉCUPÉRATION DES TERRITOIRES OCCUPÉS

1943

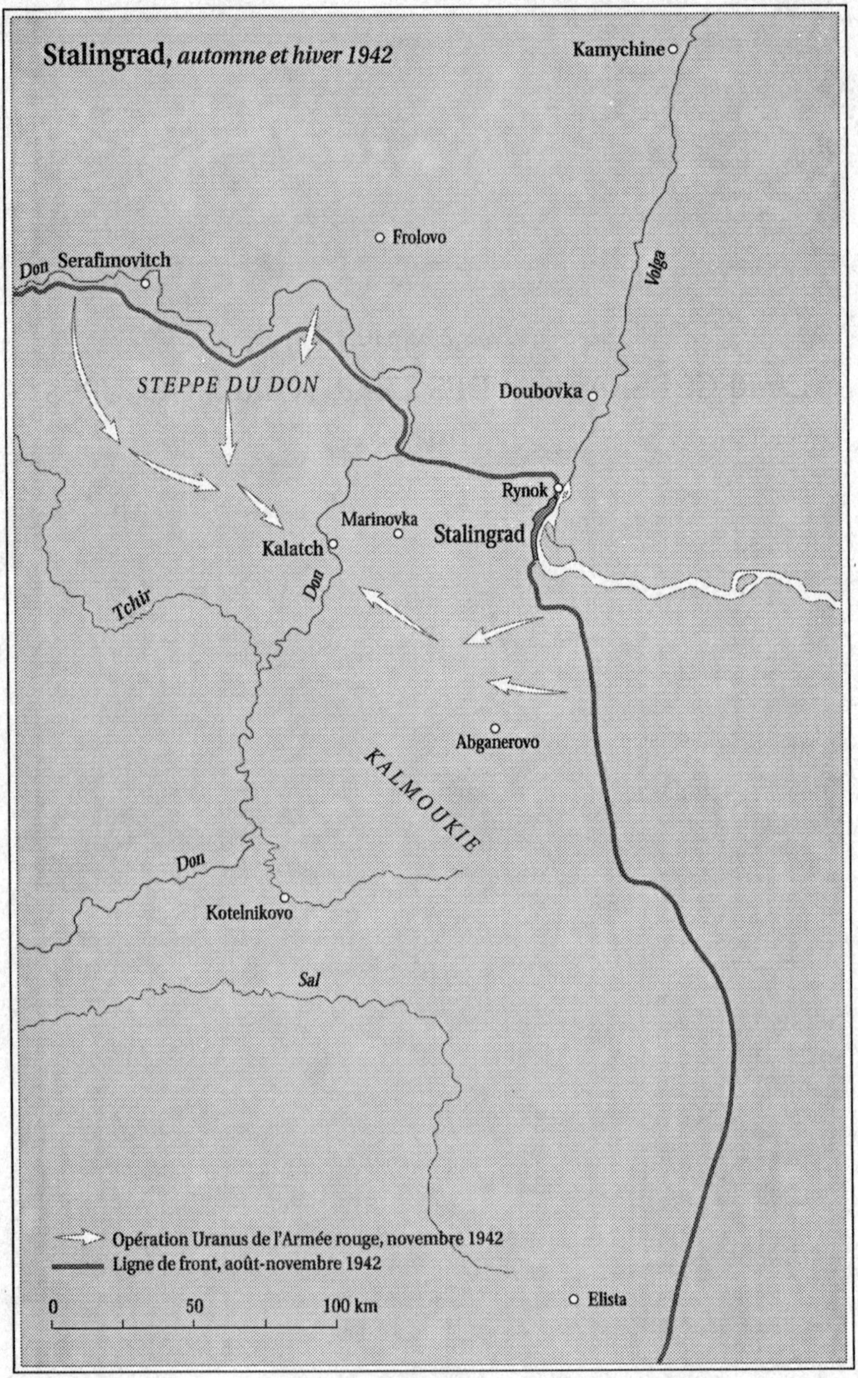
Stalingrad, *automne et hiver 1942*
Kamychine
Frolovo
Don
Serafimovitch
Volga
STEPPE DU DON
Doubovka
Rynok
Marinovka
Stalingrad
Kalatch
Don
Tchir
Abganerovo
KALMOUKIE
Don
Kotelnikovo
Sal
Opération Uranus de l'Armée rouge, novembre 1942
Ligne de front, août-novembre 1942
0
50
100 km
Elista

Chapitre 18

APRÈS LA BATAILLE

En décembre 1942, la bataille de Stalingrad touchait à sa fin dans la ville proprement dite. Les combats les plus rudes se déroulaient dans les étendues glacées de la steppe, entre la Volga et le Don : là, sept armées soviétiques encerclaient pour l'écraser une 6e armée allemande très affaiblie. Il n'empêche que la Wehrmacht constituait toujours une force formidable. En ville, régnait un vague sentiment de déception né d'un mélange d'épuisement, de soulagement et d'affliction devant toutes ces pertes. L'émotion submergea Grossman quand il découvrit la tombe de son neveu, le 29 décembre.

La tombe de Ioura Beniach près du poste de commandement de Mikhaïlov, derrière, juste au-dessus. Une petite hauteur qui domine. Il y a là quatre tombes immédiatement à l'aplomb de la falaise.

Il écrivit à sa femme dès qu'il eut regagné la rive orientale.

Lioussenka, je viens tout juste de revenir de la ville pour être quitte avec le journal. J'ai traversé sur la glace. Cette dernière incursion en ville m'a fait forte impression. Imagine-toi, ma chérie, que j'ai trouvé la tombe de Ioura Beniach, le fils de Vadia, au sommet d'une falaise au-dessus de la Volga. J'ai retrouvé le commandant de son régiment qui m'a longuement parlé de Ioura. Ioura était à la tête d'un bataillon. Il s'est battu en héros. Sa compagnie anti-char a anéanti seize chars. Il a mené ses hommes dans des attaques insensées. Tous parlent de lui avec enthousiasme. Il savait que j'étais ici, a essayé de me joindre par l'intermédiaire de la rédaction

du front, m'a écrit plusieurs lettres, mais je n'en ai pas reçu une seule. Et voilà que je l'ai retrouvé...
Lioussenka, ces derniers temps, il m'en est passé beaucoup devant les yeux, tellement que je n'en reviens pas que cela puisse encore entrer dans l'âme, dans le cœur, dans la mémoire. J'ai l'impression que je suis déjà plein à ras bord... Demain je vais m'asseoir et écrire un très long texte.

Au même moment, il adressa une lettre similaire à son père, lui racontant que Ioura avait reçu l'ordre de l'Étoile rouge et avait été tué dans une explosion un mois plus tôt.

Et il n'y a personne pour le pleurer, ni mère, ni grand-mère... J'ai beaucoup circulé ces jours derniers, j'ai vu beaucoup de choses intéressantes. Maintenant, je vais m'asseoir et écrire. Je veux gratter quelque chose d'un peu sérieux...
De moi-même je n'ai pas grand-chose à dire, il y a tant de pensées, tant d'impressions que, de toute façon, je n'écrirais pas tout. Dès que nous nous verrons toi et moi, nous prendrons le temps de nous asseoir tous les deux. Je m'assiérai dans le fauteuil rouge, et nous commencerons à discuter.

Après l'intensité et l'importance de la bataille de Stalingrad, Grossman eut du mal à accepter que la vie pût reprendre ses habitudes, que l'on se dise au revoir à la hâte, de manière si peu chaleureuse.

Le départ du commandant du régiment. Des adieux sans aucun contenu : « Écris. – D'accord, d'accord. » Hâtivement. Or cet homme a supporté tout le poids des combats de Stalingrad.

Grossman fit ses adieux à la ville dans un article pour *Krasnaïa Zvezda* intitulé « Aujourd'hui à Stalingrad ».

Un soleil d'hiver brille au-dessus des tombes collectives, au-dessus des stèles improvisées. Les morts dorment sur les hauteurs des collines, près des ruines des ateliers d'usine, dans des ravins et des combes, ils dorment là où ils se sont battus et leurs tombes se dressent près des tranchées, des casemates, des murs de pierre percés de meurtrières qui n'ont pas cédé à l'ennemi, comme un monument majestueux à la simple loyauté payée au prix du sang. Terre sainte ! Comme on a envie de conserver à jamais dans la mémoire cette ville nouvelle, qui a donné aux siens une liberté triomphale, cette ville qui a surgi au milieu des ruines. Comme on a envie de se pénétrer de tout cela, les logis souterrains avec leurs cheminées fumant au soleil, les lacis de sentes et de voies nouvelles, les lourds mortiers dressant leurs fûts au milieu des casemates et des tranchées-abris. Cette ville avec des centaines d'hommes en vestes matelassées, en capotes, en chapkas à oreilles, des hommes occupés au travail de la guerre qui ne connaît pas le repos, qui portent des bombes comme on porte du pain, sous le bras, qui épluchent des pommes de terre auprès de la gueule pointée d'un canon lourd, qui se chamaillent, chantent à mi-voix, racontent un combat nocturne à la grenade. Tant ils sont grandioses, et tant ils sont quotidiens dans leur héroïsme même.

Grossman s'étonna de sa propre douleur quand Ortenberg l'envoya sur le front sud, loin de Stalingrad.

Au soir du Nouvel An nous quittons Stalingrad, nous appartenons désormais au front sud. Quelle tristesse ! D'où me vient ce sentiment de séparation ? Pas une fois je ne l'avais éprouvé à la guerre.

Ortenberg avait décidé de le remplacer par Konstantin Simonov, qui aurait l'honneur de couvrir la victoire finale. Il avait visité Stalingrad avec Ortenberg en septembre. Ils s'étaient endormis dans le bunker d'Eremenko et de Khrouchtchev, sur la rive occidentale, pour découvrir à leur réveil que tout le Q G avait été transféré sur la rive orientale pendant la nuit. Grossman était le correspondant de *Krasnaïa Zvezda* à avoir passé le plus de temps dans la ville et Ilia Ehrenbourg fut l'un de ceux qui trouvèrent la décision injuste et absurde. « Pourquoi le général Ortenberg a-t-il ordonné à Grossman de se rendre à Elista et décidé de le remplacer à Stalingrad par Simonov ? Pourquoi Grossman n'a-t-il pas été autorisé à voir la fin des combats ? Je ne comprends toujours pas. Les mois passés à Stalingrad et tout ce qui leur est associé l'avaient durablement marqué. »

Grossman écrivit à son père peu avant son départ de Stalingrad.

Eh bien voilà, mon très cher, demain je fais mes adieux à Stalingrad et je prends la route pour Kotelnikovo et Elista. Je pars avec un tel sentiment de tristesse, c'est comme si je disais adieu à un être cher, tellement sont liés à cette ville de sentiments, de pensées,

d'émotions douloureuses et importantes, exténuantes mais inoubliables.
La ville est devenue pour moi une personne vivante...
Mon cher petit père, les affaires sur le front vont bien, et cela me remonte le moral...

Le front sud traversait la Kalmoukie, des steppes désolées au sud de Stalingrad jusqu'au nord du Caucase où le feld-maréchal von Manstein cherchait en toute hâte à retirer le groupe A de l'armée. La deuxième grande offensive soviétique au cours de la seconde moitié du mois de décembre portait le nom d'opération Petit Saturne et menaçait la retraite allemande autour de la mer d'Azov. Cette retraite permit à Grossman de comprendre la vie sous l'occupation allemande, en particulier à Elista, ville principale de la région située à quelque trois cents kilomètres d'Astrakhan.

La Kalmoukie. La steppe. De la neige et une poussière jaune soulevées par le vent en tourbillons blancs et jaunes sur le chemin cuivré. Villages vides. Un silence comme il n'y en a pas. Les routes sont minées. « Passez donc devant ! » Perfidie. « Nous, nous allons en fumer une et manger un morceau. – Et nous, nous allons remettre de l'huile. – Et nous, nous allons faire fondre de la neige pour en verser dans le radiateur. » L'épouvante d'une route minée. Une auto blindée, un camion, plus loin un autre camion, tous disloqués par l'explosion.
Les corps des soldats morts, projetés par la force de l'explosion. Les chevaux, entrailles dehors, gisent côte à côte, dans la disposition qui était la leur en marchant. Encore un camion. La peur des mines, c'est une vraie maladie.
Tout est désert et tranquille. Un chien avec un os humain entre les dents court le long de la route, et, derrière lui, un autre, la queue basse.
Des villages d'où les hommes sont partis.
Une maison russe. La komsomol Boulgakova avec un bébé. Elle est la seule de tout le district à avoir caché, dans le *kiziak*[1], sa carte de komsomol. Des phonographes, confort et horreur. Des bandes qui rôdent tout autour.
Un homme venant d'un camp de prisonniers. Qui est-il ? Un espion ou un homme loyal ? Allez savoir. Sur lui plane une ombre. Il est opaque. Il dit qu'il a fait quatre mille verstes à pied. Il s'est

1. Galettes de bouse servant de combustible dans les poêles.

évadé trois fois. Il était près de mourir et sous le coup de cette menace mortelle, il a supporté de grandes souffrances. Il a été pris à proximité de Smolensk, et il s'est échappé près d'Elista. Impossible de le croire et impossible de ne pas le croire. C'est un personnage tragique.

Dans le hameau, il n'y a pas un seul coq, les femmes leur ont coupé le cou. Les Roumains comptent sur le chant du coq pour dénicher les poules cachées.

La steppe, mer d'huile et vagues, brouillard, poussière, neige, givre, silence, absinthe gelée, cavaliers dans les champs.

Elista. Elista qui a brûlé, et à nouveau, comme il y a quinze ans, Elista est un village, il n'y a plus de ville. Le commandant d'Elista était le major Ritter.

Grossman parla avec la maîtresse d'école, qui avait continué à enseigner pendant toute l'occupation allemande. « J'étais tourmentée par le sentiment que ce n'était pas bien de travailler pour eux », lui dit-elle.

Le NKVD de Beria, venu peu après en Kalmoukie pour châtier les traîtres, se serait montré impitoyable. Dans l'article à suivre, Grossman appela l'enseignante Klara Frantsevna, mais nous ignorons son véritable nom. Les Kalmouks ont terriblement souffert des purges staliniennes de guerre dont firent les frais les populations du sud, mais pas autant que les Tchétchènes et les Tatars de Crimée. De nombreux Kalmouks avaient accueilli les Allemands en libérateurs et porté fièrement l'uniforme vert de la police auxiliaire kalmouke.

Une école. L'histoire a été supprimée des matières enseignées. Comme la géographie de l'URSS. Elle est remplacée par un aperçu de l'Europe considérée comme une partie du monde (sans les pays) : la situation de l'Europe, les frontières de l'Europe, les mers qui touchent à l'Europe, les îles, les presqu'îles, avec un aperçu strictement physique, les conditions climatiques, les montagnes, la surface.

La langue russe. Ils [les Allemands] n'ont pas donné de nouveau manuel, ils ont arrangé l'ancien : en ont été arrachées toutes les pages qui touchent à la politique de l'URSS.

On a suggéré aux élèves d'arracher les pages eux-mêmes. Un officier allemand a discuté avec les enfants. Il sort du lycée d'Odessa et a enseigné la chimie dans les grandes classes.

La lecture. Le livre de lecture a été supprimé (« Gorki[1] n'est pas un écrivain, mais un charlatan. »).
On a introduit le livre *Qu'arrivera-t-il ensuite ?* et la revue *Hitler le libérateur* (Albrecht, « Dans les sous-sols du Guépéou[2] »).
L'arithmétique. Du livre d'exercices, on a supprimé les problèmes liés à des réalités soviétiques. Les problèmes sont [désormais] : abattre un nombre donné d'avions soviétiques, etc.
On a introduit la langue allemande.
Un officier a fouillé les cartables des enfants à la recherche de pages qui n'auraient pas été arrachées. Dans celui d'une petite fille, on a trouvé un livre de Lénine. Cela a fait beaucoup de bruit, mais la petite fille n'a pas été renvoyée.
Les sciences naturelles. Le dernier chapitre sur l'origine de l'homme a été supprimé.
La langue allemande est enseignée deux heures par semaine.
On a introduit des punitions : « Vous pouvez même frapper les enfants. »
Le chant. Des chants populaires russes : *La Pomme mûre*, *Enfants, préparez-vous pour l'école*.
Cette école n'était pas représentative des écoles en territoire occupé. Les Allemands y agissaient comme bon leur semblait.
« Un Allemand m'a demandé : "Et *Guerre et Paix*[3], ils ne peuvent pas le lire ?" Je [la maîtresse d'école] lui ai dit : "Ils sont encore petits." »
La bibliothèque. Ont été supprimés tous les ouvrages politiques, Heine et tous les écrivains soviétiques.

Les « métis » (ceux qui étaient à moitié allemands) avaient droit à des rations allemandes. Il y avait une annonce : « Tous les métis doivent se faire enregistrer à la Kommandantur dans leur intérêt. » On leur distribuait une vache de race pure qui coûtait mille roubles, du chocolat, de la farine blanche, des bonbons. Il y avait des Russes qui étaient assimilés aux métis.

« Un soldat est venu, il a trouvé du sucre. Il a sucé un morceau de sucre. Je lui ai montré du doigt le nourrisson, il a souri et il est parti. Ils aiment beaucoup le sucré, ils sucent toujours du sucre[4]. »

1. Gorki avait aidé Grossman au début de sa carrière littéraire.
2. Ce long article d'un communiste dissident fut publié en 1941 en Allemagne dans un livre de Karl Albrecht, *Der verratene Sozialismus* (*Le Socialisme révélé*).
3. Les Allemands voulaient sans doute savoir si l'État soviétique voyait en Tolstoï un écrivain tsariste.
4. La dentition permit rapidement de faire la distinction entre crânes allemands et crânes soviétiques. Les dents soviétiques étaient plus saines et ne présentaient pas d'amalgames.

> Sur la porte des toilettes : « Entrée interdite aux Russes. »
>
> Les Allemands à Elista.
> En août ils se promenaient et faisaient de la moto en caleçon[1].

Grossman entendit aussi parler d'atrocités à l'encontre de la population juive, très certainement commises par le SS Sonderkommando Astrachan, formé en octobre 1942 et démantelé en décembre de la même année peu après la chute du front. En dépit de son nom, ce commando était basé à Elista.

> La mort de quatre-vingt-treize familles juives. Ils ont badigeonné de poison les lèvres des enfants.

Il est difficile de savoir exactement ce qu'il entend par « enfants », le mot russe désignant à la fois les tout-petits et les bébés. Apparemment, les SS semblaient expérimenter un nouveau poison.

Il rencontra aussi une enseignante violée par un officier allemand.

> Une enseignante (je ne lui ai pas demandé ses nom et prénom). Une nuit un officier a voulu la violer. Il était aidé de son ordonnance. Elle tenait un enfant de six mois dans les bras. Il a tiré dans le plancher, visant le bébé. L'ordonnance est sortie en fermant la porte à clé. Dans la pièce d'à côté, il y avait des prisonniers de guerre de chez nous. Elle a crié, appelé, mais dans la pièce d'à côté, on a gardé un silence de mort.

Grâce aux rencontres faites à Elista, Grossman tenta de reconstituer ce qu'était l'occupation allemande. Il est difficile d'imaginer la publication d'un tel texte, vu qu'il traite d'un sujet tabou, celui de la collaboration avec l'ennemi.

> Un vieux maître d'école... Et voilà qu'il était assis dehors le matin du 5 juin 1942. Dès les tout premiers vrombissements d'un moteur allemand dans le lointain, les chiens, qui avaient déjà expérimenté nombre d'attaques aériennes, se faufilèrent, la queue entre les jambes, derrière les femmes dans les abris. Les femmes leur donnaient des coups de pied en criant : « On est assez malades comme

1. Les motards allemands portaient presque certainement des caleçons, article vestimentaire que l'on voyait rarement dans de telles circonstances.

ça sans vous ! On n'a vraiment pas besoin de vous ici, nids à puces ! Fichez-moi le camp, la peste vous emporte ! » Mais les chiens se couchèrent sur le flanc et ne firent rien pour sortir de l'abri.

Voronenko expliqua que les Allemands avaient largué une bombe de deux cents kilos et que la DCA avait raté son coup à cinq cents mètres à peu près. La vieille Mikhaïliouk a alors murmuré : « Si seulement les Allemands pouvaient venir plus vite, pour que le malheur finisse. Hier, pendant l'alerte, un parasite a pris sur le fourneau un pot de bortsch et l'a emporté. »

Les gamins arrivèrent les premiers de la rue en apportant des informations précises : « Elle est tombée juste en face de la maison des Zabolotski. Une chèvre a été tuée chez Rabinovitchka ; la vieille Mirochenko y a perdu une jambe, on l'a emmenée à l'hôpital en camion et elle est morte en route. Sa fille a un tel chagrin qu'on l'entend quatre pâtés de maisons plus loin...

– Ce que je redoute le plus, a dit le maître d'école, c'est que le peuple avec lequel j'ai vécu toute ma vie, que j'aime, en lequel je crois, que ce peuple ne cède à une provocation sinistre, vile. »

Ce n'est qu'à midi que passèrent dans la rue principale des motocyclistes [allemands] en calot, caleçon et espadrilles, noirs de hâle. Chacun portait au bras un bracelet-montre. Les vieilles, en les regardant, disaient : « Ah, mon Dieu, ils n'ont ni vergogne ni conscience, nus comme ça, dans la rue principale. Jusqu'où ne va pas l'infamie ! »

Les motocyclistes maraudèrent dans les cours, ils emportèrent la dinde du pope qui était sortie à ses affaires dans le fumier de cheval, mangèrent à la hâte, chez le staroste de l'église, deux kilos et demi de miel et filèrent plus loin après avoir promis que, environ deux heures plus tard, le commandant allait venir.

Dans la journée, deux amis déserteurs vinrent encore trouver Iachka. Ils étaient tous deux ivres et chantaient en chœur : « Trois tankistes, trois joyeux amis. » Ils auraient sans doute aussi bien chanté une chanson allemande, mais ils n'en connaissaient pas. L'agronome se promenait dans la cour et, avec un sourire perfide, il demandait aux femmes : « Où sont donc nos Juifs ? Depuis ce matin, on ne voit ni enfants, ni vieux, ni personne, comme s'ils n'avaient jamais existé. Pourtant hier ils ont emporté du marché des corbeilles de cinq pouds*. »

Et les jours passèrent ainsi. L'agronome devint le responsable du quartier, Iachka entra dans la police, tandis que la plus belle fille

* Environ quatre-vingts kilogrammes.

de la ville, Maroussia Varaponova, jouait du piano dans le café des officiers et vivait avec l'ordonnance du commandant. Les femmes allaient dans les villages pour échanger toutes sortes de choses contre du blé, des pommes de terre, du millet, elles invectivaient les chauffeurs allemands qui réclamaient des sommes énormes pour le transport. La bourse du travail diffusait des centaines d'annonces, et filles et garçons allaient à la gare avec des besaces et des baluchons et montaient dans des wagons de marchandises. On vit s'ouvrir en ville un cinéma allemand, des maisons closes pour les soldats et pour les officiers. Sur la grand-place furent édifiées de grandes toilettes en brique avec écrit, en russe et en italien : « Réservé aux Allemands ». À l'école, la maîtresse Klara Frantsevna proposait comme problème aux enfants de première année : « Deux Messerschmitt ont descendu huit chasseurs rouges et douze bombardiers, et un canon de la DCA a anéanti onze avions de chasse bolcheviks. Combien d'avions rouges ont été anéantis en tout ? » On poussait les prisonniers à travers la ville, ils avançaient, dépenaillés, titubant de faim, et les femmes accouraient vers eux pour leur donner des morceaux de pain, des pommes de terre bouillies. Les prisonniers se battaient pour la nourriture et les gardiens les frappaient pour rétablir l'ordre.

Iachka déclara moqueur avec un air énigmatique : « Bientôt tu vas avoir toute la place que tu veux pour vivre. J'ai été dans des villes et dans des bourgs où tout a été complètement nettoyé... Jusqu'à la dernière miette. »

La vieille Weissman se lança dans des lamentations sur le sort de sa petite-fille : « Dacha, dit-elle, je vous laisserai mon alliance, et puis, dans notre potager, vous pourrez ramasser quelque quinze pouds de pommes de terre, des citrouilles et des betteraves. La petite aura à peu près de quoi manger jusqu'au printemps. J'ai encore un coupon de drap, de quoi faire un manteau de femme, vous pourrez l'échanger contre du pain. Elle mange vraiment très peu, elle n'a pas d'appétit. »

Le 17 février, Grossman écrivit à sa femme son désir de se retrouver au cœur des événements après tout ce temps perdu en Kalmoukie.

J'attends un avion et je bous d'impatience... Il se passe des événements grandioses, j'ai déjà laissé passer Kharkov. Je voulais être là-bas pour la prise de la ville... Mes essais sur Stalingrad ont beaucoup de succès.

Grossman ignorait encore que l'avancée excessivement optimiste faisant suite à l'opération Petit Saturne était une répétition de la bourde de Staline du mois de janvier précédent, quand le succès autour de Moscou se changea en une offensive générale. Au sud, l'Armée rouge se trouvait confrontée aux formidables talents de stratège du feld-maréchal von Manstein, qui préparait une contre-offensive destinée à reprendre Kharkov. Grossman avait aussi des problèmes personnels, comme il l'expliqua à sa femme.

> Je suis très chagriné et offensé à cause de ce prix. Mais ce n'est pas un malheur. Ni les cercles littéraires, ni les lecteurs n'en auront moins de respect pour moi pour autant.

La commission chargée de désigner le lauréat du prix Staline 1942 avait voté à l'unanimité pour *Le peuple est immortel*, mais Staline avait biffé le nom de Grossman. Peut-être le sujet – la débâcle de 1941 – constituait-il un sujet gênant pour le Petit Père des peuples qui avait commis tant d'erreurs. Suite à l'intervention de Staline, le prix fut attribué à *La Chute de Paris* d'Ilia Ehrenbourg. En décembre 1944, pendant la visite de De Gaulle à Moscou, Staline demanda malicieusement à Ehrenbourg d'en offrir un exemplaire au leader français.

Ehrenbourg semblait gêné de sa propre chance et du malheur de Grossman. « On dit que certains sont nés sous une bonne étoile, écrivit-il, mais l'étoile de Grossman est, sans conteste, mauvaise. On m'a rapporté que Staline avait supprimé son roman, *Le peuple est immortel*, de la liste des titres proposés pour le prix. »

Grossman ne s'était pas vraiment fait aimer des contrôleurs politiques de la vie littéraire soviétique. Ortenberg nota, pendant l'été : « Nous avons reçu une note de Vassili Grossman. Il me demandait "d'accorder refuge" à son ami Andreï Platonov [1]. "Il est sans défense et perturbé." C'était difficile. À l'époque Platonov était *persona non grata* dans notre littérature. » Grossman parvint tout de même à ses fins et Platonov se vit offrir du travail à *Krasnaïa Zvezda*.

1. Platonov, Andreï Platonovitch (1899-1951), écrivain, poète et critique littéraire. Il fut correspondant spécial de *Krasnaïa Zvezda* d'octobre 1942 à la fin de la guerre.

Chapitre 19

LA RECONQUÊTE DE LA MÈRE PATRIE

Début du printemps 1943

Staline pensait à tort que les Allemands allaient s'effondrer après la campagne de Stalingrad, ce qui se traduisit par des avances trop rapides de l'Armée rouge et de cruels revers. La gestion du temps du feld-maréchal von Manstein était impeccable. Il frappa alors que les colonnes de blindés soviétiques étaient épuisées et manquaient de carburant. Le 25e corps blindé dut abandonner ses véhicules près de Zaporojié et les hommes s'enfuirent à pied dans la neige.

Manstein connut toutefois un revers d'envergure quand, début mars, malgré ses ordres, le général Paul Hauser entraîna le corps blindé SS dans ce que l'on appela la troisième bataille de Kharkov, une reconquête coûteuse et violente de la ville. Fin mars, après cette campagne agitée où Manstein parvint tout de même à éviter la catastrophe, principalement en ignorant les ordres de Hitler, les deux camps se mirent sur la défensive pour récupérer et se réorganiser. La conséquence la plus importante de ces allées et venues fut peut-être la création du saillant de Koursk, territoire soviétique de quelque trois cents kilomètres carrés enfoncé dans le flanc allemand. Il allait obséder Hitler pendant des mois avec des résultats qui s'avéreraient fatals pour ses forces blindées.

Grossman se retrouva sur le territoire familier de l'est de l'Ukraine, à Starobelsk, juste au nord du Donets. Ortenberg nota comment Grossman s'était adapté à la vie militaire. « Les mois de guerre se succédaient et Grossman, vrai civil de nature et réformé pour problèmes de santé, se sentait vraiment à l'aise.

Son apparence extérieure ne différait pas beaucoup, à l'exception de sa tunique, pas aussi raide qu'avant, et de sa capote qui avait rétréci à cause de la neige et de la pluie. Il n'y avait toujours rien d'impérieux dans sa voix en dépit de ses épaulettes de lieutenant-colonel. »

Rattaché à la 3e armée de la garde au nord du Donbass, Grossman trouva la situation militaire peu différente de celle de l'année précédente. Dans son carnet, il écrivit :

> Début du printemps. Sur le front, calme plat.

À Starobelsk, il perçut d'étranges échos du passé prérévolutionnaire.

> Avec mon camion, j'ai aidé la fille et la petite-fille d'un prêtre*, avec toutes leurs affaires, à aller retrouver celui-ci. J'ai été reçu comme un roi, avec dîner et vodka. Le prêtre raconte que bien souvent il reçoit la visite de soldats et d'officiers de l'Armée rouge qui viennent prier et parler. Il n'y a pas longtemps, il a reçu un major.
>
> Récit à propos de la sœur du tsar, Ksenia, qui vivait à Starobelsk. Elle défendait des Soviétiques face aux Allemands. À ce qu'on raconte, elle serait en son temps revenue de l'étranger avec l'autorisation de Dzerjinski[1], pour, dit-on, chercher son fils.

On est en pleine légende. La grande-duchesse avait quitté la Crimée en 1919 avec l'impératrice douairière et d'autres membres de la famille impériale pour embarquer sur un vaisseau de guerre, le HMS *Marlborough*. Ils ne revinrent jamais en Russie. Pendant la Seconde Guerre mondiale, elle vivait à Balmoral, pas à Starobelsk.

> Nous avons fait une tentative pour pêcher. Un Messer a brusquement fait un piqué et a commencé à tirer sur nous.

* Rappelons que les prêtres orthodoxes sont mariés.

1. Félix Dzerjinski (1877-1926), fils d'un propriétaire terrien polonais, devint en décembre 1917 commissaire aux Affaires intérieures et chef de la Tchéka, Commission spéciale panrusse de lutte contre la contre-révolution et le sabotage, qui devint le GPU (Direction politique principale) en 1922.

Sur un minuscule morceau de terre ukrainienne libérée, dans le minuscule bourg de Starobelsk, dans une minuscule maisonnette blanche s'est installé le gouvernement ukrainien.
Conversation avec Bajan[1]. Plaintes à propos du chauvinisme de la grande puissance. À sa porte, un garde avec un visage si peu humain qu'il m'a immédiatement rappelé le temps de paix.

Correspondant de guerre, l'écrivain ukrainien Levada[2] est mortifié d'avoir reçu, au lieu d'un ordre [militaire], une médaille. Après qu'on la lui eut remise, il est revenu dans l'isba où il était logé. En voyant la médaille, une petite fille s'est exclamée : « Un kopeck ! », mais un petit garçon l'a corrigée : « Idiote, ce n'est pas un kopeck, c'est un petit insigne. » Cela a définitivement achevé Levada.

Starobelsk avait été occupé par ce qu'il restait de la 8e armée italienne après sa dislocation sur le Don par l'opération Petit Saturne, pendant la seconde quinzaine de décembre.

On dit du bien des Italiens, surtout les femmes. « Ils chantent, ils jouent, *O mia donna !* » On les blâme parce qu'ils ont mangé des grenouilles.

Comme est pénible, comme est inquiétant ce calme plat sur le front ! Et sur les chemins, c'est déjà la poussière.

La période pluvieuse et les boues épaisses, ou *raspoutitsa*, étaient terminées, et la poussière indiquait que le sol était assez dur pour supporter n'importe quel véhicule, pourtant rien ne se passa.
Grossman interrogea le général Belov[3].

« La profondeur du front d'une division allemande est de huit kilomètres. Si on perce le front sur huit kilomètres, il se trouve paralysé sur trente kilomètres. Si on le perce sur trente kilomètres,

1. Bajan, Mykola Platonovitch (1904-1983), poète, critique et membre de l'Académie des sciences d'Ukraine, sera contraint par les autorités soviétiques à refuser sa candidature quand il sera proposé pour le prix Nobel.
2. Levada, Aleksandr Stepanovitch (1909-1995), scénariste, écrivain et poète ukrainien. Son vrai nom est Kossiak.
3. Pas moins de onze généraux du nom de Belov servirent dans l'Armée rouge pendant la Seconde Guerre mondiale. On ne peut donc l'affirmer avec certitude, mais Grossman fait probablement référence au général (plus tard colonel général) P. A. Belov, qui allait bientôt prendre la tête de la 61e armée.

il se trouve paralysé sur cent kilomètres. Si on le perce sur cent, alors on paralyse [l'ensemble de] la direction du front.

« Nous avons commis une erreur sur le Don. On m'a dit : "Les hommes sont fatigués", et le temps qu'ils se reposent, j'ai perdu deux heures, si bien que l'aviation a pu nous frapper et les réserves [de l'infanterie allemande] s'approcher. Si nous ne nous étions pas reposés, nous serions passés.

« Il y en a [des officiers] qui annoncent : "Je vois des tirs en face de moi, je m'arrête pour aller en reconnaissance." Idiotie ! Que pourrait-on voir d'autre ? C'est bien clair qu'il s'agit de tirs d'armes, que pourraient-ils balancer d'autre, des pommes, ou quoi ? Vas-y encore plus loin, et si tu écrases leur feu et que tu avances encore plus loin, l'ennemi s'en trouvera d'autant plus affaibli, d'autant plus désemparé...

« Lors d'un combat ou d'une opération dans son ensemble, il y a un moment où on doit se demander : faut-il se jeter en avant ? Lancer toutes les réserves ? Ou au contraire s'arrêter ? Chez nous on aime parfois à donner pour ordre unique : "En avant ! En avant !"

« Il doit y avoir une pause opérationnelle. En à peu près cinq jours, toutes les réserves s'épuisent, les [troupes] arrières vont prendre du retard, et les soldats sont à ce point fatigués qu'ils ne sont pas en état de remplir leur mission, ils s'effondrent sur la neige et s'endorment. J'ai vu un artilleur qui dormait à deux pas d'un canon en train de tirer. J'ai marché sur un soldat endormi, il ne s'est pas réveillé. Le repos pour, disons, vingt-quatre heures ou en tout cas huit heures. Que ce soit donc la compagnie de reconnaissance qui avance.

« J'ai une compagnie qui dormait si fort que les Allemands piquaient les hommes avec leurs baïonnettes et qu'eux continuaient à dormir sans vouloir se réveiller. Le commandant de la compagnie ne dormait pas et tirait sur les Allemands depuis la compagnie endormie. C'est donc parfaitement clair : on ne doit pas abuser de la tension des soldats, ça ne peut qu'être négatif.

« Il faut se faire une idée parfaitement claire, concrète, lucide de ce que tu as fait à l'ennemi : l'as-tu écrasé ou seulement délogé ? Ne te vante pas trop vite d'avoir écrasé l'adversaire, s'il ne bat pas en retraite, il peut encore te taper sur la gueule.

« Je vois que l'ennemi est fort et que nos arrières sont loin, or on me dit : "En avant ! En avant !" C'est la perte assurée, c'est comme ça que ça s'est passé pour Popov[1].

1. Le « groupe mobile du front » du général M. M. Popov reçut du général Vatoutine l'ordre d'avancer vers Stalino et Marioupol bien qu'ayant perdu la majeure partie de ses chars et manquant cruellement de carburant.

« Nous ne connaissons pas l'ennemi, et parfois la reconnaissance nous désoriente[1]. Où se trouve l'ennemi ? Que fait-il ? Où sont ses réserves ? Où vont-elles ? Sans cela, on combat à l'aveuglette.

« Le désaccord majeur avec mon supérieur hiérarchique est que lui considère toujours que l'adversaire est plus faible qu'il ne l'est en réalité, alors que moi, je sais bien que j'ai en face de moi quinze mitrailleuses, et qu'il faut pouvoir les écraser.

« Mais c'est vrai qu'il arrive aussi qu'on crie : “En face de moi, il y a trente chars”, alors qu'il y a tout juste un petit char de rien du tout. D'où le manque de confiance.

« Il y a de jeunes officiers qui n'ont connu que la marche en avant[2] et, quand ils se sont retrouvés en position de défense, ils n'arrivaient pas à comprendre où, comment et pourquoi il faut s'enterrer, comment il faut organiser le tir, et ainsi de suite. Il y a également chez nous le type inverse d'officier, celui qui a toujours été en situation défensive et redoute l'attaque.

« Ce qui pèche dans les combats défensifs, c'est que les hommes cessent de croire en leur propre force, et qu'ils sont gagnés par l'abattement. Dans la défense, la foi en la victoire, la foi en la force faiblissent. Dans la défense, il faut plus de dépenses physiques, et une force morale à la hauteur... Nous nous sommes enfouis dans la terre, nous avons rodé les hommes aux [attaques des] chars. Vous savez, quand j'étais là, dans la tranchée, moi aussi j'avais envie de m'enfuir, mais il n'y avait nulle part où aller. Dans les tranchées, on est à trois ou quatre hommes, les autres sont dans des *zemliankas*[3], des “tentes de Lénine”. Il suffit que l'adversaire bouge un tout petit peu, nous donnons le signal et tous surgissent. »

Pendant ce temps, le 25e corps blindé, bien approvisionné en carburant, se trouvait le 19 février à moins de quatre-vingts kilomètres de Zaporojié au moment où Hitler abandonnait son Q G de Manstein. C'est lors de cette réunion que fut conçue dans ses grandes lignes l'opération Citadelle, l'attaque du saillant de Koursk.

1. Pour l'Armée rouge, le terme « reconnaissance » regroupait la notion militaire occidentale de reconnaissance proprement dite mais aussi l'ensemble des services de renseignements militaires.

2. Belov veut dire depuis le 19 novembre 1942, quand l'opération Uranus retira l'avantage aux Allemands.

3. Un *zemlianka* était un abri creusé dans le sol, habituellement renforcé de poutres et recouvert de terre. C'était aussi le titre d'une des chansons préférées des hommes : elle parlait d'un soldat qui pensait à sa fiancée dans sa *zemlianka* couverte de neige.

Le besoin de résister à la peur des blindés était vital sur le front de l'est. Les Allemands avaient même donné un nom à ce phénomène, *Panzerschreck*. Avant que ses troupes sibériennes traversent la Volga pour défendre le quartier industriel de Stalingrad, le général Gourtiev leur avait fait creuser des tranchées d'entraînement sur la rive occidentale puis ordonné à des chars de passer au-dessus alors que des hommes se trouvaient dedans. Il appelait cela le « repassage ». L'important était de creuser profondément pour que la tranchée ne s'effondre pas ; ainsi les hommes conservaient leur sang-froid. Ce genre d'agissement donna naissance à beaucoup d'histoires.

> La tranchée du mitrailleur Touriev a été « repassée » par un char ennemi, mais Touriev s'est mis à tirer d'abord par la fente, puis sur la rangée de l'infanterie ennemie qui subit ainsi de lourdes pertes. Ayant remarqué ce qui se passait, le char se retourna pour se poster au-dessus de la tranchée de Touriev. Alors le courageux mitrailleur, saisissant son arme, parvint à s'extraire de dessous le char et, se postant près d'une meule, il recommença à faucher les Allemands. Le héros Touriev continua ainsi à se battre jusqu'à ce qu'il trouve la mort, écrasé par le char.

Grossman parla aussi à l'un des subalternes de Belov, Martiniouk.

> « J'ai été à deux doigts de le [Zorkine] passer par les armes un jour où, le régiment s'étant enfui, il perdit le contrôle, se trouva désemparé et ne prit aucune mesure. En décembre, Zorkine a changé. On l'appelle "professeur", il est là à regarder les cartes et à réfléchir, tandis que les chars allemands avancent tout près. Désormais, après les combats d'attaque, c'est l'échelon intermédiaire qui constitue la plus grande partie des promus.
> « Il existe une tendance à écarter les commandants du travail politique. Il en existe aussi une chez leurs seconds : de s'enfermer entièrement dans le travail politique. »

Voilà une observation plutôt euphémique de la situation faisant suite au décret n° 307 édicté par Staline le 9 octobre 1942, lequel rendait aux commissaires rétrogradés leur rôle de conseillers et d'« éducateurs ». Ceux-ci étaient choqués de constater que, bien souvent, les officiers de l'Armée rouge affichaient à leur égard le plus grand mépris. Le département politique du front de Stalingrad, par exemple, se plaignit auprès d'Aleksandr Chtcherbakov, chef du GLAVPUR (bras politique de l'Armée rouge), de « l'attitude absolument incorrecte » désormais en vigueur.

> Il y a un défaut d'amour et d'attention envers les soldats, mais d'un autre côté, chez nous, le commandement n'est pas exigeant. (Cela par manque de culture.) Pourquoi les soldats aimaient-ils le lieutenant Kouznetsov ? C'est qu'il était attentif aux soldats, il vivait vraiment à leurs côtés. Ils allaient les trouver avec les lettres qu'ils recevaient de chez eux, qu'elles soient porteuses de bonnes ou de mauvaises nouvelles. Il valorisait les hommes, écrivait aux journaux à propos de ses soldats. Mais il punissait les négligents et ne laissait pas passer le plus petit manquement, qu'il s'agisse d'un bouton décousu ou d'un toussotement lors d'une mission de reconnaissance. C'était le souci de savoir : « As-tu bien tes cartouches, tes bandes molletières sont-elles bien sèches ? » Souvent, par imprévoyance, nous perdons des gens et nous ne sommes pas en mesure de remplir notre mission.
>
> Un officier issu des simples soldats remplit parfaitement sa mission et il est très attentif à ses hommes. Pour le quotidien, un officier combattant est, en règle générale, irréprochable. Dans les unités qui ne sont pas celles du front, les caporaux, les intendants, les ordonnances des commandants de régiments et de bataillons, les responsables de l'approvisionnement des régiments et des bataillons, voilà ceux qui sont les plus exposés au laisser-aller du quotidien.
>
> Un ordre sous la forme « Si tu n'avances pas, fils de pute, je vais te passer par les armes » est un aveu d'impuissance qui ne convainc personne, un signe de faiblesse. Les cas de ce genre ont été réduits au minimum [...]. Mais soulever la question est loin, très loin d'être inutile.
>
> La question des nationalités ne pose aucun problème. Il y a bien quelques cas isolés, mais ils constituent l'exception.

Le problème des nationalités est traité ici de façon optimiste, c'est le moins qu'on puisse dire. L'attitude parfois arrogante à l'égard des minorités ethniques, en particulier celles d'Asie centrale, au sein de l'Armée rouge rendait creuse la notion de « fraternité soviétique ». On ne dispose d'aucun chiffre, mais le taux de désertions et d'automutilations semble bien plus élevé chez les soldats originaires d'Asie centrale. Le département politique ne préconisait qu'une seule solution : « Inculquer aux soldats et officiers de nationalité non russe les plus nobles objectifs des peuples d'URSS en leur expliquant leur serment militaire et la loi punissant les traîtres à la mère patrie. »

Une masse de gens qui arrivent des territoires occupés croient en la force de l'Armée rouge et sont des témoins lucides et pour nous bien utiles de ce qu'est le régime de l'occupation.

Dès que les Allemands commencèrent à battre en retraite, les traînards et les civils des territoires occupés furent de plus en plus nombreux à être incorporés dans l'Armée rouge. Ils étaient très utiles aux officiers politiques et à leur propagande appelant à se venger de ceux qui avaient violé la mère patrie, mais le NKVD ou le SMERSh arrêtèrent nombre d'entre eux comme déserteurs ou traîtres potentiels.

Réunion de snipers à l'état-major du corps.

Solodkikh : « Je suis en fait de Vorochilovgrad, et kolkhozien, mais j'ai échangé le kolkhoze pour la spécialité de sniper. Les fascistes en ont fait de belles dans mon village et j'y ai laissé un peu de sang. »

Belouguine : « Je viens des territoires occupés et je n'étais rien, maintenant, dans la défense, nous ne mangeons pas notre pain en vain. Je suis assis en observateur. Strijik me dit : "Sans niaiseries, par pitié !" Le commandant du régiment, un type astucieux, dit : "Procurez-vous une 'langue' [1], sinon on a honte de paraître devant la division..." Si j'avais en face de moi cent Allemands et que j'étais tout seul, je me battrais quand même. De toute façon ils me tueraient. Pendant dix mois, j'ai langui en prison à en mourir, et j'ai sauté d'un train à pleine vitesse pour rejoindre les miens. Mon fils a été tué parce qu'il portait le nom de Vladimir Ilitch [2]. »

1. « Langue », mot d'argot désignant un soldat ennemi soumis à un interrogatoire.

2. Vladimir Ilitch était, on le sait, le prénom et le patronyme de Lénine. Des prénoms furent inventés à partir d'acronymes, tel Lemar (Lénine et Marx). Donner à un fils un nom à consonance politique était un signe de dévouement à la cause communiste ; cela faisait aussi de l'enfant une cible privilégiée pour les antibolcheviks.

Khalikov : « J'ai tué soixante-sept personnes. Je suis arrivé sur le front, je ne parlais pas un mot de russe. Mon ami c'était Bourov, il m'a appris le russe et moi je lui ai appris l'ouzbek. Personne ne voulait détruire un nid de mitrailleuses. J'ai dit : "Je vais détruire le nid de mitrailleuses." J'étais entouré par douze hommes, des Allemands pur jus. Je me suis bien camouflé, mon pouls était régulier, et je les ai abattus tous les douze. Je ne me presse jamais. Si mon cœur bat vite, comme un ventilateur, je ne tire pas. Quand je contiens les battements de mon cœur, je tire. Si je rate mon coup, je suis mort. J'ai retiré ses jumelles d'autour de la tête d'un officier, je les ai mises autour de ma tête.
« J'ai fait mon rapport au politrouk : "J'ai exécuté vos ordres, je vous ai rapporté un cadeau." »

Boulatov : « Je suis un passionné de chasse au coq de bruyère, j'en ai rêvé jour et nuit. » (Le commandant du corps a fait cadeau à Boulatov de son fusil de sniper. Boulatov a commencé à se couvrir tout entier de sueur et à jurer.)

Ivanov, Dmitri Iakovlevitch, de Iaroslavl : « J'ai été dix-huit jours encerclé. Cinq jours durant on n'a pas pu manger. Trois jours durant on n'a pas pu boire. Nous avons traversé le Don à la nage et débarqué chez les nôtres, et on nous a envoyés en reconnaissance. » (Il fait un clin d'œil au commandant du corps et rit.)

Romanov (petit, avec une grande bouche) : « J'en ai tué cent trente-cinq. S'il vous plaît, posez la lumière sur la table et je vais tout vous raconter. »

La 50e division de fusiliers de la garde [1].
Conversation avec des soldats à propos de la défense. « [Les commandants nous avaient dit] "Préparez-vous, nous allons avancer !" Et nous, nous voulions semer du tabac. »

Le soldat de l'Armée rouge Ostapenko, Dmitri Iakovlevitch. Il a été fait prisonnier dans le Caucase, puis il s'est évadé et a marché jusque chez son père, dans un village près de Vorochilovgrad. Par le plus grand des hasards, il a lu dans le journal que, pour avoir combattu contre les chars allemands, il avait été décoré à titre posthume du titre de Héros de l'Union soviétique ; il a pris la nouvelle sans en faire une histoire : « Héros, bon, héros, très bien,

1. La 50e division de fusiliers de la garde était aux côtés de la 5e armée blindée dans le cadre de l'opération Uranus, qui consistait en l'encerclement de la 6e armée allemande à Stalingrad. De décembre 1942 à avril 1943, elle fit partie de la 3e armée de la garde nouvellement formée.

je vais abattre des chars. » Mais son père, immédiatement après l'annonce, est venu trouver le commandant du régiment : « Les camarades, là, ils m'ont pris de l'orge sans faire exprès. » Petoukhov lui a dit : « Je t'en prie, ne dis à personne que nous t'avons pris de l'orge, je t'en donnerai, moi, dix charretées. »

Réunion des soldats de l'Armée rouge du régiment. Thème de la réunion : « L'Armée rouge, armée de vengeurs. » Quand le soldat Prokhine a raconté comment, à la gare de Millerovo, on envoyait de force les jeunes filles en Allemagne et comment, depuis les wagons fermés, elles criaient : « Maman, maman, sauve-moi ! » les soldats se sont mis à pleurer[1]. « Il nous faut expulser les nazis de la surface de la terre. »

La 2e compagnie. Dans la section de Tchernych, le soldat Kozlov a tué une oie sauvage. « J'ai tiré dans celle qui était en tête... »

Grossman se rendit à Krasnodon, grosse ville minière du bassin du Donets située dans la partie la plus orientale de l'Ukraine.

Les conditions de travail des mineurs sous les Allemands. Ils recevaient, pour ceux qui travaillaient sous terre, six cents grammes, et, pour ceux qui travaillaient à la surface, trois cents grammes d'ersatz de pain. Un jour d'absence au travail signifiait le camp de concentration. « Sous les Allemands, il y avait une cantine. Dans la soupe, au fond de l'assiette, on pouvait voir Berlin. Il n'y avait pas trace d'"yeux" de gras. » Au travail, ils étaient battus à coups de fouet.

Un des mineurs lui dit :

« Nous sommes sortis de la mine quand les Allemands sont arrivés jusqu'à nous. J'ai couru à la maison, j'ai attrapé un morceau de pain et je suis parti. La famille ? Qui s'en inquiète maintenant ? Nous sommes inquiets pour la mine. Si ça va pour elle, ça ira pour nous. »

Une femme lui raconta :

1. Ces malheureuses ne furent toutefois pas bien traitées par les soldats de l'Armée rouge quand ils pénétrèrent en Allemagne. Il y eut beaucoup de viols, comme Grossman le découvrit en 1945.

« Un Allemand logeait chez moi. Il a reçu une lettre et s'est mis à pleurer. Sa femme et ses enfants avaient été tués par une bombe. Un autre a pris un accordéon et s'est mis à jouer : *Volga, Volga, mère chérie*.

J'ai accueilli des soldats, huit, ils étaient : "Déshabillez-vous et lavez-vous", et je leur ai donné à tous du linge à moi. Et eux me disent : "Nous sommes venus là, chez toi, comme si c'était chez notre père et notre mère." »

Grossman poussa jusqu'à Vorochilovgrad, aujourd'hui Lougansk, à plus de cent kilomètres au nord-ouest.

Le commandant de peloton Vassilenko a été tué. Le commissaire du Parti acceptait les hommes au Parti lors de leur marche vers le lieu de l'affrontement. Vassilenko est devenu membre du Parti au moment même du combat sur une batterie près de Stolskoïe.

Grossman fut frappé par l'évolution du moral intervenue au cours des mois précédents, depuis la bataille de Stalingrad. Un officier d'artillerie lui rapporta son expérience :

« L'ennemi attaquait deux ou trois fois par jour par groupes de dix à quinze chars. Nous avons adopté une position de défense en rond. Nous disposions de vingt canons. Nous étions sereins et notre moral était bon. (Vous imaginez, ce que ça aurait été en 1941.)
Les batteries sont constamment dans la neige. Il n'y a pas de forêt, et pas le temps de creuser des abris blindés. Gel, vent, nous avons tout eu. Les hommes ne veulent qu'une seule chose : avancer. »

Ceux qui ont été tués. Le téléphoniste Toupitsyne a été tué. Il courait avec le fil de liaison vers le point de commandement avancé qui marchait avec l'infanterie. Il portait une bobine dans une main et dans l'autre une grenade. Il disait : « J'ai beau ne plus être jeune, mes jambes me porteront bien jusqu'à Vorochilovgrad. » Et il n'y est pas arrivé non plus.

L'avance dans la boue, ses avantages et ses points faibles. Les Allemands écrivent : « Les Russes n'ont pas commencé l'attaque parce que le temps était beau[1]. » Ça n'est pas vrai ! Les difficultés à se mouvoir dans la boue touchent de la même façon les deux camps.

1. Les soldats allemands de la ligne de front est étaient convaincus que l'Armée rouge attendait les pires conditions climatiques pour attaquer. Comme il a été dit précédemment, ils parlaient de « temps de Russe ».

Il n'en reste pas moins que les Allemands sont moins préparés aux épreuves physiques, lorsque l'homme est directement confronté aux éléments. Le Russe a été élevé dans les épreuves, et ses victoires sont arrachées de haute lutte. Les Allemands, eux, sont élevés dans l'esprit des victoires faciles, fondées sur la technique, et ils flanchent devant les difficultés entraînées par les éléments. Le général Boue et le général Gel servent les Russes. (Mais la vérité est que seuls les forts peuvent contraindre les éléments à les servir, alors que les faibles s'abandonnent à leur merci.)

Grossman était frustré par le manque d'action près du Donbass et l'incapacité de son rédacteur en chef à lui donner du temps pour écrire. Le 20 mars, il s'en plaignit dans une lettre adressée à son père.

On ne cesse de me promettre un congé pour écrire mon roman, mais pour l'instant ce ne sont que des conversations en l'air qui durent déjà depuis trois mois. Ma santé est bonne. C'est vrai que, à un moment, mon cœur me causait des ennuis, mais maintenant tout est rentré dans l'ordre.

Je rêve de maman la nuit. Durant ce déplacement, je l'ai vue une nuit entière comme si elle était vivante. Après cela, toute la journée, j'ai été dans une sorte d'état bizarre. Non, je ne crois pas qu'elle soit vivante. Je circule sans cesse dans des zones qui sont libérées des Allemands et je vois bien ce que ces bêtes maudites ont fait avec les vieillards et les enfants. Qui plus est, maman est juive. Le désir s'accroît en moi d'échanger ma plume contre un fusil.

Il écrivit à nouveau à Ortenberg.

Camarade directeur [...]. Dans les circonstances actuelles, je considère que prolonger ma présence dans le secteur de Boukovski est inutile et déraisonnable. C'est pourquoi je vous prie de me rappeler.

Sa requête ne servit à rien. En avril, on lui confia une autre mission, ce qui l'exaspéra ainsi qu'il le dit à son père.

Comme je le pressentais, mon déplacement n'avait aucun sens : c'est le calme complet, la *rasputitsa*, la rivière a débordé, et du coup on ne peut aller nulle part. Je ne me suis pas encore mis à écrire pour le journal, j'ai du mal, maintenant, après Stalingrad, à m'occuper de choses ordinaires.

Porte ta lettre au capitaine Tikhomirov à la Croix-Rouge et demande à ce qu'il l'envoie avec quelqu'un, ou, encore mieux, par la poste secrète.

Chapitre 20

LA BATAILLE DE KOURSK

Le 1er mai 1943, Grossman revint non sans plaisir voir ceux qu'il avait si bien connus dans l'armée de Tchouïkov : mis en réserve, ils participaient au front de la steppe, en arrière du saillant de Koursk. Cependant les retrouvailles furent glaciales.

Je suis arrivé dans la 62e armée de Stalingrad. Elle est maintenant cantonnée au milieu de jardins qui commencent à fleurir, dans un endroit superbe, avec des violettes et une herbe d'un vert lumineux. Le calme règne. On entend le chant des alouettes. J'étais ému en venant ici, j'avais très envie de revoir ceux avec lesquels je partage tant de souvenirs.

Nous nous sommes rencontrés. Repas chez Tchouïkov sur la terrasse d'une petite maison de campagne avec un jardin. Il y a là Tchouïkov, Krylov, Vassiliev et deux colonels membres du Conseil militaire.

La rencontre est froide, tous sont en ébullition. Insatisfaction, ambition, pas assez de décorations, détestation à l'égard de tous ceux qui ont été plus généreusement décorés, détestation à l'égard de la presse. Du film *Stalingrad*[1] ils disent pis que pendre. Des hommes de grande envergure, et une impression pesante, exécrable. Pas un mot sur les morts, sur un monument, sur la façon d'immortaliser ceux qui ne sont pas revenus. Chacun parle de lui et de ses mérites.

Le matin chez Gourtiev. Même tableau.

1. Fidèle à une reconstitution historique tournée juste après les événements, le film passionna le public soviétique qui ne se rendit pratiquement jamais compte qu'il s'agissait d'une mise en scène. Les chutes montrent des soldats tués qui se relèvent pour jouer d'autres rôles.

Aucune modestie. « J'ai fait, j'ai eu à supporter, je-je-je-je-je... » Ils parlent des autres commandants sans respect aucun, et ce ne sont que des racontars de bonne femme : « On m'a rapporté que Rodimtsev avait dit ceci et encore ceci... »
En somme, l'idée générale est la suivante : « Tous les mérites nous reviennent exclusivement à nous, la 62e armée, et au sein de la 62e armée à moi et à moi seul, les autres n'y sont pas pour grand-chose. »
Vanité des vanités, tout n'est que vanité.

D'une certaine façon, Grossman aurait dû s'y attendre. Déjà, à Stalingrad, il avait rencontré des officiers supérieurs – Eremenko en particulier – qui ne se gênaient pas pour rabaisser leurs subalternes quand ils discutaient avec lui, un journaliste. Eremenko avait fait des remarques du genre :

« La division de Rodimtsev aurait pu mieux se battre », « J'ai passé un savon à Gourtiev », « J'ai fait passer Tchouïkov dans le tunnel [de la Tsaritsa] », « Les soldats de l'Armée rouge me font très bonne impression, il n'en va pas de même pour le commandement, qui fait preuve d'un manque de volonté qui vient d'un défaut de connaissances ».

Si Tchouïkov se montrait si amer et méprisait tant le maréchal Joukov – un ressentiment qui se manifesta à nouveau peu avant la bataille de Berlin –, peut-être est-ce parce qu'on ne le prévint qu'au tout dernier moment de l'opération Uranus. Il avait certainement eu l'impression que sa 62e armée et lui-même n'étaient pas les principaux héros de Stalingrad, mais une bête prise au piège, alors que les armées du front du Don du général Rokossovski jouaient le rôle des chasseurs parvenus à encercler le tigre[1].

1. Le maréchal Konstantin Konstantinovitch Rokossovski (1896-1968), fils d'un officier de cavalerie polonais, fut toujours suspect aux yeux de Staline. Arrêté en 1937 pendant la purge de l'Armée rouge, torturé par le NKVD, il fut relâché après la guerre russo-finlandaise et commanda le 9e corps mécanisé pendant l'invasion allemande de 1941. En tant que chef de la 6e armée, il joua un rôle important pendant la bataille de Moscou. En 1942, il commanda le front du Don pendant la phase décisive de la bataille de Stalingrad. Il fut l'un des principaux chefs de la bataille de Koursk, en 1943. Plus tard, il commanda le 1er front biélorusse lors de l'opération Bagration et de la marche sur Varsovie. Fin 1944, Staline le transféra à la tête du 2e front biélorusse parce qu'il ne voulait pas qu'un Polonais ait

Grossman ne pouvait savoir que son trouble devant le manque d'activité en avril et mai 1943 ne faisait que refléter une controverse au sommet de l'État. Staline voulait lancer de nouvelles offensives. Il ne parvenait pas à accepter l'idée que la guerre dût encore connaître un certain nombre d'étapes et qu'une seule poussée d'envergure ne pût y mettre un terme. Les maréchaux Joukov et Vassilevski ainsi que le général A. I. Antonov, chef des opérations à la Stavka, avaient du mal à le convaincre que l'Armée rouge devait rester sur la défensive dans l'attente d'une attaque allemande qui ne saurait tarder. Elle en profiterait pour préparer de formidables réserves stratégiques avant de passer elle-même à l'offensive l'été suivant, une chose qu'elle n'avait jamais tentée. À contrecœur, Staline dut se rendre à leurs arguments le 12 avril.

Baptisée opération Citadelle, la grande offensive allemande fut probablement celle qui, de toute la guerre, créa le moins de surprise. En toute logique, le plan d'attaque allemand ne pouvait prendre qu'une seule forme : des « fers de lance » blindés pénétreraient la base du saillant de Koursk, un par le nord et l'autre par le sud. Hitler lui attribua cinquante divisions dont dix-neuf blindées, avec deux mille sept cents chars et des canons d'assaut. Deux mille six cents avions devaient soutenir l'opération.

Les services de renseignements Ultra firent connaître à l'Union soviétique les détails des préparatifs allemands et les délais toujours plus grands affectant l'opération. La reconnaissance aérienne et les réseaux de partisans vivant en territoire occupé, entre autres, vinrent confirmer les informations. La Stavka put alors assigner plus de un million d'hommes à la défense de ce territoire (ce qui leur donna une supériorité de plus de deux contre un) et investir dans les lignes de défense les plus efficaces jamais conçues sur le front de l'est. De plus, un demi-million de réservistes aguerris (ce qu'on appellera le « front de la steppe ») furent déployés à l'arrière, prêts à contre-attaquer.

Hitler était pour sa part persuadé que les nouveaux chars Mark VI Tiger étaient invincibles. La bataille de Koursk allait passer dans l'histoire comme le plus grand affrontement de blindés de tous les temps, mais il ne faut pas pour autant oublier l'importance de l'artillerie et des autres armes. Les sol-

---

l'honneur de prendre Berlin. La gloire revint à son rival, le maréchal Joukov. Après la guerre, il devint ministre de la Défense de Pologne.

dats du génie soviétique disposèrent de vastes champs de mines et l'artillerie de l'Armée rouge, avec ses centaines de batteries de canons antichars, joua un rôle majeur. De même pour les avions d'attaque au sol Chtourmovik, qui concentraient leurs canons et leurs bombes antiblindage sur les chars allemands.

Grossman arriva sur le front en pleine bataille et commença par discuter avec les officiers des services de renseignements du front central commandés par Rokossovski, devenu maréchal. Les notes prises par Grossman tout de suite après reflètent l'obsession allemande d'attaquer des secteurs aussi bien défendus que le flanc nord du saillant de Koursk. L'Armée rouge donna le nom d'« axe d'Orel » à la ligne d'attaque située au sud d'Orel, qui subit finalement le moins violent des deux assauts.

> Un poids gigantesque a cloué les Allemands à l'axe d'Orel, bien que les pilotes leur aient dit et répété que la force de notre défense était grande. (Il n'y a aucune liberté de la volonté. La masse l'emporte sur la raison.)
>
> Sous-estimation allemande classique de l'adversaire, de sa force. [Issue de] l'expérience des succès de l'an dernier.
>
> Danger des idées préconçues, eu égard au caractère contradictoire des faits. La concentration des forces aériennes de l'ennemi joue un rôle énorme dans le décryptage [1]. Rapports concernant l'arrivée des généraux et des feld-maréchaux.
>
> Dans la nuit précédant le 5 juillet a été attrapé et fait prisonnier un sapeur qui a confirmé que l'attaque commençait et que l'ordre avait été donné de procéder dans la nuit même au déminage. Grâce à cela, à l'aube du 5 juillet, nous avons été en mesure de procéder à un bombardement d'artillerie de contre-préparation de deux heures.
>
> Habituels : une certaine arrogance des opérationnels et un certain mépris de leur part à l'égard des hommes du renseignement.

1. On ignore ce qu'entend exactement Grossman par là. Vu l'obsession du secret de l'Armée rouge, il semble étonnant que l'on ait pu parler de décryptage à un correspondant de guerre, même envoyé par *Krasnaïa Zvezda*, pourtant sa remarque va dans le sens de l'interception de signaux par les Britanniques : l'attitude laxiste de la Luftwaffe en matière de transmission les aida énormément à décrypter les codes.

Dans la poussière, dans la fumée, au milieu du flot de milliers de véhicules, nous entrons dans le village de Kouban[1]. Comment trouver des gens connus dans ce terrible tohu-bohu ? Brusquement, j'aperçois sous un auvent une voiture avec de magnifiques pneus tout neufs. Je dis, prophétique : « Cette voiture aux pneus incroyables peut appartenir soit au commandant du front Rokossovski, soit au correspondant de Tass, le major Lipavski. » Nous entrons dans la maison : un soldat attablé mange du bortsch. « Qui est logé dans cette maison ? – Le major Lipavski, correspondant de Tass », répond le soldat. Tout le monde me regarde. Je comprends ce qu'a ressenti Newton lorsqu'il a découvert la loi de la gravitation universelle.

Grossman se rendit à Ponyri pour interroger les canonniers antichars qui avaient contribué à repousser l'attaque allemande. La gare de Ponyri se trouvait à une centaine de kilomètres au nord de Koursk. Là, le 6 juillet, au deuxième jour de la bataille, Rokossovski lança une première contre-attaque désespérée avec la 2e armée blindée. En moins d'une semaine, son front central parvint à immobiliser la 9e armée allemande.

Visite à Ponyri. Régiment de Chevernojouk. Récit sur la façon dont les canons de 45 mm ont tiré sur les chars T-6[2]. Les obus frappaient au but, mais rebondissaient comme des petits pois. Il y eut des cas où les artilleurs, en voyant cela, devenaient fous.

Après ses visites dans le secteur nord, il se rendit dans le secteur sud, encore plus important, où l'attaque du 5 juillet vit intervenir la 4e armée blindée du général Hoth. Cette formation rassemblait l'élite des forces nazies, dont la Panzergrenadier Division Grossdeutschland, et le 2e SS corps blindé avec ses trois divisions : Leibstandarte Adolf Hitler, Totenkopf et Das Reich. Se servant des Tiger comme de béliers, les forces de Hoth percèrent la troisième ligne de défense avant de subir

1. À moins de cent kilomètres au sud-ouest d'Orel et à quelque cent trente kilomètres au nord-est de Koursk.

2. Comme la plupart des hommes de l'Armée rouge, Grossman parle souvent de chars « T-6 ». C'est la façon soviétique de désigner un véhicule blindé, mais il s'agit en réalité du Mark VI Tiger. Pour simplifier, nous avons mis « Tiger » entre crochets quand l'expression T-6 apparaît dans le texte original. Les personnes interrogées parlent parfois de « Tiger » : le mot reste alors inchangé.

une contre-attaque de la part de la 1re armée blindée de Katoukov. Les combats atteignirent leur paroxysme au bout d'une semaine, quand le 2e SS corps blindé parvint au nœud ferroviaire de Prokhorovka. Le général Vatoutine, commandant du front de Voronej, contacta immédiatement le maréchal Joukov. Celui-ci lança une contre-offensive impliquant cinq armées, dont deux composées des réservistes du front de la steppe. L'attaque du 12 juillet fut menée par la 5e armée blindée de la garde qui, en novembre 1942, à Stalingrad, avait été la pièce maîtresse de l'encerclement de la 6e armée allemande.

Le redoutable canon de 88 mm des Tiger poussa les tankistes soviétiques à mener des charges quasi suicidaires en terrain découvert pour se rapprocher de l'ennemi avant d'être euxmêmes anéantis. Certains réussirent tout de même à enfoncer l'adversaire allemand. À Prokhorovka, bataille impliquant plus de mille deux cents chars, les forces blindées soviétiques eurent plus de cinquante pour cent de pertes, mais cela suffit à annihiler le dernier grand effort des blindés de la Wehrmacht. Le champ de bataille était jonché de chars incendiés. Des observateurs employèrent l'expression « cimetière des éléphants ». Au cours des six jours suivants, les dernières forces allemandes durent battre en retraite sans cesser de combattre. Le débarquement anglo-américain en Sicile avait contraint Hitler à retirer d'importantes formations et à les redéployer à l'ouest pour contenir la nouvelle menace au sud de l'Europe. Peut-être Hitler a-t-il trouvé ainsi une excuse pour se désengager d'une bataille désastreuse où la Wehrmacht avait subi un terrible revers. L'Armée rouge avait fait montre une fois de plus du professionnalisme accru de ses commandants et du moral de ses troupes [1].

Grossman se trouvait dans une brigade d'artillerie antichar placée dans la zone clé de la bataille. Comme Ortenberg l'écrira :

> « La brigade avait dû résister aux Allemands qui tentaient de faire une percée vers Belgorod par la grand-route Belgorod-Koursk en attaquant du sud vers le nord. Vassili Grossman put voir de ses yeux le champ de bataille. Il vit les engins ennemis abattus et nos

1. Certains historiens ont été tentés de voir dans Koursk le tournant de la guerre mais, comme on l'a indiqué, la défense de Moscou en fut le tournant géopolitique et celle de Stalingrad, le tournant psychologique.

chars et canons automoteurs brûlés ou disloqués. Il vit la retraite et l'avancée de nos troupes. »

L'axe de Belgorod. La brigade antichar. Son commandant, Tchevola, Nikifor Dmitrievitch. « Je n'aime pas travailler à l'état-major, j'ai supplié qu'on ne m'y envoie pas, de toute façon, au moment du combat, je m'en irai. » Les quatre frères de Tchevola. Aleksandr, un artilleur, tué. Mikhaïl, commandant d'un régiment d'artillerie lourde. Vassili, qui enseignait la philosophie, maintenant affecté au travail politique. Pavel, commandant d'un bataillon de mitrailleurs. Leur sœur Matriona était institutrice avant la guerre, elle a rejoint l'armée et a été démobilisée à la suite d'une blessure grave. Leur nièce est à l'école qui forme les pilotes.

L'aviation [allemande] bombarde, nous sommes dans la fumée, le feu, et les hommes sont devenus sauvages, ils tirent sans faire attention au reste. Moi-même, j'ai été blessé sept fois. Les chars [ennemis] avaient réussi à pénétrer en coin, l'infanterie était ébranlée. Un tonnerre incessant, la terre qui tremble, le feu tout autour, nous crions. Les communications par radio. Les Allemands cherchaient à nous tromper, ils hurlaient à la radio : « Je suis Nekrassov, je suis Nekrassov ! » Je crie : « Tu dis n'importe quoi, ce n'est pas toi, tire-toi d'ici ! » Ils recouvraient nos voix d'un hurlement. Les Messer rôdent au-dessus de nos têtes, le sergent Ourbissoupov avec sa mitrailleuse en a abattu un, qui plongeait en piqué droit sur lui. Les Messer bombardent les tranchées, d'abord dans le sens de la longueur, puis en travers, afin d'arroser tous les angles morts. Cinq nuits d'affilée nous n'avons pas dormi. Car plus c'est silencieux, plus la tension monte. On est bien plus tranquille quand le combat va son train, et c'est alors que le sommeil vous gagne. Nous mangions par à-coups et à toute allure. La nourriture devenait instantanément noire de poussière, surtout le lard gras. Quand on nous a rappelés, nous sommes entrés dans une grange et nous nous sommes endormis comme des masses.

Le commandant du 1er régiment, Plyssiouk, Nikolaï Efimovitch : « Devant nos engins, il n'y avait pas la moindre infanterie, il n'y avait que nous, et puis la mort. Le dernier jour des combats, il n'est resté qu'une seule Willys [Jeep]. Je l'aurais volontiers décorée de l'Étoile d'or, car à elle seule elle a sorti d'affaire le régiment tout entier. Et un canon a été traîné à la main sur six kilomètres. Tous étaient blessés et avec des pansements. »

Le pointeur Teplenko, Vladimir Karpovitch : « Mon premier combat s'est passé au crépuscule. Nous avons chargé des obus traçants, j'ai atteint le but avec le premier obus. Pour l'artillerie, un

char n'est pas trop redoutable. Mais les mitrailleurs et l'infanterie empêchent de travailler et sont une grande source de perturbation.
« Ça fait bien sûr très plaisir quand tu abats un T-6 [Tiger]. Mon premier obus l'a touché par-devant, sous la tourelle, et a ricoché. Le char s'est arrêté tout de suite. Après cela, je lui ai flanqué trois obus d'affilée. L'infanterie qui était devant moi a crié “Hourra !” en lançant en l'air casques et calots et a jailli hors des tranchées.
« C'était un combat en face à face. Comme un duel. Un canon antichar contre un char. Le sergent Smirnov a eu la tête et les jambes arrachées. Nous avons retrouvé sa tête et ses jambes, nous les avons déposées dans un petit fossé et recouvertes. Après le combat, le commandant du corps était là, debout dans la poussière, sur la route, serrant la main des attaquants antichars et leur donnant des cigarettes.
« L'arme après le combat est comme un être vivant qui a souffert : le caoutchouc des roues est déchiré, il y a des gnons, des parties trouées d'éclats d'obus. »

Le récit de Teplenko – les canons antichars de 45 mm contre les Tiger allemands – donne une vision quelque peu optimiste de la situation si on la compare à celle relatée dans le journal de la brigade dont Grossman a recopié des extraits.

« Un pointeur tirait à bout portant sur un Tiger avec un canon [antichar] de 45 mm, et les obus rebondissaient sur lui. Le pointeur est devenu fou et s'est jeté sous le Tiger.
« Un lieutenant blessé à la jambe et le bras arraché était à la tête d'une batterie qui repoussait une attaque de Tiger. Après avoir repoussé l'attaque, il s'est tué d'une balle, ne voulant pas survivre en invalide[1]. »

Grossman fut avec la brigade antichar de Tchevola près de la gare de Ponyri pendant au moins une partie de cette bataille épique.

1. L'idée de se retrouver mutilé ou handicapé faisait plus peur que la mort aux soldats soviétiques. Ils ne pouvaient s'empêcher de penser que les femmes ne voudraient plus d'eux. Peut-être était-ce un cauchemar typiquement masculin, mais l'horreur de leur sort se manifesta pleinement après la guerre quand les autorités soviétiques les traitèrent avec une inhumanité à peine croyable. Ceux qui n'avaient plus que le tronc étaient qualifiés de samovars. Ils furent regroupés et envoyés dans des villes proches du cercle polaire arctique pour que l'on ne voie pas traîner de vétérans mutilés dans la capitale soviétique.

Ce combat dura trois jours et trois nuits. Une fumée noire restait en suspension dans l'air et les visages des hommes étaient absolument noirs. Tous avaient la voix enrouée d'avoir crié, car seul un cri pouvait être entendu dans le tonnerre et les bruits de ferraille. On mangeait par à-coups, à toute allure, et les morceaux de lard gras blanc devenaient instantanément noirs de poussière et de fumée. Personne ne pensa à dormir durant ces cent vingt heures de surchauffe, mais si quelqu'un arrivait à sommeiller quelques minutes, cela se produisait ordinairement de jour, quand le tonnerre des combats était particulièrement puissant et que le sol tressautait comme lors d'un tremblement de terre. La nuit, le silence était effrayant, les nerfs étaient tendus et le sommeil s'envolait. On était tenu en alerte par l'absence de bruit. Alors que dans la journée, on était malgré tout plus tranquille, au milieu d'un vacarme devenu habituel.

« La vérité impitoyable de la guerre » telle que la rapportait Grossman ne facilitait pas la tâche de son rédacteur en chef, mais il est certain qu'Ortenberg respectait son travail, ainsi que le montrent ses commentaires.

« Grossman est resté fidèle à lui-même. À Stalingrad, Vassili Semionovitch passait ses jours et ses nuits avec les principaux héros de ses articles, en pleine poussière des combats. Il en a encore fait de même ici, sur l'arc [saillant] de Koursk. En témoignent les lignes suivantes écrites de sa main : “Il m'a été donné de rendre visite aux unités qui ont eu à faire face aux attaques les plus terribles de l'ennemi [...]. Nous étions couchés dans un ravin, attentifs au feu de nos canons et aux explosions des obus allemands...” Il avait vu des soldats soviétiques blessés et tués et considérait qu'il eut été scandaleux de ne pas écrire à leur propos. Nous sommes parvenus, au prix d'énormes difficultés, à imprimer les lignes suivantes de son texte : “Le commandant de batterie Ketselman était blessé. Il agonisait dans une mare de sang noir.” »

La censure soviétique voulait supprimer des images aussi dures, mais Ortenberg parvint à les persuader de ne pas toucher au travail de Grossman. Voici le texte en question :

Je crois bien qu'il n'y eut pas en ces heures-là sur toute la terre d'hommes ayant aussi saintement mérité le repos que ces soldats de l'Armée rouge qui dormaient au milieu des flaques laissées par la pluie. Pour eux, un ravin où la terre et les feuilles étaient ébran-

Grossman au QG de Svatovo, avril 1943.

Des habitants de Stalingrad retrouvent leur ville en ruines.

Knorring et Grossman dans leur Jeep
peu avant la bataille de Koursk, juillet 1943.

Galine, Boukovski et Grossman à Koursk.

Grossman et Baklanov (au centre).
Réjouissances avec la 13e division de fusiliers de la garde.

Grossman à côté d'un
des Tiger allemands
détruits à Koursk.

Grossman sur l'axe
de Belgorod après la bataille
de Koursk.

Oleg Knorring, Ilia Ehrenbourg et Grossman.

L'Armée rouge atteint le Dniepr à Kiev.

Des soldats de l'Armée rouge parlent avec des citoyens soviétiques libérés par leur avancée.

Ukraine, printemps 1944 : des soldats tentent de dégager de la boue un camion transportant des obus.

Grossman fait cirer ses bottes dans les rues d'Odessa, avril 1944.
Le cireur de chaussures fut supprimé de la photo pour des raisons politiques.

Avec le colonel Babadjanian, commandant de blindés, héros de Grossman qui écrasera la rébellion hongroise en 1956.

Maïdanek tel que Grossman a dû le voir en juillet 1944.

Rafle de Juifs dans le ghetto de Varsovie.

Victimes de Himmler.

Grossman à Schwerin après le sac par la 8e armée de la garde.

28 avril 1945. Discussion avec des Allemands
dont les maisons ont été détruites.

Le colonel général Berzarine, commandant de la place de Berlin, reçoit des dignitaires allemands.

Grossman dans une rue de Berlin le 2 mai 1945, jour de la reddition.

Grossman devant la Porte de Brandebourg.

Pendant la guerre
avec Ilia Ehrenbourg.

lées par les coups de feu et les explosions était l'équivalent des arrières les plus reculés, comme Sverdlovsk ou Alma Ata. Pour eux un ciel rempli des étincelles et des nuages blancs des explosions des canons antiaériens, un ciel dans lequel, en un hurlement, faisaient demi-tour pour se mettre à piquer vingt-six avions d'attaque allemands, fondant sur la gare de chemin de fer, ce ciel-là était un paisible ciel d'été. Et voici qu'ils dorment sur l'herbe humide, au milieu des fleurs et des feuilles souples et laineuses de bardane, couvertes des lourdes gouttes brillantes d'une grosse pluie...

Un officier dont la brigade couvrait le flanc donna à Tchevola l'autorisation de reculer. Mais le commandant de la brigade, qui se représentait clairement les conséquences de son retrait, répondit : « Nous ne partirons pas, nous resterons mourir ici. » Et cela lui fut permis.

Avec l'aube, les chars allemands arrivèrent, et avec eux l'aviation, qui mit le feu au village...

Le commandant de la batterie Ketselman était blessé, il agonisait dans une mare de sang noir. La première pièce d'artillerie fut frappée. Le coup direct arracha le bras et la tête du sergent monteur Smirnov. Le caporal Melekhine, qui était le chef de pièce, un virtuose gai et leste de ces combats à mort dans lesquels une fraction de seconde décide de l'issue du duel, gisait à terre, gravement choqué, et fixait l'arme d'un regard sombre et flou. L'arme qui, elle aussi, faisait penser à un être humain déchiré, souffrant, avec ses lambeaux de caoutchouc pendant des roues disloquées par les éclats d'obus...

Seul était sain et sauf le chargeur Davydov. Et les Allemands arrivaient déjà tout près, « à toucher le canon », comme disent les artilleurs.

Alors le commandant de la pièce voisine, Mikhaïl Vassiliev, prit le commandement de la batterie. Et il prononça les paroles suivantes : « Les gars, dans notre travail, mourir n'est pas un péché, d'autres meurent qui ont des têtes autrement faites que les nôtres. » Et il ordonna d'ouvrir le feu à la mitraille sur l'infanterie allemande. Lorsque les obus antipersonnel vinrent à manquer, les hommes se mirent à tirer à bout portant sur les mitrailleurs allemands avec des obus antichars. Le spectacle était effrayant.

Grossman côtoya également la 13e division de fusiliers de la garde, que le général Rodimtsev avait commandée à Stalingrad. Il saisit l'occasion d'interroger le nouveau commandant à propos des combats.

Rencontre avec la 13e division de la garde de Rodimtsev sur l'arc [saillant] de Koursk. C'est maintenant le général Baklanov qui la commande, un homme jeune qui a commencé la guerre en tant que capitaine, et qui était dans le passé un sportif à Moscou.
Conversation avec Baklanov : « Depuis le début de la guerre, le Sovinformburo écrit : "Les casemates allemandes ont été anéanties", or je n'ai pas vu une seule casemate. Ils ont des tranchées. Les hommes se sont mis à combattre de façon réfléchie, ils fonctionnent sans frénésie.
« Nos points faibles apparaissent dans l'offensive. Les unités de renforcement sont retirées et affectées ailleurs de façon mécanique, si bien qu'elles n'ont pas le temps de s'habituer. Certains commandants de régiments ne connaissent pas les calibres et les portées de leur feu d'artillerie. Ils ne connaissent pas la quantité requise de mines pour un kilomètre, ni la quantité de barbelés, ils ignorent la quantité de feu nécessaire pour écraser les points de défense de l'adversaire. "Tire donc un peu par là", et ils te font un simple geste de la main.
« Les commandants des régiments font parfois des rapports inexacts pendant le combat. Je sors d'ordinaire deux heures avant l'attaque, je vérifie les liaisons, les bataillons, les éclaireurs, alors que le commandant du régiment gagne son poste de commandement dix minutes avant le combat et me fait son rapport en annonçant : "Tout est prêt, je sais tout." Le danger est grand d'un excès d'orgueil et de la présomption.
« Beaucoup de commandants ne se soucient pas de l'alimentation et du quotidien du soldat. Ils ne portent aucune attention à la vie intérieure du combattant. Le commandant peut être très sévère, mais pendant les pauses il ne va pas aller vers ses hommes, il ne parlera pas avec eux, ne leur posera aucune question. Cela vient souvent de la jeunesse. Il arrive qu'un commandant soit à la tête d'hommes dont les fils sont plus vieux que lui.
« Le mot d'ordre : "En avant à tout prix !" est le fruit soit de la bêtise, soit de la peur devant les plus âgés. C'est ce qui fait que tant de sang est répandu. »

Grossman constata une fois de plus, même après toutes les améliorations apportées au cours de l'année précédente, que les unités souffraient toujours de l'incapacité des commandants et des officiers d'état-major de l'Armée rouge à faire le tour des problèmes.

Le colonel Vavilov, second du commandant de division pour le travail politique : « On nous a mis en alerte le [8-]9 juillet à minuit.

On nous a ordonné de rassembler les régiments pour le petit matin. Nous nous sommes mis en marche dans la journée du 9. Il faisait une chaleur terrible ce jour-là. Dans un seul régiment, il y eut soixante-dix insolations. Nous avions avec nous des mitrailleuses, des mortiers, des munitions. Dans la nuit précédant le 10, nous nous sommes reposés trois heures. Nous sommes arrivés dans le secteur d'Oboïan et nous avons commencé à nous occuper de la défense et à creuser la terre. Et tout de suite un ordre est arrivé : avancer encore de vingt-cinq kilomètres. Le 12 à l'aube nous sommes arrivés à la ligne de départ [des opérations] et immédiatement, avec deux régiments, nous avons commencé à nous battre. Or le général Joukov a bien dit : "Il vaut mieux ne pas avoir peur de céder cinq ou six kilomètres plutôt que de faire aller au combat des hommes fatigués et sans munitions." »

En revanche, Grossman fut le premier à reconnaître que certaines choses allaient tout de même mieux.

En ce qui concerne l'artillerie, l'opération de Koursk a été plus complexe que celle de Stalingrad. À Stalingrad, on frappait la bête dans son repère même. À Koursk, le bouclier de l'artillerie résistait à l'attaque de l'ennemi, et l'épée de l'artillerie commençait à l'écraser [durant la contre-offensive] [1].

Grossman rencontra aussi des pilotes de chasseurs bombardiers Chtourmovik engagés dans des opérations terrestres, contre les chars principalement [2]. Les régiments de Chtourmovik revendiquaient le quasi-anéantissement des 3e, 9e et 17e divisions blindées. Ces avions volaient souvent à moins de vingt mètres du sol, comme leurs pilotes aimaient à le raconter, mais les pertes étaient plutôt lourdes.

1. Grossman écrivit en fait « l'avancée », mais l'Armée rouge utilisait souvent ce terme quand les armées occidentales se référaient à une attaque ou à une offensive ; dans le cas présent, « l'avancée » se rapporte à la grande contre-attaque.

2. Fabriqué par Iliouchine, le Il-2 M Chtourmovik était un robuste chasseur bombardier que son blindage protégeait des armes terrestres. Il fut l'un des rares appareils soviétiques efficaces de la Seconde Guerre mondiale. Il était armé de deux canons de 23 mm et de roquettes ou de bombes antichars. L'équipage comprenait un pilote et un mitrailleur de queue faisant également office d'opérateur radio.

Chalyguine, Nikolaï Vladimirovitch, de Saratov, major d'un régiment de chasse : « Aleksoukhine volait en rase-mottes, il chassait les véhicules si bas qu'il est revenu avec les extrémités de son hélice tordues. J'ai fait un piqué et j'ai aperçu dans le seigle des chars, que trahissait l'arrondi de leurs tourelles.

« Le pilote Touriev est revenu couvert de sang, blessé à la tête par un éclat. "Permettez-moi de faire mon rapport." Il a fait son rapport sur la situation et il est tombé sans connaissance. Le mitrailleur et radio est sorti, lui aussi, couvert de sang.

« Une forme d'excitation apparaît qui est comme celle de la chasse, comme si j'étais un oiseau de proie et non pas un être humain. Et on ne pense pas aux sentiments d'humanité, non, ça n'existe pas. Nous nettoyons la voie, et c'est agréable quand la voie est nettoyée et que tout brûle. »

La voie allait se dégager encore plus pour l'offensive générale soviétique. Elle fit suite à la contre-attaque à Prokhorovka, le 12 juillet. Lancée le même jour sur le flanc nord, l'opération Koutouzov était dirigée contre le territoire occupé allemand entre le saillant de Koursk et la ville d'Orel. Les Allemands ne s'attendaient pas à une réaction aussi rapide. Pour Grossman, ce fut un moment de joie intense. Il avait un souvenir amer de la prise de la ville, à l'automne 1941.

Ortenberg se rappela ce que Grossman avait vécu à l'époque et il s'assura qu'il fût le correspondant chargé de couvrir la libération d'Orel.

« Je dois reconnaître que je ne l'avais pas oublié. Et en ces jours de juillet où nous n'avions plus le moindre doute sur la libération prochaine d'Orel, j'ai dit à Grossman : "Vassili Semionovitch ! Orel, c'est votre blessure. Je veux que vous soyez à Orel le jour de sa libération et que vous vous souveniez de ce jour où vous avez quitté la ville." Grossman était à Orel en ce jour où la ville fut libérée. Il avait écrit un essai sur les jours et les heures terribles, tragiques [où elle tomba entre les mains des Allemands en 1941]... Lorsque j'ai lu cet essai, j'ai compris ce que Grossman avait enduré lors de ces jours d'octobre de l'année 1941. Je le rencontrai un an après la bataille de Koursk, après que l'on m'eut transféré sur le front[1]. Nous avons discuté et je lui ai rappelé cet épisode malheu-

1. Ortenberg quitta *Krasnaïa Zvezda* pour devenir membre du Conseil militaire, ou commissaire en chef, d'une armée. On a dit qu'Ortenberg, Juif lui aussi, fut écarté de ce poste d'importance quand l'antisémitisme prit de l'ampleur au sein de la hiérarchie stalinienne.

reux en lui faisant comprendre que je me sentais coupable. Il a eu un sourire et a dit avec sincérité : "Je ne vous en ai pas voulu." Et il a ajouté : "On n'avait pas le temps pour cela." »

Nous sommes arrivés à Orel dans la journée du 5 août, par la grand-route de Moscou. Nous sommes passés par Toula, joyeuse et affairée, par Plavsk, par Tchern, et plus loin nous roulions, plus fraîches apparaissaient les blessures portées à notre terre par les Allemands.

Les ruines des maisons de Mtsensk sont envahies d'herbe, le ciel bleu clair apparaît dans les orbites vides des fenêtres et les toits effondrés. Presque tous les villages entre Mtsensk et Orel ont été incendiés, et les ruines des isbas fument encore. Des vieux et des enfants retournent les tas de briques, à la recherche d'objets restés intacts : chaudrons, poêles à frire, lits de fer tordus par le feu, machines à coudre. Tableau amer et trop connu !

Près d'un passage à niveau est fixée une planche blanche fraîchement équarrie sur laquelle on peut lire « Orel »... Une odeur de brûlé plane dans l'air et une fumée d'un bleu laiteux s'élève au-dessus des brasiers qui achèvent de se consumer.

Une installation de haut-parleurs diffuse *L'Internationale* sur la place. Partout sur les murs, on placarde des affiches et des appels au peuple, on distribue des tracts aux habitants. À chaque carrefour se tiennent des jeunes filles aux joues rouges en charge de la circulation qui agitent crânement de petits drapeaux rouges et verts. Encore un jour ou deux et Orel recommencera à vivre, à travailler, à étudier...

Je me suis souvenu de l'Orel que j'avais vue il y a vingt-deux mois tout juste, de ce jour d'octobre 1941 où les chars allemands y avaient fait irruption en entrant par la route de Kromsk. Je me suis souvenu de ma dernière nuit à Orel, nuit malade, terrible, avec le grondement des véhicules qui la quittaient, les lamentations des femmes courant derrière les troupes battant en retraite, les visages endeuillés des gens et les questions pleines d'angoisse et de douleur qu'on me posait. Je me suis souvenu du dernier matin à Orel, quand la ville semblait tout entière pleurer et s'agiter, envahie d'une angoisse mortelle. La ville se dressait alors dans toute sa beauté, sans une seule vitre cassée, mais elle manifestait clairement qu'elle était perdue et condamnée à mort...

En écoutant le discours d'un colonel tankiste debout sur un char de combat poussiéreux au-dessus des corps des officiers et des soldats de l'Armée rouge qui avaient été tués en combattant pour Orel, en étant attentif à la façon dont ses mots d'adieu tout simples, brefs, venaient constituer un écho fidèle et sonore aux

maisons calcinées, j'ai vu et j'ai compris que la rencontre d'aujourd'hui et l'adieu plein d'amertume de ce matin d'octobre 1941 étaient reliés entre eux et formaient un tout unique.

Sur le flanc sud du saillant de Koursk, une opération du même ordre déboucha sur la reprise de Belgorod puis de Kharkov, le 28 août. Les Allemands donnèrent à cet engagement de longue durée le nom de « quatrième bataille de Kharkov ». On l'imagine aisément, il ne restait plus grand-chose de la ville. Pendant ces combats menés de part et d'autre du saillant de Koursk, Grossman écrivit à son père, le 28 juillet.

> Cher papa,
> Cela fait déjà trois semaines que je me déplace, comme un Tsigane, par des chemins sans nombre. Se déplacer l'été est mille fois plus agréable que l'hiver. On n'a pas le souci de l'endroit où dormir, le soleil brille, les pluies sont tièdes, les prés fleurissent avec un éclat tel qu'ils semblent n'avoir jamais fleuri ainsi. Seulement, au lieu de l'odeur des fleurs, bien souvent, plane au-dessus d'elles une autre odeur, terrible...

Grossman commençait à comprendre qu'une autre odeur, tout aussi effrayante, régnait en Union soviétique, celle de l'antisémitisme renaissant. Avec son flair politique bien connu, Ilia Ehrenbourg l'avait perçue avant Grossman, trop idéaliste. Au début de la guerre, Ehrenbourg avait noté la réaction du Kremlin à l'égard de Henry Shapiro, chef du bureau moscovite de l'agence Reuters. L'écrivain le connaissait d'avant la guerre : à l'hôtel Métropole ou au Moskva, ils évoquaient pendant des heures leur amour partagé pour Paris. Shapiro lui confia que Staline était prêt à discuter avec Henry Cassidy d'Associated Press, mais que lui, il ne le recevait jamais. « Avec un nom comme le tien, lui avait dit Ehrenbourg, tu n'auras jamais de réponse. »

En novembre 1941, Ehrenbourg avait entendu des remarques antisémites de la part de Mikhaïl Cholokhov[1], l'auteur du *Don paisible*. « Tu te bats, lui avait dit Cholokhov, mais Abram

1. Cholokhov, Mikhaïl Aleksandrovitch (1905-1984), lauréat du prix Staline 1941 et du Nobel 1965. Soljenitsyne et d'autres l'accusèrent d'avoir plagié l'œuvre d'un cosaque antibolchevik, Fedor Kroukov, mais des études ultérieures ont confirmé que la prose de Cholokhov était bien la sienne.

fait du commerce à Tachkent. » Ehrenbourg se mit en colère et le traita de « faiseur de pogrom ». En apprenant cela, Grossman écrivit à Ehrenbourg pour lui parler de tous les soldats juifs rencontrés sur le front.

> « C'est avec douleur et mépris que je repense aux calomnies antisémites de Cholokhov. Ici, sur le front sud-ouest, il y a des milliers, des dizaines de milliers de Juifs. Avec leurs pistolets-mitrailleurs, ils avancent dans la tempête de neige, ils pénètrent dans des villes tenues par les Allemands, ils tombent au combat. Je l'ai vu. J'ai vu l'illustre commandant de la 1re division de la garde, Kogan, des officiers de blindés, des éclaireurs. Si Cholokhov est à Kouïbychev, qu'il apprenne que les camarades savent ce qu'il raconte. Qu'il soit couvert de honte. »

De toute évidence, Grossman ne voit en Cholokhov qu'une aberration.

Début 1943, Ehrenbourg se rendit compte que la censure frappait ses références aux souffrances des Juifs. Il s'en plaignit à Aleksandr Chtcherbakov, responsable du département politique de l'Armée rouge, mais celui-ci lui répondit : « Les soldats veulent entendre parler de Souvorov mais vous me citez Heine. »

Ehrenbourg et Grossman s'étaient violemment opposés dans le passé pour des questions de littérature, mais les circonstances les rapprochaient.

> « Vassili Semionovitch Grossman est venu passer quelque temps à Moscou, écrivit Ehrenbourg, et nous sommes restés ensemble jusqu'à trois heures du matin. Il m'a parlé du front et nous avons imaginé ce que la vie serait après la victoire. Grossman m'a dit : "Je commence à avoir des doutes, mais je ne doute pas de la victoire. C'est probablement ce qui compte le plus." »

Ehrenbourg poussa Grossman à rejoindre le Comité antifasciste juif (CAJ). Un de ses principaux membres n'était autre que l'acteur Solomon Mikhoëls[1]. Vers la fin de l'année 1942, Albert Einstein et d'autres membres du Comité américain des

1. Mikhoëls, Solomon (de son nom de naissance Solomon Vovsi, 1890-1948), fondateur du Théâtre juif de Moscou (GOSET), président du Comité antifasciste juif, assassiné par le KGB à Minsk.

écrivains, artistes et scientifiques juifs contactèrent le Comité antifasciste juif pour lui suggérer de rapporter les crimes nazis. Mikhoëls était enthousiaste et, une fois obtenue la permission officielle, Ehrenbourg entreprit d'organiser un groupe d'écrivains. À l'automne 1943, il recruta Grossman, qui connaissait mieux que quiconque les territoires libérés de l'emprise nazie et devait s'avérer l'un des collaborateurs les plus prolifiques. Fin 1944, Ehrenbourg comprit à juste titre que les autorités soviétiques allaient interdire leur travail, et cela le désespéra. Il abandonna le CAJ. Mais Grossman, témoin privilégié des horreurs de Treblinka et de Maïdanek, refusa de voir contrecarrer ses desseins et reprit la majeure partie des activités.

Quatrième partie

DU DNIEPR À LA VISTULE

1944

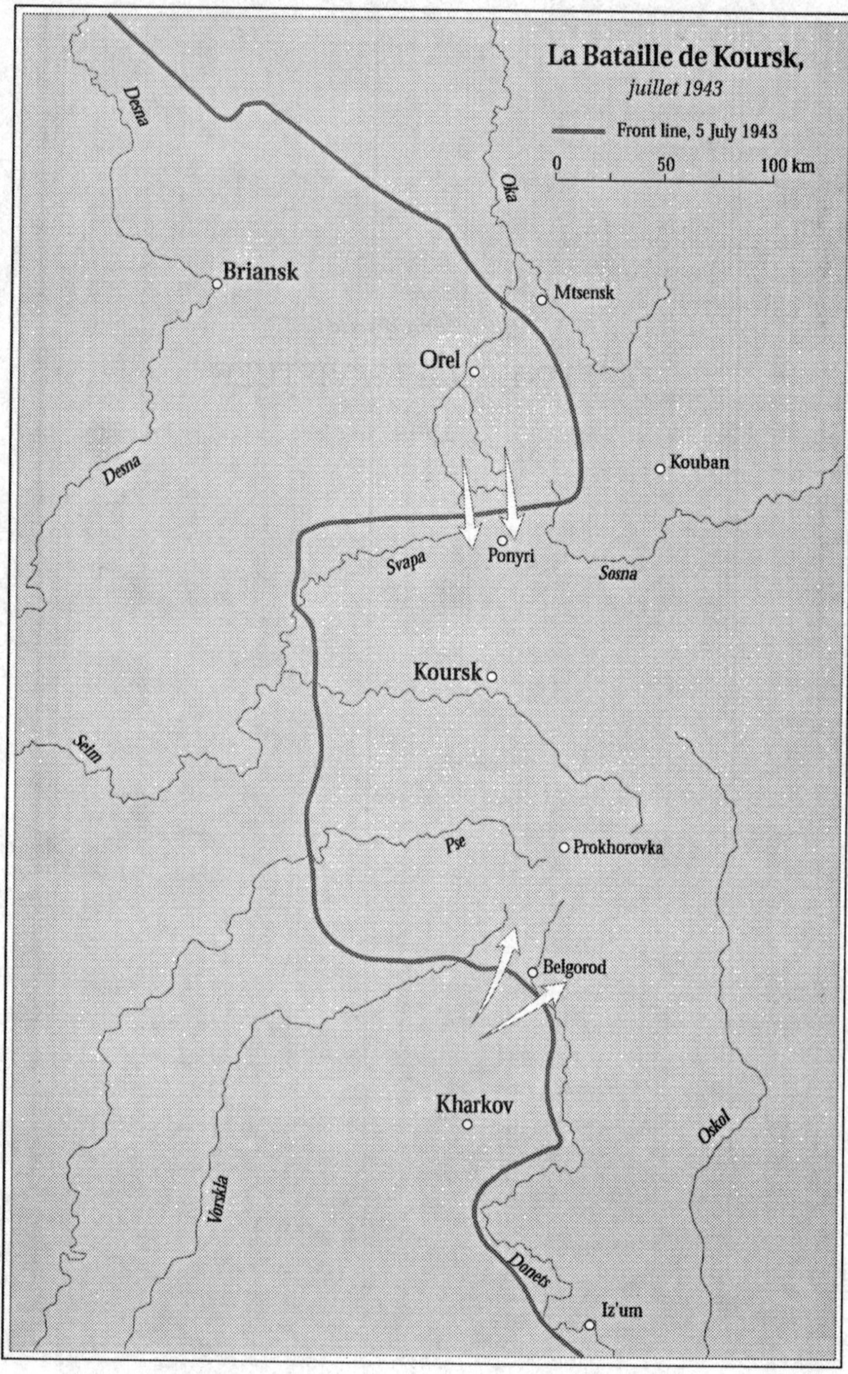
La Bataille de Koursk,
juillet 1943
Front line, 5 July 1943
0
50
100 km
Desna
Oka
Briansk
Mtsensk
Orel
Desna
Kouban
Svapa
Ponyri
Sosna
Koursk
Seim
Pse
Prokhorovka
Belgorod
Kharkov
Oskol
Vorskla
Donets
Iz'um

Chapitre 21

LES MASSACRES DE BERDITCHEV

Après la victoire de Koursk, Staline et ses maréchaux lancèrent une offensive générale à la fin de l'été 1943. Elle avait pour but de repousser les Allemands vers le Dniepr. Pour une fois, Hitler reconnut l'utilité de battre en retraite et convint que le Dniepr, avec sa rive occidentale élevée, constituait la meilleure ligne de défense. Les unités allemandes détruisirent tout sur leur passage alors qu'ils fuyaient devant une Armée rouge aux soldats aussi nombreux qu'épuisés. La ville de Smolensk fut reprise fin septembre et Kiev, le 6 novembre. Grossman était rattaché au Q G du général Gorichny, dont il avait connu à Stalingrad la 95e division de fusiliers [1].

Un rapport est arrivé, disant qu'avait été tuée Galia Tchabannaïa, qui appartenait au bataillon médical et sanitaire. Gorichny et son adjoint, le colonel Vlassenko, ont tous les deux poussé un cri [2]. Gorichny a dit :

« Oh lala ! mon Dieu... Lorsque, après la victoire, nous étions en train de quitter Stalingrad, aux arrêts nous nous précipitions dehors et nous nous amusions à nous pousser l'un l'autre dans la neige. Et elle, je me rappelle, nous la plongions dedans, et elle riait, elle riait tellement que tout le convoi l'entendait. Personne dans toute la division ne riait plus fort et plus joyeusement. »

L'adjoint du commandant du bataillon, le lieutenant Sourkov, est

1. La 95e division de fusiliers était devenue la 75e division de fusiliers de la garde.

2. Le major général (futur lieutenant général) Vassili. A. Gorichny (1903-1962) et le colonel (futur major général) Alekseï M. Vlassenko.

arrivé au poste de commandement. Il n'a pas dormi depuis six nuits. Son visage est mangé de barbe. Mais la fatigue ne se voit pas chez cet homme, il est encore habité par la terrible excitation du combat. Peut-être, d'ici une demi-heure, s'endormira-t-il, après avoir mis sous sa tête sa musette de soldat, et alors on pourra toujours essayer de le réveiller. Mais là, ses yeux brillent, sa voix sonne, claire, pleine de feu. Cet homme qui avant la guerre était professeur d'histoire semble porter en lui toute la flamme de la bataille du Dniepr. Sourkov raconte les contre-attaques allemandes, la frappe des nôtres, il raconte comment, à trois reprises, il a déterré un émissaire qui avait été enseveli dans une tranchée, un compatriote à lui, son ancien élève de naguère à l'école. Sourkov lui enseignait l'histoire. Les voici maintenant tous deux des combattants, des acteurs des événements dont on parlera aux écoliers dans cent ans.

Lorsqu'ils atteignaient les rives du Dniepr, les hommes n'attendaient pas l'arrivée des pontons ni des autres moyens de traverser officiellement prévus, ils traversaient par tous les moyens le large fleuve au cours rapide, sur des radeaux, dans des barques de pêche, sur des pontons qu'ils bricolaient avec des tonneaux recouverts de planches, ils traversaient sous le feu nourri de l'artillerie et des mortiers ennemis, sous la frappe impitoyable des bombardiers et des chasseurs allemands. Il est arrivé que des soldats fassent traverser les canons du régiment sur de grands portails, qu'un groupe de soldats traverse le Dniepr sur des bâches bourrées de foin.

La libération de l'Ukraine suscita une grande émotion, en particulier chez ceux qui, comme Grossman, se souvenaient avec amertume de la fin de l'été 1941.

Dès qu'ils entendent parler russe, les vieux accourent à la rencontre de nos troupes et pleurent en silence, incapables de dire un mot, et les vieilles paysannes pleines d'esprit disent avec une surprise sereine : « Nous pensions que nous allions chanter et rire en voyant les nôtres, mais nous en avons gros sur le cœur et les larmes coulent. »
Lorsque nos troupes entrent dans un village et que le bruit des canons ébranle l'air, les oies s'envolent et, battant de leurs énormes ailes, volent lourdement au-dessus des toits. De la forêt, des herbes hautes, des marais envahis de roseaux aux longues tiges, les gens sortent.
Chacun des soldats, chacun des officiers et des généraux de l'Ar-

mée rouge qui a vu l'Ukraine à feu et à sang, qui a entendu le récit véridique de ce qui s'est passé en Ukraine durant les deux ans de domination allemande, comprend de toute son âme que désormais cohabitent sur notre terre deux mots sacro-saints. L'un est « amour », le second « vengeance ».

Dans les villages, les Allemands satisfaisaient leurs besoins naturels dans les entrées et sur les perrons, dans les petits jardins devant les maisons, devant les fenêtres, sans se gêner ni devant les jeunes, ni devant les vieilles. Pendant les repas, ils polluaient l'air de leurs pets en riant grassement, fourraient les mains dans le plat commun, déchiquetaient la viande bouillie avec les doigts. Sans vergogne, au nez des paysans, ils se promenaient tout nus dans la maison et laissaient éclater entre eux querelles et bagarres à propos de tout et de rien. Leur gloutonnerie, leur capacité à ingurgiter d'un coup deux dizaines d'œufs, un kilo de miel, un énorme bol de crème fraîche suscitaient moquerie et mépris...

Les Allemands qui étaient au repos dans les villages de l'arrière rôdaient du matin au soir à la recherche de nourriture, ils bâfraient, buvaient jusqu'à l'ivresse et jouaient aux cartes. Des déclarations des prisonniers et des lettres trouvées sur les soldats tués, il apparaît clairement que les Allemands en Ukraine se considéraient comme les représentants d'une race supérieure, amenés à vivre dans des villages de brutes. Ils estimaient que dans ces espaces sauvages de l'est, on pouvait mettre de côté les bonnes manières.

« Ah, cette culture, ai-je entendu de la bouche de dizaines de personnes, quand on pense qu'on nous avait dit que les Allemands étaient civilisés. »

Par un matin venteux et sombre, nous avons rencontré, à la lisière d'un village de la région du Dniepr, Tarassevitchi, un jeune garçon. Il pouvait avoir treize ou quatorze ans. Sa maigreur était extrême, sa peau terreuse était tendue sur ses pommettes, de grosses bosses pointaient sur son crâne, il avait les lèvres sales, exsangues, comme celles d'un mort tombé le visage contre terre. Son regard était las, on n'y lisait ni joie ni chagrin.

« Où est ton père ?

– Ils l'ont tué, répondit-il.

– Et ta mère ?

– Elle est morte.

– Tu as des frères et sœurs ?

– Une sœur, ils l'ont emmenée en Allemagne.

– Il te reste de la famille ?

– Non, ils les ont brûlés dans un village de partisans. »

Il se dirigea vers un champ de pommes de terre, avançant sur ses pieds nus noirs de boue, tirant sur les lambeaux de sa chemise déchirée.

Bientôt Grossman entendit parler d'horreurs pires que celles commises au cours de l'occupation allemande.

> Ceux qui arrivent de Kiev racontent que les Allemands ont encerclé d'un cordon de troupes une énorme fosse commune dans laquelle avaient été enfouis les corps des cinquante mille Juifs assassinés à Kiev à l'automne 1942. Ils déterrent fiévreusement les cadavres et les chargent sur des camions qui les emmènent vers l'ouest. Ils s'efforcent de brûler sur place une partie de ces cadavres.

Comme le dit Grossman, même avant la chute de Kiev, on parlait déjà d'un grand massacre de Juifs, une *Grossaktion* de la part du SS Sonderkommando 4a du Einsatzgruppe C ainsi que de deux bataillons de police. Cela s'était passé à Babi Yar, fin septembre 1941. Le regroupement des Juifs de Kiev avait été organisé pour les SS par les officiers du Q G de la 6e armée, alors commandée par le feld-maréchal von Reichenau.

Les préparatifs de cette *Grossaktion* datent du 27 septembre 1941. Le commandant responsable de la ville fit placarder des avis ordonnant aux Juifs de Kiev de préparer leur « évacuation ». Il voulait bien entendu leur dissimuler la vérité. « Apportez vos papiers d'identité, votre argent et vos objets de valeur, mais aussi des vêtements chauds », leur conseillait-on. Les Juifs soviétiques ignoraient tout de l'antisémitisme nazi, en partie à cause du pacte de non-agression germano-soviétique, et ils se présentèrent sans se douter de ce qui les attendait. Le SS Sonderkommando pensait voir arriver de 5 000 à 6 000 Juifs : ils étaient en réalité 33 771, soit plus de la moitié de la population juive de Kiev. La foule était si importante qu'il fallut faire appel à d'autres hommes de la 6e armée pour conduire tout le monde au ravin de Babi Yar, où attendaient déjà les exécuteurs.

Les Juifs de Kiev furent contraints de donner leurs biens puis de se dévêtir avant d'être abattus. Les exécutions durèrent deux jours. Ce site servit plus tard à d'autres massacres de Juifs, de Tsiganes, de partisans et de membres du Parti communiste. En tout, quelque cent mille personnes sont mortes à Babi Yar. Parvenus à franchir les lignes en octobre 1943, des civils soviétiques racontèrent que les Allemands avaient circonscrit le site pour éliminer toute trace des massacres en exhumant les corps avant de les brûler.

Rattaché au quartier général du 1er front ukrainien du général Vatoutine, Grossman eut vent de ces témoignages. Ses craintes relatives au destin des Juifs d'Ukraine n'étaient rien à côté de la réalité. L'échelle du massacre était hallucinante. Pendant l'automne 1943, il écrivit un article intitulé « L'Ukraine sans les Juifs ». Il semble avoir été refusé par *Krasnaïa Zvezda* et c'est le journal du Comité antifasciste juif qui le publia.

> Il n'y a pas de Juifs en Ukraine. Nulle part – Poltava, Kharkov, Kremenchoug, Borispol, Iagotine –, dans aucune grande ville, dans aucune des centaines de petites villes ou des milliers de villages, vous ne verrez les yeux noirs, emplis de larmes, des petites filles ; vous n'entendrez la voix douloureuse d'une vieille femme ; vous ne verrez le visage sale d'un bébé affamé. Tout est silence. Tout est paisible. Tout un peuple a été sauvagement massacré.

Grossman comprit très vite que les autorités soviétiques n'appréciaient que modérément ses rapports sur ce qu'on appellerait plus tard l'Holocauste. La ligne stalinienne refusait de créer des catégories dans la souffrance. Les victimes du nazisme sur le sol soviétique recevaient la qualification de « citoyens de l'Union soviétique », sans autre précision. Le mot « juif » n'apparaissait jamais dans les rapports officiels sur les atrocités, même ceux évoquant des cadavres portant l'étoile jaune. Fin 1943, Grossman rejoignit Ehrenbourg dans une commission chargée de collecter des détails sur les crimes allemands pour le compte du CAJ, une association qui attira plus tard les soupçons des autorités staliniennes. Ehrenbourg et Grossman voulaient que tous les témoignages soient réunis en un « Livre noir ». Il serait supprimé après la guerre à cause de la position stalinienne sur les crimes de guerre – « Ne pas diviser les morts » –, mais aussi parce que l'implication des Ukrainiens dans les persécutions antisémites embarrassait les autorités. Il fallut attendre la chute du communisme pour commencer à parler de la collaboration pendant la Grande Guerre patriotique.

Grossman était bien décidé à mettre sur un pied d'égalité

tragédie personnelle et crime collectif de grande ampleur. D'instinct, il sentait que l'horreur à une telle échelle ne pouvait se réduire à des statistiques à même de déshumaniser les victimes. C'est pourquoi il rechercha toujours des noms ou des détails personnels afin de restaurer leur individualité.

> Et il n'y a plus personne à Kazary pour se plaindre, personne pour raconter, personne pour pleurer. Le silence et le calme règnent sur les corps des morts enterrés sous des tertres calcinés, effondrés et envahis d'herbes folles. Ce silence est plus terrible que les larmes et les malédictions. Et il m'est venu à l'esprit que, de même que se tait Kazary, les Juifs se taisent dans toute l'Ukraine.
>
> Massacrés les vieillards, les artisans, les maîtres renommés pour leur savoir-faire : tailleurs, chapeliers, bottiers, étameurs, orfèvres, peintres en bâtiment, fourreurs, relieurs, massacrés les vieux ouvriers, portefaix, charpentiers, fabricants de poêles, massacrés les amuseurs publics, les ébénistes, massacrés les porteurs d'eau, les meuniers, les boulangers, les cuisiniers, massacrés les médecins praticiens, prothésistes dentaires, chirurgiens, gynécologues, massacrés les savants en bactériologie et en biochimie, les directeurs de cliniques universitaires, les professeurs d'histoire, d'algèbre, de trigonométrie, massacrés les professeurs à titre personnel, assistants, maîtres-assistants et maîtres de conférences des chaires universitaires, massacrés les ingénieurs, les architectes, massacrés les agronomes et les conseillers en agriculture, massacrés les comptables, caissiers, commanditaires, agents de fourniture, assistants de direction, secrétaires, gardiens de nuit, massacrées les maîtresses d'école, les couturières, massacrées les grands-mères qui savaient tricoter des chaussettes et cuire de délicieuses brioches, faire du bouillon et du strudel aux noix et aux pommes, massacrées les grands-mères qui n'étaient plus capables de rien, qui savaient seulement aimer leurs enfants et petits-enfants, massacrées les épouses fidèles à leurs maris et massacrées les femmes légères, massacrées les belles jeunes filles, les étudiantes doctes et les écolières mutines, massacrées les vilaines et les idiotes, massacrées les bossues, massacrées les chanteuses, massacrés les aveugles, massacrés les sourds-muets, massacrés les violonistes et les pianistes, massacrés les petits de deux ans et de trois ans, massacrés les vieux de quatre-vingts ans aux yeux ternis par la cataracte, aux doigts froids et transparents et aux voix presque inaudibles chuchotant comme du papier blanc, massacrés enfin les nourrissons tétant avidement le sein maternel jusqu'à leur dernière minute.
>
> Ce n'est pas la mort des hommes à la guerre, les armes à la main,

d'hommes ayant laissé derrière eux leur maison, leur famille, leurs champs, leurs chansons, leurs traditions, leurs récits. C'est le meurtre d'une immense expérience professionnelle, élaborée de génération en génération par des milliers d'artisans et d'intellectuels pleins d'esprit et de talent. C'est le meurtre d'habitudes du quotidien transmises par les aïeux aux enfants, c'est le meurtre des souvenirs, des chansons tristes, de la poésie populaire, de la vie allègre et amère, c'est la destruction du foyer, des cimetières, c'est la mort d'un peuple qui a vécu des siècles aux côtés du peuple ukrainien...

Khristia Tchouniak, une paysanne de quarante ans du village de Krassilovka, dans le district de Brovary de la région de Kiev, m'a raconté comment les Allemands exécutèrent, à Brovary, le médecin juif Feldman. Ce Feldman, un vieux célibataire qui avait adopté deux enfants de paysans, était l'objet d'une véritable adoration de la part de la population. Une foule de paysannes en pleurs, suppliantes, allèrent trouver le commandant allemand pour lui demander de laisser la vie sauve à Feldman. Le commandant fut contraint de céder aux prières des femmes. C'était à l'automne 1941. Feldman continua à vivre à Brovary et à soigner les paysans. Il a été exécuté cette année au printemps. En racontant comment le vieil homme avait lui-même creusé sa tombe (il était en effet tout seul pour mourir, car au printemps 1943 il n'y avait déjà plus de Juifs vivants), Khristia Tchouniak retenait ses sanglots et elle finit par éclater en pleurs.

Après avoir jeté des têtes de pont sur le Dniepr, les armées du général Vatoutine exploitèrent leur succès au sud de Kiev en marchant sur la ville natale de Grossman, Berditchev. Le feld-maréchal von Manstein contre-attaqua à plusieurs reprises en décembre pour tenter d'enfoncer le flanc droit de Vatoutine, mais, la veille de Noël, il fut surpris par une offensive soviétique lancée près de Broussilov.

Début 1944, les chefs de la Wehrmacht durent admettre que, en dépit de toutes les pertes infligées, l'Armée rouge était devenue une formidable machine de guerre en plus d'un an. Les divisions allemandes avaient beaucoup souffert et les soldats nouvellement incorporés n'étaient pas assez préparés. Les divisions de Panzer ne s'étaient pas encore remises de la bataille de Koursk alors que les forces blindées soviétiques s'enrichissaient sans arrêt de chars sortis des usines de Tcheliabinsk, de l'autre côté de l'Oural. Les formations de l'Armée rouge étaient également supérieures en mobilité grâce aux incessantes livraisons américaines de Dodge et de Studebaker. Les historiens russes ne le reconnaissent pas, mais l'ironie de l'histoire veut que ce soit en grande partie grâce à l'aide américaine que l'Armée rouge put avancer aussi rapidement et conquérir l'Europe centrale.

Pendant l'offensive hivernale qui débuta fin décembre 1943, l'Armée rouge marcha vers le nord pour obliger les Allemands à s'éloigner de Leningrad. Au sud, les quatre fronts ukrainiens lancèrent des attaques coordonnées depuis Kiev jusqu'à la mer Noire. L'opération menée par Vatoutine avec le 1er front ukrainien, commencée le 24 décembre à partir de la tête de pont située juste en dessous de Kiev, prit Jitomir le jour de la Saint-Sylvestre. Ils prirent aussi Kazatine, à soixante-dix kilomètres plus au sud ; entre les deux, la ville de Berditchev fut enfin libérée le 5 janvier 1944 après de violents affrontements de la part de la 18e armée et de la 1re armée blindée.

Grossman avait des raisons bien à lui d'aller en Ukraine. Il voulait savoir ce qui s'était passé à Berditchev et craignait que sa mère et le reste de sa famille n'eussent péri. Il écrivit à sa femme dès qu'il fut tout près de la ville.

> Chère Lioussenka,
> Je suis arrivé sur place aujourd'hui. Hier j'étais à Kiev. Il est difficile de traduire ce que j'ai ressenti et ce que j'ai vécu pendant ces quelques heures, en faisant le tour des adresses de la famille et des amis. Ici il n'y a que des tombes et la mort. Aujourd'hui je vais à Berditchev. Mes camarades y sont déjà allés. Ils m'ont dit que la ville est entièrement déserte, ne sont restées vivantes que quelques personnes, une demi-douzaine sur les dizaines de milliers de Juifs qui vivaient là. Je n'ai aucun espoir de retrouver maman vivante. La seule chose que j'espère, c'est d'en savoir un peu plus sur ses derniers jours et sur sa mort… J'ai brusquement compris combien doivent être précieux les uns pour les autres les gens qui appartiennent à cette poignée de survivants.

Il écrivit aussi à son père, probablement le même jour de janvier, pour lui raconter la mort d'un ami, à Kiev.

> Aujourd'hui je vais à Berditchev. On dit que toute la population juive de la ville a été massacrée, que la ville est presque entièrement détruite et vide. Je t'embrasse fort, mon très cher. J'ai sur l'âme un poids affreux. Ton Vassia.

Grossman visita les sites d'exécution proches du terrain d'aviation et le ghetto de Iatki où l'on avait rassemblé les Juifs de Berditchev. Le rôle majeur joué par les Ukrainiens lui causa un choc terrible. Il comprit que nombre d'entre eux s'étaient vengés de la répression stalinienne et des famines des années 1920 et 1930 en faisant des Juifs des boucs émissaires. Sans vergogne, ils avaient pillé les biens de la population juive de la ville. Grossman nota aussi que la plupart des survivants juifs interrogés avaient été sauvés par des Russes ou des Ukrainiens. Ses notes lui furent utiles à la rédaction du *Livre noir*.

À Berditchev ont été massacrés environ trente mille Juifs. Les frères Pekilis, Mikhel et Voulf, ont survécu. Dans la ville, nombreux étaient ceux qui connaissaient la famille Pekilis. C'étaient des maçons célèbres : un père et cinq fils. Ils ont construit des maisons à Berditchev, ils ont construit des usines à Kiev, ils ont aussi travaillé pour le métro de Moscou.

Mikhel et Voulf se sont enfuis. Ils construisaient des poêles superbes pour les paysans et vivaient sous les poêles. Ensuite ils se sont creusé une tanière sous un établissement allemand dans la rue de Sverdlovsk. Ils y sont restés cent quarante-cinq jours. C'est un ingénieur russe qui les nourrissait, Evgenii Ossipovitch. Ils ont quitté ce tombeau pour la forêt et se sont mis à la recherche des partisans. Mikhel et Voulf Pekilis ont pris part à la libération de Berditchev.

Un gamin de Berditchev : « On m'a appelé Mitia Ostaptchouk. Mais je suis Khaïm Roïtman. Je suis de Berditchev. Maintenant j'ai treize ans. Les Allemands ont tué mon père, ils ont tué ma mère. J'avais un petit frère, Boria. Un Allemand l'a tué avec son pistolet-mitrailleur, il l'a tué sous mes yeux... C'était bizarre, la terre bougeait !

« J'étais debout sur le bord de la fosse, j'attendais : là, ils vont tirer ! Un Allemand s'est approché de moi, il avait les yeux qui clignaient. Sur le sol, là, il y avait un bout de verre qui brillait. L'Allemand s'en est approché pour le ramasser, et je me suis mis à courir comme un fou. Lui me poursuit et me canarde avec son pistolet-mitrailleur, il a fait un trou dans ma casquette. J'ai couru, couru et je me suis effondré. Après, je ne me rappelle plus ce qui s'est passé. Un vieil homme m'a ramassé, Guerassim Prokofievitch Ostaptchouk. Il m'a dit : "Désormais tu es Mitia, mon fils." Il avait sept enfants à lui, j'ai été le huitième.

« Des Allemands sont arrivés, ils étaient ivres, ils se sont mis à crier, ils avaient remarqué que j'étais un noiraud. Ils demandent à

Guerassim Prokofievitch : "Il est à qui ?" Il dit : "À moi." Ils se mettent à l'injurier, l'accusent de mensonge, parce que je suis noiraud. Mais lui, il leur répond tranquillement : "C'est parce que c'est le fils de ma première femme. Elle était Tsigane."
« Quand on a libéré Berditchev, je suis allé en ville. J'ai retrouvé mon frère aîné Iacha. Il avait survécu aussi. Iacha est grand, il a seize ans, il se bat. Au moment où les Allemands s'en allaient, Iacha a trouvé le salaud qui avait tué notre mère, et il l'a fusillé. »

L'article « Le massacre des Juifs de Berditchev » fut censuré pour deux raisons par les autorités soviétiques : réduire l'importance accordée aux Juifs et minimiser la collaboration ukrainienne.

L'arrivée des Allemands à Berditchev a été soudaine : les troupes blindées allemandes ont fait irruption dans la ville, et un tiers seulement de la population européenne a eu le temps de la quitter. Les Allemands sont entrés dans Berditchev le lundi 7 juillet, à dix-neuf heures.
Les soldats criaient depuis leurs véhicules : « *Jude kaputt !* » en agitant les bras. Ils étaient parfaitement au courant de ce que la quasi-totalité de la population juive était restée dans la ville.
Le menuisier Guirch Guiterman, qui a fui Berditchev le sixième jour de l'occupation, relate les premiers crimes des Allemands à l'encontre des Juifs. Les soldats allemands chassèrent de leurs appartements tout un groupe d'habitants des rues Bolchaïa Jitomirskaïa, Malaïa Jitomirskaïa, Chteinovskaïa, toutes attenantes à la route de Jitomir, sur laquelle se trouve une usine de traitement des peaux. On les conduisit dans l'atelier de tannage et on les obligea à sauter dans les énormes fosses pleines d'un produit à tanner très corrosif[1]. Ceux qui résistèrent furent fusillés et on jeta également leurs corps dans les fosses. Les Allemands qui prenaient part à cette exécution la considéraient comme un divertissement : ils tannaient de la peau juive. Une autre exécution « divertissante » fut organisée dans la vieille ville : les Allemands ordonnèrent aux vieux de revêtir leurs *tallith* et leurs *tefillin*[2] et de dire un service religieux dans la vieille synagogue, en priant Dieu de pardonner les fautes commises contre les Allemands. Ils fermèrent alors à

1. Ce tanin est obtenu à partir d'un arbre, *Acacia catechu*, qui n'est autre que l'acacia à cachou, ou cachoutier.
2. Le *tallith* est un châle de prière et les *tefillin* de petites boîtes noires en cuir contenant des passages de textes sacrés ; ils sont attachés au front ou aux bras.

double tour la porte de la synagogue et mirent le feu à l'édifice.

Les Allemands réalisèrent la troisième exécution « divertissante » près d'un moulin. Ils s'emparèrent de plusieurs dizaines de femmes, leur intimèrent l'ordre de se déshabiller et annoncèrent aux malheureuses qu'on accorderait la vie sauve à celles qui auraient traversé à la nage jusqu'à l'autre rive. Retenue par un barrage de pierre, la rivière près du moulin était très large. La plus grande partie des femmes se noyèrent sans avoir atteint l'autre côté. On contraignit celles qui avaient réussi à atteindre la rive occidentale à retraverser immédiatement.

Un exemple de ce même genre de « divertissement » allemand est encore l'histoire de la fin du vieil Aron Mazor, boucher rituel de son état. L'officier allemand qui avait pillé l'appartement de Mazor ordonna aux soldats d'emporter tout ce qu'il avait mis de côté. Lui resta avec deux soldats pour « se divertir » : il avait trouvé un grand couteau de boucher et avait compris quel était le métier de Mazor. « Je veux regarder comment tu travailles », dit-il, et il ordonna aux soldats de faire venir les trois petits enfants de la voisine.

La conscience de milliers de gens a été impuissante à intégrer une vérité simple et terrible, c'est que le gouvernement lui-même, l'État, stimulait et approuvait toutes ces exactions « illégales », que les Juifs fussent mis hors la loi, que les tortures, les violences, les meurtres, les expositions au feu, tout cela fût naturel quand cela s'appliquait aux Juifs, qu'il ne pût pas en être autrement. Aucun de ceux qui avaient été déplacés dans le ghetto ne pouvait pourtant deviner que ce transfert n'était que la première étape du meurtre, prémédité et soigneusement élaboré jusque dans le moindre détail, de la totalité de ces vingt mille Juifs[1].

Un habitant de Berditchev, un comptable, qui était venu dans le ghetto voir la famille de son ami ingénieur Noujnyi, qui travaillait avant la guerre à l'usine Progress, raconte que la femme de Noujnyi pleurait beaucoup et était bouleversée à l'idée que son fils de dix ans, Garrik, ne pourrait pas continuer ses études à l'automne à l'école russe.

Les vieux médecins de Berditchev vivaient dans l'espoir permanent que l'Armée rouge allait revenir. Ils furent un temps réconfortés par la version, prétendument entendue à la radio par quelqu'un, selon laquelle avait été transmise au gouvernement allemand une note demandant l'arrêt de ce déchaînement à l'égard des Juifs.

1. Le chiffre de trente mille cité plus haut fut établi ultérieurement, quand toute l'étendue des massacres fut enfin mise en lumière.

Mais dans le même temps des prisonniers amenés de Lyssaïa Gora par les Allemands commencèrent à creuser cinq profondes tranchées dans les champs près de l'aérodrome, là où s'achève la rue Gorodskaïa et commence la route pavée qui mène au village de Romanovka...

Le 4 septembre, une semaine après l'organisation du ghetto, on envoya mille cinq cents jeunes gens travailler aux champs. Tous ces jeunes préparèrent des baluchons de nourriture, emportèrent du pain, et après avoir dit au revoir à leurs proches, ils se mirent en route. Le jour même, ils furent tous fusillés entre Lyssaïa Gora et le village de Khajina. Les bourreaux avaient si bien su tromper leurs victimes que, jusqu'à la dernière minute, pas un des condamnés ne soupçonna le meurtre qui se préparait. On leur laissa même entendre que, à la fin du travail, chacun aurait la permission de prendre quelques pommes de terre pour les vieux restés dans le ghetto. Et ceux qui étaient restés dans le ghetto restèrent dans l'ignorance, le peu de jours qu'il leur restait à vivre, du sort qui avait été celui des jeunes gens. Cette exécution privait le ghetto de presque tous les gens jeunes et susceptibles de résister.

La préparation de l'*Aktion* s'acheva. Les fosses au bout de la rue Brodskaïa étaient creusées. Le 14 septembre arrivèrent à Berditchev les unités d'un régiment SS, la police de la ville fut mobilisée. Dans la nuit du 14 au 15, toute la zone du ghetto fut encerclée par les troupes. À quatre heures du matin, à un signal donné, les SS et les policiers commencèrent à chasser les gens dehors sur la place du Marché. À la façon dont se conduisaient les SS, ils comprirent que leur dernier jour était venu. Beaucoup de ceux qui ne pouvaient pas marcher, les vieillards impotents et les infirmes, furent massacrés sur place, dans les maisons, par les bourreaux. Les clameurs terribles des femmes, les pleurs des enfants réveillèrent toute la ville. La place du Marché fut bientôt pleine de plusieurs milliers de personnes.

On mit à part quatre cents personnes, parmi lesquelles les vieux médecins Tsourovarg, Baraban, Liberman, la femme médecin Blank, l'électricien et monteur en radio Epelfeld, le photographe Noujnyi, le bottier Milmeister, le vieux maçon Pekilis avec ses fils Mikhel et Voulf, ainsi que des tailleurs, des bottiers, des serruriers, quelques coiffeurs renommés pour leur savoir-faire. On autorisa les spécialistes ainsi choisis à prendre leur famille avec eux.

Beaucoup d'entre eux ne réussirent pas à trouver leurs femmes et leurs enfants perdus dans la foule immense. Ceux qui furent les témoins oculaires de la scène rapportent qu'il y eut alors des scènes incroyables : les uns, cherchant à couvrir de leur voix la foule prise de folie, hurlaient les prénoms de leurs femmes et de leurs enfants, et des centaines de mères condamnées leur tendaient leurs fils et leurs filles, les suppliant de les reconnaître pour les leurs et de les arracher ainsi à la mort. « De toute façon, dans une telle foule, vous ne trouverez pas les vôtres ! »

Les premières rafales d'armes automatiques éclatèrent. Les Allemands l'avaient-ils fait exprès ou était-ce faute d'imagination ? Quoi qu'il en soit le lieu de l'exécution avait été installé à cinquante ou soixante mètres de la route par laquelle on amenait les condamnés. La colonne passait devant et des milliers de regards voyaient comment tombaient les victimes... Après cela on poussait les gens jusqu'aux hangars de l'aérodrome où ils attendaient leur tour, et ils repartaient, cette fois-ci pour être mis à mort, vers le lieu du supplice.

Ce carnage monstrueux d'êtres innocents et sans défense dura une journée entière, une journée entière le sang coula sur la terre argileuse, ocre. Les fosses étaient remplies de sang, le sol argileux ne l'absorbait pas, le sang débordait des fosses, il stagnait sur la terre en mares énormes, il coulait en petits ruisseaux, s'accumulant dans les creux... Les bottes des bourreaux étaient trempées de sang.

Grossman ne parla jamais du destin de sa mère dans le *Livre noir* ni dans aucun de ses articles, mais il s'y résolut dans *Vie et Destin*, où il lui donne le nom d'Anna Strum. Sa mère avait été l'une des milliers de victimes exécutées près du terrain d'aviation. Son sens de la culpabilité et de l'horreur apparaît pleinement dans les deux lettres qu'il lui adressa après la guerre. La première date de 1950.

Chère maman,

J'ai appris ta mort pendant l'hiver 1944. Je suis venu dans la maison où tu habitais et qu'ont quittée tante Aniouta, oncle David, et Natacha, et là, j'ai senti que tu étais morte. Mais déjà en septembre 1941 mon cœur avait senti que tu n'étais plus. Une fois, la nuit, sur le front, j'ai fait un rêve. Comme si j'étais entré dans ta chambre. Je savais parfaitement que c'était ta chambre, je voyais le fauteuil vide et je savais que tu y dormais. Sur le fauteuil était le châle dont tu te couvrais les jambes. Je l'ai contemplé longuement, et lorsque je me suis réveillé, j'ai su que tu n'étais plus de ce monde. Mais j'ignorais alors quelle mort atroce tu avais eue. Je ne l'ai appris que quand je suis arrivé à Berditchev et que j'y ai rencontré des gens qui étaient au courant de l'exécution massive du 15 septembre 1941. J'ai tenté des dizaines de fois de m'imaginer

comment tu es morte, comment tu es allée à la mort. J'ai tenté d'imaginer celui qui t'a assassinée. Il a été le dernier à t'avoir vue vivante. Je le sais, tu as beaucoup pensé à moi tout ce temps-là.
Il y a déjà plus de neuf ans que je ne t'ai pas écrit de lettre, que je ne t'ai pas raconté comment je vis et comment je travaille. Et durant ces neuf ans tant de choses sont venues s'accumuler dans mon âme que j'ai décidé de t'écrire, de te raconter et, bien sûr, de me plaindre, parce que mes chagrins n'intéressent plus personne. Ils n'intéressaient que toi.
Je te sens aujourd'hui, tu es pour moi aussi vivante que lors de notre dernière rencontre, aussi vivante que lorsque j'étais petit et que tu me faisais la lecture. Et ma douleur est toujours aussi vive que le jour où tes voisins de la rue Outchilichtchnaïa m'ont dit que tu n'étais plus. Et qu'il n'y avait plus aucun espoir de te retrouver vivante. Je pense que mon amour pour toi et mon terrible chagrin resteront avec moi jusqu'à mon dernier souffle.

Il lui écrivit à nouveau en 1961, pour le vingtième anniversaire de sa mort.

Ma très chère,
Vingt ans ont passé depuis le jour de ta mort. Je t'aime, je pense à toi chaque jour de ma vie, et ces vingt dernières années la douleur ne m'a pas lâché.
Je t'ai écrit la dernière fois il y a dix ans, et dans mon cœur tu es toujours la même qu'il y a vingt ans... Ma mère chérie, moi, c'est toi. Et tant que je suis vivant, toi aussi tu es vivante. Et quand je ne serai plus, tu vivras dans le livre que je t'ai consacré au travers d'une héroïne dont le destin est si semblable au tien[1]. Et il me semble maintenant que mon amour pour toi se fait de plus en plus fort et me confère une responsabilité toujours plus grande, parce qu'il reste aujourd'hui si peu de cœurs dans lesquels tu vis. Je n'ai cessé de penser à toi ces dix dernières années qui se sont passées au travail...
Aujourd'hui j'ai relu, comme je le fais depuis tant d'années déjà, le petit nombre des lettres que tu m'as adressées et qui ont survécu, sur les centaines que tu as écrites. Et j'ai lu tes lettres à papa. Aujourd'hui j'ai encore une fois pleuré en relisant tes lettres. J'ai

1. Il fait, bien sûr, référence à *Vie et Destin*. On a suggéré que cette lettre est une réponse à la dernière lettre écrite par Anna Strum à son fils dans le roman, une missive que, selon Grossman, sa propre mère n'aurait jamais eu le temps de lui écrire.

pleuré lorsque j'ai lu : « Zema[1], je n'en ai sans doute plus pour très longtemps à vivre. Je sens constamment que la maladie est sur le point de m'envahir. J'ai peur d'être malade longtemps. Que fera alors de moi notre pauvre petit garçon ? Je vais être pour lui la cause de tant d'inquiétudes. »

J'ai pleuré lorsque toi, toi si esseulée, toi dont l'unique rêve était de vivre sous le même toit que moi, tu as écrit à papa : « Il me semble qu'il serait raisonnable que tu ailles vivre chez Vassia, s'il a la place. Je reviens là-dessus une fois encore parce que maintenant tout va bien pour moi. Et ne te fais aucun souci à propos de mes états d'âme : je sais comment défendre mon monde intérieur de tout ce qui m'entoure. » J'ai pleuré en lisant tes lettres parce qu'on t'y retrouve tout entière, avec ta bonté, ta pureté, ta vie amère, si amère, ton sens de la justice, ta générosité, ton amour pour moi, ton souci d'autrui, ton esprit si remarquable. Rien ne saurait me faire peur, parce que j'ai avec moi ton amour, et parce que mon amour est toujours avec toi.

1. Zema est le diminutif du père de Vassili Grossman, Semion Ossipovitch Grossman (1870-1956).

Chapitre 22

LA ROUTE D'ODESSA

Début mars, Grossman fut rattaché au Q G du 3e front ukrainien. Les Allemands tenaient toujours le littoral de la mer Noire alors même que la poussée du 1er front ukrainien les débordait par le nord.

La première semaine de mars, le maréchal Joukov avait pris la succession de Vatoutine, mortellement blessé le 29 février lors d'une embuscade tendue par les Ukrainiens de l'UPA[1]. Joukov dirigea une nouvelle offensive en direction de Ternopol. La même semaine, le 2e front ukrainien du maréchal Koniev chercha à reprendre Ouman et y parvint cinq jours plus tard, le 10 mars exactement. Ils y trouvèrent des réserves militaires assez importantes dont ils s'emparèrent aussitôt : deux cents chars allemands, six cents canons et des milliers de véhicules immobilisés dans la boue, abandonnés par leurs équipages. Les soldats de l'Armée rouge maudissaient les boues de printemps, la *raspoutitsa*, mais les Allemands en pâtissaient encore plus. Les colonnes blindées de Koniev avançaient pour s'emparer des têtes de pont situées de l'autre côté de la partie inférieure du Boug. Elles se trouvaient à moins de cent kilomètres de la frontière moldave et du Dniestr, lequel fut franchi le 17 mars, soit douze jours après le début de l'offensive. Avec des forces très réduites, les divisions allemandes luttèrent pour

1. UPA (Ukrainska povstanka armiia), Armée des insurgés ukrainiens. Cette organisation ultranationaliste et anticommuniste avait collaboré avec les Allemands, mais elle les avait aussi combattus quand l'Ukraine fut traitée par les nazis de manière aussi brutale que les autres territoires occupés.

ne pas être encerclées et battirent en retraite en toute hâte en passant à travers les lignes soviétiques. Souvent, les parachutages de la Luftwaffe les aidèrent à tenir, mais le désir de s'échapper primait. Aucun Allemand ne voulait connaître le sort de la 6e armée de Paulus à Stalingrad.

Pendant ce temps, avec une autre offensive coordonnée, le 3e front ukrainien de Malinovski avait fait marche depuis l'Ingoulets, traversé deux autres cours d'eau et tenté d'isoler sept divisions allemandes. Son avancée était toutefois soumise aux caprices des éléments.

> Avant l'offensive, le Conseil militaire du front n'était préoccupé que d'une chose : le temps. On regardait sans cesse le baromètre. On fit appel à un professeur météorologue. On fit appel à un vieux qui connaissait bien le temps dans la région et pouvait le prévoir grâce à des indices que lui seul connaissait. On écoutait des conférences sur la météorologie.

Le 6 mars, le 3e front ukrainien du général Rodion I. Malinovski lança une offensive sur la côte de la mer Noire dans le but de reprendre Odessa. L'ennemi n'était autre que la 6e armée allemande : sur ordre de Hitler, comme pour effacer la défaite, l'armée de Stalingrad venait d'être reconstituée. En face, le 4e corps mécanisé et le 4e corps de cavalerie de la garde du lieutenant général I. A. Pliev. La cavalerie était très utile dans la boue.

> L'état-major du front dans le village de Novaïa Odessa, à quatre-vingt-dix kilomètres d'Odessa. Boue monstrueuse. Sans l'aide de Roudnyi, avec ma valise, je ne serais jamais arrivé à me traîner de l'aérodrome à l'état-major.
>
> L'avancée dans la boue exige une énorme tension des forces physiques et consomme en quelques centaines de mètres l'essence prévue pour des centaines de kilomètres. Des équipes mobiles coupent aux Allemands les moyens de communication, d'approvisionnement et de liaison. Les Allemands reculent parfois dans le plus grand désordre.
>
> Toute la steppe est pleine du rugissement des véhicules et des tracteurs qui s'arrachent à la boue. Les routes sont larges de plusieurs centaines de mètres.

Grossman décrivit l'avancée avec force détails pour un article de *Krasnaïa Zvezda.*

Voilà que le soleil se fait de plus en plus chaud et déjà de légers nuages de poussière flottent derrière les camions. Un capitaine tout maigre au visage basané, les pans de sa capote couverts d'une croûte desséchée de terre rouge, brun, gris, respire avec délices cette poussière et dit en souriant :
« Oh lala ! Elle était vraiment terrible, la force de cette gadoue. Rien qu'à voir comment ce fléau de la guerre qu'est la poussière est plus agréable que toutes les fleurettes printanières. La poussière aujourd'hui nous paraît sentir délicieusement bon. »
Il y a quelques jours cette même steppe était pleine du hurlement perçant des camions de une tonne et demie, de trois tonnes, des Yaz[1] de cinq tonnes, des tracteurs, des véhicules de transport à chenilles, des Dodge et des Studebaker. Ils rugissaient dans un furieux effort pour s'arracher aux milliers de ventouses de la boue et suivre à temps l'infanterie, leurs roues enragées mais impuissantes rejetaient des mottes gluantes, tournant à vide dans les ornières glissantes d'huile. Et des milliers d'hommes en sueur, maigres et noueux, tiraient en serrant les dents, tiraient le jour, tiraient la nuit, sous une pluie incessante et une neige incessante, lourde, fondante et trois fois maudite, les énormes arrières des troupes qui avançaient.
Qui dira la grandeur de l'exploit des nôtres ? Qui écrira l'épopée de ce mouvement jamais vu au monde, de cette avancée nuit et jour, sans un instant de repos ? Les fantassins marchaient, portant sur eux une fois et demie leur charge habituelle de munitions[2], ils marchaient dans leurs capotes trempées, lourdes comme du plomb. Un vent du nord cruel les fouettait et les capotes gelaient, raides sur le corps comme des piquets, comme faites de fer-blanc. Des coussins d'une livre de boue leur collaient aux bottes. Parfois ils ne parcouraient pas plus de un kilomètre en une heure, tellement ce chemin était pénible. Il n'y avait pas un endroit sec à des dizaines de kilomètres à la ronde et pour souffler ou se rechausser les soldats s'asseyaient dans la boue. Les servants de mortier fai-

1. Le Yaz 210G était un camion bâché à six roues pesant cinq tonnes. Les conducteurs soviétiques préféraient les véhicules américains. En revanche les conducteurs de chars soviétiques détestaient les tanks Grant américains qui, fonctionnant au pétrole, prenaient plus facilement feu que les T-34 roulant au diesel.
2. La quantité normale de munitions était augmentée de cinquante pour cent pendant une avancée parce que le ravitaillement était plus aléatoire.

saient route à côté des fusiliers, chacun portant sur soi une demi-douzaine de bombes, accrochées avec des ficelles sur le dos et sur la poitrine.
« Peu importe, disaient les soldats, pour les Allemands c'est encore pire, pour les Allemands c'est la fin... »
Il n'y eut pas de tâche plus terrible que la construction du pont sur le Boug méridional. Les sapeurs ne disposaient que d'une base minuscule sur la rive occidentale, l'ennemi ne les lâchait pas et les sapeurs construisaient le pont non pas sous le feu des Allemands, mais carrément en son sein. La vase semblait ne pas avoir de fond : le pilotis d'essai s'enfonça à onze mètres de profondeur comme dans une pâte molle[1].

Une fois la ville de Nikolaïev, à l'embouchure du Boug, prise par Malinovski, la route d'Odessa leur était ouverte. Le maréchal Koniev reçut l'ordre de rediriger une partie de ses formations vers le sud pour coincer les 6e et 8e armées allemandes et l'infortunée 3e armée roumaine entre ses propres forces et les armées de Malinovski.

Le commandement allemand a traduit devant la cour martiale le commandant de la 16e division motorisée[2] ; ses explications : « Sans leurs engins, mes hommes sont plus faibles qu'une division d'infanterie. »
L'ennemi redoute d'être encerclé, il ne croit pas en la solidité de ses lignes de défense car le commandement ne cesse de le tromper.
Les caractéristiques de nos commandants en cette nouvelle étape : 1) La volonté. 2) L'assurance. 3) Le mépris de l'adversaire. 4) La capacité de combattre avec les forces des blindés et de l'artillerie en disposant de forces d'une infanterie restreinte. 5) L'art d'économiser, de prendre en compte chaque cartouche et chaque obus : [mener à bien] une grande guerre avec des réserves pauvres. 6) Ils ont appris à faire vite, ce n'est plus un slogan, c'est rentré dans le crâne de chacun. Ils font vite pour traverser les rivières, car en enfourchant un bâton c'est cent fois plus rapide que quand on attend des pontons des jours entiers. La vitesse de la poursuite fait bon ménage avec la vitesse à laquelle l'adversaire bat en retraite.

1. Le 11 mars 1944, des détachements de la 2e armée blindée de Bogdanov et de la 6e armée blindée de Kravtchenko s'étaient emparés de têtes de pont de l'autre côté de la partie sud du Boug.
2. Il s'agit de la 16e Panzergrenadier Division commandée par le Generalmajor Günther von Manteuffel, reconstituée ultérieurement sous le nom de 116e Panzer Division.

Odessa fut prise le 10 avril. Elle avait principalement servi de ville de garnison à la 3e armée roumaine. L'occupation par les Roumains du sud-ouest de l'Ukraine fut plutôt douce comparée à la façon dont les Allemands traitaient la population. Grossman entra en ville avec les libérateurs et fit un tour dans le quartier de Peresyp.

Jour de la prise d'Odessa. Peresyp. Port désert. Panaches de fumée. Fracas des véhicules militaires qui affluent dans la ville. Foule nombreuse. De l'immeuble de la Gestapo on sort des cadavres calcinés. Cadavre carbonisé d'une jeune fille avec, intacts, des cheveux dorés, superbes.

Une inscription au-dessus des cantines roumaines : « Entrée interdite aux Allemands ».

Première séance du comité régional d'Odessa. Le secrétaire du comité régional m'invite à y assister. Pour la première fois, moi, un « sans Parti », j'assiste à ce genre de séance.

Beaucoup de nourriture : du sucre, des gâteaux, de la farine. La population s'en prend aux Roumains à contrecœur, par pure politesse.

La perspective de la fin de la guerre renforçait l'optimisme de nombreux civils mais aussi de soldats de l'Armée rouge. Avec la défaite du fascisme, se disaient-ils, Staline pourrait démanteler la police secrète du NKVD et fermer le goulag. Grossman avait déjà entendu ce type de propos dans les tranchées de Stalingrad et il semble qu'il partageait cet espoir mais, apparemment, il croit désormais que le stalinisme ne changera pas d'un iota.

Les vieux d'Odessa sur le boulevard. Leurs conversations parfaitement fantastiques sur la complète réorganisation du gouvernement soviétique après la guerre.

Un poète qui a publié un recueil de vers sous les Roumains, *Je chante aujourd'hui*. Sa conversation avec moi. Extrêmement désagréable. Je vois que sous la fenêtre il y a sa mère. Dans ses yeux se lit une folle peur pour son fils.

Aïzenchtadt [Eisenstadt] Simon, le fils d'un célèbre rabbin du bourg d'Ostrovetz[1]. Il a eu la vie sauve grâce à une jeune fille

1. Ville située à deux cent soixante-dix kilomètres au nord d'Odessa.

russe qui l'a caché chez elle dans sa chambre pendant plus d'un an. Son récit. Le ghetto de Varsovie. L'insurrection. Les armes avaient été données par les Polonais. Les Juifs polonais portaient un ruban blanc. Treblinka près de Varsovie. Un camp d'extermination des Juifs. Sous les « bains », il y avait une pièce montée sur des supports mobiles. Les corps étaient découpés en morceaux, puis brûlés. Des montagnes de cendre de vingt ou vingt-cinq mètres. À un endroit, on poussait les Juifs dans un étang rempli d'acide. Les cris étaient si terribles que les paysans des environs quittaient leurs maisons. Cinquante-huit mille Juifs d'Odessa ont été brûlés vifs à Berezovka[1]. Une partie dans des wagons, une autre a été conduite dans une clairière, arrosée d'essence et brûlée.

Le récit du secrétaire de l'*Obkom* [« comité de région »] Riassentsev. Le lieu d'exécution des Juifs était Domanevka[2]. L'exécution était effectuée par la police ukrainienne. Le chef de la police de Domanevka a tué de ses mains douze mille personnes.

En novembre 1942, Antonescu[3] promulgua une loi qui reconnaissait des droits aux Juifs et les exécutions massives qui avaient duré toute l'année 1942 cessèrent. Le chef de la police de Domanevka et ses huit collaborateurs les plus proches furent arrêtés par les Roumains, conduits à Tiraspol[4] et mis en accusation. Le tribunal les condamna, pour actes illégaux à l'encontre des Juifs, à trois mois de travaux forcés.

L'un des plus forcenés fut le juge d'instruction [de Domanevka], un juriste d'Odessa, un Russe, qui tuait pour se distraire huit ou neuf hommes par jour. Il appelait cela « aller à la chasse ». Ses sbires assassinaient groupe par groupe. À la mitrailleuse. On jetait les enfants vivants dans des fossés tapissés de paille en feu. Au moment où fut promulguée la loi d'Antonescu, étaient demeurés vivants à Domanevka environ trois cent quatre-vingts Juifs d'Odessa et une crèche de quarante enfants. Ils sont encore vivants

1. Berezovka (ou Berozovka) est à quatre-vingts kilomètres au nord d'Odessa sur la ligne de chemin de fer qui mène à Tcherkassy et Nikolaïev.

2. Domanevka se trouve à quarante kilomètres au nord-est de Berezovka.

3. Le maréchal Ion Antonescu, dictateur militaire roumain anticommuniste, ne partageait pas l'antisémitisme de son allié. Le gouvernement nazi avait accordé à la région d'Odessa un commandement militaire semi-autonome.

4. Tiraspol est une grande ville sur le Dniestr, en Moldavie intérieure, que les Roumains avaient réclamée après l'avoir perdue devant Staline en 1940. Elle fut réintégrée dans l'Union soviétique dès que l'Armée rouge l'eut occupée.

aujourd'hui, sans vêtements, sans rien. Environ quatre-vingt-dix mille Juifs d'Odessa furent exécutés à Domanevka.
Le Comité juif de Roumanie apporta son aide aux survivants. Outre les Juifs d'Odessa, des Juifs de Roumanie furent également exécutés. On les amenait à Domanevka en leur racontant des mensonges. Ainsi fut assassiné l'un des plus grands millionnaires roumains. On l'avait attiré à Domanevka sous le prétexte de l'organisation de l'exploitation des argiles locales pour la céramique.
Parmi ceux qui participaient aux tortures et aux exécutions se trouvaient trois Juifs. Ils sont aujourd'hui arrêtés.
À Odessa, les Juifs furent rassemblés, puis relâchés. Ensuite on les parqua à nouveau dans un ghetto à Slobodka, le 10 janvier 1942. Il gelait très fort et lorsqu'on les conduisit du ghetto vers les trains, la rue se trouva jonchée de centaines de cadavres de vieillards, d'enfants, de femmes.

Après avoir découvert que tant de personnes de sa connaissance étaient mortes, Grossman vécut l'expérience inverse ce printemps-là, non loin de Berditchev. Il rendit visite à une brigade blindée du 1er front ukrainien qui se réarmait à Vinnitsa, où Hitler avait installé son quartier général, sous le nom de code Wehrwolf. Il dîna avec le commandant de la brigade, « petit homme calme et agréable », comme le décrivit Ortenberg. Au cours du repas, alors qu'ils évoquaient des dates et des lieux de batailles, Grossman se rendit compte que c'était le même Babadjanian qui avait commandé le 395e régiment et dont il avait fait le héros de son roman [*Le peuple est immortel*].

« Oui, j'y étais bien, confirma Babadjanian, mais vous m'avez fait mourir.
– Je vous ai fait mourir, répondit Grossman, mais je peux aussi vous ressusciter. »

Chapitre 23

OPÉRATION BAGRATION

Après la libération définitive de Stalingrad et la rapide reconquête de l'Ukraine, Staline demanda l'avis de ses conseillers à la Stavka. Il y avait là Joukov, commandant suprême adjoint, le général Antonov[1] et le général Chtemenko[2], chef des opérations. Les chefs des fronts reçurent l'autorisation de consolider leurs positions et de se mettre sur la défensive pendant l'élaboration du plan d'opération. Fin avril, Staline avait choisi la Biélorussie pour sa prochaine grande offensive. La victoire leur accorderait une position intermédiaire et ils seraient prêts à frapper Berlin au début de l'année suivante.

Après la retraite en Roumanie des Allemands battus au sud, Grossman fut transféré vers le nord et la frontière orientale de la Biélorussie, dernier grand territoire soviétique toujours occupé par les nazis. Il se retrouva près de l'endroit où il avait commencé la guerre, trois ans plus tôt. L'est de la Biélorussie allait être le point de départ de l'opération la plus ambitieuse de la guerre germano-soviétique.

1. Le général Alekseï I. Antonov (1896-1962) passait pour l'officier d'état-major le plus compétent de l'Armée rouge pendant la guerre. Il devint chef de l'État-major général en 1945.

2. Le général Sergueï M. Chtemenko (1907-1976) était le chef du directoire des opérations et il prit la succession d'Antonov quand celui-ci reçut une promotion en 1945. Chtemenko ne fut pas inquiété quand Staline lança une nouvelle vague de purges, écarta et menaça les autres grands généraux soviétiques immédiatement après la guerre. Il devint chef de l'État-major général en 1948.

La Stavka venait d'être informée par les Américains et les Britanniques que l'opération Overlord se déroulerait fin mai. Le plan d'attaque du saillant de Biélorussie nécessitait le plus grand secret. Seules cinq personnes étaient au courant en dehors de Staline et savaient qu'il fallait tromper les Allemands à propos de l'axe d'attaque. Les armées blindées du sud restèrent sur place et se contentèrent de se regrouper pour faire croire à une autre attaque massive au sud des marais du Pripet. Le silence radio fut imposé aux trois fronts ukrainiens pour suggérer une attaque imminente, et des rumeurs évoquèrent un débarquement sur le littoral de la mer Noire, en Roumanie. Les Allemands tombèrent dans le panneau et renforcèrent les secteurs sud, surtout autour de Lvov.

Le plan soviétique, impliquant un million deux cent cinquante mille hommes, fut finalisé le 20 mai. Entre-temps, des formations de blindés récemment renforcées se déplacèrent en secret vers la frontière orientale de la Biélorussie. Staline en personne choisit le nom de code de l'opération, « Bagration », en l'honneur du grand général géorgien mortellement blessé à Borodino. Rokossovski, Polonais arrêté avant la guerre et torturé par le NKVD de Beria, avait osé discuter la décision de Staline relative à la première phase de l'opération : des attaques via Vitebsk et Bobrouïsk contre les deux flancs du « balcon biélorusse » afin d'encercler Minsk. Molotov et Malenkov essayèrent de persuader Rokossovski de ne pas contredire le *Vojd*, le « chef ». « Vous savez avec qui vous discutez ? » lui demandèrent-ils, mais Staline respectait son courage et accepta son point de vue.

Les Alliés débarquèrent en Normandie le 6 juin alors que l'Armée rouge attendait avec impatience l'arrivée de matériel et de renforts par le biais d'un réseau ferroviaire mis à mal. Grossman nota la réaction aux événements de Normandie.

> À propos du 2ᵉ front. Grand enthousiasme le premier jour, les calots valsaient. Meetings spontanés avec coups de feu en l'air, fusées, puis une chute brutale et une perte d'intérêt.

Peu de soldats ou même d'officiers savaient ce qui se passait au-delà de leur propre unité, de sorte qu'un homme venu de l'extérieur comme Grossman ne pouvait qu'être bombardé de questions.

Le sujet principal des questions que posent les commandants et les soldats touche à la situation internationale, il y en a énormément. Elles concernent le deuxième front, le Japon, la Turquie, l'Iran, plus des centaines d'autres. Moins de questions concernant les affaires intérieures. Apparemment, à travers ces questions, on cherche à savoir ce que seront la durée et le déroulement de la guerre.

Juste à temps pour la grande offensive, Grossman rejoignit la 65e armée du général Batov, qui faisait partie du 1er front ukrainien du maréchal Rokossovski. Après plusieurs retards, elle débuta enfin le 22 juin, au troisième anniversaire de l'invasion nazie. Deux jours plus tard, trois des armées de Rokossovski – la 3e armée de Gorbatov, la 48e de Romanenko et la 65e de Batov – jaillirent des forêts situées au nord des marais du Pripet pour attaquer la 9e armée allemande aux environs de Bobrouïsk, sur la Berezina. Le 27 juin, les défenseurs allemands – quelque cinq mille hommes de la 383e division d'infanterie – réussirent à contenir la première tentative de prise de la ville, mais ils se rendirent bientôt compte qu'ils étaient encerclés. Avec leur chef, le général Hamann [1], ils tentèrent de fuir par le côté nord de la ville, mais la 3e armée de Gorbatov leur coupa la route. Grossman décrivit les scènes auxquelles il assista à Bobrouïsk mais, contrairement à la plupart des journalistes soviétiques, il ne chanta pas les louanges de la force collective de l'Armée rouge. Comme toujours, il s'intéressait aux individus, même au milieu du carnage du champ de bataille.

Et parfois ce qu'on a vu nous bouleverse, le sang reflue dans le cœur, et on sait que le terrible tableau qui nous est apparu sous les yeux va nous poursuivre éternellement, jusqu'à notre heure dernière, et être un poids sur notre âme. Mais il se passe quelque chose de surprenant et d'étrange : on se met à écrire son papier, et tout cela, curieusement, ne trouve pas sa place sur le papier. On écrit sur le corps des blindés, sur l'artillerie lourde, sur la percée de la défense, et voilà que soudain une vieille femme parle avec un soldat, ou bien un poulain qui tète encore sa mère, tout chancelant, est là dans un champ désert, près du corps de la jument tuée, ou encore, dans un village qui brûle, des abeilles se

1. Le Generalleutnant Hamann fut capturé puis exécuté en 1945 pour crimes de guerre.

forment en essaim sur la branche d'un jeune pommier, et un vieux Biélorusse pieds nus sort de la tranchée où il s'était enterré à cause des obus, détache l'essaim, et les soldats le regardent, et, Dieu du ciel, que ne lit-on pas dans leurs yeux tristes et pensifs ! Dans ces petits riens est l'âme du peuple, là est notre guerre, dans ses tourments, ses victoires, sa gloire sévère, acquise au prix de la douleur.

Comment trouver notre vieille [division] amie de Stalingrad[1] dans la poussière et la fumée, au milieu du rugissement des moteurs, avec le cliquetis des chenilles des tanks et des canons automoteurs, dans le grincement des énormes convois sur roues qui vont vers l'ouest, dans le flot de ces gamins pieds nus, des femmes en foulards blancs qui se déplacent vers l'est, de ceux qui ont fui devant les combats avec les Allemands et qui maintenant rentrent à la maison ?

Des gens bien intentionnés nous avaient conseillé, afin de nous épargner les arrêts et les questions, de chercher une division caractérisée par une particularité connue de beaucoup : dans son régiment d'artillerie est attelé à un charroi un chameau surnommé Kouznetchik [« Criquet »][2]. Ce né natif du Kazakhstan a parcouru toute la route de Stalingrad à la Berezina. Les officiers des transmissions ont l'habitude de repérer dans le convoi Kouznetchik et trouvent sans avoir à poser de questions l'état-major qui se déplace jour et nuit. Nous avons ri à l'écoute de ce conseil farfelu comme à une bonne plaisanterie, et nous avons continué notre chemin.

Et voici que nous sommes de nouveau sur la grand-route, dans la poussière et le fracas. Et la première chose que nous voyons est, attelé à une télègue, un chameau brun, la peau presque à nu, qui a perdu tout son pelage. C'est bien lui, le célèbre Kouznetchik. Avance à sa rencontre tout un groupe de prisonniers allemands. Le chameau tourne vers eux sa tête peu avenante à la lèvre pendante : il est apparemment fasciné par la couleur inhabituelle des vêtements, peut-être renifle-t-il une odeur étrangère. D'un ton entendu, le conducteur crie à l'escorte : « Fais venir les Allemands ici, sinon Kouznetchik va les bouffer ! » Et sur-le-champ nous

1. Il s'agit probablement de l'ancienne 308e division de fusiliers, commandée à Stalingrad par le général Gourtiev et qui deviendra la 120e division de fusiliers de la garde en septembre 1943. Cette formation en majorité sibérienne avait défendu l'usine Barrikady à Stalingrad. Pendant l'opération Bagration, elle fut intégrée à la 3e armée.

2. Le chameau Kouznetchik devint célèbre moins d'un an plus tard quand il arriva à Berlin et qu'on lui fit traverser la ville pour cracher sur le Reichstag.

apprenons tout de la biographie de Kouznetchik : lors des échanges de tir, il va se cacher dans les entonnoirs laissés par les obus et les bombes, il a déjà été recousu trois fois pour ses blessures et s'est vu décerner la médaille « Pour la défense de Stalingrad ». Le commandant du régiment d'artillerie Kapramanian a promis à son conducteur que s'il amenait Kouznetchik jusqu'à Berlin, il serait récompensé. « Tu auras la poitrine entièrement couverte de décorations », a dit avec le plus grand sérieux, ne souriant que du coin de l'œil, le commandant du régiment. En suivant la route indiquée par Kouznetchik, nous sommes arrivés à la division.

Bon nombre de vieilles connaissances n'étaient pas au rendez-vous dans la division de Gourtiev, beaucoup de ceux que je connaissais personnellement et dont de brèves rencontres avaient suffi à me laisser un souvenir durable...

À commencer par Gourtiev lui-même, tombé lors de la prise d'Orel : à l'instant où éclatait un obus sur le point d'observation, il avait couvert de son corps Gorbatov qui commandait. La casquette de Gorbatov se trouva éclaboussée du sang du général-soldat.

Nous sommes entrés dans Bobrouïsk alors qu'une partie des édifices flambaient tandis que les autres étaient en ruines. La route de Bobrouïsk est la route du châtiment ! La voiture se fraie avec peine un passage au milieu des tanks et des canons autochenilles allemands brûlés et démantibulés. Les piétons avancent sur les cadavres des Allemands. Des centaines de cadavres, des milliers de cadavres ! La route même en est jonchée, ils gisent dans les trous, sous les sapins, dans le seigle vert couché. Il y a des endroits où les véhicules roulent sur les corps, tellement le sol en est densément jonché. On ne cesse d'en enterrer, mais la quantité de cadavres est telle qu'il n'est pas possible d'achever ce travail en un seul jour. Or aujourd'hui il fait une chaleur épuisante, il n'y a pas un souffle de vent et tous marchent ou roulent avec un foulard plaqué sur la bouche et le nez. Ici a bouillonné la chaudière de la mort, ici s'est accompli le châtiment, punissant durement, de façon terrible, ceux qui, sans abandonner les armes, ont tenté de fuir à l'ouest sur des chemins que nous coupions.

Près de l'entrée de Bobrouïsk en flammes et détruite, sur la rive basse et sablonneuse de la Berezina, un soldat allemand est assis, blessé aux jambes. Levant la tête, il regarde les colonnes de chars qui avancent sur le pont, l'artillerie et les canons autochenilles. Un soldat de l'Armée rouge s'approche de lui et, remplissant d'eau une boîte de conserve, il lui donne à boire. Et l'on se demande malgré soi ce qu'aurait fait un Allemand l'été 1941, quand, passant sur ce pont, se dirigeaient vers l'est les colonnes blindées des armées fascistes, si sur la rive sablonneuse de la Berezina avait été assis un de nos soldats, les jambes abîmées.

Grossman reçut l'autorisation d'interroger les généraux allemands capturés. Le lieutenant général von Lützov, chef du 35e corps d'armée, était un Prussien de cinquante-deux ans fait prisonnier non loin de Bobrouïsk au cours d'une autre manœuvre d'encerclement [1]. Selon la plupart des témoignages, il s'était écroulé, épuisé de défendre une position impossible alors que Hitler refusait toute demande de retraite.

Le lieutenant général von Lützov a de notre armée une opinion assez réservée. Les soldats n'y prennent aucune initiative. Quand ils n'ont pas leurs chefs sur le champ de bataille, ils ne savent que faire. L'artillerie est forte. L'aviation bombarde sans tenir le moindre compte de la cible.
Lützov s'est plaint de n'avoir aucune marge de manœuvre. Par exemple, lui ne pouvait quitter un point occupé qu'avec l'autorisation de [l'état-major de] l'armée, l'armée seulement avec celle de l'état-major du groupe d'armées, et le groupe d'armées avec l'autorisation de la Stavka [allemande] [2]. Lützov reçut l'autorisation de battre en retraite avec le 35e corps d'infanterie alors que l'anneau de l'encerclement s'était refermé.

Le général SS Heyne dit de lui-même : « Je suis un *Frontschwein* [3]. »

1. Le Generalleutnant Kurt-Jürgen Freiherr Henning von Lützov, né en 1892 près de Marienwerder, fut condamné le 25 juin 1950 à Moscou à vingt-cinq années d'emprisonnement pour crimes de guerre. (Cette sentence s'appliqua à de nombreux généraux allemands quand la guerre froide s'intensifia.) Il fut libéré et expatrié en janvier 1956.

2. L'OKH (Oberkommando des Heeres), haut commandement de l'armée de terre, était responsable de toutes les opérations sur le front de l'est. L'OKW (Oberkommando der Wehrmacht), haut commandement des armées allemandes, était responsable de tout le reste.

3. Le Generalleutnant Hans-Walter Heyne, commandant de la 6e division d'infanterie, fut lui aussi fait prisonnier aux environs de Bobrouïsk. Heyne n'appartenait pas à la SS, un terme dont les Soviétiques faisaient grand usage. « *Frontschwein* » (« cochon du front ») était une plaisanterie sans finesse de Heyne ; on disait habituellement « *Fronthase* », c'est-à-dire « lièvre du front ». Né cinquante plus tôt à Hanovre, il fut condamné à vingt-cinq ans de prison et purgea la majeure partie de sa peine à Vorkouta. Il fut libéré et rapatrié en décembre 1955.

La plupart des généraux, officiers et soldats allemands capturés pendant l'opération Bagration durent traverser Moscou à pied lors du défilé de la victoire, le 17 juillet. La propagande soviétique était tellement exagérée que les enfants russes s'attendaient à voir des bêtes sauvages, pas des soldats vaincus. Elle soulignait en tout cas l'importance de cette défaite allemande où la Wehrmacht perdit trois cent mille hommes, encore plus qu'à Stalingrad.

Manifestement, les officiers des services de renseignements soviétiques parlèrent à Grossman de ce qu'ils avaient appris en lisant des documents retrouvés et en interrogeant les prisonniers.

> On a saisi une carte allemande dont les données correspondaient point par point à la carte de notre service de renseignements : non seulement les divisions, mais aussi les troupes de réserve, les points de rencontre et tout le reste à l'avenant.

> Un officier allemand fait prisonnier dit que, parmi les officiers, on discute tout le temps pour savoir où les Russes vont bien pouvoir frapper.
> Rares sont ceux qui croient qu'ils vont réussir à tenir la ligne. On parle plutôt du gigantesque chaudron* « biélorusse ».
> Le feld-maréchal Bush a [avant l'attaque soviétique] fait le tour des unités de première ligne et leur a « insufflé entrain et fermeté ». Les Allemands ont déjà retiré quelques-unes des premières lignes et les ont déplacées loin vers l'intérieur, peut-être à cause de l'avancée des Alliés.

Pour l'avancée sur Minsk en direction du nord-ouest, Grossman rejoignit la 65e armée du général Batov. En un peu plus d'une semaine, les lignes de défense du Groupe d'armées centre furent détruites. Les Allemands avaient perdu deux cent mille hommes et neuf cents chars, mais les pertes soviétiques étaient également très impressionnantes dans plusieurs secteurs. Même les généraux de l'Armée rouge habitués aux massacres furent ébranlés. La bataille ne venait pourtant que de commencer. Hitler et le haut commandement allemand n'avaient pas encore compris que la stratégie soviétique consis-

* Le mot « chaudron » *(kotiol)* employé ici désigne de façon imagée, depuis la bataille de Stalingrad, le piège de l'encerclement.

tait en deux mouvements de tenaille, un encerclement intérieur de Minsk et un encerclement extérieur destiné à prendre au piège l'ensemble du Groupe d'armées centre.

Le 3 juillet, les chars soviétiques entrèrent dans les faubourgs de Minsk. Cent mille soldats allemands de plus furent pris au piège et près de la moitié furent tués. Les notes de Grossman à cette époque sont plutôt disparates puisqu'elles incluent descriptions, atrocités passées et revanche. Les soldats italiens, qui avaient déjà souffert en Russie pour une cause fasciste à laquelle la plupart ne croyaient pas, se retrouvèrent après l'armistice condamnés à la prison ou au travail obligatoire pour les Allemands. Grossman entendit même parler d'exécutions par d'anciens soldats de l'Armée rouge passés dans la Wehrmacht.

> Des Italiens fusillés des mains des *Vlassovtsy*[1]. Le meurtre en masse de prisonniers de guerre les 12-13 février 1944. Au matin, toute la longue rue Sovietskaïa était pleine de plusieurs milliers de corps entassés.
>
> Incendie dans la basse ville : des centaines de milliers de victimes de l'incendie sont assises sur des ballots. Des fauteuils, des tableaux, des massacres de cerfs, des petites filles avec des chatons. Des prisonniers [allemands] cheminent, ils font une sale tête. Des voitures passent. L'un d'eux avance et, à chaque voiture venant à sa rencontre, il rectifie son uniforme et fait le salut réglementaire.

Une autre version de cette description laisse entendre que le prisonnier allemand en question était probablement traumatisé par les combats.

Les meurtres par vengeance n'avaient rien de surprenant après l'épouvantable chasse aux partisans menée en Biélorussie par les Allemands et leurs auxiliaires, à qui l'Armée rouge donnait le nom générique de *Vlassovtsy*.

> Un partisan, un tout petit bonhomme, a tué deux Allemands avec un pieu après avoir demandé à ce qu'on les sorte de la colonne.

1. Il est très improbable qu'ils aient pu appartenir à l'Armée de libération russe (ROA) du général Vlassov, comme il l'affirme ici. Le terme « hommes de Vlassov » était utilisé de manière erronée par l'Armée rouge pour désigner tout « ancien citoyen soviétique » portant l'uniforme de la Wehrmacht, y compris les *Hiwis*, ou *Hilfsfreiwillige*, prisonniers de guerre condamnés bien malgré eux à effectuer les travaux les plus pénibles.

Il était persuadé que c'étaient eux qui avaient tué sa fille Olia et ses deux jeunes fils. Il leur brisa tous les os, mit leurs crânes en miettes et, tout en les frappant, il pleurait et criait :
« Voilà pour Olia, voilà pour Kolia ! »
Alors qu'ils étaient déjà morts, il les adossa à une souche et continua à les frapper.
On tue les *Vlassovtsy*, un homme d'une région donnée tue son « pays », un habitant d'Orel tue un habitant d'Orel, un Ouzbek tue un Ouzbek.
Il n'y a déjà presque plus de terrains d'aviation allemands sur notre terre, déjà nos chasseurs volent au-dessus de l'Allemagne, bientôt leur terre va s'enflammer.
Accordéon. Tous ont des accordéons allemands. C'est un instrument de soldat et cela parce qu'on peut en jouer, et même commodément, dans une charrette ou une voiture qui cahote.

Dans la division combattent quatorze nationalités[1].

Il est si difficile de se procurer du papier pour en rouler une qu'il y a des cas où on fume les attestations de blessure et d'autres documents.

L'agent de transmission Skvortsov est petit et très vilain. Il a trois fiancées. Une lui a envoyé une photo, mais ça n'est pas la sienne, la deuxième lui a cousu un costume de taille 48, or il porte du 46. Il crie aux filles de la section politique : « On nous garde tous en réserve, et vous êtes à la recherche d'étoiles et de galons, eh bien, quand la guerre sera finie, vous resterez le bec dans l'eau ! »

Le sergent pointeur de la garde Konkov s'est retrouvé tout seul. Il a contraint quarante prisonniers allemands sous la menace de son fusil-mitrailleur à retourner l'obusier et il a tiré tout droit.

Grossman avait beaucoup d'admiration pour le général Batov, le commandant de la 65e armée, qui avait reçu de Rossokovski l'ordre de se diriger vers l'ouest en direction de Varsovie.

1. On ne sait pas exactement si Grossman accompagnait encore la 120e division de fusiliers de la garde à cette époque. La notion de nationalité renvoie aux différentes Républiques fédérées composant l'Union soviétique : il y a donc des Russes, des Ukrainiens, des Kazakhs, etc. Même les Juifs soviétiques formaient une nationalité à part pour les statistiques et les documents de l'Armée rouge.

Batov n'est pas porté à l'optimisme russe. La routine est pernicieuse même dans les actions victorieuses.

Comme les meilleurs commandants de Stalingrad, tel Gourtiev qui avait fait creuser des tranchées à ses hommes avant de les faire « repasser » par ses chars, Batov croyait aux exercices réalistes.

Instructions avant l'offensive. S'il y a un marais qui arrive à la poitrine, apprends à te sortir du marais qui arrive à la poitrine. S'il y a un ravin, couche-toi dans le ravin.

Conversation avec le chef d'état-major de l'artillerie.
L'artillerie russe. Le canon russe. Les chefs-d'œuvre de l'artillerie russe sont les obusiers de 152 mm. Cette arme est à la fois un canon et un obusier : elle frappe aussi bien en tir direct que sous un grand angle...
L'artillerie dans l'esprit de l'homme russe. Un éclaireur artilleur est un fantassin, il apporte au canonnier toute la richesse de l'esprit d'initiative qui est dans sa nature. La puissance de feu. Les Allemands passent de la technique [les véhicules motorisés] (au début de la guerre) à l'infanterie, alors que nous, qui avons commencé par l'infanterie, nous nous appuyons de plus en plus sur la technique.

La reconnaissance allemande est faible, ils tirent sur place, abandonnent facilement leurs armes. Ils s'enfuient avant l'infanterie, tandis que chez nous la plupart du temps l'infanterie s'enfuit avant les artilleurs.
La charge de nitroglycérine des Allemands a beau être plus puissante que la nôtre, qui est de pyroxyline, le canon des Allemands est fragile et ne dure pas longtemps.

Le 13 juillet, une nouvelle attaque fut lancée contre les Allemands. Le 1er front ukrainien, à présent sous les ordres du maréchal Koniev, attaqua Lvov : les Allemands s'attendaient à cette opération avant le déclenchement de Bagration. Ce fut la première étape d'une charge qui allait conduire les armées de Koniev jusqu'à la Vistule où, plus de deux semaines après leur départ, elles s'emparèrent de la tête de pont de Sandomierz sur la rive occidentale, à moins de deux cents kilomètres de Varsovie. Pendant ce temps, le 1er front biélorusse de Rokossovski avait foncé vers l'ouest, au nord de la Vistule et au sud de Varsovie.

Alors que la 65e armée fondait sur le territoire polonais, les soldats soviétiques éprouvaient des sentiments complexes, pour ne pas dire confus, à propos de la population locale. C'était en particulier le cas de ceux qui savaient comment l'Union soviétique s'était comportée à l'égard de la Pologne en 1939, la poignardant dans le dos dans le cadre du pacte Molotov-Ribbentrop. Les Polonais étaient leurs ennemis traditionnels, largement anticommunistes et réactionnaires aux yeux des Soviétiques, pourtant ils étaient farouchement antiallemands et avaient résisté avec bravoure. Et voilà que leurs supposés libérateurs leur faisaient endurer pillages et viols. Grossman avait certainement conscience de la réputation d'antisémites des Polonais et la note qu'il rédigea à cette époque présente une certaine ambivalence.

> À propos des Polonais. La foi en Dieu. Des pelotons de croyants. Des pelotons d'incroyants. Les prêtres catholiques. La hiérarchie.

Il écrivit un article célébrant la libération de la Pologne. Il n'avait cependant aucune idée de la manière effarante dont les populations de l'est de l'Europe avaient été traitées après l'invasion de l'Armée rouge, en 1939, alors que le pays était divisé entre l'Allemagne nazie et l'Union soviétique. Les paysans les plus pauvres espéraient beaucoup des réformes agraires promises par le gouvernement communiste polonais, fantoche, établi à Lublin. Pour sa part, la population plus instruite avait de bonnes raisons de craindre que les Soviétiques continuent de liquider ceux qui s'aviseraient de défier l'hégémonie communiste.

> Sortant des forêts de feuillus, des marais anormalement envahis d'une herbe épaisse et brillante, sur le sable profond des chemins de terre, à pied ou en carriole, s'en viennent en longues files des milliers et des milliers de paysans polonais. Ils ramènent ou rapportent dans les villages tous les biens qu'ils avaient dissimulés aux Allemands, poussant devant eux des vaches, des veaux, des chevaux. Ces paysans en chapeau de feutre, sans veste, qui avancent pieds nus, ces paysannes en fichu et en tablier, croulant sous les vêtements d'hiver, les oreillers, les couvertures, les miroirs, les tapis tissés maison, et qui avancent en foule en sens inverse

> de nos sections avancées de blindés, d'infanterie, de cavalerie, expriment, si l'on y réfléchit bien, de façon véritablement irréfutable les sentiments d'amitié et de confiance du peuple polonais envers l'Armée rouge. Dans cette procession qui vient à notre rencontre de la paysannerie polonaise qui fait sortir le bétail des forêts et rapporte tous ses biens dans les maisons sous le fracas de l'artillerie soviétique, s'exprime la compréhension qu'ont les paysans polonais de l'honneur moral et politique de nos armées.
>
> J'ai demandé si la population attendait l'Armée rouge. Plusieurs personnes m'ont répondu par des mots que j'avais déjà eu l'occasion d'entendre : « Comme le Messie ! »
>
> Il n'y a qu'une catégorie de plaintes et de lamentations que je n'ai pas entendue en Pologne, qu'une catégorie de larmes que je n'ai pas vue : les plaintes et les larmes des Juifs. Il n'y en a pas en Pologne. Tous ont été asphyxiés, massacrés, depuis les grands vieillards jusqu'aux nouveau-nés. Leurs corps sans vie ont été brûlés dans des fours. Et à Lublin, la ville polonaise qui comptait la population juive la plus nombreuse, où avant la guerre vivaient plus de quarante mille Juifs, je n'ai pas rencontré un seul enfant, une seule femme, une seule grand-mère qui parlât la langue que parlaient mon grand-père et ma grand-mère.

Pourtant, comme Grossman n'allait pas tarder à le découvrir en continuant à enquêter sur le déroulement de l'Holocauste en Europe centrale, les Polonais, bien qu'anticommunistes, étaient très différents des Ukrainiens. Ils avaient très peu collaboré avec les nazis.

Chapitre 24

TREBLINKA

En juillet 1944, Grossman, accompagné une fois encore de Troïanovski, rejoignit le général Tchouïkov et son armée de Stalingrad, rebaptisée 8e armée de la garde. Troïanovski décrivit l'approche de la ville de Lublin, dans l'est de la Pologne.

> « La route vers Lublin est, littéralement, entièrement noircie par les troupes. Des deux côtés, l'aviation est très active. L'écrivain Vassili Grossman et moi-même nous relayons pour surveiller le ciel. Il a plu, et de l'eau stagne dans les creux et dans les entonnoirs laissés par les bombes et les obus. Et malgré cela, il faut bien souvent se protéger, justement là, des Messerschmitt ennemis. »

Troïanovski rapporta aussi leur entretien avec le général Tchouïkov. Grossman ne perdit pas son temps à l'interroger car les deux mains du haut gradé étaient bandées.

> « "Et qu'en est-il pour Lublin ? a demandé Grossman.
> – Lublin va être libérée, ce n'est qu'une question d'heures. J'ai peur d'autre chose."
> « Nous gardions le silence.
> « "Vous le voyez bien, Berlin est déjà à portée de main. Or participer à la prise de Berlin est le rêve de chaque combattant soviétique. Mais moi, je crains que le commandement, comme c'est déjà arrivé à plusieurs reprises, ne se reprenne et n'envoie mon armée dans une autre direction. Encore que la logique et le bon sens jouent en notre faveur. Vous imaginez : les *Stalingradtsy** marchant sur Berlin." »

* *Stalingradtsy* : ceux de Stalingrad, les combattants de Stalingrad.

Alors que Tchouïkov s'inquiétait pour le droit à la gloire de son armée dans la marche sur Berlin, ses soldats étaient sur le point de découvrir le camp de Maïdanek, de l'autre coté de Lublin.

La pénétration de l'Armée rouge en Pologne pendant l'été 1944 aboutit à des révélations encore plus horribles que celles des massacres de Babi Yar, Berditchev et Odessa. Camp de prisonniers de guerre pour les soldats de l'Armée rouge, Maïdanek avait été transformé en camp de concentration et d'extermination. Les détenus du QG de la Gestapo à Lublin étaient exécutés dans ce camp alors que les combats se poursuivaient en ville. Le 24 juillet, le crématorium fut incendié dans le but de masquer les crimes, juste avant l'arrivée des soldats russes.

Même si Grossman se trouvait sur place, son rival, Konstantin Simonov, qui l'avait remplacé à Stalingrad, fut chargé de parler des crimes nazis dans *Krasnaïa Zvezda*. Favori du régime, Simonov évita soigneusement dans son article d'insister sur l'identité juive des victimes. Le département politique principal de l'Armée rouge fit aussi venir de Moscou des journalistes occidentaux, et le Kremlin établit une commission spéciale d'enquête sur les crimes commis par les Allemands dans le camp d'extermination de Maïdanek. Bien que de nombreux Polonais non juifs et des prisonniers allemands eussent également souffert à Maïdanek, les autorités soviétiques se sentaient le droit d'utiliser le camp pour leur propre propagande.

Presque à la même date qu'à Maïdanek, d'autres hommes du 1er front de Biélorussie parvinrent sur le site de Treblinka, situé plus au nord. Ce fut le premier camp d'extermination du plan Aktion Reinhard* qui fut atteint, mais les SS, sur l'ordre de Himmler, avaient tenté de détruire toutes traces de son existence[1].

* Aktion Reinhard (ou « opération Reinhard ») : sous ce nom, on désigne l'opération d'anéantissement des Juifs du Gouvernement général, partie orientale de la Pologne non incorporée au Reich. C'est en « hommage » à Reinhard Heydrich que l'opération Reinhard a été ainsi désignée.

1. Treblinka se situe à une bonne vingtaine de kilomètres au sud-est d'Ostrów Mazowiecka, elle-même placée au nord-ouest de Varsovie sur la route de Bialystok. Le camp se trouve à une demi-douzaine de kilomètres du Boug. Les deux autres camps de l'opération Aktion Reinhard ont pour nom Sobibor et Belzec.

L'Armée rouge parvint à retrouver une quarantaine de survivants, cachés pour certains dans les forêts de pins voisines. Grossman fut autorisé à se rendre sur place et se hâta d'interroger ces survivants, mais aussi des paysans polonais des environs. Son récit, reconstitution minutieuse du martyre des huit cent mille victimes, passe souvent pour son texte le plus puissant. D'instinct, il semble avoir appréhendé la question centrale. Comment une équipe constituée de quelque vingt-cinq SS et d'une centaine de Wachmänner* auxiliaires ukrainiens a-t-elle réussi à tuer autant de monde ? Il découvrit bientôt qu'ils étaient parvenus à leurs fins au moyen du mensonge, puis de la désorientation psychologique et, enfin, de la terreur pure. L'article fut publié en novembre dans *Znamya* sous le titre « L'enfer de Treblinka ». Plus tard, il sera cité au Tribunal militaire international de Nuremberg.

> Le sens de l'épargne, la précision, l'efficacité, une hygiène quelque peu pédante, tout cela constitue des traits plutôt positifs qui sont propres à nombre d'Allemands. Appliqués à l'agriculture, à l'industrie, ils portent leurs fruits. L'hitlérisme a mis ces traits au service du crime contre l'humanité, et le Reich SS a agi dans les camps de travail polonais comme s'il s'agissait de la culture du chou-fleur ou de la pomme de terre.
>
> La surface du camp était découpée en rectangles réguliers, les baraquements étaient soigneusement alignés, les allées plantées de bouleaux et couvertes de sable. Reines-marguerites et dahlias poussaient dans un terreau amendé. Des bassins bétonnés avaient été construits pour les animaux de la basse-cour qui réclament de l'eau, tandis que d'autres, dotés de degrés commodes, étaient faits pour le lavage du linge. Il y avait des services pour le personnel allemand : un four à pain modèle, un salon de coiffure, un garage, une pompe à essence, des magasins. C'est à peu près sur le même principe que fut également construit le camp de Maïdanek, près de Lublin, et sur le même principe encore, avec des jardinets, des postes d'eau potable, des allées bétonnées, que furent construits en Pologne orientale des dizaines d'autres camps de travail, dans lesquels la Gestapo et les SS avaient l'intention de s'implanter sérieusement et pour longtemps.
>
> Le camp n° 1 a existé de l'automne 1941 jusqu'au 23 juillet 1944. Il fut entièrement liquidé alors que les prisonniers entendaient déjà le grondement sourd de l'artillerie soviétique. Tôt le matin du

* Wachmänner : « gardiens » (en allemand dans le texte).

23 juillet, Wachmänner et SS, ayant bu un coup de schnaps pour se mettre du cœur au ventre, entreprirent de liquider le camp. Vers le soir, tous les détenus avaient été tués et enfouis dans la terre.

Un homme réussit à s'en sortir : le menuisier de Varsovie Max Levite, qui, blessé, était resté couché sous les cadavres de ses camarades jusqu'à ce que la nuit tombe et avait pu ramper jusqu'à la forêt. Il raconta comment, alors qu'il gisait dans la fosse, il avait entendu chanter trente jeunes garçons qui, avant d'être fusillés, avaient entonné *Vaste est mon pays natal**. Il avait entendu comment l'un des garçons avait crié : « Staline nous vengera ! » Et il avait entendu comment le chef des garçons, Leib, le préféré de tout le camp, tombé dans la fosse après la salve, s'était redressé et avait demandé : « Monsieur le Wachmann, vous avez manqué votre coup, s'il vous plaît, recommencez, encore une fois. »

Aujourd'hui nous sommes en mesure de raconter en détail ce qu'était le régime dans ce camp... Nous connaissons la façon dont se passait le travail dans la carrière de sable, la façon dont on précipitait du haut de l'à-pic ceux qui n'avaient pas rempli la norme ; nous connaissons les rations pour la nourriture : cent soixante-dix grammes de pain et un litre d'une lavasse baptisée soupe, nous savons qu'il y eut des morts de faim, des hommes au corps enflé qu'on emportait sur des brouettes au-delà des barbelés et qu'on achevait d'un coup de feu ; nous savons qu'il y eut des orgies barbares organisées par les Allemands, qu'ils abattaient celles dont ils avaient fait leurs maîtresses sous la contrainte, qu'un Allemand ivre avait tailladé au couteau le sein d'une femme, qu'on précipitait des hommes du haut d'un mirador de six mètres, qu'une bande ivre raflait la nuit une dizaine ou une quinzaine de détenus et entreprenait, en prenant tout son temps, d'expérimenter sur eux différentes méthodes de mise à mort, tirant dans le cœur, la nuque, les yeux, la bouche, les tempes des condamnés... Nous connaissons le nom du chef du camp [1], l'Allemand d'origine néerlandaise Van Eupen, meurtrier insatiable et insatiable débauché, grand amateur d'équitation. Nous connaissons Stumpfe, qui

* *Vaste est mon pays natal (Chiroka strana moïa rodnaïa)* est un chant patriotique soviétique devenu extrêmement populaire, qui avait été composé en 1936 par Vassili Lebedev-Koumatch et Isaac Dounaevski pour le film *Le Cirque*.

1. Grossman fait ici référence à Treblinka I. Le premier commandant du camp de Treblinka II fut l'Obersturmführer Imfried Ebel ; il fut remplacé en août 1942 par l'Obersturmführer Franz Stangl. Kurt Franz était commandant en second.

était saisi de crises de rire irrépressibles chaque fois qu'il tuait l'un ou l'autre des détenus ou que quelqu'un était mis à mort en sa présence. On l'avait surnommé « la Mort qui rit »... Nous connaissons Sviderski, un Allemand borgne d'Odessa, qu'on appelait « l'As du marteau ». Il était considéré, lui, comme un spécialiste incontesté de l'assassinat à l'arme blanche, et il avait, en l'espace de quelques minutes, tué au marteau quinze enfants âgés de huit à treize ans qui avaient été jugés inaptes au travail. Nous connaissons le SS Preie, un type maigre surnommé « le Vieux », qui avait une tête de Tsigane, sombre et taciturne. Il dissipait sa mélancolie en se postant près du dépôt d'ordures du camp pour guetter les détenus qui venaient en cachette manger des épluchures de pommes de terre, les obligeait à ouvrir la bouche et tirait dans leurs bouches ouvertes. Nous connaissons les noms des assassins professionnels Schwarz et Ledeke. Leur distraction à eux était de tirer sur les prisonniers qui revenaient du travail à la nuit tombante et d'en tuer quotidiennement vingt, trente ou quarante. Tous ces gens n'avaient pas en eux l'ombre d'une trace d'humanité. Déformés par la perversion, leurs cerveaux, leurs cœurs, leurs âmes, leurs paroles et leurs actes ne faisaient qu'évoquer, à la manière d'une caricature hideuse, ce que sont réellement des traits, des pensées, des sentiments, des habitudes, des actes.

Et le régime du camp, et la façon d'enregistrer les crimes, et le goût des farces monstrueuses qui n'étaient pas sans faire penser aux farces des étudiants allemands quand ils sont ivres, et la capacité de bien chanter des chansons sentimentales au milieu de mares de sang, et les discours qu'ils prononçaient constamment devant les condamnés, et les sermons, et les sentences moralisantes, soigneusement imprimées sur des papiers spéciaux, tout cela était comme autant de dragons monstrueux, de monstrueux reptiles qui se seraient développés sur le germe du traditionnel chauvinisme allemand, de la morgue, de la suffisance, de l'aplomb infatué, du souci imbu et pédant de son petit nid propre, de l'indifférence glaciale et infrangible pour le sort de tout ce qui vit, de la conviction enragée et aveugle que la science allemande, mais aussi la musique, la poésie, la langue, le gazon, les cuvettes de W-C, le ciel, les maisons allemandes l'emportaient en supériorité et en beauté sur tout l'univers...

Mais ceux qui vivaient dans le camp n° 1 savaient pertinemment qu'il existait quelque chose de plus effroyable, de cent fois plus abominable que leur camp.

À trois kilomètres du camp de travail, les Allemands avaient entrepris en 1942 de construire un camp d'extermination.

La construction avançait rapidement. On avait fait appel à plus de un millier d'ouvriers. L'existence de ce camp devait, selon le projet de Himmler, demeurer un secret strictement gardé, pas un seul homme au monde ne devait en sortir vivant... À un kilomètre de là, on ouvrait le feu sans avertissement préalable sur ceux qui passaient par hasard. Les victimes qu'on amenait par convois sur un embranchement spécial de la voie de chemin de fer ignoraient jusqu'à la dernière minute le sort qui les attendait. Les gardiens qui accompagnaient les convois n'étaient pas même autorisés à franchir l'enceinte extérieure du camp...

Quand les soixante wagons étaient entièrement déchargés, la Kommandantur du camp faisait venir, en le prévenant par téléphone, un nouveau convoi, et celui qui venait d'être libéré avançait plus loin sur l'embranchement jusqu'à la carrière, où les wagons étaient remplis de sable avant de gagner la gare de Treblinka.

On voyait apparaître là l'intérêt de la façon dont était situé Treblinka : les convois chargés de victimes y arrivaient des quatre coins du monde, de l'ouest comme de l'est, du nord comme du sud.

Treize mois durant les convois se succédèrent à Treblinka, chacun constitué de soixante wagons, sur chacun desquels étaient inscrits des chiffres : 150, 180, 200. Les chiffres indiquaient le nombre de personnes qui se trouvaient dans le wagon. Les employés des chemins de fer et les paysans notaient en secret le nombre de ces convois. Un paysan du village de Wolka (l'agglomération la plus proche du camp) m'a dit qu'il y avait parfois des jours où passaient devant Wolka, sur le seul embranchement de Siedlce, six convois, et qu'il n'y eut pratiquement pas de jours durant ces treize mois sans que ne passe au moins un convoi. Or l'embranchement de Siedlce n'était que l'une des lignes conduisant à Treblinka.

Le camp proprement dit, avec son enceinte extérieure, ses entrepôts pour les objets ayant appartenu aux victimes, son quai et les autres locaux annexes, occupe une superficie très réduite de huit cents mètres sur six cents. Si, l'espace d'un instant, on avait le moindre doute sur le sort des millions[1] de personnes amenées là et si, l'espace d'un instant, on faisait l'hypothèse que les Allemands

1. En fondant ses estimations sur le nombre de trains dont il a entendu parler et sur leur taille, Grossman est parvenu au chiffre de trois millions de victimes. Les recherches ultérieures ont démontré qu'elles seraient en fait de sept cent cinquante mille à huit cent mille. L'erreur de Grossman s'explique simplement. Il avait raison de parler de soixante wagons par convoi, mais il semble ignorer que le quai proche du camp d'extermination était si court que les convois devaient s'arrêter à plusieurs reprises pour laisser descendre tout le monde. Il n'y avait donc pas cinq convois de soixante wagons par jour, mais un seul train divisé en cinq sections.

ne les tuaient pas immédiatement à l'arrivée, alors on se le demande, où pouvaient-ils être, ces gens qui auraient pu constituer la population d'un petit État ou d'une capitale européenne de taille moyenne ? Car la superficie du camp est à ce point restreinte que si on avait laissé en vie, ne serait-ce que quelques jours, tous ceux qui arrivaient là, il n'y aurait pas eu assez de place derrière les barbelés pour les marées humaines qui se déversaient de partout en Europe, de Pologne et de Biélorussie. Treize mois durant, trois cent quatre-vingt-seize jours, les convois sont repartis, chargés de sable ou à vide. Pas une seule personne arrivée dans le camp n° 2 n'en est repartie... Caïn, où sont-ils donc, ceux que tu as conduits ici ?

L'été 1942, époque des plus grands succès militaires du fascisme, fut considéré comme le moment favorable pour mettre à exécution la seconde partie du plan, l'anéantissement physique... En juillet, les premiers convois quittèrent Varsovie et Czestochowa pour Treblinka. On avait dit aux gens qu'on les conduisait en Ukraine pour des travaux agricoles. Ils avaient été autorisés à prendre avec eux vingt kilos de bagages et de la nourriture. Dans bien des cas, les Allemands obligeaient leurs victimes à acheter des billets de chemin de fer jusqu'à la gare d'Ober Maïdan. C'était par ce nom de code que les Allemands désignaient Treblinka. En effet le bruit avait vite couru dans toute la Pologne de l'existence de cet endroit effroyable et le nom de Treblinka cessa d'être mentionné lors du chargement des gens dans les convois. Mais la façon dont ils étaient traités lors de ce chargement ne laissait aucun doute sur le sort qui attendait les passagers. Dans un wagon de marchandises, on ne parquait pas moins de cent cinquante personnes, habituellement cent quatre-vingts ou deux cents. Pendant tout le trajet, qui durait parfois deux ou trois jours, on ne donnait pas une goutte d'eau aux prisonniers. Les gens souffraient si terriblement de la soif qu'ils buvaient leur propre urine. Les gardiens exigeaient cent zlotys pour une gorgée d'eau et la plupart du temps, une fois l'argent en poche, ils ne donnaient rien. Les gens voyageaient serrés les uns contre les autres et parfois même étaient debout. Dans chaque wagon, surtout pendant les journées étouffantes de l'été, il mourait un certain nombre de personnes, vieillards et cardiaques. Et comme on n'ouvrait pas une seule fois les portes jusqu'à la fin du voyage, les corps commençaient à se décomposer et empestaient dans les wagons... À peine quelqu'un grattait-il une allumette pendant la nuit que les gardiens ouvraient le feu sur les parois du wagon...

C'est selon des modalités tout à fait différentes qu'arrivaient à Treblinka les trains en provenance des pays d'Europe de l'Ouest,

France, Bulgarie, Autriche, etc.[1]. Là les gens n'avaient jamais entendu parler de Treblinka et jusqu'à la dernière minute, ils croyaient qu'on les emmenait travailler... Tous ces trains qui venaient des pays européens arrivaient sans escorte, avec le personnel de service ordinaire, et ils comportaient des wagons-lits et des wagons-restaurants. Les passagers avaient avec eux des malles et des valises de bonne taille et des provisions de bouche en abondance. Les enfants sortaient du train dans les gares tout au long du trajet et demandaient si on allait bientôt arriver à Ober Maïdan... On peut s'interroger sur ce qui est le plus horrible : aller à la mort dans des tourments affreux en sachant qu'elle est là toute proche, ou, dans la plus parfaite ignorance de sa perte, regarder par la fenêtre d'un wagon de première classe alors même que depuis la gare de Treblinka déjà on téléphone au camp pour annoncer l'arrivée du train et communiquer le nombre de passagers qui s'y trouvent.

Apparemment pour tromper une dernière fois ceux qui arrivaient d'Europe, l'extrémité en cul-de-sac de la voie de chemin de fer dans le camp de la mort était aménagée à l'image d'une gare de voyageurs. Au bord du quai le long duquel on déchargeait à tour de rôle les wagons vingt par vingt se dressait une gare avec ses guichets, sa consigne, son buffet. Partout des panneaux indicateurs annonçaient « Direction de Bialystok », « Baranowicze », « Direction de Volkovysk », etc. À l'arrivée du convoi un orchestre jouait dans la gare, avec des musiciens tous impeccablement vêtus. Un contrôleur en uniforme des chemins de fer demandait leurs billets aux passagers et les faisait sortir sur une place.

Ils étaient trois ou quatre mille, ployant sous les sacs et les valises, soutenant les vieillards et les malades, à sortir sur cette place. Les mères portaient les petits dans leurs bras, les enfants plus grands se serraient contre leurs parents, regardant autour d'eux avec curiosité. Il y avait quelque chose d'inquiétant et de terrible sur cette place, foulée par des millions de pieds. Un regard en éveil saisissait bien vite des détails alarmants. Sur le sol balayé à la hâte, apparemment quelques minutes seulement avant le débarquement de la nouvelle fournée, quelques objets abandonnés étaient là, épars : un baluchon de vêtements, une petite valise à demi ouverte, un blaireau, des casseroles émaillées. Comment étaient-ils arrivés là ? Et pourquoi, immédiatement après le quai de la gare, la voie

1. Le centre Simon-Wiesenthal estime que 876 000 personnes furent assassinées à Treblinka II : 738 000 Juifs du Gouvernement général, en commençant par le ghetto de Varsovie, 107 000 de Bialystok, 29 000 du reste de l'Europe et 2 000 Tsiganes.

ferrée s'arrête-t-elle, tandis que pousse une herbe jaune et que s'étirent des barbelés hauts de trois mètres ? Où donc sont les voies pour Bialystok, Siedlce, Varsovie, Wolkowysk ? Et pourquoi les nouveaux gardiens ricanent-ils aussi bizarrement en regardant les hommes rectifiant leurs cravates, les vieilles dames bien soignées, les petits garçons en costumes marins, les jeunes filles minces qui avaient réussi à garder bien propres leurs vêtements durant tout ce voyage, les jeunes mères remontant avec amour les couvertures sur des bébés qui fronçaient le nez...

Qu'y a-t-il là-bas, derrière ce mur énorme de six mètres de haut, entièrement couvert de branches de sapin déjà jaunissantes et de couvertures ? Ces couvertures aussi avaient quelque chose d'alarmant : piquées, bariolées, en soie et doublées d'indienne, elles ressemblaient à s'y méprendre aux couvertures qu'avaient apportées avec eux les nouveaux venus. Comment étaient-elles arrivées là ? Qui les avait apportées ? Et où étaient leurs propriétaires ? Pourquoi n'en avaient-ils plus besoin ? Et qui étaient ces gens avec des brassards bleus ? On se souvient de tout ce qu'on a retourné dans sa tête ces derniers temps, des inquiétudes, des rumeurs répandues en chuchotant. Non, non, ce n'est pas possible ! Et l'on chasse l'horrible pensée.

L'inquiétude sur la place se prolonge quelques instants, deux ou trois minutes peut-être, le temps que tous les arrivants soient sortis du train. La descente des wagons est toujours inévitablement un peu plus longue qu'on ne voudrait : dans chaque arrivage il y a des infirmes, des boiteux, des vieillards et des malades qui peuvent à peine bouger les jambes. Mais voilà que tout le monde est sur la place.

D'une voix forte et en détachant bien les mots, l'Unteroffizier des troupes SS invite les arrivants à laisser leurs affaires sur la place pour aller au bain en ne gardant sur eux que leurs papiers d'identité, leurs objets précieux et un minimum d'affaires de toilette. Des dizaines de questions viennent à l'esprit de ceux qui sont là debout : faut-il prendre ou non du linge propre, peut-on défaire ses baluchons, les affaires laissées sur la place ne vont-elles pas se mélanger, ne vont-elles pas se perdre ? Mais une sorte de force étrange les pousse, sans rien dire, à se mettre rapidement en marche, sans poser de questions, sans se retourner, vers l'entrée ménagée dans le mur de barbelés de trois mètres de haut que camouflent des branchages.

Ils passent devant les « hérissons » antichars, devant des barbelés trois fois hauts comme un homme, devant un fossé antitank de trois mètres de large, de nouveau devant un mince fil de fer balancé sur le sol en rouleaux emmêlés et dans lequel se prennent les pieds de qui court, comme les pattes d'une mouche dans une toile d'araignée, et de nouveau devant un mur de barbelés de plusieurs mètres. Et un sentiment horrible, le sentiment d'être condamné, le sentiment d'être sans défense s'empare d'eux. Pas moyen de s'enfuir, pas moyen de revenir en arrière, pas moyen de se battre : depuis des tours en bois de faible hauteur, dirigés au sol, les canons noirs de mitrailleuses de gros calibre les fixent. Appeler à l'aide ? Mais tout autour il y a des SS et des Wachmänner avec des fusils-mitrailleurs, des grenades à main, des pistolets. Ils sont le pouvoir. Entre leurs mains il y a les tanks et l'aviation, les terres, les villes, le ciel, les voies ferrées, la loi, les journaux, la radio. Le monde entier se tait, accablé, asservi à une bande brune de bandits qui se sont emparés du pouvoir. Se tait Londres, se tait New York. Et quelque part seulement, à des milliers et des milliers de kilomètres, gronde l'artillerie soviétique, sur une rive lointaine de la Volga...

Mais sur la place en face de la gare quelque deux cents ouvriers avec des brassards bleu ciel, sans un mot, rapidement, d'une main experte, défont les baluchons, ouvrent les paniers et les valises, détachent les courroies des couvertures roulées. Le tri et l'estimation des affaires apportées par le nouvel arrivage vont bon train. Volent à terre les nécessaires à couture rangés avec soin, les pelotes de fil, les culottes d'enfants, les chemisettes, les draps, les chandails, les petits canifs, les rasoirs, les liasses de lettres, les photographies, les dés à coudre, les flacons de parfum, les miroirs, les bonnets, les *valenki* faites dans des couvertures molletonnées pour les froids extrêmes, les fines chaussures de dame, les bas, les dentelles, les pyjamas, les paquets de beurre, de café, les boîtes de chocolat en poudre, les vêtements de prière, les chandeliers, les livres, les biscuits, les violons, les jeux de construction. Il faut posséder un réel savoir-faire pour trier en un temps limité ces milliers d'objets et les estimer : les uns sont mis de côté pour être envoyés en Allemagne, les autres, le deuxième choix, les choses vieilles, rapiécées, seront brûlés. Malheur au travailleur qui se trompait et déposait une vieille valise de fibre dans le tas des sacs de voyage qui avaient été mis de côté pour être envoyés en Allemagne, ou qui jetait sur le tas des vieilles chaussettes reprisées une paire de bas de Paris avec son étiquette d'usine. Le travailleur ne pouvait se tromper qu'une seule fois.

Quarante SS et soixante Wachmänner travaillaient « au transport[1] ». C'est ainsi qu'on appelait à Treblinka la première étape

1. Selon la plupart des rapports, Treblinka aurait fonctionné avec environ vingt-cinq membres du personnel SS et une centaine de Wachmänner, des auxiliaires ukrainiens. C'est pourquoi Grossman parle de « SS » et de « poli-

qui vient d'être décrite : réception du convoi, conduite du groupe dans la « gare » et sur la place, surveillance des ouvriers qui triaient et évaluaient les objets. Durant ce travail, les ouvriers fourraient souvent dans leur bouche en cachette des gardiens des morceaux de pain, de sucre, des bonbons, trouvés dans les paquets de provisions. Ce qui n'était pas permis. En revanche il était permis, une fois le travail achevé, de se laver les mains et le visage avec de l'eau de Cologne et du parfum, car il y avait peu d'eau à Treblinka et seuls les Allemands et les Wachmänner en utilisaient pour se laver. Tandis que les arrivants, encore vivants, se préparaient au bain, le traitement de leurs affaires sur la place arrivait à son terme : les objets de valeur étaient emportés au dépôt, et les piles de lettres, de photographies de bébés, de frères, de fiancées, les faire-part de mariage jaunis, tous ces milliers d'objets précieux, infiniment précieux aux yeux de leurs propriétaires et qui, pour les maîtres de Treblinka, ne représentaient qu'un fatras, étaient mis en tas et emportés vers d'énormes fosses au fond desquelles gisaient des centaines de milliers de lettres du même genre, de cartes postales, de cartes de visite, de photographies, de papiers couverts de pattes de mouche enfantines. La place était balayée à la va-vite et prête à recevoir un nouvel arrivage de condamnés.
La réception des arrivants ne se passait pas toujours comme cela vient d'être décrit. Chaque fois que les prisonniers savaient où on les amenait, des révoltes éclataient. Le paysan Skrzeminski a vu comment, à deux reprises, des gens s'étaient échappés du train après avoir brisé les portes et, renversant les gardiens, s'étaient précipités vers la forêt. Dans les deux cas, ils furent tous tués jusqu'au dernier. Des hommes portaient avec eux quatre enfants entre quatre et six ans. Ces enfants aussi furent tués de la même façon. Des cas analogues de lutte avec les gardiens sont rapportés par la paysanne Maria Kobus. Un jour furent tuées sous ses yeux soixante personnes qui s'étaient échappées du train pour s'enfuir dans la forêt.

Mais voici que le groupe des nouveaux venus passe sur une autre place, à l'intérieur de la seconde enceinte du camp, cette fois-ci. Sur cette place se dresse un énorme baraquement, et à droite encore trois autres. Deux d'entre eux sont des dépôts de vêtements, le troisième est un dépôt de chaussures. Au-delà, dans le secteur ouest, se trouvent les baraques des SS, celles des Wachmänner, des magasins de vivres, une cour pour le bétail. Dans la

ciers ». Les travailleurs étaient des prisonniers juifs sélectionnés, eux-mêmes assassinés au bout de quelques semaines.

cour il y a des voitures légères, des camions, un véhicule blindé. L'impression est celle d'un camp ordinaire, du même type que le camp nº 1. Dans l'angle sud-est de la cour du camp, se trouve un espace délimité par des branchages, avec devant une guérite sur laquelle est marqué « Lazaret ». Tous les impotents, les grands malades sont séparés de la foule qui attend le bain et portés sur des brancards au lazaret. De la guérite sort à la rencontre des malades un docteur en blouse blanche avec un brassard de la Croix-Rouge sur la manche gauche. Ce qui se passait dans le lazaret, nous en reparlerons en détail plus tard. Là, à l'aide de pistolets automatiques Walter, les Allemands délivraient les vieillards du fardeau de toutes les maladies.

La deuxième phase de traitement du groupe d'arrivants est caractérisée par l'anéantissement de la volonté des gens par des ordres incessants, brefs et rapides. Ces ordres sont donnés avec ce timbre de voix dont l'armée allemande est si fière, timbre qui constitue l'une des preuves de l'appartenance des Allemands à la race des seigneurs. Le *r* à la fois grasseyé et dur claque comme un coup de fouet. « *Achtung* », est lancé au-dessus de la foule, et dans un silence de plomb la voix du Scharführer[1] prononce ces mots sus par cœur et répétés plusieurs fois par jour depuis plusieurs mois : « Les hommes restent où ils sont, les femmes et les enfants vont se déshabiller dans les baraques à gauche. »

C'est ici, d'après les récits des témoins, que commencent ordinairement des scènes terribles. Un sens profond de l'amour maternel, conjugal, filial fait sentir à tous qu'ils se voient pour la dernière fois. Ce sont des poignées de main, des baisers, des bénédictions, des larmes, des mots brefs prononcés d'une voix rauque dans lesquels les gens mettent tout leur amour, toute leur douleur, toute leur tendresse, tout leur désespoir.

Les psychiatres SS de la mort savent que ces sentiments doivent être étouffés dans l'œuf, tranchés net. Les psychiatres de la mort connaissent les lois simples qui régissent tous les abattoirs du monde. C'est là l'un des moments les plus délicats : séparer les filles des pères, les mères des fils, les grands-mères des petits-enfants, les maris des femmes.

Et de nouveau retentit au-dessus de la place « *Achtung !* », « *Achtung !* ». C'est le moment exact où il faut de nouveau troubler l'esprit des gens, le nourrir d'un peu d'espoir, des règles de la mort qu'on fait passer pour celles de la vie.

La même voix scande en détachant les mots :

« Les femmes et les enfants retirent leurs chaussures en entrant

1. Rang SS grossièrement équivalant à celui de sergent.

dans la baraque. Les bas doivent être mis dans les chaussures. Les chaussettes des enfants dans les sandales, les bottines et les chaussons. Faites bien attention. »

Et de nouveau tout de suite après :

« En allant au bain, prenez avec vous vos papiers, votre argent, une serviette et du savon... Je répète... »

Dans le baraquement des femmes se trouve un « salon de coiffure » ; on y passe les femmes nues à la tondeuse, on ôte aux vieilles leurs perruques. Terrible instant psychologique : aux dires des coiffeurs, plus que tout cette coupe de cheveux funèbre confortait les femmes dans l'idée qu'on les menait vraiment au bain. Les jeunes filles, en se tâtant la tête, demandaient parfois : « Là c'est inégal, recoupez un peu, s'il vous plaît. » D'ordinaire, après cela, les femmes étaient rassurées et presque toutes sortaient de la baraque avec un morceau de savon et une serviette bien pliée. Parmi les jeunes, certaines pleuraient, regrettant leurs belles nattes. Pourquoi donc coupait-on les cheveux aux femmes ? Pour les tromper ? Pas du tout, leurs cheveux étaient nécessaires pour pourvoir aux besoins de l'Allemagne. C'était de la matière première. J'ai posé la question à de nombreux interlocuteurs : que faisaient les Allemands avec cette masse de cheveux ôtée de la tête de mortes vivantes ? Tous les témoins racontent que les énormes tas de cheveux noirs, dorés, blonds, de boucles et de nattes étaient soumis à la désinfection, pressés dans des sacs et expédiés en Allemagne. Tous les témoins l'ont confirmé : on envoie les cheveux dans des sacs à des adresses en Allemagne. À quoi les utilisait-on ? À cette question personne n'a été capable de me donner de réponse. Seuls les témoignages écrits de Kon prétendent que l'utilisateur de ces cheveux était le département de la Marine de guerre : les cheveux servaient pour le rembourrage des matelas, à des fins techniques, au tressage de cordages pour les sous-marins. Je pense que ces témoignages demandent à être confirmés.

Les hommes se déshabillaient dans la cour. Du premier groupe du matin on extrayait entre cent cinquante et trois cents individus de constitution robuste, qu'on utilisait pour enterrer les cadavres et qu'on tuait d'ordinaire le jour suivant.

Les hommes devaient se déshabiller très vite, mais avec soin, en rangeant en bonne place chaussures, chaussettes, linge de corps, vestes et pantalons. Une deuxième équipe de travail se chargeait du tri des affaires ; elle se distinguait de ceux qui étaient affectés « au transport » par le port d'un brassard rouge.

Les objets jugés dignes d'être envoyés en Allemagne allaient sur-le-champ au dépôt. On en décousait soigneusement toutes les marques de fabrique en métal ou en tissu. Le reste était brûlé ou enterré dans des fosses.

Le sentiment d'inquiétude ne cessait de croître. L'odorat était alerté par une odeur bizarre que venait couvrir celle de la chaux chlorée. L'énorme quantité de grosses mouches importunes semblait incompréhensible. D'où pouvaient-elles bien venir, au milieu des pins et d'une terre tassée par les piétinements ?

Les gens avaient le souffle oppressé, la respiration bruyante, sursautant, scrutant le moindre détail susceptible de fournir une explication, de révéler quelque chose, de soulever un coin du voile de mystère sur le sort qui attendait les condamnés. Et pourquoi là-bas, vers le sud, entendait-on le fracas d'énormes excavateurs ?

Une nouvelle procédure commençait. On conduisait les gens nus à un guichet et on les invitait à déposer leurs papiers et objets de valeur. Et de nouveau la voix terrible, hypnotisante, criait : « *Achtung ! Achtung ! Achtung !...* La dissimulation d'objets de valeur sera punie de mort... *Achtung ! Achtung !* »

Dans une petite guérite en planches était assis le Scharführer. Des SS et des Wachmänner étaient debout près de lui. Près de la guérite étaient disposées des caisses en bois dans lesquelles on jetait les valeurs : une pour les billets, une autre pour les pièces, une troisième pour les bracelets-montres, les bagues, les boucles d'oreilles et les broches avec des pierres précieuses, ainsi que les bracelets. Les papiers, eux, volaient par terre, désormais inutiles à qui que ce soit au monde, les papiers d'hommes nus qui, une heure plus tard, seraient étendus dans une fosse. Mais l'or et les objets précieux étaient très soigneusement triés, des dizaines de joailliers évaluaient le titre du métal, la valeur des pierres, la pureté des diamants. Et c'était le plus incroyable : ces monstres récupéraient tout, le papier, les tissus, tout ce qui avait servi aux hommes, tout était nécessaire et utile aux yeux de ces monstres, il n'y avait que ce qu'il y a de plus précieux au monde qu'ils piétinaient : la vie humaine.

Là, près de ce guichet se produisait une rupture, ici prenait fin la torture du mensonge qui maintenait les gens dans l'hypnose de l'ignorance, dans une fièvre qui les agitait pendant quelques minutes de l'espoir au désespoir, de la vision de la vie à la vision de la mort... Et lorsque s'était accompli l'ultime acte de dépossession de ces morts vivants, les Allemands changeaient du tout au tout le style de leurs rapports avec leurs victimes. Ils arrachaient les bagues en cassant les doigts, ils arrachaient les boucles d'oreilles aux femmes en leur déchirant le lobe de l'oreille. À cette nouvelle étape, la mort à la chaîne exigeait pour la rapidité de son fonctionnement un nouveau principe. Et c'est pourquoi le mot « *Ach-*

tung ! » était remplacé par un autre, qui claquait et sifflait : « *Schneller ! Schneller ! Schneller !* » Plus vite, plus vite, plus vite, au pas de course dans le néant !

L'expérience cruelle de ces dernières années nous a enseigné qu'un homme nu perd du même coup sa faculté de résistance, qu'il cesse de lutter contre le sort, qu'avec ses vêtements l'abandonne du même coup la force de l'instinct de survie, qu'il accepte son destin comme une fatalité. Celui-là même qui débordait de soif de vivre se transforme en être passif et indifférent. Mais pour ne pas prendre de risques, les SS appliquaient une méthode supplémentaire lors de la dernière étape du travail d'extermination à la chaîne, celle d'un abrutissement monstrueux : ils plongeaient leurs victimes dans un état de choc total, psychique et spirituel.

Comment cela se faisait-il ? Par le recours soudain, brutal, à une cruauté absurde, alogique. Ces hommes nus auxquels on avait tout pris, mais qui continuaient obstinément à rester des hommes, mille fois plus humains que les créatures en uniforme de l'armée allemande qui les entouraient, continuaient à respirer, à regarder, à penser, leurs cœurs battaient encore. On leur arrachait des mains les morceaux de savon et les serviettes. On les mettait en rang par cinq. « *Hände hoch ! Marsch ! Schneller ! Schneller ! Schneller !* »

Ils arrivaient sur l'allée toute droite bordée de fleurs et de sapins, longue de cent vingt mètres, large de deux mètres, qui conduisait au lieu du dernier supplice. De part et d'autre de cette allée étaient tendus des fils de fer. Épaule contre épaule, se tenaient là des Wachmänner en uniformes noirs et des SS en uniformes gris. Le chemin était revêtu d'une couche de sable blanc, et ceux qui marchaient par-devant, bras en l'air, pouvaient voir sur ce sable meuble les traces toutes fraîches de pieds nus : petits pieds des femmes, pieds minuscules des enfants, pas lourds des vieillards. Cette trace fragile sur le sable était tout ce qui restait de milliers de gens qui étaient passés peu de temps auparavant par ce chemin, qui étaient passés exactement comme y passaient maintenant quatre autres milliers, comme y passeraient après ces quatre milliers, deux heures plus tard, encore des milliers, qui attendaient leur tour sur l'embranchement de chemin de fer dans la forêt. Ils passaient comme d'autres étaient passés hier, et dix jours avant, et cent jours avant, comme il en passerait demain, et dans cinquante jours, comme passèrent les gens durant les treize mois de l'existence de l'enfer de Treblinka.

Les Allemands appelaient cette allée « le chemin d'où l'on ne revient pas ».

Un petit personnage aux traits tordus dont le nom était Soukhomil criait en grimaçant et en écorchant exprès les mots allemands :

« *Schneller, schneller*, les petits, l'eau du bain va refroidir. *Schneller*, les petits, *schneller* » et il s'esclaffait, s'accroupissait, esquissait un pas de danse. Tous, les bras levés, avançaient en silence entre deux haies de gardes, sous les coups de bâton, les coups de crosse, les coups de matraque en caoutchouc. Les enfants couraient, peinant à suivre les adultes. Dans ce dernier défilé funèbre, les témoins relèvent unanimement la férocité d'une créature d'apparence humaine, le SS Zepf. Il s'était spécialisé dans l'assassinat des enfants. Douée d'une force démesurée, cette créature attrapait soudain un enfant pour l'extraire de la foule, puis soit il le saisissait comme une massue pour frapper le sol de sa tête, soit il le déchirait en deux.

Ces actes de Zepf étaient nécessaires, ce sont justement eux qui provoquaient chez les condamnés un choc psychique, eux qui étaient la manifestation de la cruauté alogique qui annihilait la volonté et la conscience. Zepf était un rouage utile, indispensable, dans l'énorme machine de l'État fasciste.

Et ce qui doit tous nous horrifier, ce n'est pas que la nature donne naissance à des dégénérés de ce genre, toutes sortes de monstres existent dans le monde organique : des cyclopes, des êtres à deux têtes, toutes sortes d'horribles monstruosités avec les perversions qui vont avec. L'horrible est ailleurs : c'est que ces créatures dignes d'être mises à l'isolement, étudiées comme des phénomènes relevant de la psychiatrie, existent dans un certain État en tant que citoyens actifs.

Le parcours entre le « guichet » et le lieu du dernier supplice prenait soixante ou soixante-dix secondes. Roués de coups, assourdis de hurlements « *Schneller ! Schneller !* », les malheureux arrivaient sur une troisième place et s'arrêtaient un instant, médusés.

Devant eux se dressait une belle bâtisse de pierre rehaussée de bois, construite à la manière d'un temple antique. Cinq larges degrés de pierre conduisaient à des portes basses, mais très larges, massives et très artistement travaillées. Près de l'entrée il y avait des fleurs en terre, des vasques. Mais tout autour régnait le chaos : on voyait partout des amas de terre fraîchement remuée. De ses mâchoires d'acier, un excavateur énorme rejetait en grinçant des tonnes de terre jaune sableuse, et la poussière qu'il soulevait formait un écran entre la terre et le soleil. Le fracas de cet engin colossal qui creusait de l'aube au crépuscule d'énormes tranchées-tombes se mêlait à l'aboiement déchaîné de dizaines de bergers allemands.

De part et d'autre de ce bâtiment de la mort passaient des lignes à voie étroite sur lesquelles des hommes en larges combinaisons de travail poussaient des wagonnets autoverseurs.

Les larges portes du bâtiment de la mort s'ouvraient lentement et

deux acolytes du chef, Schmitt, apparaissaient à l'entrée. C'étaient des sadiques et des maniaques. Le premier de haute stature, d'une trentaine d'années, large d'épaules, avec un visage basané et hilare que la joie illuminait, et des cheveux noirs ; l'autre plus jeune, pas très grand, châtain, avec des joues jaune blême, comme après une prise excessive de strychnine.
Les noms et prénoms de ces traîtres à l'humanité sont connus. Le plus grand tenait dans ses mains un tuyau de gaz massif de un mètre de long et une nagaïka*, le second était armé d'un sabre.

Dans le même temps les SS lâchaient des chiens dressés qui se jetaient sur la foule et déchiraient de leurs crocs les corps nus des condamnés. Les SS tout en criant sauvagement « *Schneller ! Schneller !* » donnaient des coups de crosse aux femmes immobiles, comme tétanisées. À l'intérieur de l'édifice intervenaient des acolytes de Schmitt qui poussaient les gens vers les portes grandes ouvertes des chambres à gaz.
À cet instant apparaissait près de l'édifice l'un de ceux qui commandaient Treblinka, Kurt Franz, tenant en laisse son chien Barry. Son maître l'avait tout spécialement dressé à se jeter sur les condamnés pour leur arracher les organes sexuels. Kurt Franz avait fait au camp une belle carrière, en commençant comme sous-officier des troupes SS et en montant jusqu'à atteindre le rang relativement élevé de Untersturmführer [1].
Quand on entend raconter la façon dont, jusqu'à la dernière minute, les morts vivants de Treblinka conservaient non pas l'allure et l'apparence d'êtres humains, mais une âme d'homme, on est ébranlé jusqu'au plus profond de l'âme, jusqu'à en perdre le sommeil et le repos. On raconte comment des femmes, tentant de sauver leurs fils, entreprenaient pour cela de grands exploits désespérés, comment de jeunes mères cachaient leurs nourrissons dans des piles de couvertures. On a parlé de petites filles d'une dizaine d'années consolant leurs parents en sanglots avec une infinie sagesse, d'un jeune garçon criant à l'entrée de la chambre à gaz : « Ne pleure pas, maman, les Russes nous vengeront ! » On m'a raconté comment des dizaines de condamnés avaient entrepris de lutter.
On nous a parlé d'un homme jeune plongeant son couteau dans le corps d'un officier SS, d'un jeune homme amené là après la

* À la différence du knout, relativement inoffensif, la nagaïka est un fouet à longues lanières susceptible de se transformer en une arme mortelle. *(N.d.T.)*

1. Untersturmführer dans la SS était l'équivalent de lieutenant dans l'armée. Kurt Franz était en réalité l'adjoint de Strangl.

révolte du ghetto de Varsovie et qui avait réussi par miracle à dissimuler une grenade aux yeux des Allemands. Il l'a, alors qu'il était déjà nu, lancée sur le groupe des bourreaux. On raconte l'affrontement, qui dura toute une nuit, entre un groupe de condamnés qui s'était révolté et des détachements de gardiens et de SS. Jusqu'au matin retentirent les coups de feu, les explosions de grenades, et quand le soleil parut, la place entière était couverte des corps des combattants sans vie, chacun avec son arme près de lui... On raconte l'histoire d'une grande jeune fille, sur « le chemin d'où l'on ne revient pas », qui arracha une carabine des mains d'un Wachmann et lutta contre des dizaines de SS... Les tortures et le supplice auxquels la jeune fille fut exposée furent effroyables. On ne connaît pas son nom, et personne n'honore sa mémoire.

Les habitants du village le plus proche de Treblinka, Wolka, racontent que parfois le cri des femmes qu'on assassinait était si effroyable que le village entier en devenait fou et courait loin dans la forêt pour ne pas entendre ce cri perçant qui vrillait les poutres des maisons, le ciel et la terre. Puis le cri s'arrêtait soudain, et de nouveau, aussi brusquement, s'en élevait un autre identique, effroyable, perçant et vrillant les os, le crâne, l'âme. Il en allait ainsi trois ou quatre fois par jour.

J'ai questionné l'un des bourreaux arrêtés, Ch., à propos de ces cris. Il a expliqué que les femmes criaient à l'instant où on lâchait les chiens et où on poussait tout le groupe de condamnés dans le bâtiment de la mort. « Ils voyaient la mort, et en outre, ils étaient terriblement serrés, on les battait atrocement, les chiens les déchiquetaient. »

Le silence s'installait soudain quand les portes des chambres se fermaient. Le cri des femmes se faisait entendre à nouveau lorsqu'on conduisait un nouveau groupe vers les chambres à gaz. Cela se répétait deux, trois ou quatre fois par jour, parfois cinq. Car le camp de Treblinka n'était pas un simple camp d'extermination, c'était un camp d'extermination à la chaîne.

Tout comme un authentique combinat industriel, Treblinka n'a pas surgi d'un coup sous la forme que nous décrivons. Il a grandi petit à petit, s'est développé, a installé de nouveaux ateliers. D'abord furent construites trois chambres à gaz de petite taille. Pendant la construction de ces chambres arrivèrent plusieurs convois, et comme les chambres n'étaient pas encore prêtes, tous les arrivants furent assassinés à l'arme blanche : haches, marteaux, massues. Les SS ne voulaient pas, avec des coups de feu, que les habitants des environs ne démasquent l'activité de Treblinka.

Les trois premières chambres bétonnées étaient de taille réduite, cinq mètres sur cinq, c'est-à-dire vingt-cinq mètres carrés. La hau-

teur de la chambre était de cent quatre-vingt-dix centimètres. Chaque chambre avait deux portes, l'une par laquelle on introduisait les victimes vivantes, l'autre d'où l'on sortait les cadavres gazés. Cette deuxième porte était très large, deux mètres et demi environ. Les chambres avaient été montées ensemble sur un même socle.
Ces trois chambres ne satisfaisaient pas à la capacité de la norme d'extermination à la chaîne demandée par Berlin. On entreprit donc immédiatement de construire le bâtiment décrit plus haut. Les responsables de Treblinka étaient heureux et fiers de dépasser largement, en termes de capacité, toutes les usines de mort de la Gestapo. Sept cents prisonniers travaillèrent pendant cinq semaines au bâtiment du nouveau combinat de la mort.
Les nouvelles chambres, au nombre de dix, étaient disposées symétriquement de part et d'autre d'un large couloir bétonné... Ces chambres avaient également deux portes... Ces portes, symétriquement disposées de chaque côté de l'édifice, donnaient sur une plate-forme spéciale. Des voies ferrées étroites arrivaient jusqu'à ces plates-formes. De sorte que les cadavres étaient déversés sur les plates-formes et de là directement chargés dans des wagonnets et emmenés jusqu'aux énormes tranchées-tombes que de gigantesques excavateurs creusaient jour et nuit. Le sol dans les chambres était construit en un plan incliné qui allait du corridor aux plates-formes, ce qui accélérait considérablement le processus de déchargement des chambres. Dans les anciennes chambres les cadavres étaient déchargés de façon artisanale : on les portait sur des brancards et on les traînait avec des courroies. La surface de chaque chambre était de sept mètres sur huit, c'est-à-dire de cinquante-six mètres carrés. La superficie totale des dix nouvelles chambres était de cinq cent soixante mètres, si bien qu'en tout Treblinka disposait d'un espace industriel de mort de six cent trente-cinq mètres carrés.

À ce stade, Grossman calcula le nombre de personnes tuées lors de chaque convoi et extrapola pour aboutir au chiffre de trois millions de morts en dix mois.

Trouverons-nous en nous la force de réfléchir sur ce que ressentaient, ce que vivaient durant leurs dernières minutes les hommes et les femmes qui se trouvaient dans ces chambres ? On sait qu'ils gardaient le silence... Effroyablement entassés au point que les os se brisaient et que la cage thoracique comprimée ne permettait pas de respirer, ils étaient debout pressés les uns contre les autres, couverts d'une ultime sueur poisseuse, debout comme un seul homme. Quelles images passent devant les yeux vitreux des mourants ? L'enfance, les jours heureux de la paix, le dernier voyage si pénible ? Le visage narquois du SS sur la première place devant la gare ? « C'est donc pour cela qu'il riait. » La conscience s'obscurcit, la minute ultime de l'affreux supplice est venue... Non, on ne peut pas se représenter ce qui se passait dans la chambre... Les corps sans vie sont debout, refroidissant peu à peu. Plus longtemps que tous les autres, attestent les témoins, les enfants continuaient à respirer. Au bout de vingt à vingt-cinq minutes les acolytes de Schmitt regardaient par les œilletons. Le moment était venu d'ouvrir les portes des chambres qui donnaient sur les plates-formes. Des prisonniers en combinaison entreprenaient le déchargement. Comme le sol était en pente vers les plates-formes, les corps roulaient tout seuls. Des gens qui ont travaillé au déchargement des chambres m'ont raconté que les visages des défunts étaient très jaunes et qu'à peu près soixante-dix pour cent des morts avaient un peu de sang qui leur coulait du nez et de la bouche. Les physiologistes peuvent expliquer ce phénomène.

Les SS examinaient les cadavres. Si quelqu'un était encore vivant, gémissait ou bougeait encore, ils l'achevaient au pistolet. Ensuite des équipes armées de pinces de dentiste arrachaient aux morts les dents d'or et de platine. Ces dents étaient triées selon leur valeur, empaquetées dans des caisses et expédiées en Allemagne. Il était apparemment plus pratique et plus facile d'arracher les dents aux morts qu'aux vivants.

Les cadavres étaient chargés sur les wagonnets et emmenés jusqu'aux énormes tranchées-tombes. Là on les alignait en rangs, bien serrés les uns contre les autres. La tranchée restait ouverte, en attente. Et dans le même temps, alors qu'on venait tout juste de procéder à la décharge de la chambre à gaz, le Scharführer qui travaillait « au transport » recevait par téléphone un ordre bref. Il donnait un coup de sifflet, un signal pour le machiniste, et vingt nouveaux wagons roulaient lentement jusqu'au quai sur lequel se dressait la maquette du bâtiment de la gare d'Ober Maïdan... Les énormes excavateurs étaient à l'œuvre jour et nuit, ronflant et creusant de nouvelles tranchées de plusieurs centaines de mètres de longueur et de plusieurs mètres d'une profondeur obscure. Et les tranchées restaient ouvertes, en attente. Elles n'avaient pas longtemps à attendre.

En 1943, à la fin de l'hiver, Himmler vint à Treblinka... Himmler inspecta le camp en personne et l'un de ceux qui l'ont vu nous a raconté comment le ministre de la mort s'approcha de l'énorme tranchée et la contempla longuement sans rien dire. Le jour même l'avion du Reichsführer SS décolla. En partant, Himmler donna au commandement du camp un ordre qui perturba tout le monde, et le Hauptsturmführer, le baron von Perein, et son adjoint Korol et le capitaine Franz : procéder sans tarder à la crémation des cadavres enterrés et les brûler tous jusqu'au dernier, emporter hors du camp la cendre et les scories, les disperser dans les champs et sur les routes. Il y avait déjà en terre des millions de cadavres et la tâche semblait extraordinairement compliquée et difficile. Il fut en outre ordonné de ne plus enterrer désormais les corps gazés, mais de les brûler immédiatement. Qu'est-ce qui avait provoqué la mission d'inspection de Himmler et son ordre personnel catégorique ? Il n'y avait à cela qu'une raison et une seule : la victoire de l'Armée rouge à Stalingrad.

Au début, l'incinération des cadavres ne fonctionnait absolument pas : les corps refusaient de brûler. À dire vrai, on avait remarqué que les cadavres des femmes brûlaient bien mieux, et on tentait de les utiliser pour faire brûler ceux des hommes. On dépensa de grandes quantités d'essence et d'huile pour faire brûler les corps, mais cela revenait cher et l'effet était à peu près nul. L'affaire semblait sans issue. Mais une solution fut trouvée. On fit venir exprès d'Allemagne un type costaud d'une petite cinquantaine d'années, un spécialiste, un as en la matière.

Sous sa direction on entreprit la construction de fours. C'étaient des fours d'un type particulier. L'excavateur creusa une tranchée de fondation longue de deux cent cinquante ou trois cents mètres, large de vingt ou vingt-cinq mètres et profonde de cinq mètres. Sur le fond de la tranchée sur toute sa longueur furent plantés sur trois rangées et à égale distance les uns des autres des poteaux de béton armé. Ces poteaux servaient de supports à des poutrelles d'acier qui couraient d'un bout à l'autre de la tranchée. Sur ces poutrelles furent posés des rails, espacés de cinq à sept centimètres. De cette façon furent réalisées les grilles géantes d'un four cyclopéen. On installa une nouvelle voie ferrée étroite qui conduisait des tranchées-tombes à la tranchée-four. Très vite on construisit encore un deuxième, puis un troisième four de mêmes dimensions. Sur chaque four-gril on pouvait mettre en une fois trois mille cinq cents à quatre mille cadavres [1].

Ceux qui ont participé à ce travail racontent que ces fours faisaient penser à de gigantesques volcans ; une chaleur effrayante brûlait le visage de ceux qui travaillaient là, la flamme jaillissait à une hauteur de huit à dix mètres, les colonnes d'une épaisse fumée noire et grasse montaient jusqu'au ciel et stagnaient en l'air en un lourd rideau immobile. La nuit, les habitants des villages environnants pouvaient en voir la flamme à trente ou quarante kilomètres de distance ; elle s'élevait au-dessus des forêts de sapin qui entou-

1. Ils étaient surnommés les « rôtis ».

raient le camp. L'odeur de la chair humaine brûlée emplissait toute la région. Quand le vent soufflait en direction du camp polonais installé à trois kilomètres de là, une puanteur terrible faisait suffoquer les gens. Huit cents détenus étaient occupés à ce travail d'incinération des cadavres. Cet atelier monstrueux fut continuellement en activité pendant huit mois, et il ne put venir à bout des millions de corps humains qui avaient été enterrés. Il est vrai que durant tout ce temps arrivaient de nouvelles fournées.

Des convois vinrent de Bulgarie. Les SS et les Wachmänner se réjouissaient de les voir arriver : trompés, ignorant tout de leur sort, les arrivants apportaient une grande quantité d'objets précieux, beaucoup de délicieuses provisions, du pain blanc. Ensuite commencèrent à arriver des convois de Grodno et de Bialystok, puis du ghetto de Varsovie en révolte. Un groupe de Tsiganes arriva de Bessarabie : deux cents hommes et huit cents femmes et enfants. Les Tsiganes arrivèrent à pied, suivis d'une file de roulottes traînées par des chevaux, eux aussi avaient été trompés et ce millier d'hommes n'étaient escortés en tout et pour tout que par deux gardiens ; et ces gardiens eux-mêmes n'avaient pas la moindre idée de ce qu'ils conduisaient le groupe à la mort. On raconte que les femmes tsiganes battirent des mains d'enthousiasme en voyant le bel édifice de la chambre à gaz, sans deviner le moins du monde jusqu'à la dernière minute le sort qui les attendait. Cela amusa beaucoup les Allemands.

Les SS se moquèrent atrocement de ceux qui venaient du ghetto de Varsovie. On prit à part les femmes et les enfants pour les conduire non pas vers les chambres à gaz, mais vers le lieu d'incinération des cadavres. On forçait les mères folles d'horreur à amener leurs enfants entre les grils chauffés à blanc sur lesquels, au milieu des flammes et de la fumée, se tordaient des milliers de corps sans vie, où les cadavres, comme reprenant vie, s'agitaient et tressautaient, où les ventres des mortes enceintes éclataient sous l'effet de la chaleur tandis que les enfants auxquels il n'avait pas été donné de naître brûlaient sur les entrailles ouvertes de leur mère. Ce spectacle était de nature à obscurcir la raison de l'homme le plus endurci.

Ne serait-ce que lire cela est infiniment pénible. Le lecteur doit me croire, il n'est pas moins pénible de l'écrire. Peut-être quelqu'un posera-t-il la question : « Mais pourquoi donc l'écrire, pourquoi rappeler tout cela ? » Le devoir de l'écrivain est de rapporter l'horrible vérité, le devoir civique du lecteur est d'en prendre connaissance. Tous ceux qui se détourneront, qui fermeront les yeux et passeront à côté porteront atteinte à la mémoire des disparus. Tous ceux qui ne prendront pas connaissance de toute la vérité ne pourront jamais comprendre avec quel ennemi, avec quel monstre, notre grande, notre sainte Armée rouge s'est affrontée à mort en un combat singulier.

Les SS finirent par s'ennuyer à Treblinka, la procession des condamnés vers les chambres à gaz n'avait plus aucun pouvoir excitant sur leurs nerfs, elle était devenue routine.

Quand commença l'incinération des cadavres, les SS passèrent des heures entières auprès des fours, ce nouveau spectacle les distrayait. Le spécialiste venu d'Allemagne allait et venait du matin au soir entre les fours, excité et prolixe. On dit que, de tout ce temps-là, pas une seule fois on ne le vit contrarié ou sérieux. Le sourire n'abandonnait pas son visage. Quand les corps étaient déversés sur les grilles, il répétait à propos de chaque mort : « C'est pas sa faute, c'est pas sa faute. » C'était sa blague favorite.

Parfois, les SS organisaient près des fours un genre de pique-nique : ils s'asseyaient du côté du vent, buvaient du vin, mangeaient un morceau et observaient les flammes. Le lazaret fut lui aussi réorganisé autrement. On y creusa une fosse ronde où furent installées des grilles sur lesquelles brûlaient les cadavres. Autour de la fosse, comme autour d'un stade, il y avait des petits bancs bas qui étaient si près du bord que celui qui y était assis se trouvait juste au-dessus de la fosse. Les vieillards malades et infirmes étaient transportés au lazaret, après quoi les « infirmiers » les faisaient asseoir sur le banc, face au brasier de corps humains. Une fois qu'ils s'étaient suffisamment amusés du spectacle, ces cannibales tiraient dans les nuques grises et les dos voûtés de ceux qui étaient assis là, et les morts et les blessés basculaient dans le feu.

Nous connaissions la lourdeur de l'humour allemand et nous en avons toujours eu piètre opinion. Mais quelqu'un au monde pouvait-il s'imaginer ce que fut l'humour des SS à Treblinka, les distractions des SS, les « plaisanteries » des SS ?

Ils organisaient des matchs de football entre les condamnés à mort, les obligeaient à jouer à cache-cache, avaient inventé un chœur des condamnés, une danse des condamnés... Un hymne spécial avait même été écrit pour les condamnés, *Treblinka*, qui comportait les paroles suivantes :

Für uns gibt es heute nur Treblinka
Die unser Schicksal ist[1]...

On obligeait des gens ensanglantés à apprendre, quelques minutes avant qu'ils ne meurent, des chansons sentimentales débiles :

1. « Pour nous, il n'y a plus aujourd'hui que Treblinka, qui est notre destin... »

Ich brach das Blümelein
und schenkte es dem schönste
geliebste Madelein[1]...

Le commandant en chef du camp avait choisi dans un arrivage un certain nombre d'enfants, il tua leurs parents, habilla les enfants des meilleurs vêtements, les gava de sucreries, joua avec eux, et ensuite, au bout de quelques jours, quand il en eut assez de ce jeu, il ordonna qu'on tuât les enfants. L'une des distractions majeures était les viols et les vexations nocturnes à l'encontre de belles jeunes femmes qui étaient choisies dans chaque groupe de condamnés. Au matin, les violeurs eux-mêmes les menaient à la chambre à gaz.

Tous les témoins relèvent ce trait commun aux SS de Treblinka : leur amour des raisonnements théoriques, leur goût du philosopher. Tous avaient cette faiblesse de faire des discours devant les condamnés, de fanfaronner devant eux, d'expliquer la fin suprême et l'importance pour l'avenir de ce qui se passait à Treblinka. Tous étaient profondément et sincèrement convaincus qu'ils accomplissaient une œuvre juste et nécessaire.

Ils faisaient de la gymnastique, surveillaient attentivement leur santé, avaient le plus grand souci de leur confort quotidien, ils aménageaient autour de l'endroit où ils habitaient des jardinets, des massifs fleuris, des kiosques. Souvent, plusieurs fois par an, ils allaient en vacances en Allemagne, car la direction considérait qu'ils faisaient un travail terriblement malsain et elle veillait avec sollicitude sur leur santé. Chez eux, ils marchaient fièrement la tête haute.

L'été 1943 fut exceptionnellement chaud dans ces régions. De longues semaines durant, il n'y eut ni pluie, ni nuages, ni vent. Le travail d'incinération des cadavres battait son plein. Depuis quelque six mois les fours flambaient jour et nuit, on avait brûlé un peu plus de la moitié des morts, les prisonniers qui travaillaient à l'incinération des cadavres ne résistaient pas à cette horrible torture nerveuse, tous les jours quinze ou vingt hommes se donnaient la mort. Beaucoup la recherchaient en passant délibérément outre aux règles de la discipline.

« Recevoir une balle était un luxe », m'a dit un boulanger qui s'était enfui du camp. Des gens m'ont raconté que, à Treblinka, être condamné à vivre était bien plus atroce qu'être condamné à mort...

1. « Je cueille la petite fleur et l'offre à la plus charmante, la plus adorable jeune fille... »

Les scories et la cendre que laissait l'incinération des cadavres étaient chargées dans des wagons et emportées au-delà de l'enceinte du camp. Mobilisés par les Allemands, les paysans du village de Wolka les chargeaient sur des charrettes et les répandaient sur la route qui longeait le camp de la mort et conduisait au camp de représailles. Les enfants prisonniers répartissaient cette cendre sur la route en l'égalisant avec des pelles. Parfois ils y trouvaient des pièces d'or, des dents en or fondues. On appelait ces enfants « les enfants de la route noire ». Cette route était devenue noire de cendre comme un ruban de deuil. Les pneus des voitures crissaient de façon très particulière sur ce revêtement, et, quand j'y ai roulé, on entendait constamment sous les roues un bruissement triste, discret, comme une plainte timide...

Dans *Treblinka*, le chant que les Allemands obligeaient à chanter les huit cents détenus qui travaillaient à l'incinération des cadavres, il y a des paroles qui invitent les prisonniers à la soumission et à l'obéissance, moyennant quoi leur est promis « un petit, petit bonheur, qui scintillera pour une, pour une minute ».

Or, si extraordinaire que ce soit, dans la vie de l'enfer de Treblinka il y eut effectivement un jour heureux. Les prisonniers élaborèrent un plan d'insurrection. Ils n'avaient rien à perdre. Tous étaient des condamnés à mort, chacun des jours de leur vie était un jour de souffrances et de tourments. Pas un seul d'entre eux, témoins de crimes atroces, n'aurait été épargné par les Allemands : la chambre à gaz les attendait tous ; et de fait on les y envoyait au bout de quelques jours de travail en les remplaçant par de nouveaux arrivants. Il n'y en avait que quelques dizaines pour vivre non pas quelques heures ou jours, mais des semaines et des mois : c'étaient les artisans qualifiés, les charpentiers, les maçons, les tailleurs, les coiffeurs. Ce furent eux qui créèrent un comité d'insurrection. Ils ne voulaient pas s'enfuir avant d'avoir anéanti Treblinka.

À la fin du mois de juillet la chaleur se fit suffocante. Lorsqu'on ouvrait les fosses, il en sortait de la vapeur, comme de chaudières géantes. Une puanteur monstrueuse et la chaleur tuaient les gens ; ceux qui traînaient les morts, épuisés, tombaient morts eux-mêmes sur les grilles des fours. Des milliards de mouches repues, alourdies, rampaient sur le sol, vrombissaient dans l'air. On brûlait la dernière centaine de milliers de cadavres.

L'insurrection fut fixée au 2 août. Un coup de revolver devait en être le signal[1].

1. La révolte fut principalement organisée par Zelo Bloch, un lieutenant juif de l'armée tchèque. Le soulèvement débuta avant l'heure parce qu'un gardien SS avait des soupçons. Il fut abattu, mais cela déclencha l'action

Dans le ciel s'éleva une flamme nouvelle, non pas la lourde flamme pleine de fumée grasse des cadavres qui brûlaient, mais le feu clair, ardent et impétueux d'un incendie. Les bâtisses du camp s'enflammaient... Des coups de feu éclataient, sur les tours prises par les insurgés les mitrailleuses crépitaient. L'air était ébranlé de grondements et de craquements. Le sifflement des balles recouvrait le vrombissement des mouches à cadavres. Dans l'air pur et clair les haches rouges de sang étincelaient. En ce jour du 2 août, le sang mauvais des SS se répandit sur la terre de l'enfer de Treblinka... Perdant totalement leurs moyens, ils oublièrent le système, diaboliquement conçu, de défense de Treblinka, ils oublièrent l'incendie qui détruit tout et qui avait été organisé à l'avance, ils oublièrent qu'ils étaient armés.

Lorsque Treblinka flamba et que les insurgés, avec un adieu muet aux cendres des leurs, franchirent les barbelés, des détachements de SS et de policiers venus des quatre points cardinaux se ruèrent à la poursuite des fuyards. Des centaines de chiens policiers furent lancées sur leurs traces. Les Allemands mobilisèrent l'aviation. Les combats se poursuivirent dans les forêts, dans les marais, et rares sont ceux qui survécurent jusqu'à nos jours, on les compte en très petit nombre. Mais au moins les autres sont-ils morts au combat, les armes à la main[1].

Après ce jour du 2 août, Treblinka cessa d'exister. Les Allemands brûlèrent les cadavres qui restaient, démontèrent les constructions de pierre, enlevèrent les barbelés, mirent le feu aux baraques en bois qui n'avaient pas été incendiées par les insurgés. L'équipement du bâtiment de la mort fut dynamité, chargé et évacué, les excavateurs furent détruits ou emmenés, les innombrables et énormes tranchées furent comblées de terre, le bâtiment de la gare fut rasé jusqu'à la dernière pierre, enfin les voies de chemin de fer furent démontées, et les traverses emportées. Sur le territoire du camp du lupin fut semé, et un « colon » nommé Streben construisit là une petite maison. Aujourd'hui cette maison n'existe plus non plus, elle a été brûlée[2]. Quel résultat recherchaient les Allemands avec tout cela ? Cacher les traces du crime ? Mais cela était-il concevable ?

---

générale avant même que toutes les armes eussent été prises dans l'armurerie : les rebelles s'en étaient procuré un double des clés.

1. On estime que sept cent cinquante mille prisonniers réussirent à franchir les barbelés mais que seuls soixante-dix vécurent assez longtemps pour assister à la libération, un an plus tard.

2. La famille chargée de donner à l'endroit l'aspect d'une ferme était ukrainienne.

Himmler n'a plus aucun pouvoir sur ses acolytes qui, la tête basse, triturant de leurs doigts tremblants le bord de leurs vestes, racontent d'une voix sourde, monocorde, l'histoire de leurs crimes, qui apparaît comme une folie, un délire. Un officier soviétique, avec le ruban vert de la médaille de Stalingrad, transcrit, feuillet par feuillet, les témoignages des assassins. Et à la porte se tient, lèvres serrées, une sentinelle, et sur sa poitrine il y a aussi la médaille de Stalingrad, et son visage maigre et sombre est sévère...

Nous entrons dans le camp, nous marchons sur la terre de Treblinka. Les cosses de lupin explosent au moindre contact, elles éclatent d'elles-mêmes avec un léger tintement ; des millions de graines se répandent sur la terre. Le son des graines qui tombent, le tintement des cosses qui éclatent se fondent en une unique mélodie triste et douce. C'est comme si, des profondeurs mêmes de la terre, sortait le tintement funèbre de petites cloches, un tintement à peine audible, triste, ample, tranquille. La terre rejette des fragments d'os, des dents, des objets, des papiers, elle refuse de garder le secret. Et des objets s'échappent de la terre, de ses blessures mal refermées. Les voici, les chemises à demi consumées des morts, leurs pantalons, leurs chaussures, des porte-cigares verdis, des rouages de montres, des canifs à tailler les crayons, des blaireaux, des chandeliers, de petits souliers d'enfant avec des pompons rouges, des serviettes brodées ukrainiennes, des dentelles, des ciseaux, des dés, des corsets, des bandages.

Et plus loin, de la terre crevassée, émergent à la surface des amas de vaisselle. Et plus loin encore, de cette terre sans fond qui se boursoufle, comme si une main anonyme sortait à la lumière ce qui a été enterré par les Allemands, sortent à la surface des passeports soviétiques à demi consumés, des carnets de notes en bulgare, des photographies d'enfants qui viennent de Varsovie et de Vienne, des lettres d'enfants écrites en pattes de mouche, un petit livre de poèmes, une prière recopiée sur un feuillet jaune, des cartes de ravitaillement allemandes... Et partout des centaines de flacons et de minuscules petites bouteilles de parfum à facettes, vertes, roses, bleues... Sur tout cela règne une affreuse odeur de décomposition dont ni le feu, ni le soleil, ni les pluies, ni la neige, ni les vents n'ont pu venir à bout. Et des centaines de petits moucherons se promènent sur les objets à demi carbonisés, les papiers, les photographies.

Nous avançons toujours plus loin sur la terre meuble et sans fond de Treblinka et soudain nous nous arrêtons. Des cheveux épais et ondulés blond cuivré, les cheveux fins, légers, adorables d'une jeune fille, sont là, piétinés, dans la terre, et à côté les mêmes boucles claires, et plus loin de lourdes nattes noires sur le sable pâle, et plus loin encore et encore. C'est apparemment le contenu d'un sac, d'un unique sac de cheveux, resté sur place, oublié. Tout était donc vrai. Le dernier espoir fou que tout cela ait été un songe s'écroule. Et les cosses de lupin tintent, tintent, les graines frappent le sol, comme si réellement de dessous la terre montait le glas d'innombrables petites cloches.

Et il semble que le cœur va s'arrêter, étreint par une peine, une douleur, qu'un homme ne saurait supporter.

Cela n'a rien d'étonnant si Grossman eut du mal à endurer le choc. Pendant son retour à Moscou, en août, l'épuisement nerveux, le stress et la nausée eurent raison de lui. Ehrenbourg contacta le journaliste français Jean Cathala pour lui expliquer en détail ce que la libération de Maïdanek et de Treblinka avait révélé. Grossman était apparemment trop malade pour quitter le lit et se joindre à eux.

Cinquième partie

LES RUINES DU MONDE NAZI

1945

Chapitre 25

VARSOVIE ET LODZ

Après les opérations massives de l'été 1944 qui avaient contraint la Wehrmacht de se retirer de la Berezina en direction de la Vistule, l'Armée rouge avait besoin de se ressaisir et de se rééquiper. Pourtant, fin juillet, alors que le 1er front biélorusse de Rokossovski atteignait les faubourgs est de Varsovie, les stations de radio soviétiques appelèrent les Polonais à la révolte derrière les lignes allemandes. Staline n'avait nullement l'intention de leur venir en aide ou même de laisser les Alliés les ravitailler par largage aérien. La raison en était que la révolte était planifiée et menée par l'Armia Krajowa, l'Armée de l'intérieur, qui obéissait au gouvernement émigré à Londres et non au Comité de libération nationale, organisation communiste fantoche en place à Lublin. Héroïque, tragique et désespéré, le soulèvement de Varsovie dura du 1er août au 2 octobre. Il n'en est jamais fait état dans les carnets de Grossman, ce qui reflète peut-être le black-out total sur l'information imposé par les autorités soviétiques. Après avoir écrasé la révolte, les Allemands détruisirent systématiquement une grande partie de la ville, ainsi que Grossman le constatera. Les préparatifs du prochain bond en avant débutèrent en octobre 1944. Le plan de la Stavka consistait en une série de trois assauts simultanés impliquant quatre millions d'hommes. Deux fronts soviétiques attaqueraient la Prusse-Orientale depuis le sud et l'est pendant que le maréchal Joukov, désormais responsable du 1er front biélorusse, attaquerait la Pologne et la Silésie depuis les têtes de pont situées de l'autre coté de la Vistule, au sud de Varsovie. Les difficultés d'approvisionnement en vivres et en munitions avaient été accrues par la politique allemande de la terre brûlée, avec la destruction délibérée du réseau ferroviaire soviétique. Grossman semble avoir quitté Moscou vers la mi-janvier 1945 pour rejoindre le 1er front biélorusse. Son véhicule s'arrêta à Kalouga, à deux cent cinquante kilomètres au sud-ouest de Moscou.

Un petit vieux de Kalouga, plein de jugement et porté à philosopher comme tous les gardiens, nous a dit en guise d'adieu en fermant derrière notre voiture la porte de la station d'approvisionnement en carburant :
« Vous allez à Varsovie, c'est la guerre là-bas maintenant. Mais il y a eu un hiver où j'ai fait couler l'essence des réservoirs dans les fossés avant l'arrivée des Allemands à Kalouga. Dans dix ans d'ici, les gamins apprendront cela à l'école et viendront me demander : "Grand père, est-ce que c'est vrai que les Allemands ont été à Kalouga ?" »

L'été précédent, l'opération Bagration avait été couronnée de succès, mais la nouvelle offensive déboucha bientôt sur l'avancée la plus rapide de l'Armée rouge. Éperonnés par Staline, Joukov et Koniev privilégièrent la vitesse de l'avancée pour désorienter complètement l'armée allemande. Ils furent aidés en cela par l'attitude de Hitler, qui exigeait que tout ordre lui fût d'abord communiqué, ce qui ne laissait aucune liberté d'action aux chefs sur le terrain. Le temps d'obtenir l'aval de Berlin, la situation au sol pouvait avoir changé du tout au tout.

Grossman n'oubliait pas les terribles humiliations de 1941 et la suprématie de l'Armée rouge l'emplissait de joie. Lui, qui avait été fasciné par les tireurs d'élite de Stalingrad, se passionnait à présent pour les nouveaux héros, les hommes des unités blindées qui exploitaient toute percée et ne donnaient jamais à l'ennemi la chance de se regrouper.

Les tankistes. À l'origine les tankistes sont des cavaliers, des artilleurs ou des mécaniciens. De la cavalerie ils ont l'allant (le choc), de l'artillerie la culture. Les mécaniciens ont une culture encore supérieure à celle des artilleurs. Si on veut qu'un commandant de l'ensemble des troupes connaisse à la fois les blindés et l'artillerie, il est indispensable qu'il ait acquis d'une manière ou d'une autre sa promotion après avoir été tankiste.

Le principal problème, avec une avance effrénée qui distançait les unités de maintenance et de ravitaillement, était la réparation des chars et les pièces détachées. Bien souvent il fallait enlever des pièces à un véhicule pour en retaper un autre.

L'attaque du 1er front biélorusse eut lieu le 14 janvier 1945 à partir des têtes de pont de Magnuszew et de Pulawy. Les lignes allemandes furent enfoncées par la 5e armée de choc et la 8e armée de la garde, l'ancienne 62e armée de Stalingrad que commandait toujours le général Tchouïkov. L'objectif premier était le franchissement de la Pilica, un affluent de la Vistule, pour permettre aux 1re et 2e armées blindées de la garde d'aller écraser l'arrière allemand. Le colonel Goussakovski, deux fois Héros de l'Union soviétique et homme que Grossman allait bien connaître, n'attendit pas le travail des pontonniers. Il raconta à Grossman comment il avait ordonné à ses chars de briser la glace à coups d'obus puis de traverser le lit de la rivière. Ce fut une expérience terrible pour les conducteurs.

> Traversée de la Pilica. « Nous avons fait sauter la glace et nous avons traversé sur le fond, gagnant ainsi deux ou trois heures. Toute la glace se soulevait en une montagne énorme devant les chars et retombait avec un terrible fracas.
> « Dans les conditions d'une poursuite en des lieux densément occupés, le plus dangereux pour les tanks est l'“infanterie Faust” [l'infanterie armée de Panzerfaust [1]]...
> « Il y avait des jours où nous avancions à une vitesse de cent quinze ou cent vingt kilomètres en vingt-quatre heures. Nos blindés avançaient plus vite que les trains venant de Berlin. »

Sur la droite, renforcée par des hommes équipés d'autres armes, la 47e brigade blindée de la garde fonça s'emparer du terrain d'aviation de Sochaczew, ville clé située à l'ouest de Varsovie. Les escadrilles soviétiques opérèrent à partir de cette nouvelle base en moins de vingt-quatre heures.

1. Le Panzerfaust était un lance-grenades personnel fabriqué en grande quantité à la fin de la guerre. C'était une arme antichar bon marché.

Du nouveau dans notre avancée. Nos tankistes s'emparent des terrains d'aviation allemands, et cela donne à notre aviation la possibilité de soutenir les groupes qui avancent. C'est un nouveau pas dans l'interaction de l'infanterie avec l'artillerie. L'infanterie s'est mise à aimer les canons automoteurs, l'infanterie n'est pas à découvert.

Dès que le 1er front biélorusse eut attaqué depuis ses têtes de pont, la 47e armée placée sur son aile droite s'avança pour encercler Varsovie tandis que la 1re armée polonaise, sous contrôle soviétique, entrait dans les faubourgs. Le commandant allemand ne disposait que de quatre bataillons mal préparés et il décida d'évacuer la capitale polonaise. Fou de rage, Hitler ordonna que la Gestapo interroge les officiers incriminés, dont le général Guderian, chef de l'état-major du OKH, responsable de toutes les opérations sur le front de l'est.

Les troupes soviétiques pénétrèrent dans une ville presque entièrement détruite et dépeuplée. Il ne restait plus que cent soixante-deux mille habitants sur une population qui en comptait un million trois cent dix mille avant la guerre. Un officier déclara que ce n'était rien de plus que « des ruines et des cendres recouvertes de neige ». Grossman fut au nombre des premiers journalistes à entrer. On s'en doute, un des premiers endroits qu'il voulut voir fut le ghetto de Varsovie.

Le 15 octobre 1941, les nazis avaient bouclé le ghetto et s'en étaient servis comme camp de concentration pour les Juifs polonais et étrangers. Jusqu'à trois cent quatre-vingt mille personnes s'y étaient trouvées en même temps avant d'être envoyées à la mort. La majorité avait été déplacée de l'*Umschlagplatz* – les voies de garage du chemin de fer, à la lisière nord-est du ghetto – vers Treblinka. Le 19 avril 1943, alors qu'il ne restait plus que quarante mille Juifs dans le ghetto, une minorité non négligeable se révolta, parfois armée par les mouvements clandestins polonais de l'extérieur. Ils furent impitoyablement écrasés. Le plus étonnant est qu'ils tinrent tout de même près de un mois contre les unités combattantes SS.

Pour Grossman, l'entrée dans Varsovie fut un moment chargé d'émotion, qu'il nota dans ses carnets avant d'en faire un article pour *Krasnaïa Zvezda*.

Varsovie ! La première phrase que j'ai entendue lorsque j'ai grimpé sur le pont détruit a été celle d'un combattant qui, en retournant sa poche, a dit : « Là, j'ai un morceau de pain grillé. »

Ortenberg fit une description quelque peu différente de l'arrivée de Grossman à Varsovie. La Vistule n'était pas encore complètement gelée. Des plaques de glace flottaient sur l'eau. Grossman laissa son véhicule à Praga, un faubourg de Varsovie sur la rive orientale de la Vistule, et s'avança sur la glace en direction de deux piles, vestiges du pont Poniatowski. Une fois atteinte la base en béton, deux soldats d'âge mûr firent glisser une échelle de pompier légère le long des huit mètres de hauteur de la pile. Comme il manquait deux mètres pour que Grossman l'attrape, ils attachèrent une corde à l'échelle et la firent descendre. Grossman grimpa sur ce curieux engin que balançait le vent puis il remercia les soldats de leur aide et entra en ville.

Pour la première fois de ma vie, je suis entré dans une ville par un escalier de secours.

Ilia Ehrenbourg commenta l'évolution de Grossman et des autres correspondants de guerre, eux qui étaient tous civils avant le conflit : « C'est incroyable comme les gens changent une fois au front ! En temps de paix, nul n'aurait commis l'erreur de prendre Grossman pour un militaire mais, sur le front, il donnait l'impression d'être un quelconque commandant de régiment d'infanterie. »

En longeant la dentelle d'acier cabossée, tordue par l'explosion, du pont qui avait sauté, nous sommes arrivés jusqu'à la haute pile de pierre de la rive occidentale de la Vistule. La sentinelle, un soldat de l'Armée rouge d'un certain âge, debout près d'un petit feu installé sur la rive, a dit avec bonhomie au tireur de pistolet-mitrailleur qui était à côté de lui :
« Tu vois, vieux frère, le beau morceau de pain grillé que j'ai là, il était dans ma poche. » Ce furent les premières paroles que j'entendis à Varsovie. Et j'ai pensé que cet homme en capote grise toute froissée était l'un de ceux qui après avoir défendu Moscou durant l'année terrible [1941] avaient parcouru douze cents verstes dans la grande et lourde tâche que fut la guerre de libération.

Au moment où nous y sommes entrés, Varsovie libérée faisait une impression majestueuse, désolée, et, pourrait-on dire, tragique. Des tas de briques remplissent les rues de l'énorme ville. Un réseau de petites sentes capricieuses, sinueuses, comme celles que font les chasseurs dans des forêts épaisses et dans les montagnes court au travers des larges places et des rues droites des quartiers centraux. Des habitants revenus à Varsovie escaladent les tas de briques ; il n'y a que quelques rues accessibles aux voitures et aux charrettes. Voici que passe une file de gens, jeunes et vieux, avec des chapeaux cabossés, des bérets, en imperméables, en manteaux de demi-saison, et qui poussent devant eux des charrettes à bras de couleur crème et bleue sur des pneus épais, chargées de ballots, de sacs de voyage, de mallettes. Voici que, soufflant sur leurs doigts gelés, jetant des regards attristés sur les ruines, passent des jeunes filles, des femmes jeunes. Il y en a déjà des centaines, des milliers, des gens comme cela.

Vladislava et Sofia Kobus, deux Polonaises qui ont vécu dans un « bunker » avec des Juifs. Des Juifs qui sortaient de dessous la terre, qui avaient vécu des années dans les canalisations d'égout et dans les sous-sols de Varsovie. Iakov Menjitski, un ouvrier de la fabrique de bas de Lodz. Son frère Aron. Ragojek, Isaï Davidovitch, un comptable de Varsovie, à lunettes, coiffé d'un béret. Abram Klinker, dépenaillé, contusionné, bottier de Lodz, incinérateur pour le compte de la Gestapo de Varsovie. J'ai rencontré ces gens dans des rues désertes. Visages de papier. Un personnage étonnant : un petit fabricant de bas qui emporte du ghetto jusque chez lui dans son « bunker » une petite corbeille tressée d'enfant remplie de cendres juives qu'il a recueillies dans la cour du Judenrat dans le ghetto. Avec ces cendres, il part demain à pied pour Lodz.

Le ghetto de Varsovie. Un mur d'une fois et demie la taille d'un homme, fait de brique rouge sur deux briques d'épaisseur, avec au sommet, cimentés dans le mur, des morceaux de verre. Chaque brique est soigneusement jointoyée à sa voisine. Quelles sont les mains qui ont édifié ce mur ?

Le ghetto : des vagues de pierre, de la brique pilée, une mer de brique. Pas un seul mur entier, rarement une brique entière. Le déchaînement de colère de la bête a été effroyable.

Notre rencontre. Les gens du « bunker », [rue] Jeliaznaïa 95.
Des hommes transformés en rats et en singes. Récit de la rencontre de deux Juifs de Lodz dans l'obscurité de la chaufferie d'une maison détruite de Varsovie, où les rats et les Juifs venaient la nuit

pour boire. Klinker, en entendant du bruit, a crié : « Je suis juif, si vous êtes des insurgés, prenez-moi avec vous ! » Une voix est sortie de l'ombre pour répondre : « Moi aussi, je suis juif. » Il s'avéra que tous les deux étaient de Lodz. Dans le noir, ils se sont retrouvés et se sont étreints en sanglotant.
Leur « bunker » était entre la gendarmerie et la Gestapo, au troisième étage d'une maison à demi détruite. Une jeune Polonaise avec des boucles et des accroche-cœurs les avait pris sous son aile. Le père de leur ange gardien exigeait un zloty pour boire un coup, « sinon je vais vous dénoncer ».
L'incinérateur loqueteux Abram Klinker, qui voulait me faire cadeau de son unique objet précieux, un stylo.

Grossman raconta dans son article pour *Krasnaïa Zvezda* l'histoire du « bunker », cachette située au troisième étage d'un immeuble en ruines.

Nous avons été dans le « bunker », une cachette dans laquelle, durant de longs mois se sont cachés six Polonais et quatre Juifs. L'imagination la plus débridée n'est pas en mesure de peindre cette tanière en pierre, aménagée au troisième étage d'une maison détruite. Pour y entrer il faut tantôt escalader les murs d'une cage d'escalier effondrée, tantôt filer au-dessus du vide sur une des poutrelles métalliques de la carcasse entre les étages, tantôt se faufiler dans une étroite fente noire percée dans un cagibi obscur. Nous étions précédés par une habitante du « bunker », une jeune fille polonaise qui avançait d'un pas hardi et tranquille au-dessus du vide. Et je dois reconnaître que, après trois ans et demi de guerre, durant ce parcours, mon cœur tantôt s'arrêtait, tantôt des gouttes de sueur perlaient sur mon front, tantôt tout devenait noir devant mes yeux.
Or les habitants du « bunker » faisaient ce parcours non pas de jour, mais seulement dans l'obscurité la plus totale, par les nuits noires, sans lune.

Le ghetto. On peut juger de la hauteur des maisons qui se dressaient ici naguère par l'énormité des vagues de briques que sont devenues ces maisons. Au milieu de cette mer de briques, se dressent dans le ghetto deux églises catholiques [1].
La tête d'un personnage féminin de pierre traîne dans les petits éclats de brique rouge. Les rues sont taillées comme dans une forêt

1. Grossman parle peut-être de l'église du Sang-de-la-Vierge, au 34, rue Lechno, centre des catholiques d'origine juive.

de pierre sauvage. Le bâtiment du Judenrat, sinistre et gris. Ses cours intérieures, les rails rouges d'oxydation sur lesquels on a brûlé les corps des insurgés du ghetto de Varsovie. Un tas de cendres dans un coin de la cour, des cendres juives [1]. Des bocaux, des lambeaux de robes, une petite chaussure de femme, un Talmud déchiré.

La résistance du ghetto de Varsovie commença le 19 avril et s'acheva le 24 mai*. Le président de la communauté Tcherniakov se donna la mort le 23 juillet 1942. Les membres du conseil juif du ghetto, Goustav Tselikovski, Cherichevski, Alfred Stegman, Maximilian Lichtenbaum, furent fusillés au début de mai.

Au moment de l'insurrection dans le ghetto de Varsovie, Chmoul Tsiguelboïm [Zigelbaum] (le camarade Arthur) [2] qui habitait alors à Londres se donna la mort pour attirer l'attention du monde sur la tragédie du peuple juif.

Après Varsovie, Grossman poussa dans le sillage de la victorieuse Armée rouge jusqu'à la ville de Lodz, dont les Allemands avaient également utilisé le ghetto comme camp de détention. Lodz fut pris par la 8e armée de la garde de Tchouïkov le 18 janvier, quatre jours seulement après le début de l'offensive. La rapidité de l'avancée soviétique n'avait pas donné aux autorités allemandes le temps de détruire la ville.

Lodz. Cinq cents usines et fabriques. Les directeurs et les propriétaires ont pris la fuite. Pour l'instant, ce sont les ouvriers qui les font marcher. La station électrique, le tramway, le chemin de fer fonctionnent à plein. Un vieux machiniste a dit : « Je conduis des trains depuis cinquante ans, je serai le premier à conduire un train à Berlin. »

La Gestapo. L'édifice est intact, tout est en place. Sur la chaussée traînent des portraits pleins de magnificence des chefs du Parti national-socialiste des travailleurs allemands. Des enfants en bottes de feutre déchirées dansent sur les visages de Goering et de Hitler.

Les usines qui fabriquaient des ceintures d'obus. Il y en avait trois. Deux d'entre elles ont été anéanties par l'aviation anglaise en Allemagne, la troisième est celle que nous voyons aujourd'hui à Lodz. Une gigantesque machine-outil pour la production des torpilles,

1. Il n'y avait pas que des cendres juives. Les nazis exécutaient aussi des catholiques polonais dans les ruines du ghetto.

* En réalité le 16 mai.

2. Il était membre du Conseil national du gouvernement polonais en exil.

on l'a installée en 1944, mais elle n'a pas été mise en route jusqu'à présent. Dans la cour de l'usine, parallèlement aux ateliers, courent des tranchées. Les tables dans la cantine de l'usine. Au-dessus de certaines tables des affichettes : « Pour les Allemands seulement ». Un ouvrier polonais dit : « Le temps que j'en fasse huit [torpilles], un Allemand en faisait quarante-cinq. » Journée de douze heures de travail. Deux cuisines pour la cantine des ouvriers : une allemande et une polonaise. Deux cartes d'alimentation : une allemande et une polonaise. Dans les ateliers d'énormes banderoles en allemand : « Tu n'es rien, ton peuple est tout. »
Les châtiments : si tu es en retard, si tu as laissé tomber un outil, si le contremaître a eu l'impression que tu n'en faisais pas assez, c'est un coup sur la gueule et le cachot (les cachots se trouvent dans le sous-sol des ateliers).
Lodz, ou Litzmannstadt, a été rebaptisée en l'honneur d'un général allemand[1].
Dans la famille russe du général Chepetovski (aujourd'hui défunt), nous sommes quatre Juifs à représenter la Russie. La fille du général, Irena, ne comprend pas le russe, elle parle l'allemand et le polonais. Guekhman, en grasseyant de façon éloquente, lui chante des chants de la Volga.

Dans le ghetto de Lodz. La chanson du ghetto [était] : « Il ne faut pas être triste, il ne faut pas pleurer. Demain tout ira mieux, pour nous aussi le soleil va briller. » Le ghetto a été institué le 1er mai 1940. Dans le ghetto, trois jours de la semaine se passaient dans le sang : le mercredi, le jeudi et le vendredi. Ces jours-là les Allemands, les *Volksdeutsche*[2], tuaient les Juifs dans les maisons.
Au début dans le ghetto il y avait 165 000 Juifs de Lodz, 18 000 du Luxembourg, d'Autriche, d'Allemagne et de Tchécoslovaquie, 15 000 Juifs de petites villes polonaises comme Kamish et d'autres, 15 000 de Czestochowa. En tout, la population du ghetto a atteint 250 000 personnes. Il a commencé à y avoir la famine. Chaque

1. Le Generalleutnant Karl Litzmann est mort en 1915, pendant la Première Guerre mondiale, en tentant de prendre Lodz. Il se vit octroyer la médaille « Pour le Mérite », selon la terminologie française adoptée par Frédéric le Grand, grand admirateur des coutumes de la cour de France.

2. Les *Volksdeutsche* étaient des Allemands ethniques vivant hors d'Allemagne. Ils étaient soit des membres d'une minorité ethnique locale, soit, surtout, des membres d'autres minorités allemandes envoyées par les nazis installer un nouveau *Gau*, ou région nazie. Le Warthegau, partie du nord-ouest de la Pologne, subit le nettoyage ethnique des Polonais avant de devenir une partie du Reich. Les commandants allemands tel le général Guderian recevaient de grandes propriétés en guise de récompense.

jour mouraient 150 personnes. Les Allemands étaient mécontents de ces faibles taux de mortalité[1].

La première *Aktion* eut lieu en décembre 1942. Vingt-cinq mille hommes et femmes valides furent emmenés sous prétexte d'aller travailler, et exterminés. En septembre de la même année, il y eut une *Kinderaktion*. Les enfants depuis le premier âge jusqu'à quatorze ans, mais aussi tous les vieillards et les malades, furent exterminés. Dix-sept mille personnes en tout. Les véhicules qui emmenaient les enfants revenaient deux heures plus tard pour en prendre un nouveau groupe.

On emmenait systématiquement « au travail » entre huit cents et mille personnes et on les anéantissait. Le premier janvier 1944 il restait dans le ghetto soixante-quatorze mille personnes. Le chef [nazi] du ghetto était le marchand de thé Hans Biebow.

Avant la liquidation du ghetto[2], l'Oberbürgermeister Bratvich et Hans Biebow prirent la parole et annoncèrent que, afin de sauver des bolcheviks les Juifs de Lodz qui avaient consciencieusement travaillé quatre ans, le commandement les évacuait à l'arrière. Pas un seul Juif ne se montra à la gare. Biebow réunit une autre assemblée et arrêta des Juifs en nombre, puis il les relâcha après leur avoir dit qu'il comptait sur leur conscience. Après cela, on commença à en déporter par la force deux ou trois milliers par jour. Des notes trouvées dans les wagons vides permettent de savoir que ces Juifs avaient été déportés à Maslovitsy[3] et Oswiecim [Auschwitz].

Au moment de la liquidation totale du ghetto de Lodz, il y restait huit cent cinquante personnes. L'arrivée de nos chars leur sauva la vie.

L'organisation du ghetto de Lodz. Il avait sa propre monnaie, billets et pièces. Sa poste et ses timbres. Ses écoles, ses théâtres, ses imprimeries, quarante usines textiles. Beaucoup de petites fabriques. Des sanatoriums. Une photothèque. Un bureau d'histoire. Des hôpitaux et un service médical d'urgence. Des fermes attenantes, des champs, des jardins potagers. Cent chevaux. Des ordres et des médailles honorifiques y avaient été institués. Chaïm

1. Sur une population légèrement inférieure à 5 000 000 en 1939, le Warthegau abritait 380 000 Juifs et 325 000 Allemands ethniques.

2. Himmler donna l'ordre de liquider le ghetto le 10 juin 1944, quelques jours après le débarquement en Normandie.

3. C'est aussi à Maslovitsy que le major Charapovitch découvrit de nombreux livres de valeur saisis dans la Bibliothèque Tourgueniev de Paris. Ils furent confiés à la Bibliothèque Lénine de Moscou.

Rumkowsky[1] était le directeur du ghetto, c'était un Juif cultivé, un statisticien.
Rumkowsky s'était proclamé grand prêtre. Vêtu d'habits de prière luxueux, il officiait à la synagogue, donnait les autorisations de mariage et de divorce, et punissait ceux qui avaient des maîtresses. Il avait épousé à soixante-dix ans une toute jeune juriste[2] et avait des écolières pour maîtresses[3]. Des hymnes avaient été composés en son honneur, il s'était proclamé chef et sauveur des Juifs. La Gestapo s'appuyait entièrement sur lui.
Quand il était en colère, il battait les gens à coups de bâton et leur donnait des gifles. Avant la guerre, c'était un raté, un marchand ruiné. Il est mort de la façon suivante : lorsque son frère fut embarqué dans un convoi, lui, ne doutant pas de son pouvoir, déclara à la Gestapo que si son frère n'était pas libéré, il se joindrait au convoi en même temps que lui. Rumkowsky rejoignit le convoi et fut envoyé à Oswiecim [Auschwitz]. Sa jeune femme alla à la mort avec lui. Rumkowsky se vantait de ce qu'une lettre avait été un jour envoyée de Berlin à Chaïm Rumkowsky sans indication de la ville et qu'elle lui avait été remise à Lodz.
Lodz est un Manchester polonais. Quinze mille tailleurs cousaient dans le ghetto pour le compte de l'armée allemande. On leur donnait quatre cents grammes de pain par jour et neuf cents grammes de sucre par mois. Dans le même temps, on donnait quatre-vingts grammes de pain dans le ghetto de Varsovie. Biebow était un homme très intelligent, méthodique, enjôleur. Le chef de la Gestapo était Bratvich.

Genicksschuss[4] *: une balle dans la nuque.*

Le sentiment religieux dans le ghetto était en chute libre, d'autant que d'une façon générale les ouvriers juifs n'étaient guère religieux. Biebow procurait au ghetto beaucoup de vitamines. L'assis-

1. Mordechai Chaïm Rumkowsky était un personnage pour le moins controversé. Homme d'affaires déchu nommé *Judenälteste*, ou doyen juif, par les Allemands, il obtint les pleins pouvoirs dans le ghetto en contrôlant l'approvisionnement en vivres. En vrai autocrate, il dirigeait le ghetto comme son propre fief, mais décidait aussi qui devait vivre et qui devait mourir en sélectionnant les personnes transportées à Chelmno puis à Auschwitz. La description du ghetto par Grossman semble trop optimiste. En moins de un an, près de vingt pour cent de la population étaient morts de faim et de maladie.
2. Elle s'appelait Regine Weinberger.
3. Les « maîtresses » de Rumkowsky étaient de jeunes femmes contraintes de devenir ses concubines.
4. Littéralement « coup de feu de la nuque ».

tant de Rumkowsky, le Juif Gertler, était lié à la Gestapo, mais il a fait beaucoup de bien. C'était un homme très bon, et le peuple l'aimait beaucoup.

Lorsque Gertler arriva au pouvoir et commença à jouir de beaucoup de considération de la part des Allemands, Rumkowsky se mit à le haïr à mort.

La police juive à l'intérieur du ghetto.

L'hôpital qui était dans le ghetto suscitait l'enthousiasme des médecins venant d'Europe. Un professeur déclara : « Je n'ai pas vu à Berlin de clinique pareille. »

La mort héroïque dans le ghetto de Lodz du docteur Weisskopf, qui avait essayé de mordre à la gorge Bibach.

À la tête de l'insurrection du ghetto de Varsovie il y avait l'ingénieur de Lodz Kloppfish.

Lodz et Poznan étaient les deux villes principales du Warthegau, partie de la Pologne occidentale annexée par Hitler et portant un nom dérivé de celui d'un cours d'eau, le Warthe. Hitler nomma Arthur Greiser Gauleiter de cette région. Plus de soixante-dix mille Polonais furent tués au cours d'un processus de purification ethnique destiné à céder la place aux colons germaniques et des centaines de milliers de personnes envoyées dans les camps de travail ou de concentration. Après les Juifs, ce furent les Polonais qui perdirent la plus grande proportion de leur population pendant la Seconde Guerre mondiale, encore plus que les Soviétiques.

Les Allemands avaient expulsé tous les paysans polonais de chez eux, leur avaient confisqué leur terre, leur bétail, leurs outils, et les avaient installés dans des cahutes misérables, en les obligeant à travailler pour le compte d'Allemands. Les Allemands étaient originaires de l'endroit, mais une partie d'entre eux (cent soixante mille) venaient d'Ukraine, de Volhynie.

Les enfants des paysans polonais n'étaient pas scolarisés. Dès douze ans, ils étaient contraints au travail. Les églises catholiques furent fermées, on n'en gardait qu'une sur vingt, les autres étaient transformées en entrepôts. Les travailleurs agricoles étaient payés vingt marks par semaine et ils étaient nourris. Aux enfants on donnait six marks par mois... Les paysans allemands avaient le droit de garder pour eux des provisions en quantité suffisante pour se nourrir, eux et leurs familles.

Un paysan polonais fut envoyé à Dachau pour avoir dit, avant

l'arrivée des Allemands [en septembre 1939], à son voisin allemand : « Pourquoi parles-tu allemand ? Ici ça n'est pas Berlin. »
Avant la guerre, les nazis se rassemblaient pour des réunions du parti [nazi] sous prétexte de prières.
Les Allemands arrivèrent en deux vagues : l'une en 1941, l'autre en 1944. Ils vendaient sous le manteau aux Polonais du pain à cinq marks le kilo, de la farine de blé à vingt-cinq marks le kilo, et un kilo de lard pour deux cents marks. Des milliers de professeurs, de médecins, de prêtres, d'avocats polonais furent déportés à Dachau et assassinés.
« Les Allemands appelaient notre région le "Warthegau". On assigna à résidence les ouvriers agricoles, on leur interdisait de bouger, ils étaient esclaves. »
On interdisait aux Polonais d'entrer dans les magasins, les parcs, les jardins. Ils ne pouvaient pas prendre le tramway le dimanche, ni monter dans le wagon de tête toute la semaine.
Le Bauerführer[1] Schwandt avait pour travailleurs agricoles trois hommes et trois femmes. C'était un obèse qui ne payait pas ses ouvriers. Avant la guerre, il avait un bar à bière et une petite boutique. Avant la guerre, il avait quatre Morgen [« arpents »], et maintenant il en a cinquante [vingt-cinq hectares].
Une commission vérifiait la livraison des fournitures obligatoires pour les Allemands. Les Polonais n'avaient pas droit à recevoir de la vodka, tandis que, aux Allemands, on en donnait les jours de fête. Les Polonais étaient condamnés à trois mois de prison s'ils utilisaient des briquets à essence.
Un certain nombre d'Allemands ne croyaient pas que les Russes viendraient et ils se moquaient de ceux qui construisaient de grandes télègues pour emporter leurs biens. Et ils n'y crurent pas jusqu'au dernier jour.

L'infanterie [de l'Armée rouge] circule dans des carrioles, des calèches, des cabriolets. Vernis, verre et glaces resplendissent. Les gars fument de la *makhorka*, ils s'approvisionnent, ils jouent aux cartes. Dans les convois, les charrettes sont ornées de tapis, les conducteurs sont confortablement installés sur des édredons. Les soldats ne mangent pas la nourriture militaire, mais du porc, de la dinde, du poulet. Dans l'infanterie, on trouve désormais des visages roses aux joues pleines, ce qui est tout à fait nouveau[2].

1. Le Bauerführer était le chef de la section locale du parti nazi et de la communauté de paysans.
2. Les soldats de l'Armée rouge pillaient les biens des fermiers polonais, mais aussi des colons allemands.

> Les civils allemands qui avaient été refoulés par nos blindés prennent maintenant le chemin du retour. On les frappe, on dételle leurs chevaux, les Polonais les volent. « Où allez-vous ? » leur demandai-je. Ils répondent en russe : « En Russie. » Il y a ici cinq catégories d'Allemands : ceux du littoral de la mer Noire, ceux des Balkans, ceux des pays Baltes, les *Volksdeutsche* et les *Reichsdeutsche*[1].

Grossman ne tarda pas à se rendre compte que le comportement des soldats de l'Armée rouge n'était plus le même sur un sol étranger. Il s'efforçait toujours d'idéaliser les hommes du front et de rendre responsables de tous les maux les unités de l'arrière de ravitaillement ou de transport. En fait, les soldats des unités blindées qu'il prisait tant étaient bien souvent les pillards et les violeurs les plus acharnés.

> Les hommes du front vont au feu jour et nuit, en saints et en purs. Ceux de l'arrière qui les suivent violent, maraudent et pillent.
>
> À l'usine Focke-Wulfe travaillaient deux cent cinquante de nos jeunes filles déportées par les Allemands depuis les régions de Vorochilovgrad, Kharkov, et Kiev. D'après ce qu'en dit le chef du département politique de l'armée, ces jeunes filles n'ont pas de vêtements, elles sont pleines de poux et gonflées à cause de la famine. Mais d'après ce qu'en dit un travailleur du journal de l'armée, ces filles étaient bien habillées, proprement, et ce sont nos soldats qui, en arrivant, les ont dépouillées comme des vers et leur ont pris leurs montres. Fréquentes sont les plaintes des jeunes filles russes libérées de ce que nos soldats les violent. Une jeune fille en larmes me dit : « Il était très vieux, plus vieux que mon papa. »

1. Dans le cas présent, il entend par *Volksdeutsche* les Allemands ethniques de Pologne. Les *Reichsdeutsche* sont, naturellement, ceux des territoires allemands d'avant 1939.

Chapitre 26

DANS LE REPAIRE DE LA BÊTE FASCISTE
Poznan et Schwerin

Pendant toute cette partie de l'avancée, Grossman demeura attaché au Q G de la 8e armée de la garde du général Tchouïkov. Ce dernier se mit en colère quand le maréchal Joukov, détesté pour s'être attribué la gloire de Stalingrad, ordonna à ses hommes de s'emparer de la ville forteresse de Poznan alors que les autres armées fonçaient vers le fleuve. Les combats de rue à Poznan furent les plus rudes que l'Armée rouge dut mener depuis Stalingrad.

> Le commandant du régiment se plaint : « Nous venions d'investir l'une des rues, les habitants se sont jetés sur nous en criant : "Nos sauveurs ! Nos libérateurs !" À ce moment-là, les Allemands ont contre-attaqué et nous ont repoussés, et leur canon automoteur a surgi. J'ai observé que les mêmes habitants se sont précipités, et que je te saute au cou des Allemands. Alors là, j'ai fait donner la mitraille. »
>
> À Poznan. Des combats de rue ont lieu. Les rues où c'est plus calme sont pleines de monde. Des dames en chapeaux à la mode, avec de petits sacs de couleur, découpent au couteau des morceaux de filet sur les chevaux tués qui gisent sur la chaussée.
>
> Tchouïkov dirige les combats de rue à Poznan. Il est considéré depuis Stalingrad comme le champion incontesté dans ce domaine. Le principe de base des combats à Stalingrad était que notre infanterie enfonçait un coin entre la force des engins motorisés des Allemands et la faiblesse de leur infanterie. Et voici que l'académicien [1]

1. C'est avec humour qu'il définit Tchouïkov comme un « académicien ». Ce dernier prétendait avoir fondé « l'Académie de combat de rue » à Stalingrad.

Tchouïkov se retrouve, par la force des choses, ici à Poznan, dans la même situation qu'à Stalingrad, mais inversée : il attaque furieusement les Allemands dans la rue à Poznan en s'appuyant sur un nombre énorme d'engins motorisés et une infanterie restreinte, tandis qu'une puissante infanterie allemande mène obstinément son combat sans espoir.

Tchouïkov est assis au premier étage d'une villa sur deux niveaux, dans une pièce froide violemment éclairée. Sur la table, le téléphone sonne : les commandants d'unité font leur rapport sur le déroulement des combats de rue dans Poznan. Dans les intervalles entre les sonneries et les rapports des intervenants opérationnels, Tchouïkov me raconte la percée des défenses allemandes dans la région de Varsovie :
« Nous avions étudié pendant un mois le rythme de la journée allemande. Le jour, les Allemands quittaient la première tranchée, la nuit, ils revenaient l'occuper. Toute la nuit avant le début de l'offensive, nous leur avons bourré le crâne à la radio, nous avons diffusé de la musique et des danses, tout en déployant en douce l'ensemble de nos forces sur les premières lignes. À huit heures et demie, à l'heure où d'habitude ils quittaient la première ligne, nous avons envoyé une salve de deux cent cinquante canons. Le premier jour, nous avons percé la première ligne. Nous avons entendu à la radio comment le commandant de la 9e armée appelait ses divisions, sans un poil de résultat. À l'instant même, nous avons détruit deux divisions blindées qui s'avançaient depuis l'arrière. Ce matin-là, il y avait un brouillard laiteux. En somme, ça s'est passé comme ça : une attaque aérienne, un rempart de feu, et on y est allé. Nous les avons coincés sur l'enclume de la première ligne et nous les avons frappés avec le marteau de notre artillerie. Si nous avions été en retard d'une heure, nous aurions tiré dans le vide. Et les Allemands qui pensaient que notre stratégie avait échoué... Ici c'était Landwehr[1] et Volkssturm. »
Tchouïkov est au téléphone, il étend le bras vers la carte et dit : « Une petite minute, je mets mes lunettes. » Il lit un rapport, rit joyeusement et donne à l'adjudant un coup de crayon sur le nez, en déclarant : « Le flanc droit de Martchenko sent déjà le feu de Glebov. Les feux se rejoignent déjà. Bientôt ce seront les

1. Il n'y avait pas de « Landwehr » puisque cela désignait des réserves territoriales de la Première Guerre mondiale. « Volkssturm » en était l'équivalent nazi. Les officiers de l'armée régulière donnaient à cette force composée d'hommes âgés et de jeunes garçons le nom de « ragoût », un mélange de viande dure et de légumes frais.

hommes. » Il crie dans le téléphone : « S'ils font une échappée vers l'ouest, laisse-les aller en terrain découvert et écrase-les comme des punaises, ces maudits Allemands ! »

Tchouïkov poursuivit ainsi sa conversation avec Grossman.

« Les soldats en ont assez d'être sur la défensive, ils aspirent à finir la guerre. Pendant deux ou trois jours, ils se sont mis en jambes, et ensuite ils ont fait trente ou cinquante kilomètres par jour.

« Ils ont glané un peu de butin : un tank avance, et sur son flanc, il y a un porcelet. Nous ne nourrissons plus nos hommes, maintenant, ce qu'on a n'est pas assez bon. Nos convoyeurs roulent en charrettes et jouent de l'accordéon comme des hommes de Makhno[1].

« La forteresse de Poznan : nos hommes marchent dessus, et eux [les Allemands qui sont à l'intérieur] tirent. Alors nos sapeurs ont renversé une barrique et demie de pétrole et ont mis le feu, et eux, comme des rats, ils sont sortis.

« Mais vous savez, le plus étonnant, c'est qu'avec toute notre expérience de la guerre et avec nos remarquables services de renseignements, il y a un petit détail qui nous avait échappé. Nous ne savions pas que Poznan était une forteresse de tout premier ordre, l'une des plus importantes d'Europe. Nous pensions avoir affaire à une simple agglomération et nous avions l'intention de la prendre au passage, mais nous sommes tombés sur un os. »

Poznan ne tomba que lorsque Tchouïkov eut donné l'ordre d'écraser la forteresse, le 18 février, après neuf jours de bombardements intensifs. La garnison assiégée se trouvait alors à plus de deux cents kilomètres de ses propres lignes. Des obusiers de 203 mm tiraient à bout portant sur les murs. Lance-flammes et grenades servaient à nettoyer l'une près l'autre les pièces de la bâtisse. La nuit du 22 février, le Generalmajor Ernst Gomell, commandant allemand de la forteresse, se coucha sur un drapeau à svastika posé sur le sol de sa chambre et se donna la mort. La garnison se rendit.

1. Pendant la guerre civile, Nestor Makhno fut à la tête d'anarchistes ukrainiens qui se battaient à la fois contre les Blancs et les Rouges. Ils se déplaçaient rapidement sur de petites charrettes tirées par des chevaux et parfois équipées de mitrailleuses.

Grossman n'attendit pas la fin du siège. Il semble avoir suivi les unités de la 8e armée au cours de leur pénétration sur le territoire du Reich. Malgré son désir d'idéaliser les simples soldats de l'Armée rouge, il fut contraint de reconnaître les horreurs perpétrées lorsqu'ils avaient trop bu.

> Mort terrible, absurde, d'un Héros de l'Union soviétique, le colonel Gorelov, commandant d'une brigade blindée de la garde. Dans les premiers jours de février, à quelques kilomètres de la frontière allemande, il a été abattu par des soldats de l'Armée rouge qui étaient ivres alors qu'il était en train de réguler un encombrement sur la route. Katoukov[1] aimait beaucoup Gorelov, et quand il leur transmettait des ordres, à lui et à Babadjanov, il les appelait par leurs prénoms, Volodia et Arno.

Tous les citoyens soviétiques, civils ou militaires, furent frappés par le changement dès l'instant où ils franchirent la frontière de l'Allemagne. Un certain nombre d'entre eux s'étonnèrent de l'ordre parfait et de la prospérité que connaissait le pays et se demandèrent pourquoi ses habitants pouvaient avoir envie de le quitter pour envahir la Russie.

> Vers le soir, temps brumeux et pluvieux, odeur sylvestre de moisi. Flaques sur la chaussée. Petites forêts sombres de sapins, champs, hameaux, resserres, maisons aux toits pointus.
> Une immense affiche : « Soldat, le voici, le repaire de la bête fasciste. »
> Ce paysage a beaucoup de charme, belles forêts, pas très grandes mais très denses, traversées par des routes revêtues de mâchefer ou d'asphalte bleu-gris. Et nos canons tractés, nos canons automoteurs, les camions dépenaillés de l'état-major, remplis de butin, qui viennent de Poznan.
>
> Une jeune fille libérée, Galia, parlant des caractéristiques amoureuses de l'Internationale masculine des prisonniers, m'a dit : « Les Français ont des pratiques différentes. »

Depuis Poznan et la frontière allemande d'avant 1939, la route de Küstrin et de Berlin les fit passer par la ville de Schwe-

1. Le colonel général M. I. Katoukov, commandant de la 1re armée blindée de la garde, qui se battit en tandem avec la 8e armée de la garde plus ou moins depuis la Vistule jusqu'à l'assaut final à Berlin.

rin. Dès son arrivée, Grossman constata que la 8e armée qu'il admirait tant se livrait au pillage et au viol. Après la guerre, il avoua à sa fille que l'Armée rouge « avait changé en pire dès l'instant où elle franchit la frontière [soviétique] ».

> Tout est en feu. Et c'est le pillage. On m'a attribué ainsi qu'à Guekhman une maison restée intacte. Tout est en place, la cuisinière est encore chaude, la bouilloire qui y est posée n'a pas eu le temps de refroidir, apparemment les propriétaires viennent tout juste de s'enfuir. Les armoires sont pleines de choses diverses. J'interdis catégoriquement qu'on y touche. Arrive le commandant, il demande la permission, pour un colonel de l'État-major général qui vient de débarquer, de loger dans la maison. Naturellement je dis oui. Le colonel est un homme admirable. Un de ces beaux visages russes. Toute la nuit, dans la chambre du colonel qui se repose, on entend du bruit. Au matin il est parti sans dire au revoir. Nous entrons dans sa chambre. C'est le chaos, le colonel a vidé les armoires, comme un authentique maraudeur.
>
> Une vieille s'est jetée d'un immeuble en feu.
>
> Nous entrons dans une maison. Sur le plancher, dans une mare de sang, gît un vieil homme abattu par des maraudeurs. Dans les cours vides, des cages avec des lapins et des pigeons. Pour les sauver de l'incendie, nous ouvrons les portes des cages. Deux perroquets morts dans une cage.
>
> La terreur dans les yeux des femmes et des jeunes filles.
>
> Chez le commandant [de la ville]. Un groupe de prisonniers de guerre français se plaint de ce que des soldats de l'Armée rouge leur ont pris leurs montres, leur donnant un rouble pour chaque. Une Allemande en noir avec des lèvres mortes, elle parle d'une voix à peine audible. Avec elle une petite fille qui porte des ecchymoses noires, veloutées, sur le cou et le visage. Un œil est enflé, sur les bras des bleus énormes. Cette petite fille a été violée par un soldat de la compagnie de transmissions de l'État-major général. Il est là, rougeaud, avec de grosses joues, tout somnolent. Le commandant mène l'interrogatoire mollement.
> Il se passe des choses horribles avec les Allemandes. Un Allemand distingué, à l'épouse duquel des soldats de l'Armée rouge sont venus « faire une visite », explique à grand renfort de gestes expressifs et avec quelques mots de mauvais russe que depuis ce matin, elle a été violée par dix hommes. La dame est là.
> Des cris de femme par une fenêtre ouverte. Un officier supérieur juif, dont toute la famille sans exception a été assassinée par les

Allemands, est dans l'appartement d'un membre de la Gestapo qui a pris la fuite. Tant qu'il est là, les femmes et les petites filles sont en sécurité. Quand il s'en va, toute la famille pleure et le supplie de rester.
Les jeunes filles soviétiques libérées des camps subissent la même chose. Cette nuit, quelques-unes se cachent dans notre chambre de correspondants. Pendant la nuit, nous sommes réveillés par un hurlement : l'un des correspondants n'a pas pu se retenir. Explications bruyantes, l'ordre est rétabli.
Récit de la façon dont on violait dans une grange une mère qui allaitait. Ses proches entrent dans la grange, demandent qu'on la laisse sortir un moment, parce que l'enfant a faim et qu'il pleure.

La nuit, il fait comme en plein jour, tout brûle.

Lorsque le colonel Mamaev est entré dans une maison allemande, les enfants de quatre et cinq ans se sont mis debout sans un mot et ont levé les bras en l'air.

La libération du territoire allemand fut le cadre de terribles revers de fortune. Prisonniers et travailleurs obligatoires pillaient à présent les biens de leurs anciens maîtres. De nombreuses jeunes femmes envoyées en Allemagne depuis les territoires occupés de l'Union soviétique avaient dû travailler dans des exploitations agricoles et des familles ainsi qu'à l'usine. Les soldats de l'Armée rouge avaient davantage souffert dans les camps de prisonniers que les travailleurs obligatoires.

Des foules énormes sur les routes. Des prisonniers de guerre de toutes les nationalités : Français, Belges, Hollandais, tous chargés de tout un barda. Seuls les Américains sont sans bagages, et même sans couvre-chef, il ne leur faut rien, sinon de quoi boire un coup. L'un d'eux nous salue en agitant des bouteilles. Sur d'autres routes, une Internationale civile est en route. Les femmes sont en pantalon, tous poussent des milliers de voitures d'enfants pleines de choses diverses, en un chaos insensé et joyeux. Où est l'Est, où est l'Ouest ?

Les soldats invalides de l'Armée rouge libérés. L'un plein de tristesse, mourant, dit : « Je ne tiendrai pas le coup jusqu'à la maison. » Quand les Allemands voulurent les tuer, les invalides cisaillèrent les fils barbelés, se procurèrent une mitraillette et un fusil, et décidèrent de se battre.

Une jeune fille russe, échappant à la servitude allemande, déclare : « La *Frau*, le diable l'emporte, mais son petit gamin de six ans, ça me fait de la peine. »

Après Schwerin, Grossman arriva à Landsberg en suivant le cours du Warthe, qui se jetait dans l'Oder à Küstrin. En application d'une mesure chère à Staline, chaque grande formation soviétique disposait d'une commission chargée de confisquer les biens de valeur allemands en guise de compensation pour les dommages de guerre infligés à l'Union soviétique. Les Allemands s'empressèrent de leur ouvrir leurs coffres-forts. Les vrais problèmes survinrent quand des soldats de l'Armée rouge cherchèrent à ouvrir seuls les coffres : les Panzerfaust, ces lance-roquettes antichars dont ils s'étaient emparés, les détruisaient avec tout ce qu'ils contenaient.

Dans une chambre forte à Landsberg. Notre commission procède à l'ouverture des coffres. Il y a là de l'or, des objets précieux et beaucoup de photographies d'enfants, de femmes, de vieilles gens. Un membre de la commission de confiscation me dit : « Pourquoi, diable, dissimulent-ils ces photographies ? »

Le commandant de la division dit au chef du service chimique qui est venu vérifier les fumigènes d'alerte : « Rien à foutre de tes fumigènes, mets-toi à table et déjeunons. »

Dans la papeterie d'un nazi vieux et gros, le jour de sa chute. Le matin est entrée dans la boutique une toute petite fille, elle a demandé à voir les cartes postales. Le vieil obèse, l'air sombre, respirant avec difficulté, a étalé devant elle sur la table une dizaine de cartes postales. La fillette les a longuement, sérieusement, observées et elle en a pris une : une petite fille dans une robe de fête près d'un œuf cassé d'où sort un poussin. Le vieux a pris ses vingt-cinq pfennigs et les a glissés dans sa caisse. Le soir même, il gisait mort sur son lit, il s'était empoisonné. On a mis les scellés sur le magasin. Et des types bruyants tout joyeux ont sorti de son appartement des caisses de marchandises et des ballots d'affaires lui appartenant.

Grossman s'empressa de faire parler ses anciennes connaissances dès qu'il les eut retrouvées. Babadjanian, devenu responsable du 11e corps blindé de la garde dans la 1re armée blindée de la garde Katoukov, était le brave commandant qu'il avait cru mort en 1941.

Récit de Babadjanian : « Nous avons commencé sur la Vistule le 15 janvier au soir, nous avons forcé une brèche dans le secteur de Tchouïkov. Le 28, nous avons atteint l'Oder. Un capitaine allemand allait à Poznan acheter des cigarettes et il est tombé dans nos pattes pile sur la frontière.

« Il y a eu un jour où nous avons parcouru cent vingt kilomètres. Toutes les opérations majeures ont été effectuées de nuit. La nuit, les tanks sont invulnérables. Nos chars la nuit sont redoutables, ils ont foncé de soixante kilomètres en avant, alors même que nous n'avions pas d'accompagnateurs (un truc très important) comme en Pologne. Une fois pourtant, la nuit, un Allemand, un vieux, a très bien montré le chemin à nos chars.

« Un général allemand retirait sa culotte et allait tranquillement se coucher, après avoir relevé sur la carte que l'adversaire était à soixante kilomètres et qu'il ne commencerait pas à attaquer avant le petit matin. Mais nous avons attaqué ce général à minuit. »

Grossman retrouva aussi Goussakovski, un officier que n'étouffait pas la modestie.

La réussite stupéfiante de la brigade de Goussakovski. Au milieu de tous ces ponts détruits et de ces barrages antichars, il y avait une route absolument intacte qu'ils [les Allemands] avaient prévu d'utiliser pour une puissante contre-attaque. Goussakovski la parcourut d'un trait et contourna toute la défense ennemie. Ils ont agi seuls deux jours sur les arrières de l'ennemi, pendant que d'autres brigades menaient une offensive détournée ou attaquaient l'ennemi de front.

Le colonel Goussakovski, deux fois Héros de l'Union soviétique, est commandant d'une brigade blindée. Il dit : « Un seul colonel a pris la ville, alors que dans l'ordre du commandant en chef sont mentionnés dix généraux. »

L'Armée rouge approchait de Berlin. Officiers et simples soldats n'avaient qu'un rêve : prendre Hitler vivant. Ils étaient certains de se voir décerner la médaille d'or de Héros de l'Union soviétique et de connaître la célébrité jusqu'à la fin de leurs jours. Pendant ce temps, les officiers de renseignements du quartier général étudiaient des documents provenant peut-être de la chancellerie du Reich dans l'espoir d'en savoir plus sur le dirigeant nazi.

> Dans la section du renseignement. On me montre un ordre avec la signature de Hitler, et, en dessous, une autre signature : « Certifié conforme à l'original, capitaine Sirkis. »

Début février, Grossman atteignit l'Oder, le dernier fleuve avant Berlin. Comme lui, l'Armée rouge avait fait le compte de tous les cours d'eau franchis depuis la Volga, à Stalingrad.

> Par un matin ensoleillé, nous avons atteint l'Oder à l'endroit où son cours s'approche au plus près de Berlin. L'effet était curieux, de cette morne route campagnarde, ces buissons rabougris d'épineux, ces arbres clairsemés, ces collines basses descendant jusqu'au lit du fleuve, ces petites maisons çà et là, dispersées au milieu des champs couverts du vert vif du blé d'hiver. Tout cela est tellement familier pour l'œil, vu tant de fois déjà, et se trouve à moins de quatre-vingts kilomètres de Berlin.
>
> Et soudain, en ce matin printanier sur l'Oder, il m'est revenu en mémoire comment, pendant le rude hiver de l'année 1942, dans une cruelle tempête de neige de janvier, en pleine nuit, dans un village empourpré par l'incendie que les Allemands avaient allumé, un conducteur emmitouflé dans sa touloupe avait crié tout soudain : « Hé, les gars, elle est par où la route de Berlin ? »
>
> Les chauffeurs et les conducteurs lui avaient répondu par un éclat de rire amical. Est-il vivant, le plaisantin qui avait demandé près de Balakleïa la route pour Berlin ? Sont-ils vivants ceux que sa question, il y a trois ans, avait fait rire ? J'avais envie de crier, d'appeler tous les frères combattants qui gisent dans la terre russe, ukrainienne, biélorusse et polonaise, qui dorment du sommeil éternel au champ d'honneur : « Camarades, vous nous entendez ? Nous y sommes ! »
>
> Le deuxième jour de notre entrée en Allemagne, nous avons vu comment huit cents enfants soviétiques marchaient sur la route vers l'est, ils marchaient, en une colonne qui s'étirait sur plusieurs kilomètres tandis que, sur le bas-côté, sans dire un mot, scrutant attentivement leurs visages, des soldats et des officiers de chez nous étaient là debout : des pères qui recherchaient parmi ceux qui passaient leurs enfants expédiés en Allemagne. Un colonel resta là plusieurs heures, droit, sévère, le visage sombre, lugubre, et il ne regagna sa voiture qu'à la nuit tombante : il n'avait pas retrouvé son fils.
>
> J'ai examiné dans les écoles les cahiers des écoliers. Depuis les plus petites classes, presque tous les exercices, les rédactions, les compositions, écrites d'une écriture enfantine, encore maladroite, portent sur le thème de la guerre et des affaires nazies. Les portraits, les

affiches, les inscriptions sur les murs des salles de classe, tout est orienté vers un but unique, la glorification de Hitler et du nazisme... Les civils allemands cherchent à nier leur faute dans ces immenses destructions et ces souffrances qu'ont apportées l'Allemagne fasciste et ses troupes en Union soviétique.

Chapitre 27

LA BATAILLE DE BERLIN

Début février, peu après l'arrivée sur la rive de l'Oder des armées de Tchouïkov, à moins de cent kilomètres de Berlin, une querelle éclata. Tchouïkov, commandant de la 8e armée de la garde, critiqua Joukov de ne pas avoir immédiatement foncé sur la ville. En fait, Staline avait interdit une avancée irréfléchie alors que les unités blindées avaient besoin de se ressaisir et de se réarmer et que l'infanterie était épuisée. La Stavka ordonna à Joukov et Rokossovski d'éclaircir leur flanc droit, le long du littoral balte de la Poméranie. Cette opération et le redéploiement ultérieur des armées firent que la marche sur Berlin fut repoussée à la mi-avril.

Entre-temps, Grossman était revenu à Moscou, bien décidé cependant à se trouver à Berlin pour l'hallali. Heureusement, ses confrères, dont son vieux compagnon, Troïanovski, l'appuyèrent et *Krasnaïa Zvezda* l'accrédita. Troïanovski écrivit alors :

> « Le 14 avril, les correspondants de *Krasnaïa Zvezda* ont été convoqués par le général K. F. Teleguine, membre du Conseil militaire du front. "Je vous recommande de traverser l'Oder, a-t-il dit, choisissez-vous n'importe quelle armée. La seule chose que je vous demande, c'est de ne pas aller tous à la fois chez Tchouïkov." »

Peut-être le maréchal Joukov ne voulait-il pas que son principal rival jouisse d'une trop grande publicité.

L'opération fut lancée le 16 avril quand le 1er front biélorusse de Joukov attaqua vers l'ouest en partant de l'Oder tandis que le 1er front ukrainien du maréchal Koniev attaquait plus au sud, à partir de la Neisse. Staline accorda à Koniev la permission de se diriger vers le nord, vers Berlin. Il désirait créer une formidable rivalité entre les deux maréchaux afin de précipiter l'encerclement et la prise de Berlin. Les Américains avaient pris le pont de Remagen le 7 mars et Staline craignait qu'ils n'arrivent les premiers dans la capitale du Reich.

Les forces de Joukov eurent plus de mal que prévu à prendre les hauteurs de Seelow, au-dessus de la plaine alluviale de l'Oder, et déplorèrent de nombreuses pertes.

L'artillerie ne fut pas à portée de tir de Berlin avant le 20 avril au soir, mais le véritable combat pour la ville ne débuta que quatre jours plus tard. La 8e armée de la garde de Tchouïkov et la 1re armée blindée de la garde de Katoukov arrivèrent par le sud-est, la 2e armée blindée de la garde et la 3e armée de choc par le nord et la 5e armée de choc par l'est. Les troupes de Koniev, 3e armée blindée de la garde et 28e armée, avaient également atteint le sud de la ville, et des formations voisines se bombardèrent mutuellement. Le 20 avril, jour du dernier anniversaire du Führer, Grossman quitta Moscou pour Berlin, pour la dernière fois en tant que correspondant de guerre. Plus tard, il décrira dans un article ce qu'il vit et ce à quoi il réfléchit en chemin.

> À l'endroit où se dressait un village incendié par les Allemands ne restaient que de petites buttes sablonneuses faites de brique artisanale pulvérisée, un puits abandonné, et quelques bouts de fer rouillés. Non loin de là, dans un creux, s'élevaient de petites fumées : c'est là que vivaient, dans les abris blindés creusés par notre armée au moment des combats, les habitants du village victimes de l'incendie. Une femme aux cheveux gris, le visage maigre et ridé, mère de fils tués au front, nous a donné à boire dans une boîte de conserve et nous a dit tristement en traînant sur les mots : « Reprendrons-nous vie ? » et, d'un signe de tête, elle a montré le lieu de l'incendie.
>
> Plus loin, le long de toutes ces routes immenses, celle qui allait vers la Neva, vers la Volga, celle qui allait vers le Volkov et vers le Terek, vers les hautes futaies de Carélie, vers les steppes et les montagnes du Caucase, le long des routes où, la première année de la guerre, nos armées ont battu en retraite dans la poussière, partout se dressent des tertres et des monticules, les kourganes de

tombes collectives, les tombes de soldats. Lavées par les pluies et la neige, décolorées par le soleil, des inscriptions au crayon sur des planchettes en contreplaqué.

Nos enfants morts dorment là de leur dernier sommeil, soldats, sergents, lieutenants, tous nos braves gars. Et le long des chemins qui se sont fondus dans l'énorme flux de notre retraite, ce sont encore et encore des kourganes, des tertres et des monticules, les tombes de nos fils tués, et, sur des bouts de bois de guingois, les planchettes en contreplaqué avec des inscriptions effacées. C'est la pluie pleurant sur les tombes qui a effacé les noms des soldats, les réunissant tous dans le seul nom du fils tombé.

Près de la frontière polonaise, la voiture a lâché et nous avons été contraints d'attendre en pleine campagne de longues heures durant. Pendant qu'on réparait la voiture, je suis entré dans un hameau. C'était dimanche, la maîtresse de maison et ses enfants étaient allés à l'église, il n'y avait là qu'une grand-mère et un homme de passage, un soldat démobilisé après une blessure. Il n'avait pas à aller trop loin, comme il me le dit, dans la région d'Orel. Nous nous sommes mis à parler. Le visiteur, dénommé Alekseï Ivanovitch, était un homme d'une bonne quarantaine d'années ; il était au front depuis les premiers jours de la guerre, il avait été blessé trois fois, durant tout le temps il a combattu dans les troupes de mortier.

Sa capote, pleine de taches noires, était déchirée en deux endroits par des éclats d'obus, il avait une chapka d'hiver, des bandes molletières et de gros souliers. C'était la vêture du soldat, le modeste butin qu'il rapportait chez lui.

Il a vécu à peu près deux semaines dans ce hameau, aidant la patronne aux semailles, moyennant quoi il a reçu trois pouds* de seigle. On devait le conduire à l'aube, avec les chevaux de la maison, à la gare, où il comptait monter dans un convoi vide en provenance du front et se rapprocher de chez lui. Alekseï Ivanovitch était très content d'avoir gagné du grain, il m'a même conduit dans l'entrée de la maison et m'a regardé en souriant applaudir à la vue du gros sac bien rempli.

Puis il a raconté comment les Allemands avaient incendié son village natal et comment sa famille – une femme et des enfants – vivait dans une hutte en terre.

« C'est bien que je ne revienne pas de la guerre les mains vides, dit-il, je leur rapporte un peu de seigle, car, quand je suis revenu en permission après ma deuxième blessure, j'ai bien vu : ils ont la vie dure. D'ailleurs quelle vie peut-on avoir dans la terre : il fait

* Environ cinquante kilogrammes.

sombre, humide, c'est plein d'insectes. L'été, ça va encore, mais l'hiver, c'est vraiment dur. »

Grossman prit aussi des notes à propos de son dernier voyage vers le front.

En Willys [Jeep] depuis Moscou. Jusqu'à Minsk, c'est le feu : on brûle l'herbe, les herbes hautes qui ont envahi les champs pendant la guerre.
Ciel de plomb, et pluie terrible, glaciale, trois jours durant. Printemps de fer après les années de fer de la guerre. Une paix sévère s'annonce après une guerre sévère : partout on construit des camps, on pose des barbelés, on érige des tours de garde, on fait avancer sous escorte des prisonniers ; ils répareront après la guerre les routes asphaltées, défoncées pendant les combats par les mouvements de troupes, les allemandes et les nôtres.
Route analogue de Brest à Varsovie. Mais plus on s'éloigne vers l'ouest, plus la route est sèche, le ciel clair, les arbres le long de la chaussée sont en fleurs : pommiers, cerisiers.
Les datchas de Berlin. Tout disparaît dans les fleurs, tulipes, lilas, fleurs roses décoratives, pommiers, pruniers, abricotiers. Les oiseaux chantent : la nature n'est pas mécontente des derniers jours du fascisme.

Dans le bourg de Landsberg près de Berlin, des enfants jouent à la guerre sur un toit plat. À Berlin, au même instant, on porte les derniers coups à l'impérialisme allemand, tandis qu'ici, avec des épées et des lances en bois, des gamins aux longues jambes, nuques rasées, franges blondes, poussent des cris perçants et se transpercent les uns les autres, sautant et bondissant comme des sauvages. Ici une nouvelle guerre est en train de naître.
C'est éternel, indéracinable.
La voie rapide entourant Berlin. Ce qu'on raconte de sa largeur est, bien sûr, très exagéré.

La grand-route vers Berlin. Des foules de gens libérés. Des centaines de Russes barbus, des paysans, sont là qui marchent, avec eux il y a des femmes et beaucoup d'enfants. Sur les visages des bonshommes à la barbe châtaine et des authentiques vieillards, se lit une expression de sombre désespoir. Ce sont les starostes [1], la canaille policière qui s'est enfuie jusqu'à Berlin et qui maintenant

1. Les starostes, maires ou aînés des villages nommés par les Allemands, craignaient à juste titre le NKVD et s'étaient enfuis en Allemagne avant l'arrivée de l'Armée rouge.

est bien obligée d'être libre. On dit qu'en ce moment Vlassov participe avec ses gens aux ultimes combats[1].

Plus on se rapproche de Berlin, plus ça ressemble aux environs de Moscou.

De Berlin s'en vient une vieille marcheuse en fichu, exactement comme pour un pèlerinage, comme une dévote en marche, perdue dans les espaces russes ; sur son épaule un parapluie sur lequel une énorme marmite en aluminium est accrochée par l'anse.

Weissensee, un faubourg de Berlin. J'arrête la voiture. Les gavroches de la capitale sont audacieux, culottés, ils réclament du chocolat, viennent lorgner la carte déployée sur mes genoux.

En parfaite contradiction avec ce qu'on dit de Berlin, ville-caserne, il y a des jardins fleuris en nombre, lilas, tulipes, pommiers en fleur. Dans le ciel, tonnerre grandiose de l'artillerie. Dans les minutes où elle se tait, on entend les oiseaux.

Grossman s'était attaché au plus populaire de tous les commandants de Joukov, le colonel général Berzarine[2]. Dans l'esprit de la tradition tsariste, le maréchal Joukov avait nommé Berzarine, chef de la 5e armée de choc, commandant de la place de Berlin puisque ses troupes avaient été les premières à pénétrer en ville. Ce fut en fait un choix inspiré. Berzarine n'attendit même pas la fin des combats. Il fit tout son possible pour rétablir au plus tôt les services essentiels – une tâche énorme après toutes ces destructions – et s'assurer que les populations ne meurent pas de faim. De nombreux Berlinois l'adoraient et, quand il mourut une semaine plus tard dans un accident de moto, des rumeurs circulèrent, incriminant le NKVD.

Le commandant [général Berzarine] discute avec le bourgmestre. Le bourgmestre demande combien on va donner à ceux qui ont été mobilisés pour des travaux militaires. En fait tout le monde ici a une idée extrêmement affirmée de ses droits.

Le colonel général Berzarine est le commandant de Berlin. Il est

1. La rumeur était fausse. Le général Vlassov et le gros de ses troupes se trouvaient en Tchécoslovaquie où, à la dernière minute, ils aidèrent les Pragois à se soulever contre les Allemands ; en revanche, ils ne firent rien pour les protéger du NKVD. Vlassov fut fait prisonnier par les soldats d'une unité blindée et renvoyé à Moscou, où il serait mort sous la torture.

2. Le colonel général Nikolaï Erastovitch Berzarine (1904-1945).

gros, les yeux foncés, malicieux, les cheveux gris, bien qu'il soit jeune. Il est intelligent, très calme et astucieux.

Le château von Treskow. Soir. Le parc. Grandes pièces à demi obscures. Une horloge sonne. Porcelaine. Le colonel Petrov a une rage de dents. Cheminée. Par les fenêtres arrivent le feu des armes, le hurlement des Katioucha, et soudain le tonnerre envoyé par le ciel. Ciel jaune, couvert, il fait bon, pluie, odeur de lilas, dans le parc un vieil étang, silhouettes vagues des statues. Je suis assis dans un fauteuil devant la cheminée. Le carillon de l'horloge est infiniment triste et mélodieux, la poésie même.

J'ai dans les mains un vieux livre aux feuilles très fines sur lequel est écrit d'une écriture tremblante, celle d'un vieillard apparemment : « von Treskow[1] ».

Un Allemand de soixante et un ans. Sa femme a trente-cinq ans, une belle femme. Il est marchand de chevaux. Le bouledogue Dina, « *Sie ist ein Fräulein** ». Conversation sur la façon dont les soldats ont emporté leurs affaires. Elle pleure à gros sanglots et, sur-le-champ, elle enchaîne en racontant tranquillement la façon dont, à Hanovre, sa mère et ses trois sœurs ont péri sous les bombes américaines. Elle se délecte en rapportant des racontars sur la vie intime de Goering, Himmler, Goebbels.

Matin. Visite au centre de Berlin avec Berzarine et un membre du conseil militaire, le lieutenant général Bokov. Là, nous avons vraiment vu le travail des Américains et des Anglais. L'enfer ! Traversée de la Spree. Des milliers de rencontres. Des milliers de Berlinois dans les rues.

Une femme juive avec son mari. Le vieux Juif a éclaté en sanglots lorsqu'il a appris le sort de ceux qui étaient allés à Lublin.

La dame en astrakan, débordante de sympathie à mon égard, qui

1. Les Tresckow (avec un *c*) étaient une vieille famille prussienne dont le représentant le plus connu est le Generalmajor Henning von Tresckow (1901-1944) qui déposa une bombe dans l'avion de Hitler le 13 mars 1943. L'attentat échoua et il se suicida à la grenade le 21 juillet 1944. Le château von Tresckow où Grossman était cantonné était certainement le château Friedrichsfelde, dans la partie orientale de Berlin : il appartenait à une branche illégitime, mais bien plus riche, de la famille, dont le nom s'écrivait sans le *c*. Elle s'était enrichie en vendant dans toute l'Europe des montures destinées à la cavalerie. Münthe von Treskow, dont Grossman examina le livre, fut chassé de sa demeure par les soldats soviétiques ; sa famille raconte qu'il est mort de faim.

* « C'est une demoiselle. »

me demande : « Mais vous, bien sûr, vous n'êtes pas un commissaire juif ? »

Dans un corps de fusiliers[1]. Le commandant est le général Rosly. Le corps se bat dans le centre de Berlin. Rosly a deux teckels (deux petits personnages très drôles), un perroquet, un paon, une pintade qui, tous, voyagent avec lui. Dans l'état-major de Rosly règne une animation joyeuse, il dit : « Désormais, on a très peur non pas de l'ennemi, mais de son voisin. » Il raconte dans un éclat de rire : « J'ai donné l'ordre de disposer les tanks brûlés de façon à barrer à notre voisin la route du Reichstag et de la Chancellerie du Reich. À Berlin, il n'y a pas de plus grande déception que d'apprendre les succès de son voisin. »

Grossman était fasciné par le comportement de l'ennemi vaincu – comme prêt à obéir aux ordres d'une nouvelle autorité, comme s'il y avait eu peu de résistance partisane, contrairement à ce qui s'était passé en Union soviétique. La description qui suit d'un vieux communiste allemand est devenue légendaire. Les membres du Parti se manifestaient et s'attendaient à être traités en camarades par l'Armée rouge, mais en fait on les traita avec dédain, voire défiance. Pour n'avoir reçu aucune explication de la part de leurs propres dirigeants, les citoyens soviétiques ne comprenaient pas pourquoi la classe ouvrière allemande avait fait si peu pour barrer la route aux nazis. Des officiers du SMERSh et du NKVD avaient même arrêté des communistes allemands au titre d'espions. Pour la façon de penser stalinienne, ne pas s'être élevés en partisans contre les nazis ne pouvait qu'inspirer de forts soupçons.

Journée dans le bureau de Berzarine. C'est la Création du monde. Des Allemands, encore des Allemands, des bourgmestres, les directeurs de l'électricité de Berlin, des eaux de Berlin, des égouts, du métro, des tramways, du réseau de gaz, et des propriétaires d'usine, divers responsables. Ici, dans ce bureau, ils reçoivent leurs affectations. Les directeurs adjoints deviennent directeurs, les chefs d'entreprises régionales deviennent des magnats à l'échelle nationale.
Traînements de pieds, salutations, murmures.

1. Il s'agit du 9e corps de fusiliers, dirigé par le lieutenant général I. P. Rosly ; il faisait partie de la 5e armée de choc du colonel général Berzarine.

Un vieux peintre en bâtiment montre sa carte du Parti [communiste], il est au Parti depuis 1920. Elle ne fait pas grande impression, on lui dit : « Asseyez-vous. »

Ah, les faiblesses de la nature humaine ! Tous ces gens grassement nourris par Hitler, ces hauts fonctionnaires, prospères, bichonnés, avec quel empressement, quelle chaleur, ils se sont faits renégats, avec quelle aisance ils ont maudit leur régime, leurs chefs, leur parti. Tous disent la même chose : « Victoire ! » C'est désormais leur cri de ralliement.

2 mai. Jour de la capitulation de Berlin. C'est difficile à décrire. La concentration des impressions est monstrueuse. Du feu, des incendies, de la fumée, de la fumée, de la fumée. Une foule gigantesque de prisonniers. Les visages ont une expression tragique, sur beaucoup d'entre eux on lit le chagrin, pas seulement celui d'une souffrance personnelle, mais aussi d'une souffrance civique : ce jour gris, froid et pluvieux est incontestablement le jour de la perte de l'Allemagne. Dans la fumée au milieu des ruines, dans les flammes, au milieu de centaines de cadavres jonchant les rues.

Les cadavres sont écrasés par les chars, vidés comme on vide un tube, presque tous serrent dans leurs mains des grenades et des fusils-mitrailleurs : ils sont morts au combat. Tous les morts ou presque portent des chemises brunes : ce sont des activistes du parti qui défendaient l'accès au Reichstag et à la nouvelle Chancellerie du Reich.

Les prisonniers : des policiers, des fonctionnaires, des vieux, et à côté, des lycéens, presque des enfants. Nombreux sont ceux qui sont accompagnés de leurs femmes, de belles jeunes femmes, certaines rient, soutiennent le moral de leurs maris. Un jeune soldat avec deux enfants, un garçon et une fille, ne peut pas se relever, il pleure. La population est douce avec eux, on lit le chagrin sur les visages, on leur donne à boire de l'eau, on leur glisse du pain.

Une vieille femme morte, la tête appuyée contre un mur, est assise sur un matelas qu'elle avait étalé là, près d'une porte d'entrée, son visage arbore une expression de tristesse paisible et profonde, elle est morte avec cette tristesse.

Dans la boue de la route, de petits pieds d'enfant dans des sandales et des bas : apparemment un obus ou un char l'a écrasée (une petite fille).

Dans les rues désormais paisibles, les ruines sont nettoyées et balayées. Des femmes balaient les trottoirs avec les brosses qui chez nous servent à balayer les pièces.

La capitulation a été demandée la nuit par la radio. Ordre du général commandant la garnison : « Soldats ! Hitler, auquel vous aviez prêté serment de fidélité, a perdu la vie par suicide[1]. »

J'ai été témoin des derniers coups de feu dans Berlin. Des groupes de SS installés dans une maison des bords de la Spree, non loin du Reichstag, refusaient de se rendre. D'énormes canons tiraient sur la bâtisse avec des éclairs jaunes en lames d'épée, et tout était noyé dans une poussière de pierre et une fumée noire.

Le Reichstag. Énorme, puissant. Dans le hall, des soldats dressent des feux, font s'entrechoquer des gamelles, ouvrent à la baïonnette des boîtes de lait en conserve.

Je me suis souvenu d'une conversation, apparemment inconsistante, avec un vieux conducteur à moustache au visage ridé brun foncé qui était debout au coin de la Leipzigerstrasse, à côté de ses petits chevaux. Je l'interrogeais sur Berlin. Comment trouvait-il cette ville ?

« Eh bien voyez-vous, a-t-il dit, hier, il y a eu toute une affaire dans ce Berlin. Il y avait un combat, juste dans cette rue-ci, des obus allemands éclataient sans cesse. Moi j'étais là près des chevaux et mon bandage s'était défait, je me suis penché pour le refaire, et un obus a explosé ! Un cheval a été touché et s'est enfui, celui que voici, là, il est jeune, mais un peu vicieux. Et moi je me suis dit, qu'est-ce qu'il faut que je fasse, refaire mon bandage, ou courir après mon cheval ? Alors j'ai couru, la bande traînait derrière, des obus continuaient à éclater, et mon cheval courait, et moi après lui. Alors j'ai vu ce que c'était que ce Berlin ! Deux heures, j'ai couru, rien que dans une seule rue, elle n'en finissait pas ! Je courais et je pensais : c'est Berlin. Berlin, d'accord, mais tout de même, le cheval, je l'ai rattrapé ! »

Juste à l'ouest du Reichstag, Grossman se promena dans le Tiergarten, le parc central de Berlin où tous les arbres avaient été abattus par les bombardements et le sol criblé de bombes et d'obus. La colonne de la victoire, ou Siegessäule, était connue des Soviétiques qui l'appelaient « la Grande Dame » à

1. Le général Helmut Weidling, commandant du 56ᵉ corps blindé, avait été nommé commandant de la place de Berlin le 23 avril, juste après que le Führer eut, à cause d'un quiproquo, ordonné son arrestation pour lâcheté devant l'ennemi. Après sa reddition devant le général Tchouïkov, il prépara cette annonce pour inciter ses hommes à baisser les armes et mettre fin au carnage.

cause de la victoire ailée qui la surmontait et que les Berlinois avaient surnommée « Elsa la Dorée ». La « forteresse » à laquelle il fait référence n'est autre que le bunker du zoo, vaste construction de béton surmontée de batteries de DCA et comportant un abri pouvant accueillir plusieurs milliers de personnes. Responsable de la défense du Reich, Goebbels y avait installé son Q G, mais il n'y était pas mort. Sa femme, Magda, et lui-même s'étaient suicidés dans les jardins de la Chancellerie du Reich après qu'elle eut empoisonné leurs six enfants.

Le monument de la victoire, la Siegessäule, des édifices énormes, des forteresses de béton, les postes de la DCA de Berlin. Ici était l'état-major de la défense, la résidence de Goebbels. On dit qu'ici même il a donné hier l'ordre d'empoisonner sa famille et qu'il est lui-même mort en se tirant une balle. Son corps roussi gît là, avec sa prothèse, sa cravate blanche.

L'énormité de la victoire. Près de l'immense obélisque a lieu une fête spontanée. La cuirasse des blindés disparaît sous des amas de fleurs et de bandes de tissu rouges. Les fûts des armes ont fleuri comme des troncs d'arbres au printemps.
Tous dansent, chantent, rient à gorge déployée. Des centaines de fusées colorées volent en l'air, tous envoient à tour de rôle des salves d'honneur avec leurs pistolets-mitrailleurs, tirent des coups de fusil, de pistolet.
(J'ai appris par la suite que beaucoup de ceux qui faisaient la fête étaient des morts en sursis, ils avaient bu un terrible toxique provenant de tonneaux contenant un produit chimique, dans le Tiergarten, et le poison commença à agir au bout de deux jours, tuant impitoyablement.)

La porte de Brandebourg disparaît sur deux ou trois mètres de hauteur sous des troncs d'arbres et du sable. Dans les échappées, on voit, comme dans un cadre, le panorama de Berlin qui brûle. Même moi, qui ai pourtant contemplé des milliers d'incendies, je n'ai jamais vu un tableau pareil !

Les étrangers. [Venus en Allemagne comme prisonniers et travailleurs obligatoires.] Leurs souffrances, leur parcours, leurs chants, leurs cris et leurs menaces à l'adresse des soldats allemands. Des hauts-de-forme, des favoris. Un jeune homme français m'a dit : « Monsieur *[sic]*, j'aime votre armée, et c'est la raison pour laquelle il m'est douloureux de regarder la façon dont elle se comporte envers les femmes. Cela va être très nuisible à votre propagande. »

Foire au butin. Des tonneaux, des piles d'étoffes, des chaussures, des peaux, du vin, du champagne, des robes, tout cela est chargé à bord de véhicules ou porté sur les épaules.

Les Allemands. Certains sont extraordinairement sociables et aimables, d'autres se détournent d'un air sombre. Beaucoup de jeunes femmes qui pleurent.

C'est en Allemagne, et surtout ici, à Berlin, que nos soldats ont commencé à s'interroger sur la raison pour laquelle les Allemands nous étaient tombés dessus aussi soudainement. En quoi avaient-ils besoin de cette guerre horrible et inique ? Par milliers les nôtres ont vu désormais les riches fermes de Prusse-Orientale, le haut niveau d'organisation de l'agriculture, les étables en béton, les vastes pièces, les tapis, les armoires pleines de vêtements.
Des milliers de nos soldats ont vu les bonnes routes qui relient les villages, ils ont vu les grands axes allemands de circulation... Nos soldats ont vu dans les banlieues les maisons à étage qui ont l'électricité et le gaz de ville, avec des salles de bains, avec des jardins parfaitement entretenus. Nos hommes ont vu les riches villas de la bourgeoisie berlinoise, le luxe incroyable des châteaux, des propriétés et des hôtels particuliers. Et des milliers de soldats, regardant autour d'eux, répètent cette question pleine de colère : « Pourquoi sont-ils venus chez nous ? De quoi avaient-ils besoin ? »

La plupart des soldats affluèrent vers le Reichstag au jour de la victoire. Seuls quelques-uns, des officiers pour la plupart, se dirigèrent vers la Chancellerie du Reich. Ils reçurent l'autorisation de se promener au rez-de-chaussée, mais les hommes du SMERSh commandés par le général Vadis avaient fait murer les caves et le bunker. Ils cherchaient désespérément le cadavre de Hitler. En compagnie d'Efim Guekhman, Grossman récupéra des « souvenirs » nazis. Selon Ortenberg, il trouva la dernière pièce de sa collection dans le bureau du Führer, au matin du 2 mai. Grossman ouvrit un tiroir contenant des tampons : « Le Führer a confirmé », « Le Führer a accepté », etc. Il en emporta plusieurs, aujourd'hui dans les mêmes archives que ses papiers personnels.

La nouvelle Chancellerie du Reich. C'est un effondrement monstrueux du régime, de l'idéologie, des projets, de tout, tout... *Hitler kaputt...*
Le cabinet de Hitler. La salle de réception. Un hall gigantesque à

travers lequel un jeune Kazakh basané aux larges pommettes apprend, non sans chutes, à faire du vélo.
Le fauteuil et la table de Hitler. Un énorme globe métallique, écrasé et froissé, du plâtre, des planches, des tapis, tout est sens dessus dessous. C'est le chaos. Des souvenirs, des livres dédicacés au Führer par leurs donateurs, des tampons, etc.

Grossman alla voir le zoo de Berlin, installé dans la partie sud-ouest du Tiergarten.

Des tigres et des lions affamés... En chasse pour tenter d'attraper des moineaux et des souris filant dans leurs cages.
Le jardin zoologique : on s'y est battu. Cages détruites. Cadavres de singes, d'oiseaux tropicaux, d'ours. L'île des babouins, les petits, accrochés au ventre de leur mère avec leurs mains minuscules.
Conversation avec un vieil homme, il s'occupe des singes depuis trente-sept ans. Dans une cage le cadavre d'une femelle gorille tuée.
Moi : « Elle était méchante ? »
Lui : « Non, simplement elle grognait très fort. Les hommes sont bien plus méchants. »
Sur un banc, un soldat allemand blessé enlace une jeune fille, une infirmière. Ils ne font attention à personne. Le monde pour eux n'existe pas. Lorsque, une heure plus tard, je repasse devant eux, ils sont assis dans la même attitude. Le monde n'existe pas, ils sont heureux.

Grossman regagna Moscou et, début juin, se retira dans une datcha. Dans un premier temps, il ne put écrire. Il subissait le contrecoup des événements, comme tant de ceux revenus de la guerre. Puis, grâce au repos, à la pureté de l'air, à la pêche et à de longues marches, il se sentit prêt à remplir la tâche qu'il s'était lui-même imposée : honorer par ses écrits l'héroïsme de l'Armée rouge et la mémoire des innombrables victimes de l'invasion nazie.

Postface

LES MENSONGES DE LA VICTOIRE

La « vérité impitoyable de la guerre » à laquelle croyait Vassili Grossman fut cruellement mise à mal par les autorités soviétiques, surtout quand elles tentèrent de supprimer toute information relative à l'Holocauste. Dans un premier temps, il se refusait à croire que l'antisémitisme pût avoir droit de cité dans le système soviétique. Il pensait que les moqueries de Cholokhov qu'Ehrenbourg et lui n'avaient pas du tout appréciées n'étaient en fait qu'un exemple isolé de sentiments réactionnaires, des reliques du passé prérévolutionnaire. Mais il ne tarda pas, après la guerre, à constater que le système stalinien lui-même pouvait être profondément antisémite. Plus tard, quand il écrivit *Vie et Destin*, il montra qu'il l'était ouvertement. Il s'agissait de signes avant-coureurs, certes, et l'antisémitisme du régime ne se manifesta pleinement qu'en 1948. Il devint extrêmement virulent en 1952, avec la campagne « anticosmopolite » de Staline et la théorie de la conspiration selon laquelle les médecins juifs cherchaient à tuer les dirigeants soviétiques. L'antisémitisme de Staline n'était toutefois pas du même ordre que celui des nazis, reposant moins sur la haine que sur une suspicion xénophobe.

Formé en avril 1942 suite à l'appel lancé l'année précédente aux « frères juifs » du monde entier pour qu'ils soutiennent la lutte, le Comité antifasciste juif suscita, on s'en doute, la défiance de Staline. Le moindre contact avec des étrangers avait suffi à condamner d'innombrables victimes de la Grande Terreur en 1937 et 1938. C'est seulement au cours des premiers mois de la guerre, alors que le pays était confronté à une terrible menace, que Staline accepta l'idée de voir les Juifs d'Union soviétique prendre contact avec ceux d'Amérique ou de Grande-Bretagne. En revanche, il s'opposa de toutes ses forces à l'idée qu'une brigade internationale constituée de Juifs étrangers, en majeure partie américains, puisse constituer une unité séparée au sein de l'Armée rouge. C'est peut-être symptomatique si, juste après que Moscou fut sauvée, en décembre 1941, survint l'arrestation de deux des auteurs de cette proposition, les Juifs polonais Henryk Erlich et Viktor Alter. Erlich se suicidera en prison et Alter sera exécuté.

Les autorités soviétiques tolérèrent le Comité antifasciste juif en tant qu'instrument de propagande à une époque où le programme américain Lend-Lease était vital pour la survie du pays. L'énergie du comité et son désir d'aller au-delà de ses attributions pour témoigner de l'Holocauste allaient se heurter de front à la politique stalinienne. Le fait que l'idée fût en partie née aux États-Unis avec Albert Einstein et d'autres intellectuels juifs américains allait rendre *Le Livre noir* encore moins acceptable. Pourtant, le Sovinformburo avait donné son accord pendant l'été 1943 avant de se rétracter. Le patriote russe Grossman et le francophile Ehrenbourg étaient tous deux des Juifs assimilés, sans rapport aucun avec le rituel orthodoxe. Ils s'identifiaient désormais au destin de tous les Juifs d'Europe. Également pendant l'été 1943, quand le vent de la guerre tourna de manière décisive en faveur des Soviétiques, Ehrenbourg et Grossman se rendirent compte que la majorité des publications rejetaient leurs articles consacrés à ce sujet. Seules les petites revues juives pouvaient les accepter, de sorte qu'ils concentrèrent leurs efforts sur le projet du *Livre noir*, pour lequel ils réunirent une vingtaine d'écrivains exclusivement soviétiques[1]. Plus tard, Grossman demandera clairement à Konstantin Simonov d'écrire la partie portant sur Maïdanek, mais ce dernier prétendra être débordé de travail et refusera. De toute évidence il n'était pas prêt à aller contre les autorités.

Fin 1944, Ehrenbourg se brouilla avec les autres membres de la commission littéraire du CAJ et Grossman reprit la direction

1. Pour de plus amples détails sur l'évolution du *Livre noir*, voir dans la bibliographie : Garrard, p. 199-221 ; Rubenstein, p. 212-217, et surtout Rubenstein et Naumov. *Le Livre noir* fut publié en anglais par Yad Vashem en 1981.

éditoriale. En février 1945, le Sovinformburo critiqua l'importance accordée à l'activité des traîtres des territoires occupés, ceux qui travaillaient de concert avec les nazis à l'extermination des Juifs. Sur ce point, Grossman avait toujours été en désaccord avec Ehrenbourg, bien plus rusé. Pour les autorités, *Le Livre noir* n'avait qu'un but, attaquer l'Allemagne fasciste.

Après la guerre, le CAJ n'obtint pas des autorités la permission de publier son témoignage. En novembre 1946, Ehrenbourg, Grossman et Solomon Mikhoëls, président du CAJ, adressèrent une pétition à Andreï Jdanov, secrétaire du Comité central[1]. Là, encore, pas de réponse. Enfin, onze mois après, en octobre 1947, le comité apprit que son livre comportait « de graves erreurs politiques » et était interdit. La guerre froide avait réellement débuté en septembre et le CAJ devint encore plus suspect à cause de ses contacts avec les États-Unis. Deux mois plus tard, il était dissous et les planches à imprimer détruites. En janvier 1948, Solomon Mikhoëls mourut à Minsk, renversé par un camion. On apprendra plus tard la responsabilité du KGB dans l'accident. Grossman l'accompagnait à la gare ce jour-là ; peut-être eut-il des soupçons, mais de telles pratiques lui semblaient inimaginables.

En 1945 et 1946, la carrière de Grossman continuait de prospérer en dépit de sa collaboration au *Livre noir.* Quelques-uns de ses articles pour *Krasnaïa Zvezda* furent regroupés en un petit volume, *Années de guerre*, traduit dans plusieurs langues. *Le peuple est immortel* fut réédité et adapté à la scène. La réussite fut de courte durée : en août 1946, Jdanov lança une répression idéologique et culturelle qu'on allait appeler *jdanovchtchina*, écho de la Grande Terreur, ou *ejovchtchina*. Même sans son travail sur *Le Livre noir*, un écrivain aussi

1. Jdanov, Andreï Aleksandrovitch (1896-1948), né à Marioupol, rejoignit les bolcheviks en 1915 et devint l'homme de confiance de Staline. Après l'assassinat de Sergueï Kirov, en 1934, Jdanov fut nommé gouverneur de Leningrad. Il joua un rôle majeur dans les purges et fut chargé de la défense de la ville en 1941, puis il redevint policier culturel de Staline en prenant la tête du Sovinformburo puis du Kominform en 1947. Sa doctrine, le « jdanovisme », reposait sur la notion de *partiinost*, ou « esprit de parti », principe directeur pour les artistes et les écrivains. En 1948, les autorités staliniennes mirent sa mort sur le compte du « complot des blouses blanches », mais il se peut que Staline, devant la puissance montante du fief jdanovien de Leningrad, y soit pour quelque chose.

honnête que Grossman ne pouvait qu'avoir des problèmes au cours de cette « petite terreur ». En septembre, sa pièce *S'il faut en croire les pythagoriciens* fut violemment critiquée dans la *Pravda*, puis on attaqua par la bande ses écrits de guerre. *Le Livre noir* était toujours la cible de prédilection des autorités.

Grossman fut une fois de plus attaqué dans le cadre de la campagne « anticosmopolite » de Staline qui débuta en novembre 1948 avec l'interdiction du Comité antifasciste juif. (La « logique » du stalinisme voulut que cela correspondît plus ou moins avec la reconnaissance spontanée de l'État d'Israël, démarche ayant pour seul but de décontenancer la Grande-Bretagne.) Trois mois plus tard, en janvier 1949, la presse soviétique se lançait dans une attaque « anticosmopolite » en règle orchestrée par le Kremlin. Quinze membres du comité furent interrogés, torturés puis jugés en mai 1952 à huis clos. Treize d'entre eux furent exécutés en août. En janvier 1953, les journaux accusèrent un groupe de médecins, juifs pour la plupart, de comploter pour tuer les leaders soviétiques. Cette campagne farouchement antisémite ne cessa qu'avec la mort de Staline, en mars.

Victor Komarev, responsable adjoint de l'unité d'enquête du MGB, interrogea les membres du CAJ et se vanta dans une lettre à Staline pour dire « à quel point [il haïssait leurs] ennemis ». Il insista aussi sur la cruauté et la terreur qu'il inspirait à ses victimes.

« Je détestais tout particulièrement et me montrais impitoyable envers les nationalistes juifs, en qui je voyais les ennemis les plus dangereux et les plus pernicieux. La haine qu'ils m'inspiraient m'a fait passer pour un antisémite non seulement aux yeux des accusés, mais aussi à ceux d'anciens fonctionnaires du MGB de nationalité juive. » Un des accusés, Boris Chimeliovitch*, fut torturé avec tant de cruauté qu'il fallait l'amener sur une civière pour chaque nouvel interrogatoire.

Vassili Grossman et Ilia Ehrenbourg eurent la chance de ne pas être du nombre des premières personnes arrêtées. On enquêta sur eux en mars 1952 lors des préparatifs du procès, mais cela s'arrêta là. Le premier roman où Grossman parlait de Stalingrad, *Pour une juste cause*, fut publié en feuilleton

* Chirurgien en chef de l'Armée rouge et directeur de l'hôpital Botkine à Moscou.

après avoir été largement modifié pour le rendre politiquement acceptable. Le roman fut proposé pour le prix Staline puis éreinté par les sbires du Parti qui demandaient comment on pouvait parler de Stalingrad sans citer le nom de Staline. D'autres critiques suivirent. Grossman avait délibérément minimisé le rôle du Parti communiste dans la victoire et fut contraint d'écrire une lettre de repentance. Seule la mort de Staline en mars 1953 lui épargna le goulag.

Grossman en était venu à détester Staline avec ses mensonges et ses trahisons incessantes, mais il ne perdit jamais la foi dans le simple soldat russe et les immenses sacrifices consentis lors de la Grande Guerre patriotique. Sa fille raconta comment il insistait pour que la famille réunie chante des chansons de guerre.

> « Une grande pièce vide. Crépuscule – peut-être à cause de la nuit qui tombe ou de la pluie. Nous sommes trois dans la pièce, père, mon demi-frère Fedia et moi... Nous chantons des chansons de la guerre. Père commence d'une voix tonnante. Son oreille peu mélomane ne lui pose pas de problème. La mélodie simple nous est familière :
>
> *L'avion tourne dans le ciel,*
> *Il rugit, il fonce vers le front est*[1]...
>
> « À présent mon père se lève. Fedia et moi nous levons aussi. Père est là, le dos voûté, les mains le long des jambes comme à un défilé. Son visage est solennel et grave.
>
> *Lève-toi, immense pays,*
> *Lève-toi pour le combat final*
> *Contre les sombres forces fascistes*
> *Et leurs hordes maudites.*
>
> « Mon père trouve cette chanson digne d'un génie : il le dit si souvent et avec tant de conviction... Il se lève toujours pour la chanter. »

Grossman était toujours préoccupé par le courage et la lâcheté. Sa fille nota une conversation avec des amis où le pro-

1. Grossman écrivit cette chanson à propos d'un héroïque pilote soviétique quand il visita le régiment de Vassili Staline, fils du dictateur, au début de l'automne 1942, non loin de Stalingrad.

blème du comportement au combat fut bientôt abordé. L'un d'eux déclara que, quand les émotions sont très fortes, telles que patriotisme et colère, la peur disparaît. Grossman répondit que c'était faux.

> « De même qu'il y a deux types de courage, je crois que vous devriez faire la distinction entre deux types de peur – une peur physique qui est celle de la mort et une peur morale, celle de se déshonorer aux yeux d'autrui. Tvardovski, par exemple, faisait preuve du plus haut courage moral. D'autres comme Kostia Simonov n'avaient pas un comportement courageux dans le civil, même s'il s'avéra d'une bravoure extrême pendant la guerre. »

Grossman ne fut jamais un véritable paria politique et, même aux moments les plus difficiles, reçut le soutien de quelques généraux de Stalingrad. Rodimtsev, qu'il avait toujours révéré, vola à son secours quand *Pour une juste cause* fut attaqué. En 1955, après la mort de Staline, alors que les choses allaient moins mal, Grossman rencontra un vieil « ami » du dictateur, le général Vorochilov. Celui-ci chercha à le persuader d'entrer enfin au Parti, mais Grossman persista dans son refus. « Il est évident, répondit aimablement le général, que vous êtes un bolchevik sans parti. »

En 1954, *Pour une juste cause* fut réédité, cette fois en livre, et reçut de nouvelles louanges. Jusqu'à la fin des années cinquante, Grossman travailla à son chef-d'œuvre, *Vie et Destin*. Cet hommage déclaré au *Guerre et Paix* de Tolstoï présente les mêmes qualités épiques, mais Stalingrad en est au cœur du récit. Il y a toutefois une différence de taille : Grossman s'inspire pour ses personnages de lui-même et de ceux qu'il a connus. Le fait que le livre emprunte tant à la réalité n'amenuise en rien ses qualités littéraires ; bien au contraire, il lui octroie une puissance extraordinaire.

Grossman croyait que la vérité éclaterait enfin au grand jour avec Nikita Khrouchtchev, commissaire principal à Stalingrad et dénonciateur de Staline au XXe Congrès du Parti, en février 1956. Son manque de jugement politique était flagrant. Il n'avait pas compris que, dans son livre, les parallèles implicites entre nazisme et stalinisme se révélaient trop pénibles. Les mythes héroïques de la Grande Guerre patriotique étaient trop ancrés dans l'esprit populaire. De plus, il aurait dû évaluer l'importance du sort réservé au soulèvement hongrois de 1956, violemment réprimé par le général Babadjanian, le héros du *Peuple est immortel.*

Grossman acheva *Vie et Destin* en 1960 et soumit son manuscrit. Il pourrait sembler que son roman fut refusé par incompétence ou oisiveté, mais en réalité les éditeurs faisaient preuve de crainte et de consternation. On transmit la décision à l'échelon supérieur. Le 14 février 1961, trois officiers du KGB saisirent toutes les copies du manuscrit : ils fouillèrent l'appartement de Grossman et celui de sa dactylo pour prendre les feuilles de papier, mais aussi les carbones et les rubans. Le manuscrit arriva dans les mains du grand idéologue du Parti, Mikhaïl Souslov, maître tout-puissant de la Section culturelle du Comité central[1]. Le verdict tomba : ce roman ne pourrait être publié avant deux cents ans ! On ne pouvait mieux faire pour en mettre l'importance en lumière.

C'était la catastrophe. Les livres précédents de Grossman furent retirés de la circulation. Réduit à l'indigence avec seuls quelques amis prêts à prendre le risque de s'associer à lui, il souffrit bientôt d'un cancer de l'estomac et mourut au cours de l'été 1964, persuadé que son œuvre maîtresse était perdue à tout jamais. Ehrenbourg proposa d'organiser un débat sur l'œuvre de Grossman, mais l'Union des écrivains s'y refusa. Aux yeux des autorités soviétiques, il était devenu une « non personne ».

Il avait tout de même confié une copie du manuscrit à un ami. Celui-ci l'avait rangé dans un sac en toile, accroché sous des vêtements à une patère de sa datcha. Retrouvé, le manuscrit fut copié sur microfilm par Andreï Sakharov, dit-on, le grand physicien et dissident. Vladimir Voïnovitch, romancier satirique et créateur du soldat Ivan Tchonkine (équivalent pour l'Armée rouge du *Brave soldat Chveïk*), réussit à passer le microfilm en Suisse[2]. Publié pour la première fois en 1980, *Vie*

1. Mikhaïl Souslov (1902-1982), idéologue du Comité central du Parti communiste, avait supervisé les purges de 1937-1938 en Ukraine et dans l'Oural. En 1944-1945, il dirigea une terrible campagne d'exécutions et de déportations contre les minorités nationales dont le territoire avait été occupé par les Allemands.

2. Vladimir Nikolaïevitch Voïnovitch (né en 1932) se lança dans la poésie alors qu'il était dans l'Armée rouge, entre 1950 et 1955, puis il se consacra à la prose et entra en dissidence. Son ouvrage le plus célèbre, *Les Aventures*

et Destin sera traduit dans le monde entier, mais il ne sortit en Russie qu'après l'effondrement de l'Union soviétique. La promesse tacite de Grossman à sa mère était enfin tenue. Elle revivait sous les traits d'Anna Strum. Grossman fut peut-être englouti par ce siècle de folie, mais son humanité et son courage ont survécu dans ses écrits.

singulières du soldat Ivan Tchonkine, contribua à son éviction de l'Union des écrivains en 1974. Il émigra en 1980 et fut privé de sa nationalité par Brejnev.

BIBLIOGRAPHIE

ADAIR, Paul, *Hitler's Greatest Defeat. The Collapse of Army Group Centre, June 1944*, Londres, Cassel & Co., 2000.

ADDISON, Paul, et CALDER, Andus (dir.), *Time to Kill, The Soldier's Experience of War 1939-1945,* Londres, Pimlico, 1997.

BEEVOR, Antony, *Stalingrad*, Paris, De Fallois, 1999.

–, *La Chute de Berlin*, Paris, De Fallois, 2002.

BOTCHAROV, Anatoly, *Vasily Grossman, zhizn, tvorchestvo, sudba (Vasily Grossman, vie, œuvre créative, destin)*, Moscou, Sov. pisatel, 1990.

COLLECTIF, *Zhurnallisty na voine (Journalistes à la guerre)*, Moscou, Sov. pisatel, 1966.

DAVIES, Norman, *Rising '44. The Battle for Warsaw*, Londres, Macmillan, 2003.

EHRENBOURG, Ilia, *Lyudi. Gody. Zhizn (Peuple. Année. Vie)*, vol. 2, Moscou, Sov. pisatel, 1990.

ELLIS, Frank, *Vasily Grossman, The Genesis and Evolution of a Russian Heretic*, Oxford, Providence, 1994.

EREMENKO, Andreï Ivanovitch, *Stalingrad. Notes du commandant en chef*, Paris, Plon, 1963.

ERICKSON, John et Ljubica, *Le Front de l'Est*, Paris, Lodi, 2001.

GARRARD, John et Carol, *The Bones of Berditchev. The Life and Fate of Vasily Grossman,* New York, The Free Press, 1996.

GLANTZ, Davis M., et HOUSE, Jonathan, *When Titans Clashed, How the Red Army Stopped Hitler*, Lawrence, University Press of Kansas, 1995.

GROSSMAN, Vassili, *L'Enfer de Treblinka*, Paris, Arthaud, 1945 et 1966. (*N. B.* : On peut facilement trouver le texte intégral de ce témoignage sur Internet.)

–, *Années de guerre*, Paris, Autrement, 1993.

–, *Œuvres (Vie et Destin – Abel, le destin – Tiergarten – La Madone Sixtine – Repos éternel – Maman – La Route – Le Phosphore – À Kislovodsk – Tout passe – Lettre à Khrouchtchev – Entretien avec Souslov – Lettres à la mère)*, Paris, Robert Laffont, 2006.

GROSSMAN, Vassili, et EHRENBOURG, Ilia, *Le Livre noir*, Paris, LGF, 2001.

GUBER, Fedor (éd.), « Pamyat i pisma », *Daugawa*, n° 11, 1990.

HILBERG, Raul, *Destruction des Juifs d'Europe*, Paris, Fayard, 1998.

MARKISH, Simon, *Le Cas Grossman*, Paris, Julliard, 1983.

MERRIDALE, Catherine, *Night of Stone*, Londres, Granta Books, 2000.

ORTENBERG, David Iosifovitch, *Vremya ne vlastno (Le temps n'a pas d'autorité)*, Moscou, Sov. pisatel, 1979.

–, *God 1942 (L'Année 1942)*, Moscou, Izd-vo polit. lit-ry, 1982.

–, *Iyun-Dekabr Sorok pervogo (Juin-décembre 1941)*, Moscou, Sov. pisatel, 1984.

–, *Sorok trety (1943)*, Moscou, Izd-vo polit. lit-ry, 1991.

OVERY, Richard, *Russia's War. Blood upon the Snow*, New York, TV Books, 1997.

RAYFIELD, Donald, *Stalin and his Hangmen*, New York, Random House, 2004.

RUBENSTEIN, Joshua, *Tangled Loyalties. The Life and Times of Ilya Ehrenburg*, New York, Basic Books, 1996.

RUBENSTEIN, Joshua, et NAUMOV, Vladimir P. (dir.), *Stalin's Secret Pogrom, The Postwar Inquisition of the Jewish Anti-Fascist Committee*, New Haven, Yale University Press, 2001.

SEBAG MONTEFIORE, Simon, *Staline : la cour du tsar rouge*, Paris, Des Syrtes, 2005.

SIMONOV, Konstantin, *Les Jours et les nuits de Stalingrad*, Paris, Colbert, 1945.

TCHOUÏKOV, Vassili, *Stalingrad-Berlin, le chemin de feu*, Paris, Progrès, 1985.

TODOROV, Tzvetan, *Mémoires du mal, tentation du bien*, Paris, Robert Laffont, 2000.

TROYANOVSKY, Pavel Ivanovitch, *Na vosmi frontakh (Sur huit fronts)*, Moscou, Voen. Izd-vo Ministerstva oborony, 1982.

VOLKOGONOV, Dmitri, *Triomphe et Tragédie*, Paris, Flammarion, 1991.

ZAÏTSEV, Vassili Grigorevitch, *Za Volgoi Zemli dlya nas ne bylo (Pour nous, il n'y avait pas de terre au-delà de la Volga)*, Los Angeles, 2826 Press, 1973.

REMERCIEMENTS

Ce livre n'aurait jamais existé sans l'accord et l'aide précieuse de la fille de l'auteur, Ekaterina Vassilievna Korotkova-Grossman, et de son beau-fils, Fedor Gruber. Nous leur sommes très reconnaissants des documents qu'ils ont bien voulu nous communiquer.

Une fois encore, le professeur Anatoly Tchernobaïev nous a beaucoup aidés de ses excellents conseils. L'équipe du RGALI (Archives d'État russes pour la littérature et les arts) nous a été d'une aide de chaque instant. Angelica von Hase a vérifié les données des carnets relatifs à l'opération Barbarossa ; Olga Romanov et Simon Marks nous ont aidés sur des points de détail. Nous aimerions également remercier ceux qui ont lu notre manuscrit : Sir Rodric Braithwaite, le professeur Geoffrey Hosking et le docteur Catherine Merridale. Il va sans dire que les erreurs qui pourraient subsister sont entièrement de notre fait.

Les directeurs littéraires et éditeurs font part de toute leur reconnaissance à Ekaterina Vassilievna Korotkova-Grossman et aux Archives d'État russes pour les films et les documents photographiques de leur avoir donné la permission de reproduire les photographies.

Ce livre existe aussi grâce à l'enthousiasme de notre agent, Andrew Nurnberg, à Geoff Mulligan et Stuart Williams (Harvill Press), et particulièrement à Christopher MacLehose, premier éditeur anglais de Grossman, qui encouragea notre projet dès le début et améliora considérablement notre livre grâce à son irréprochable travail de mise au point.

TABLE DES MATIÈRES

Introduction.. 9

Première partie

LE CHOC DE L'INVASION

1941

1. Le baptême du feu – août 1941........................ 27
2. La terrible retraite – août et septembre 1941 41
3. Sur le front de Briansk – septembre 1941............... 50
4. Avec la 50e armée – septembre 1941 54
5. De retour en Ukraine................................. 59
6. La prise d'Orel par les Allemands – octobre 1941 68
7. La retraite devant Moscou – octobre 1941 75

Deuxième partie

L'ANNÉE DE STALINGRAD

1942

8. Dans le Sud 93
9. La guerre des airs dans le Sud – janvier 1942 107
10. Sur le Donets avec la Division noire – janvier et février 1942 113
11. Avec la brigade de chars de Khassine – février 1942 123
12. « La vérité impitoyable de la guerre » – mars à juillet 1942 138
13. La route de Stalingrad – août 1942..................... 144
14. Les combats de septembre 160
15. L'Académie de Stalingrad............................. 182
16. Les combats d'octobre................................ 200
17. Le vent tourne.. 221

Troisième partie

LA RÉCUPÉRATION DES TERRITOIRES OCCUPÉS

1943

18. Après la bataille 235
19. La reconquête de la mère patrie – début du printemps 1943 245
20. La bataille de Koursk 258

Quatrième partie

DU DNIEPR À LA VISTULE

1944

21. Les massacres de Berditchev 277
22. La route d'Odessa 292
23. Opération Bagration 299
24. Treblinka 311

Cinquième partie

LES RUINES DU MONDE NAZI

1945

25. Varsovie et Lodz 341
26. Dans le repaire de la bête fasciste – Poznan et Schwerin.. 355
27. La bataille de Berlin 365

Postface. Les mensonges de la victoire 377
Bibliographie 385
Remerciements 387

Photocomposition
Nord Compo
(Villeneuve-d'Ascq)

Impression réalisée sur CAMERON par

CPI
Brodard & Taupin
La Flèche

pour le compte des Éditions Calmann-Lévy
31, rue de Fleurus, Paris 6e
en janvier 2008

N° d'éditeur : 14418/05
N° d'impression : 45208
Dépôt légal : janvier 2008
Imprimé en France